Alexandra Dirk

Das große ORIGAMI Weihnachtsbuch

Festliche Dekoration aus Papier

Q - VERLAG
BERLIN

Alexandra Dirk

Das große ORIGAMI Weihnachtsbuch

Vorwort

Advent, Advent ein Lichtlein brennt! Ja, bald ist es wieder soweit, dass Engel, Sterne, Nikolaus & Co. uns auf die Weihnachtszeit einstimmen.
Mit dem großen ORIGAMI Weihnachtsbuch haben Sie dabei die perfekte Bastel-Auswahl.

Origami ist die Kunst aus Papier, ohne Hilfsmittel, nur mit den Händen einfache, sowie kunstvolle Modelle entstehen zu lassen. Schere und Klebstoff werden nur in einigen Ausnahmefällen benötigt. Gerade zur Weihnachtszeit belebt diese Art der Beschäftigung die Freude auf das bevorstehende Fest.

Das Wort Origami kommt aus dem japanischen und wird aus den Worten „ori" für falten und „kami" für Papier abgeleitet.
Von Friedrich Fröbel (1782-1852), dem Begründer des Kindergartens, stammt der bekannte 3D Stern, auch „Fröbelstern" genannt, siehe großes Foto. Die Anleitung finden Sie auf Seite 34.

In diesem Buch sind Modelle vom Adventskalender über Fenster-, Tür- und Wanddekorationen, sowie ausgefallener Tisch- und Baumschmuck erklärt. Auch die Möglichkeit Geldgeschenke phantasievoll zu gestalten, Geschenkverpackungen, Geschenkanhänger und ausgefallene Weihnachtskarten selber herzustellen wird Schritt-für-Schritt dargestellt.

Eine Besonderheit ist die Stern Lampe, welche mittels einer Glühbirne zu einem außergewöhnlichen Lichtobjekt wird. So taucht ein jedes Zimmer sofort in eine besondere weihnachtliche Stimmung.

Extravagant sind auch die schwimmenden Sterne, die in Kombination mit Schwimmkerzen ein echter Hingucker sind.

Für Tannenfans gibt es eine sehr große Auswahl an Baumschmuck.
Von verschiedenen Sternen, Engeln, Tannenzapfen, Glocken und Kristallen, bis hin zu Schneekristallen ist für jeden Geschmack etwas dabei.
Es gibt auch viele einfache Modelle die gut mit Kindern zu arbeiten sind.

Bestimmt kribbelt es Ihnen jetzt schon in den Fingern anzufangen, so dass ich Ihnen viel Freude beim Falten wünsche!

Ihre
Alexandra Dirk

Modellübersicht

Adventskalender
Seite 14

Fenster Tür Wand Deko
von Seite 18 bis Seite 31

Schwimmende Sterne
von Seite 32 bis Seite 39

Licht Sterne
von Seite 42 bis Seite 53

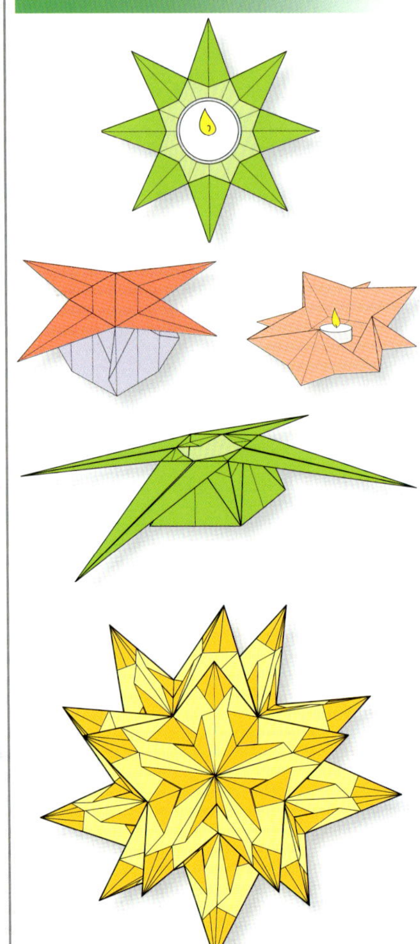

Tischschmuck
von Seite 56 bis Seite 69

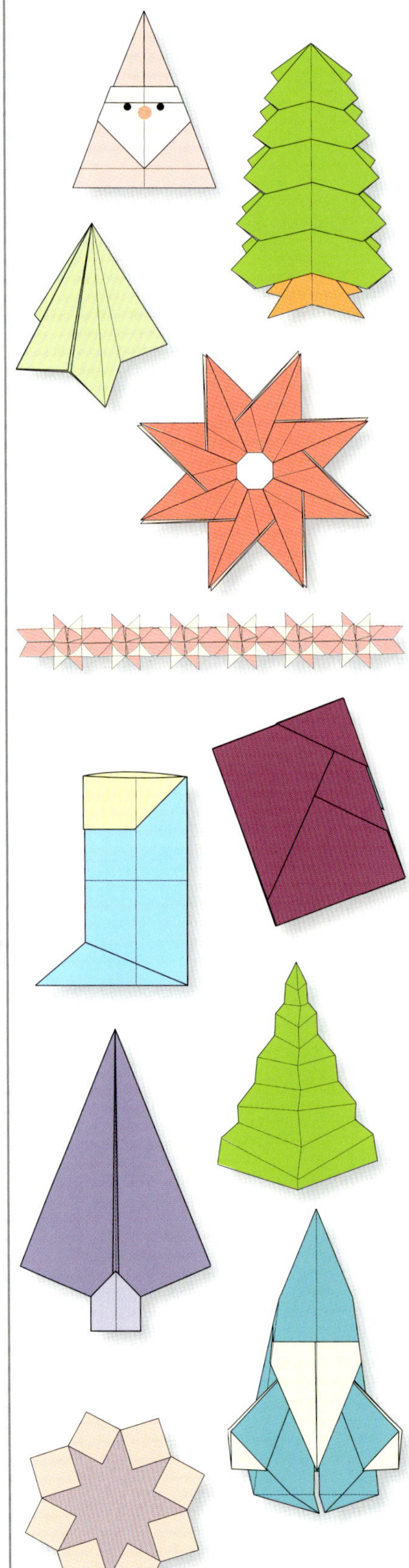

Baumschmuck
von Seite 72 bis Seite 92

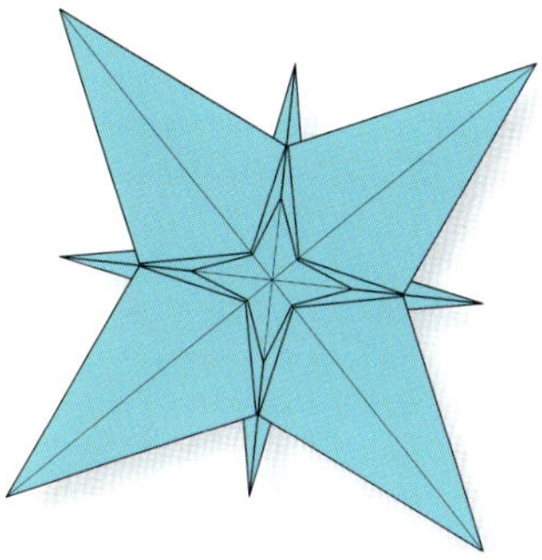
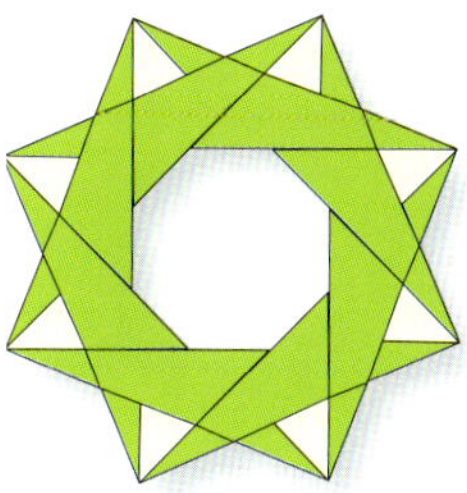
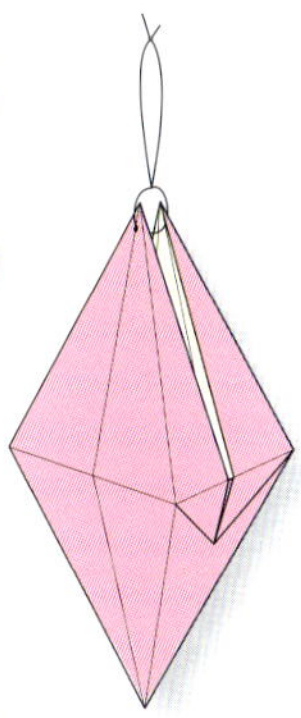

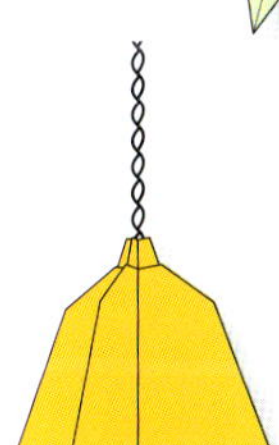

Baumschmuck
von Seite 72 bis Seite 92

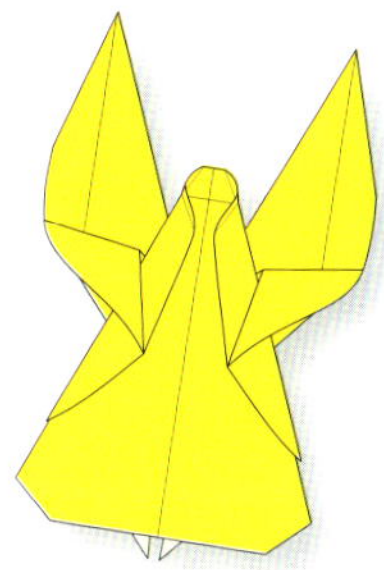
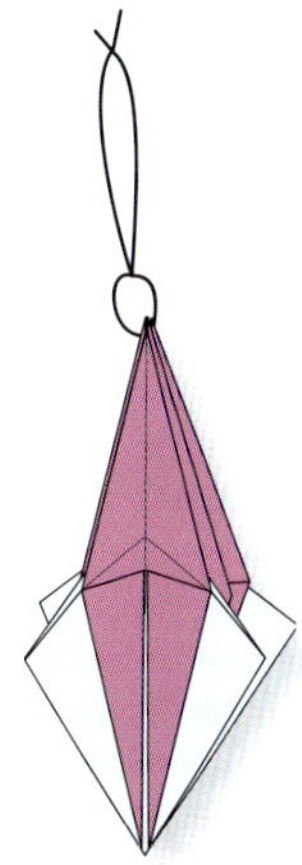
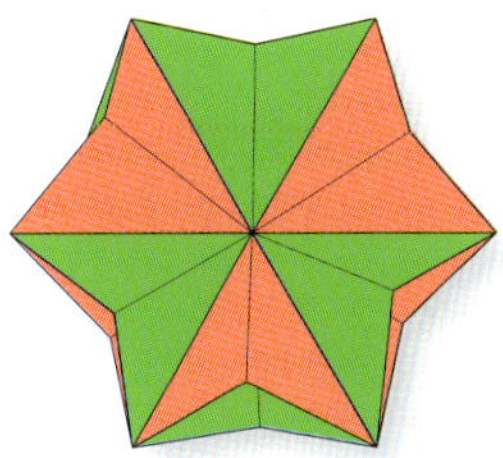
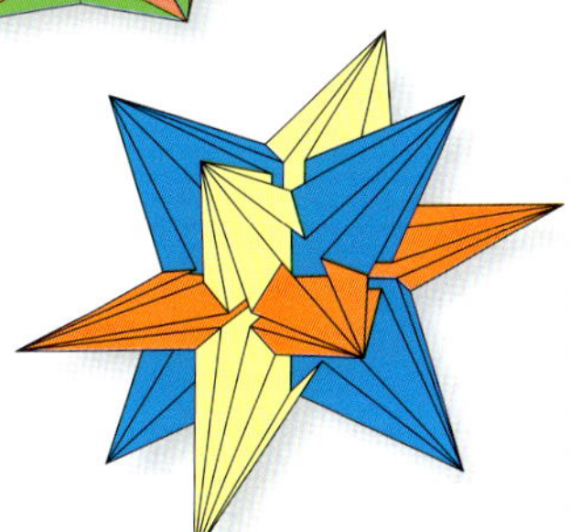
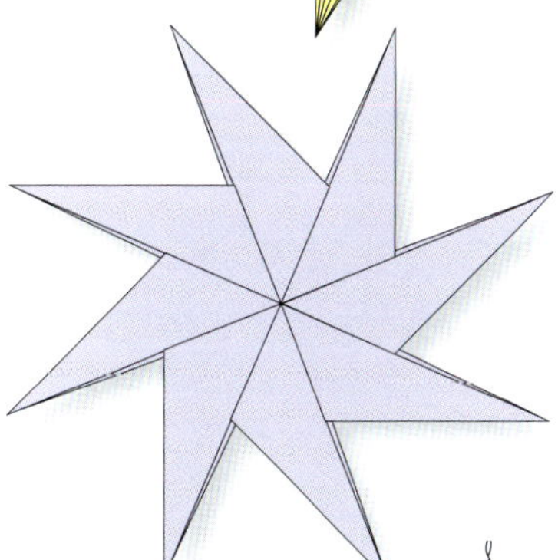

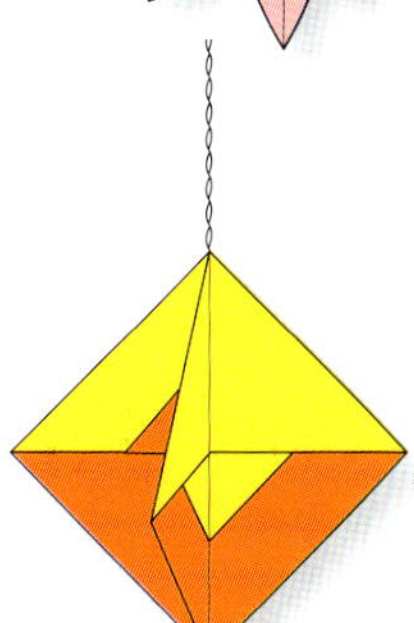
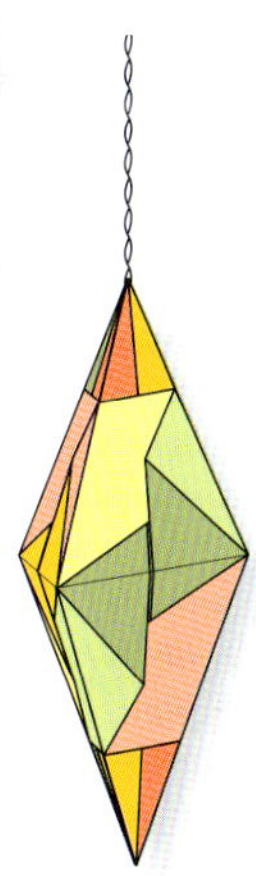

Baumschmuck mit japanischem Papier
von Seite 94 bis Seite 99

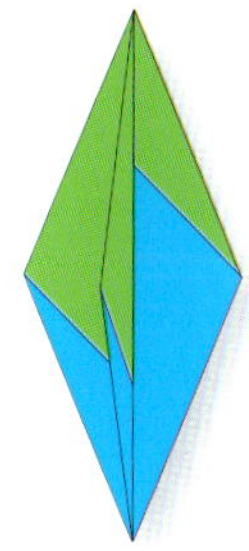

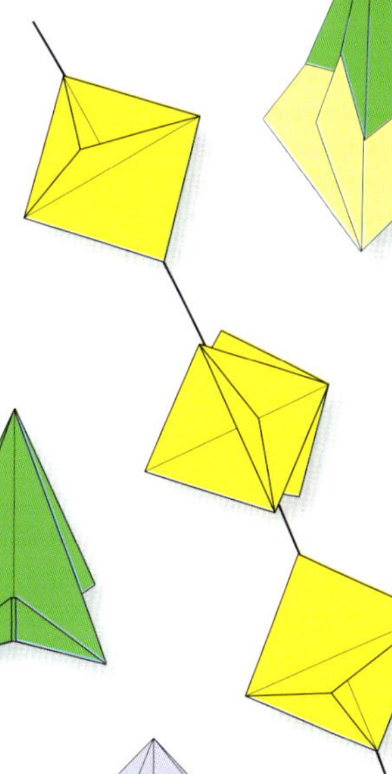
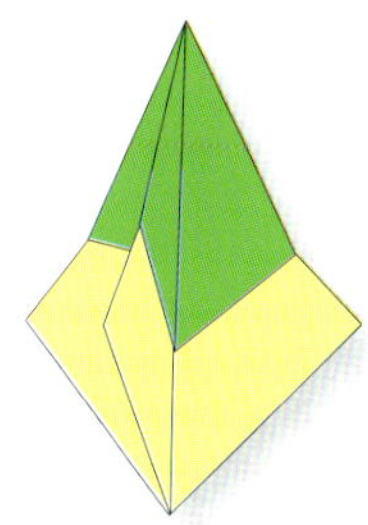
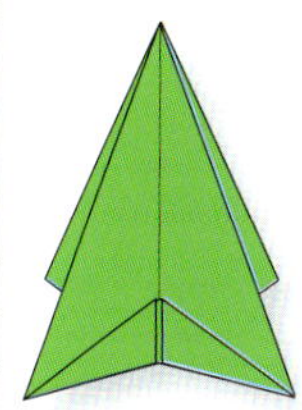
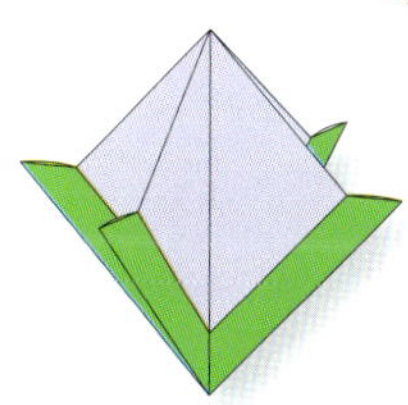

Geldgeschenk
von Seite 118 bis Seite 119

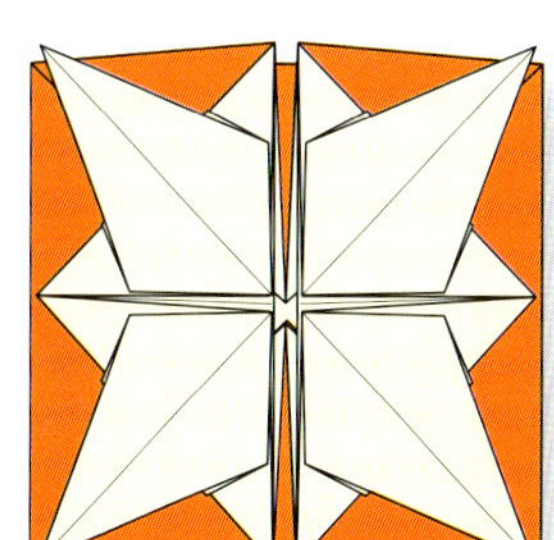

Geschenkverpackungen

von Seite 102 bis Seite 116

Weihnachtsgrüße

von Seite 120 bis Seite 125

Inhaltsverzeichnis

Schwierigkeitsgrad

einfach ★ mittel ★★

intensiv ★★★

MIX Weihnachten

DUO COLOR Papiere

Durchscheinende Papiere

Dekor Papiere

Schwimmende Papiere

Fröbelstern Streifen

Lampenpapiere

Japan Papiere

Zubehör

Adventskalender

Sternen Bilder

Schwimmende Sterne

Mobile

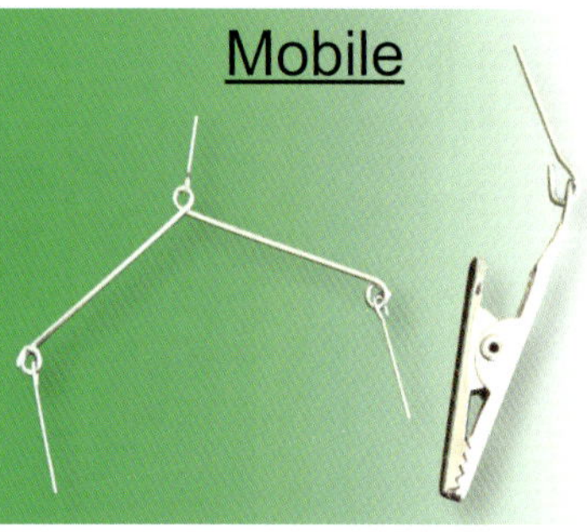

Baumschmuck

Leuchtende Sterne

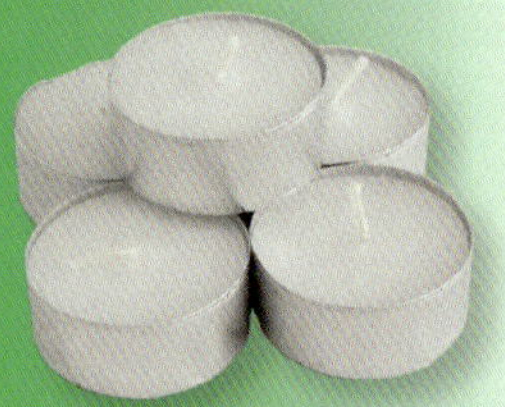

Geschenkverpackungen

Lichterkette

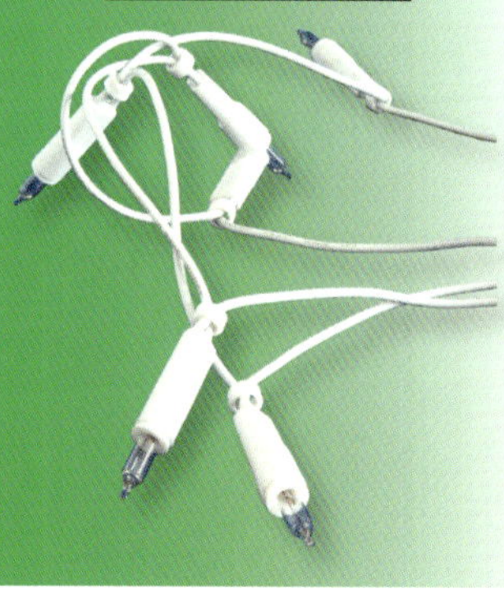

Stern Lampe

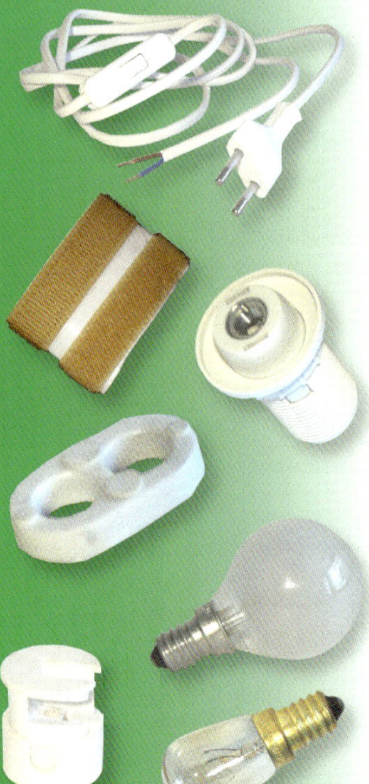

Geschenkbänder

ORIGAMI Zeichen + Symbole

Origami Zeichnungen

Alle Zeichnungen sind mit Symbolen versehen. Gleichzeitig ist immer noch ausreichend Text angegeben worden, so dass das Gelingen der Arbeit auch gewährleistet ist.
Auf dieser Seite sind die internationalen Origami Zeichen abgebildet.
Zur besseren Darstellung von Vorder- und Rückseite wurden bei allen Zeichnungen verschiedene Farben verwendet, wie auch bei dieser Symbolerklärung.
Origamiarbeiten benötigen grundsätzlich kein Werkzeug. Bei Faltungen, wo das Papier in mehreren Lagen übereinander liegt, ist es sehr angenehm mit einem Falzbein zu arbeiten.

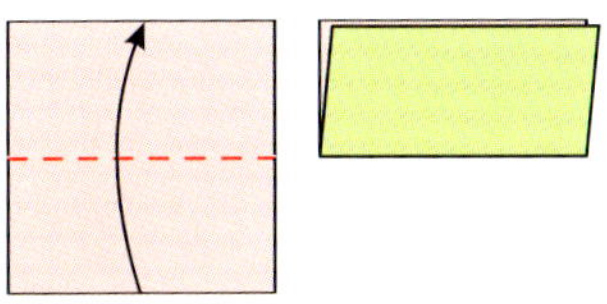
Talfalte - geschlossener Pfeil

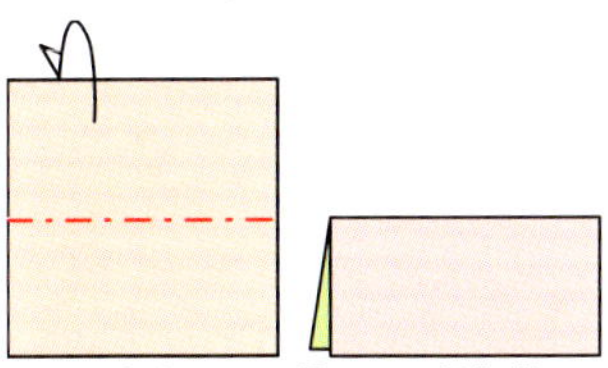
Bergfalte - offener Pfeil

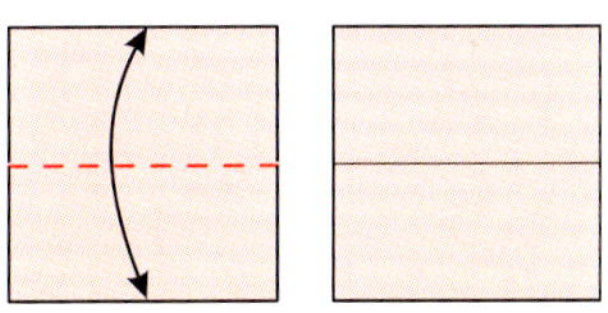
Falten, wieder öffnen.

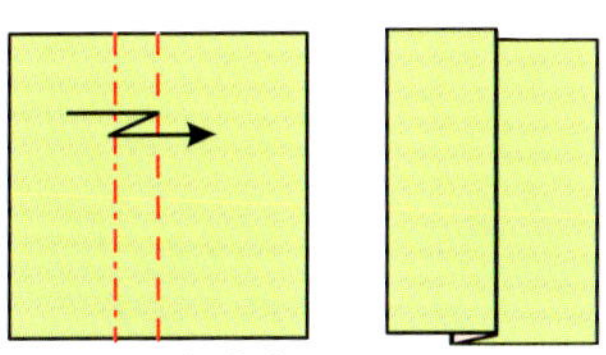
Zickzack-faltung

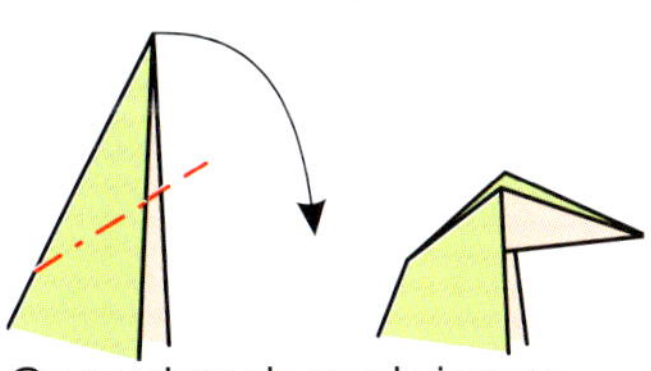
Gegenbruch nach innen - geschlossener Pfeil

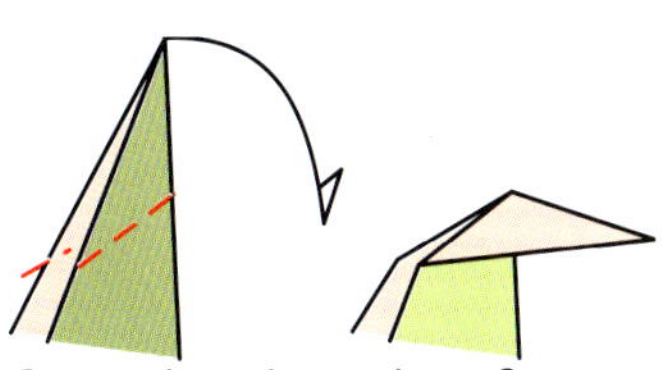
Gegenbruch nach außen - offener Pfeil

Falzbein aus Knochen

Mitte versenken

So sieht der Faltschritt aus.

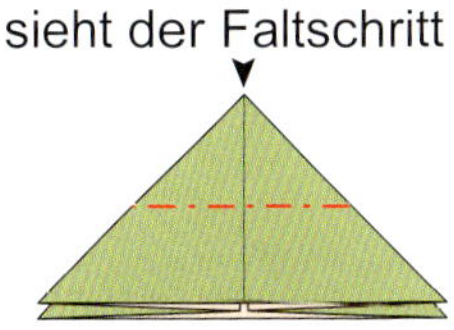

Nach außen öffnen.

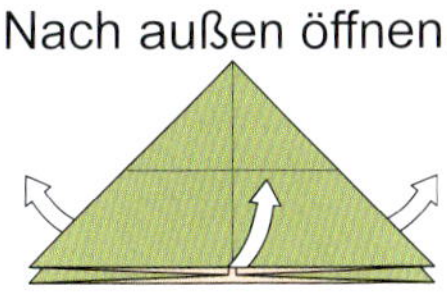

Bergfalten formen.

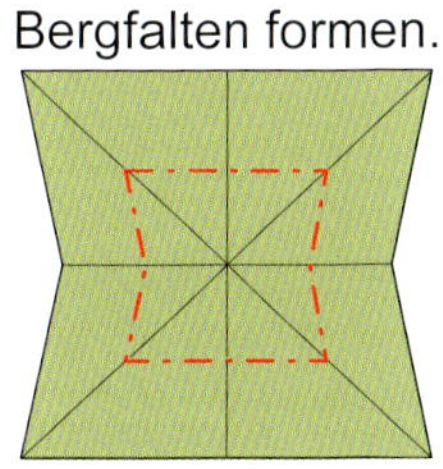

Seiten nach unten falten.

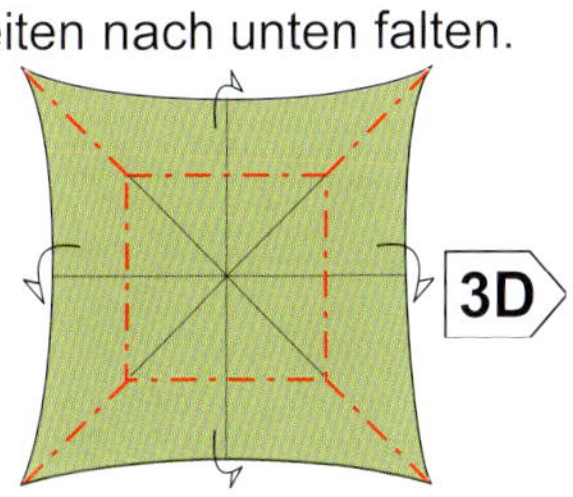

Nur Linien im Quadrat falten.

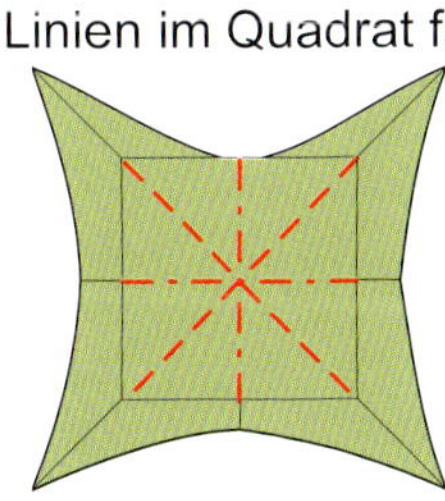

Mitte nach unten drücken, seitlich eindrücken.

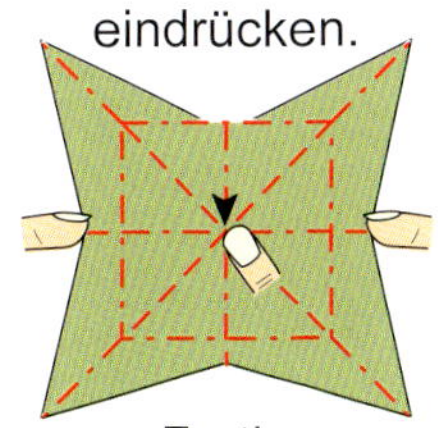

Fertig

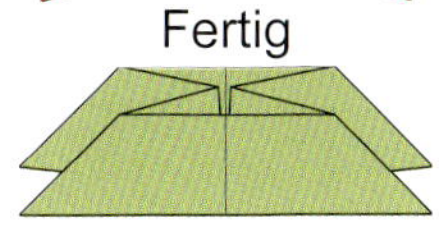

Symbole

Gefaltetes Teil nach außen ziehen, siehe nächste Zeichnung.

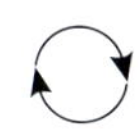
Um 90° drehen.

Arbeitsschritte auf der Rückseite wiederholen.

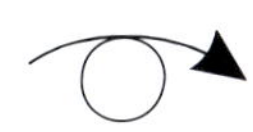
Rückseite nach oben legen.

Ansicht der Zeichnung, vergrößert oder verkleinert.

Eindrücken und glatt falten.

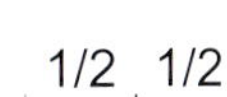

Papier in gleiche Teile einteilen.

Papier nach innen falten.

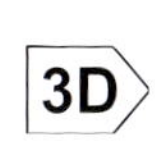

Nächste Zeichnung 3D.

Einschneiden oder abschneiden.

Aufblasen.

MATERIAL
Für eine Tüte benötigt man
1 Blatt
DUO COLOR Papier.
Maße: A4
Für einen Adventskalender
24 Tüten

1. Die Mitte falten und wieder öffnen.

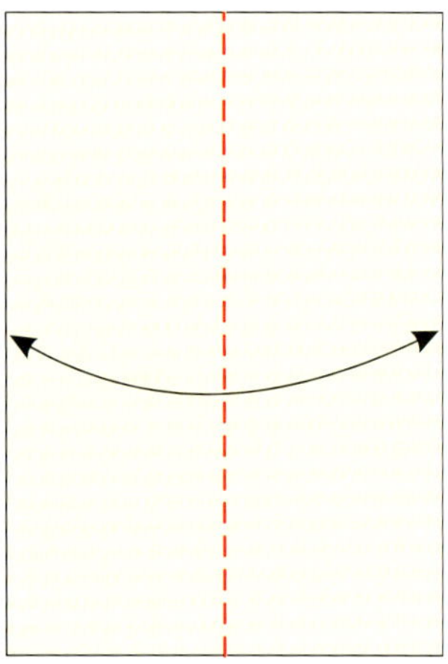

2. Waagerechte Mitte falten, liegen lassen.

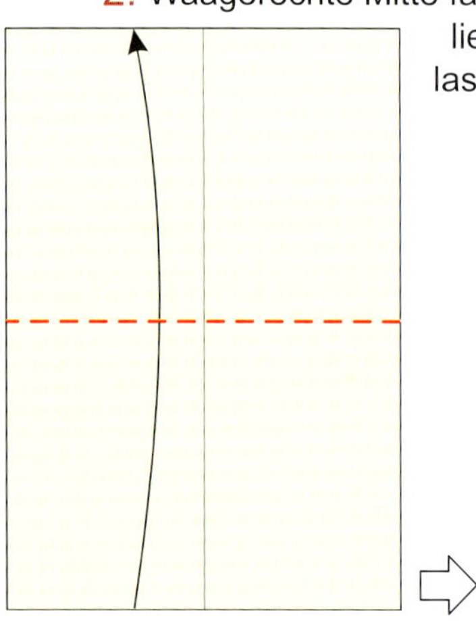

3. Schräge Linien nach oben falten, wieder öffnen.

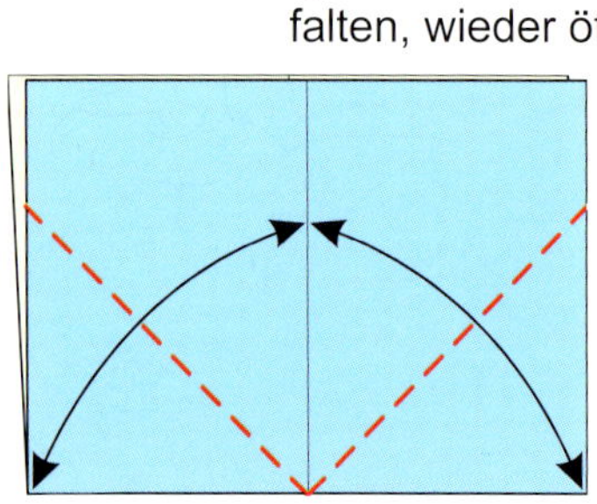

4. Bergfalten formen, Ecken nach innen legen.

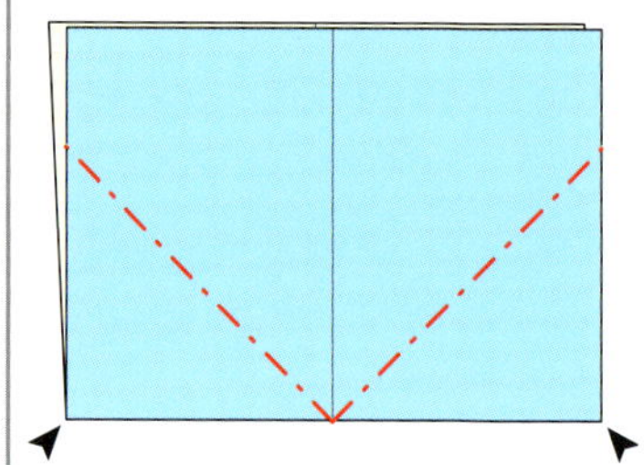

5. Senkrechte Linien falten, liegen lassen. Auf der Rückseite wiederholen.

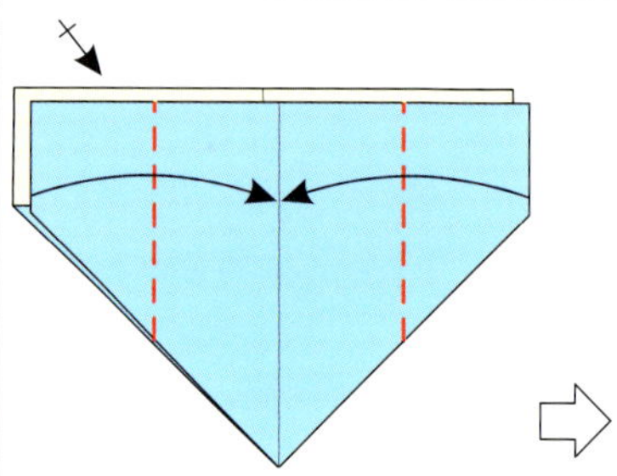

6. Senkrechte Linien falten, liegen lassen. Auf der Rückseite wiederholen.

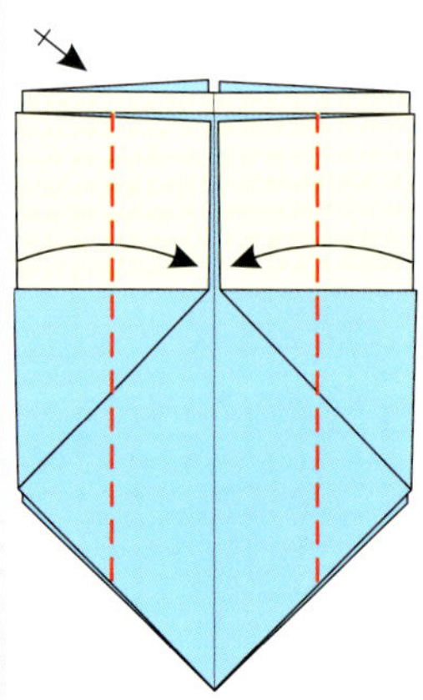

7. An der unteren Spitze waagerechte Linie falten, wieder öffnen.

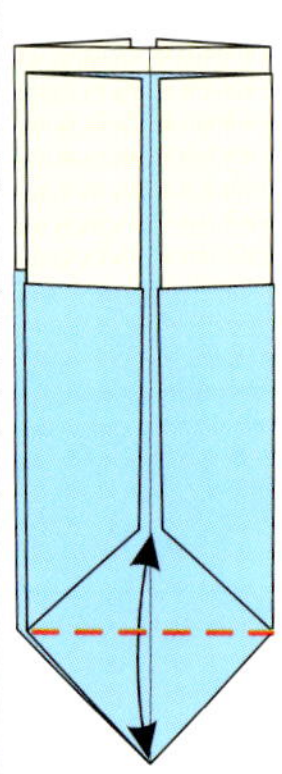

8. Schräge Linien falten, liegen lassen. Auf der Rückseite wiederholen.

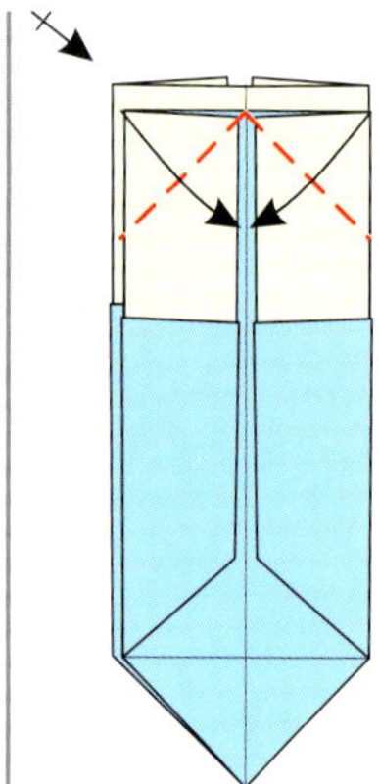

9. Waagerechte Linie falten, liegen lassen. Auf der Rückseite wiederholen.

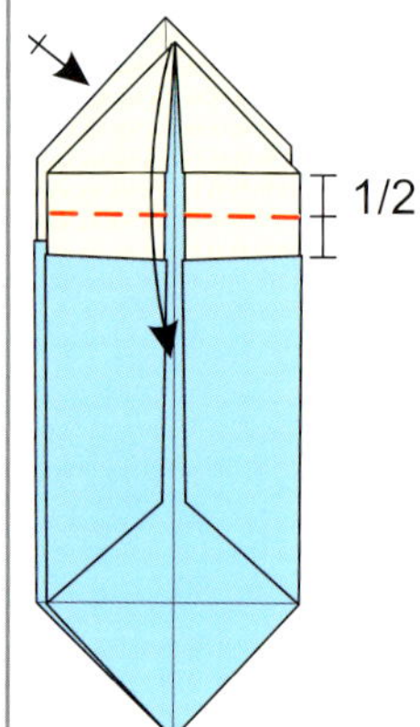

10. Siehe Pfeile, von innen öffnen, Bergfalte formen und Spitze flach drücken.

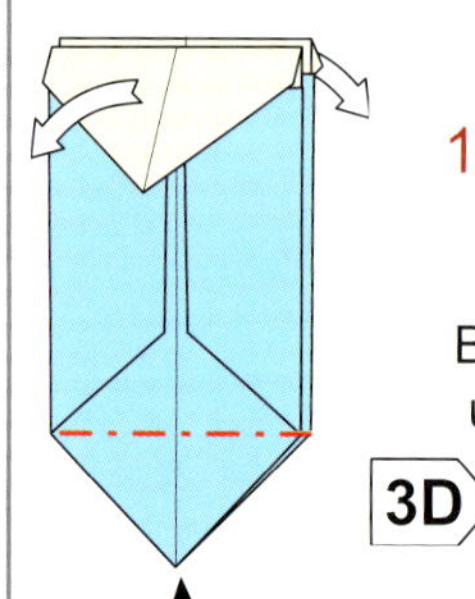

11. Fertiges Modell mit Kordel.

Fenster Dekoration

Weihnachts-Fensterstern

MATERIAL
Für einen Stern benötigt man
8 Blätter
durchscheinendes Papier.
Maße: 15x15 cm
Durchmesser fertiger Stern 30 cm
Sterne können in jeder Größe
gearbeitet werden.

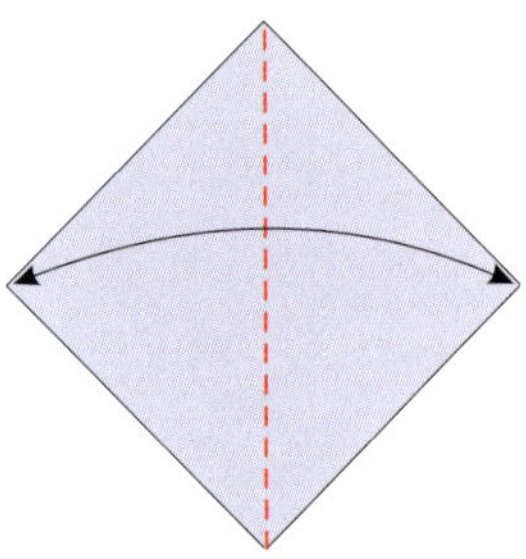

1. Die Mitte falten und wieder öffnen.

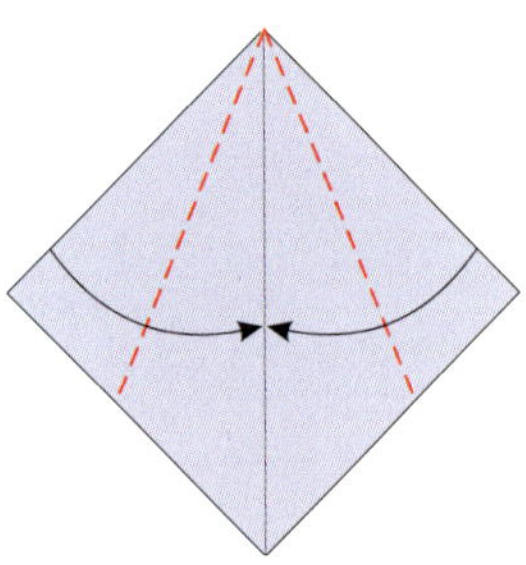

2. Schräge Linien an die Mitte falten, liegen lassen.

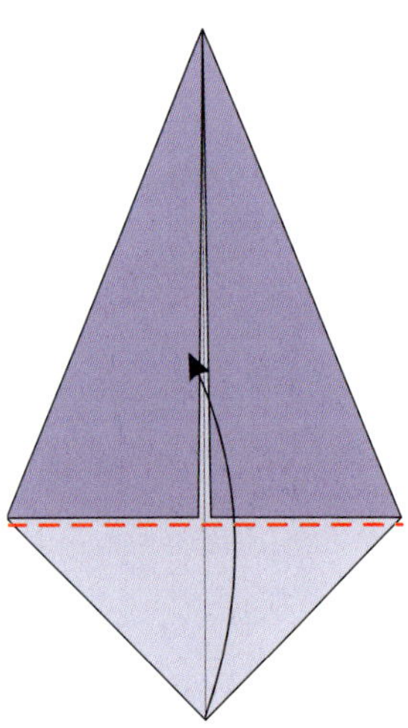

3. Linie nach oben falten, liegen lassen.

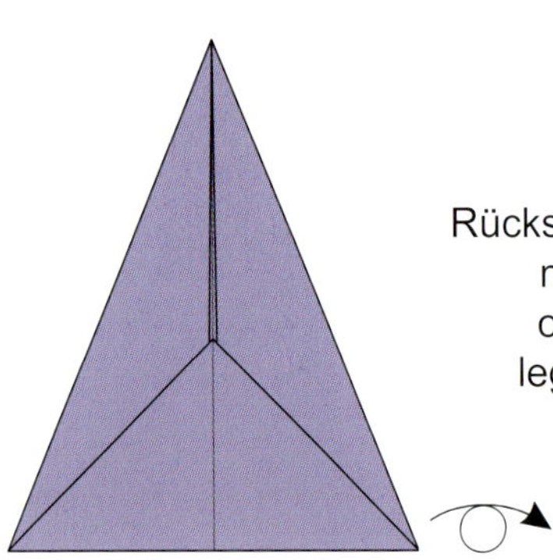

4. Rückseite nach oben legen.

5. Schräge Linie nach oben falten, liegen lassen.

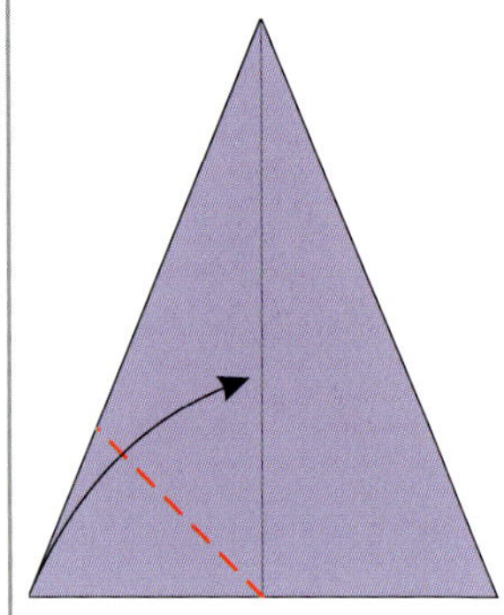

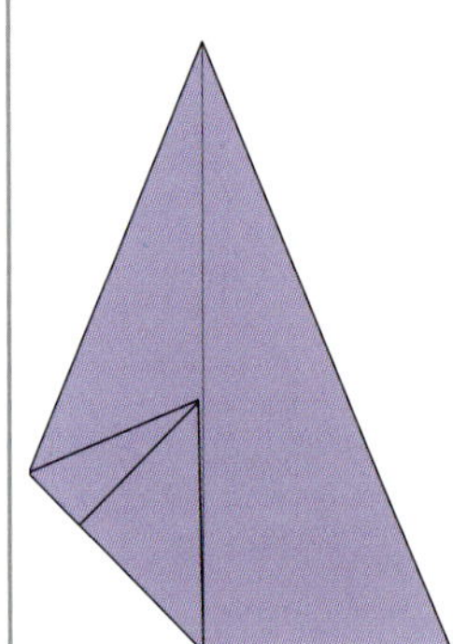

6. Dieses fertige Einzelteil jetzt achtmal falten.

7. Einzelteile jetzt, siehe Pfeil, aufeinander kleben.

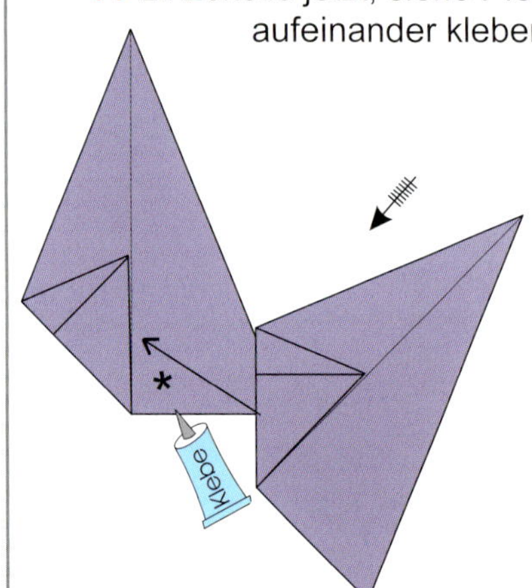

8. Mit allen oben liegenden Dreiecken schräge Linie falten, liegen lassen.

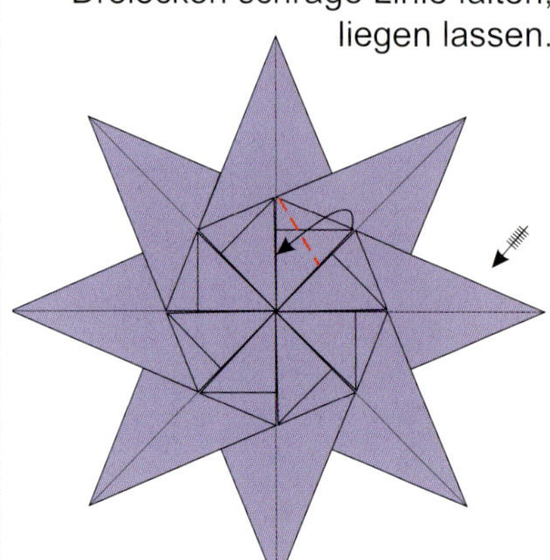

9. Nur mit der oberen Papierlage aller Dreiecke, Spitze nach oben falten, liegen lassen.

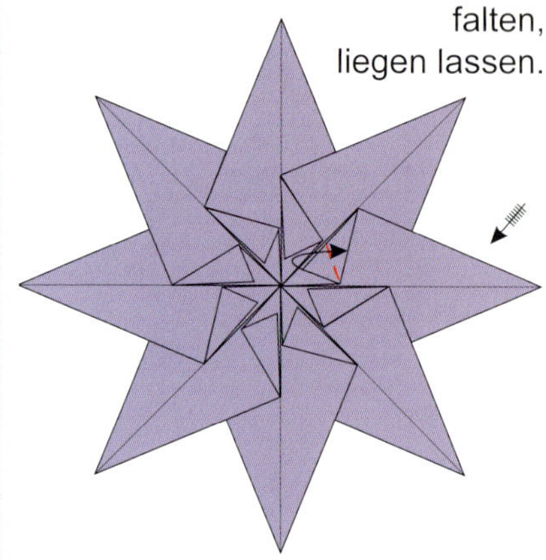

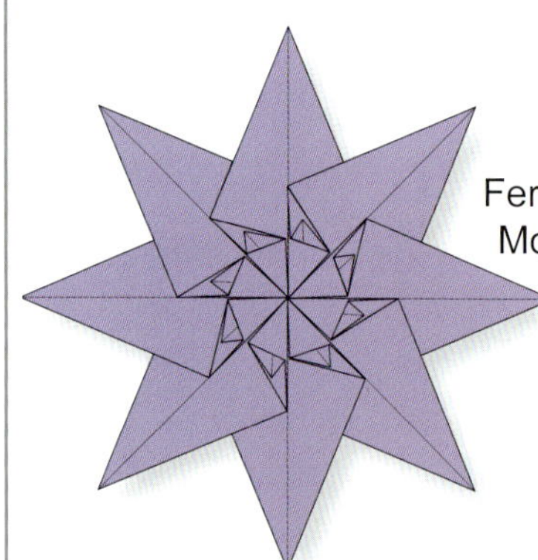

10. Fertiges Modell.

Wintersonne

Modell von Bob Neale

MATERIAL
Für eine Sonne benötigt man
16 Blätter
Dekor Papier Kratzmotiv.
Maße: 15x15 cm
Durchmesser fertige Sonne 30 cm
Sonnen können in jeder Größe
gearbeitet werden.

1. Die Mitte falten und wieder öffnen.

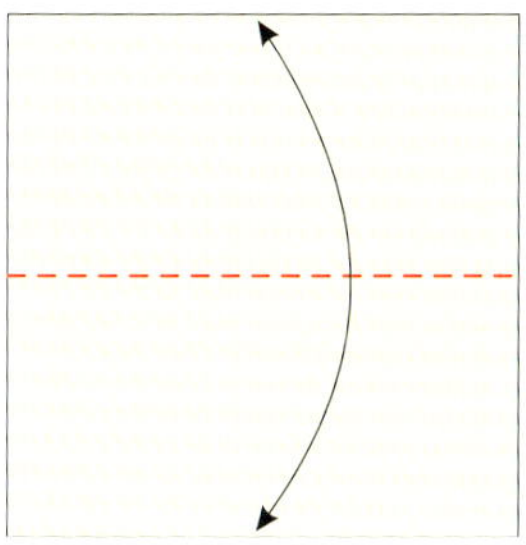

2. Alle vier Ecken zur Mitte falten, liegen lassen.

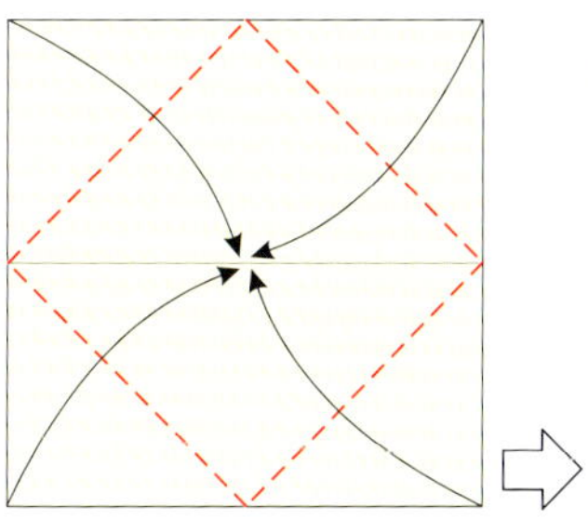

3. Schräge Linien an die Mitte falten, liegen lassen.

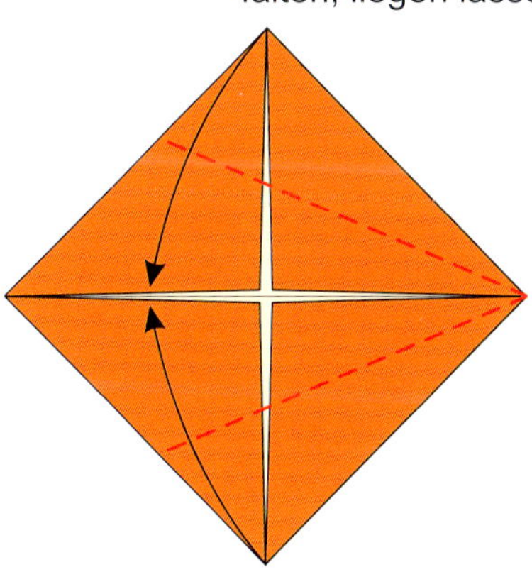

4. Spitze zur Rückseite falten, liegen lassen.

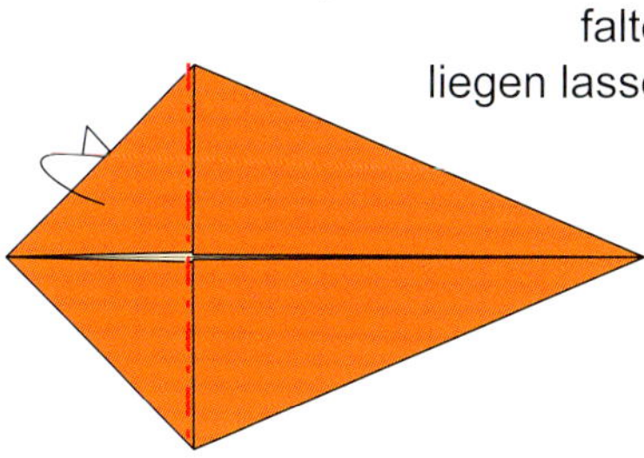

5. Waagerechte Mitte falten, liegen lassen.

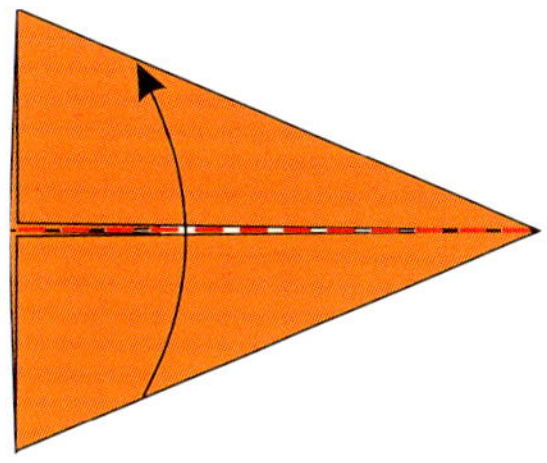

6. Dieses fertige Einzelteil jetzt sechzehnmal falten.

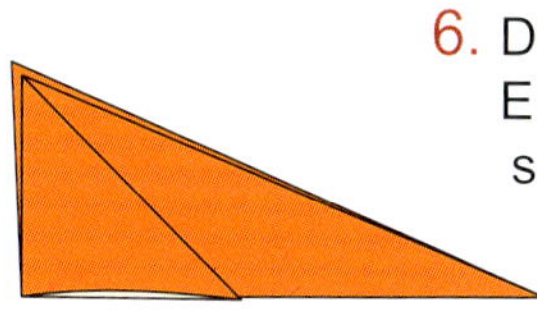

7. Einzelteile jetzt, siehe Pfeile, in die beiden Papiertaschen schieben, dabei festkleben.

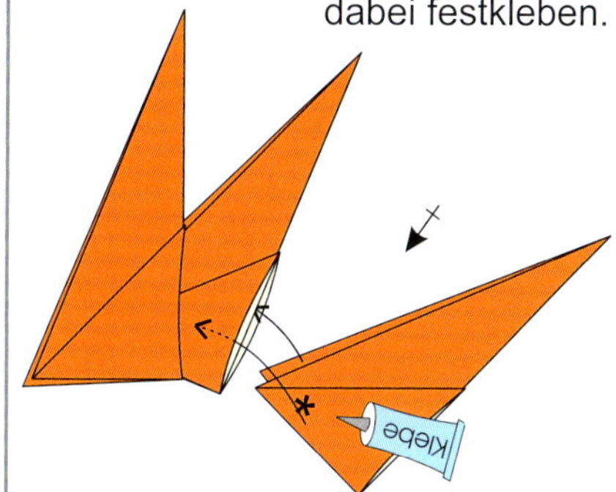

8. Fertige Sonne, die von der Vorderseite und Rückseite gleich aussieht.

Schneeflocken

MATERIAL
Für eine Schneeflocke werden 5 Blätter durchscheinendes Papier benötigt.
Maße: 15x15 cm
Durchmesser fertiger Stern 30 cm
Sterne können in jeder Größe gearbeitet werden.

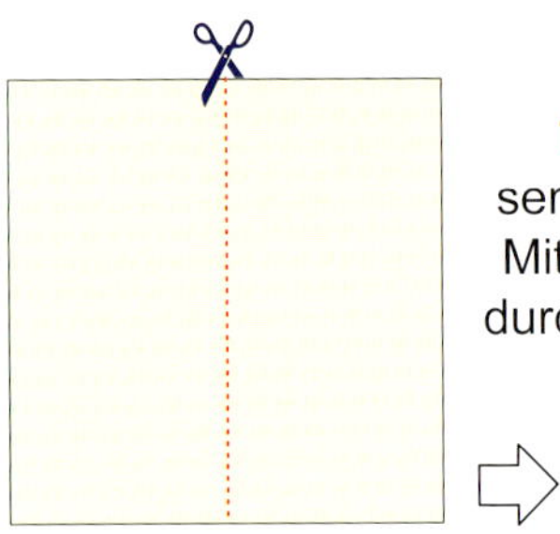

1. An der senkrechten Mitte Papier durchschneiden.

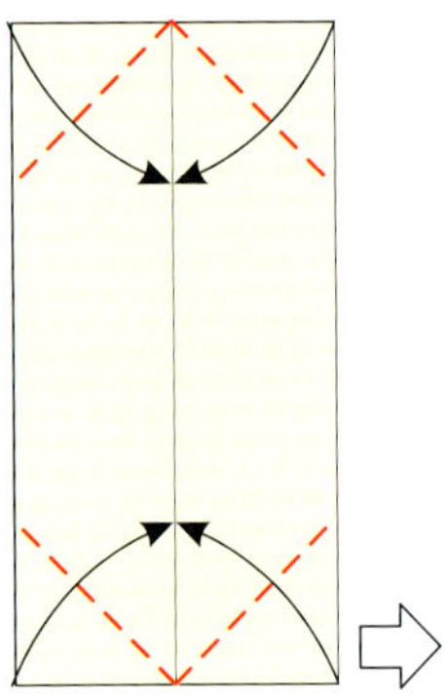

2. Schräge Linien an die Mitte falten, liegen lassen.

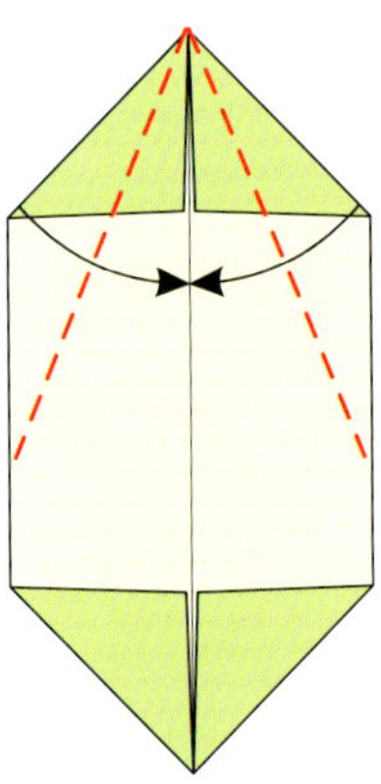

3. Schräge Linien an die Mitte falten, liegen lassen.

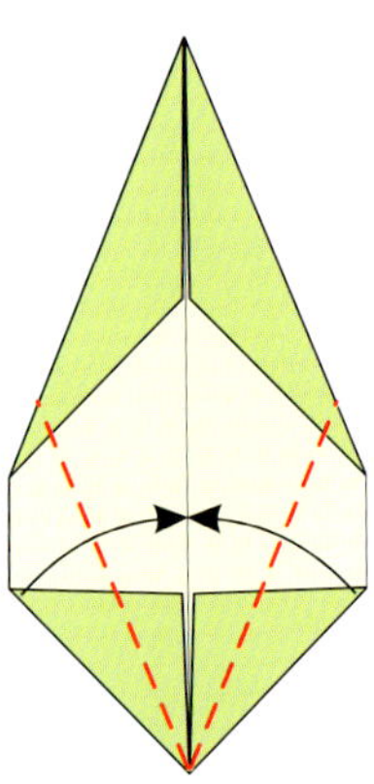

4. Schräge Linien an die Mitte falten, liegen lassen.

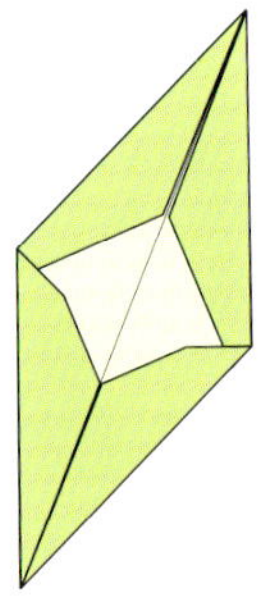

5. Dieses fertige Einzelteil jetzt zehnmal falten.

6. Einzelteile, siehe Pfeile, aufeinander kleben.

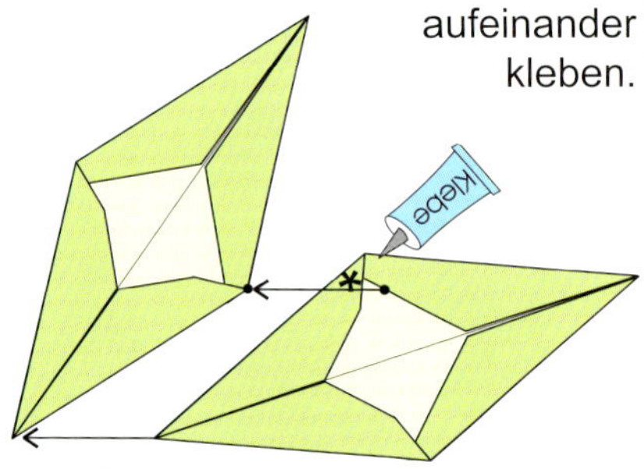

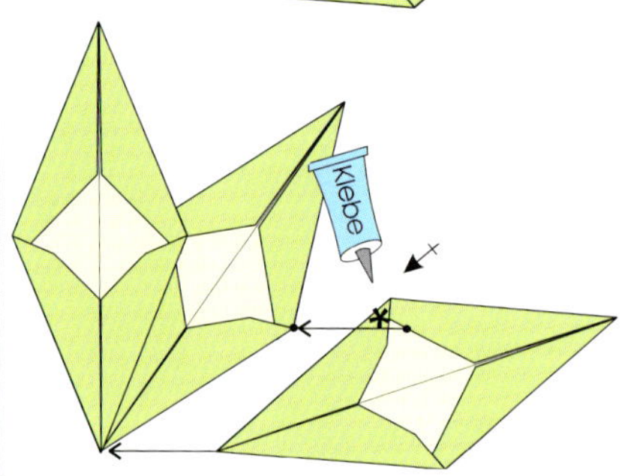

7. Fertiger Stern von der Vorderseite gesehen.

MATERIAL
Für diese Schneeflocke benötigt man 1 Blatt 15x15 cm
4 Blätter 7,5x7,5 cm
durchscheinendes Papier.
Durchmesser fertiger Stern 15 cm
Sterne können in jeder Größe gearbeitet werden.

1. Zweimal waagerecht die Mitte falten, wieder öffnen.

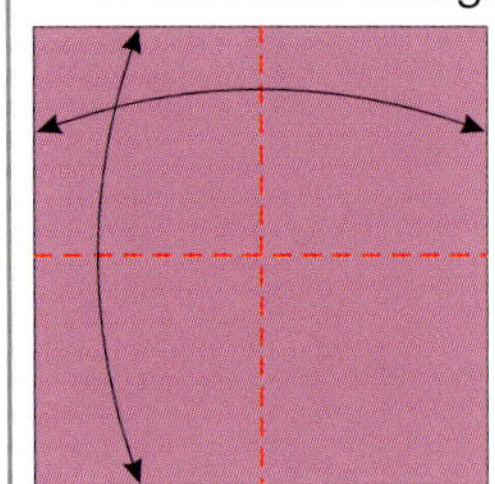

2. Zweimal diagonal die Mitte falten, wieder öffnen. Rückseite nach oben legen.

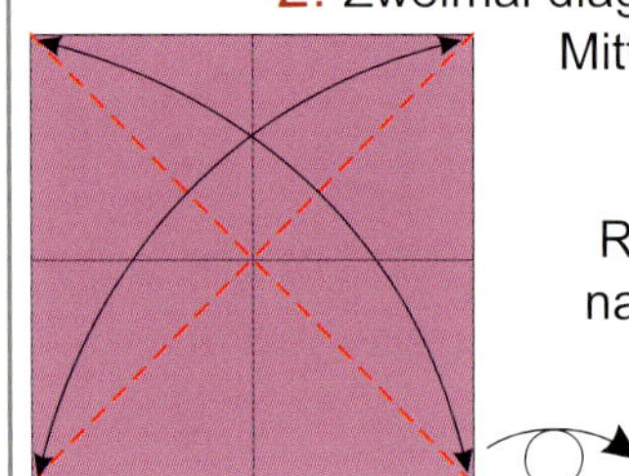

3. Alle vier Ecken zur Mitte falten, wieder öffnen. Rückseite nach oben legen.

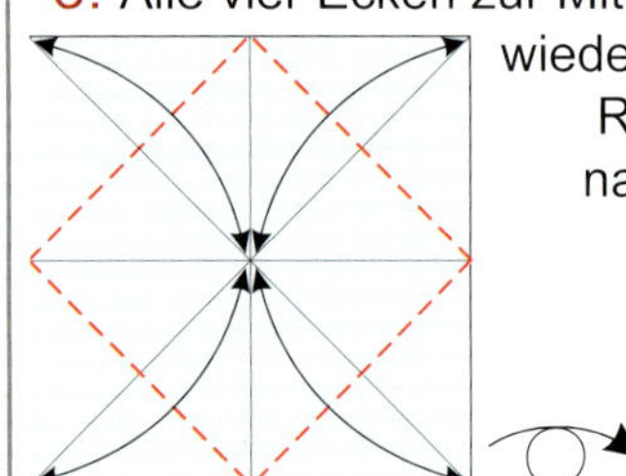

4. Zweimal waagerecht die Mitte falten, wieder öffnen.

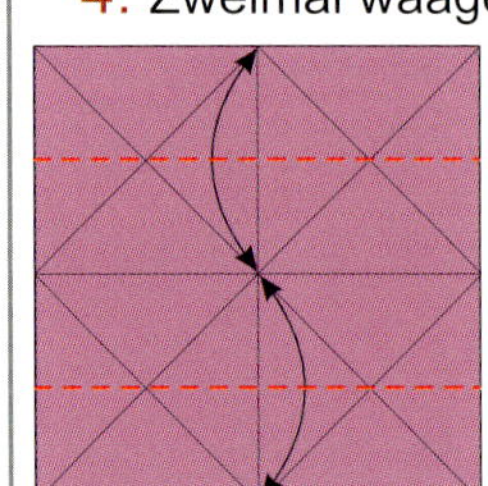

5. Zweimal senkrecht die Mitte falten, liegen lassen.

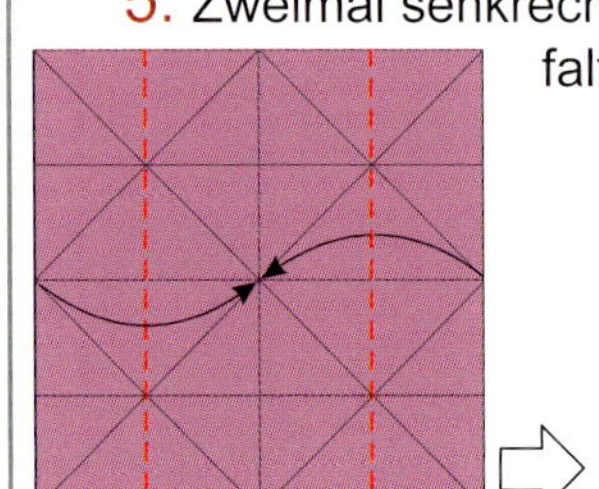

6. Siehe Pfeile, obere Papierlagen nach außen legen, siehe auch Diagramm Nr.7.

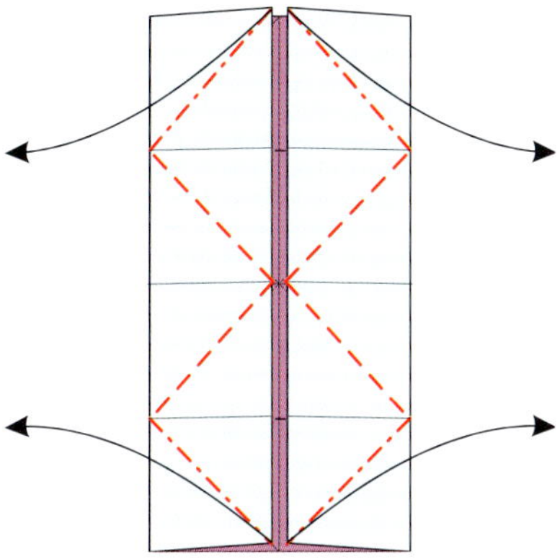

7. Siehe Pfeile, obere Papierlagen falten, siehe auch Diagramm Nr.8.

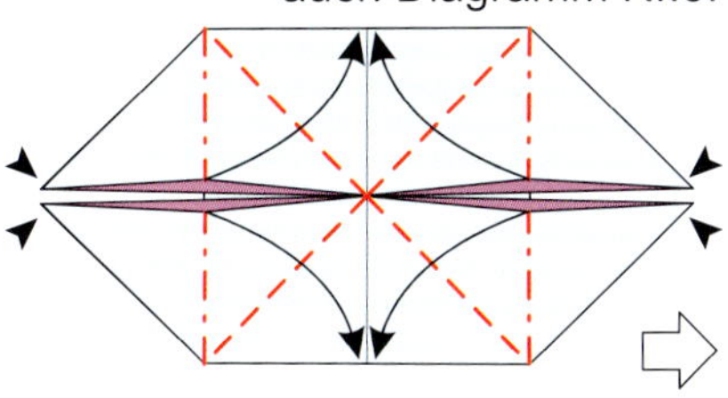

8. Siehe Pfeile, obere Papierlagen falten, siehe auch Diagramm Nr.9.

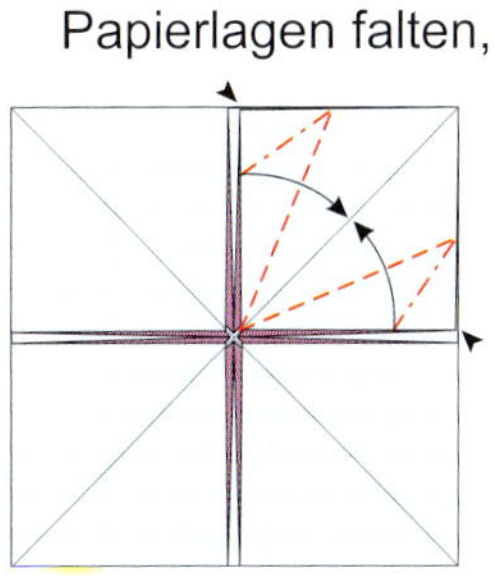

9. An den anderen drei Ecken Nr.8 wiederholen.

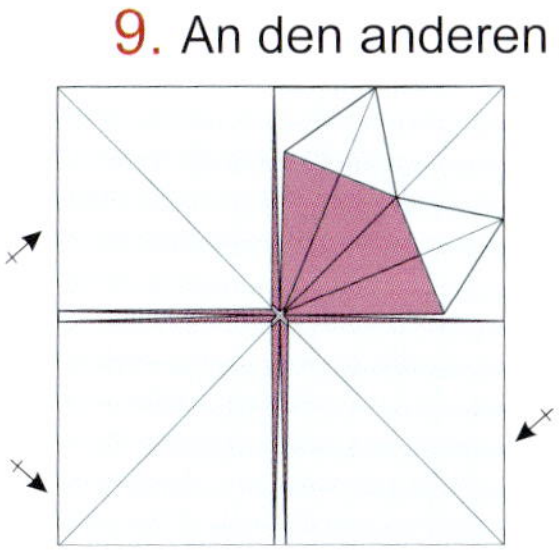

10. Links fertiges Teil A. Rechts Teil B von Seite 20, achtmal falten.

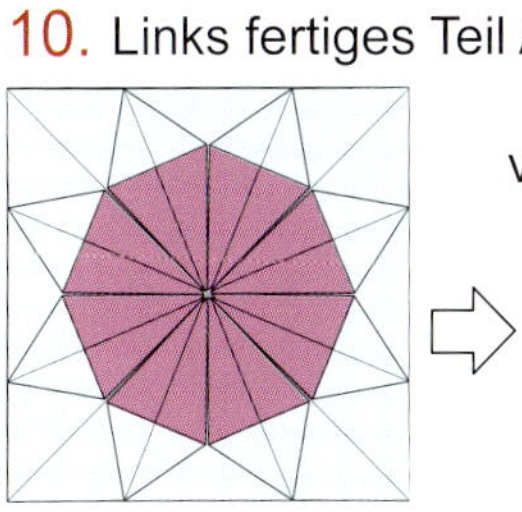

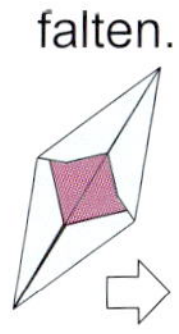

11. Siehe Pfeil, Teil B an den Ecken in Teil A schieben.

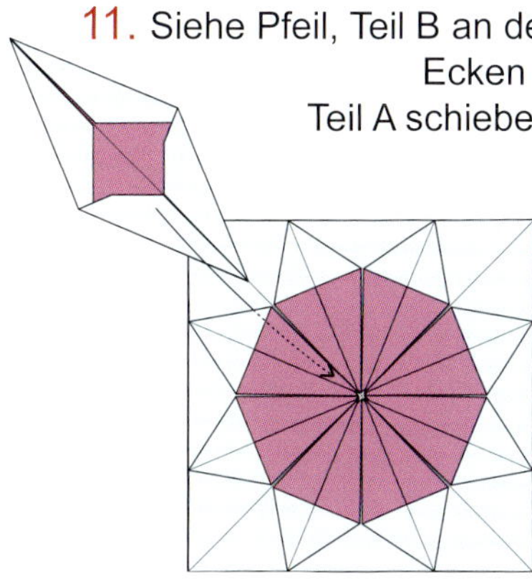

12. Spitze von oberer Papierlage nach oben falten, liegen lassen.

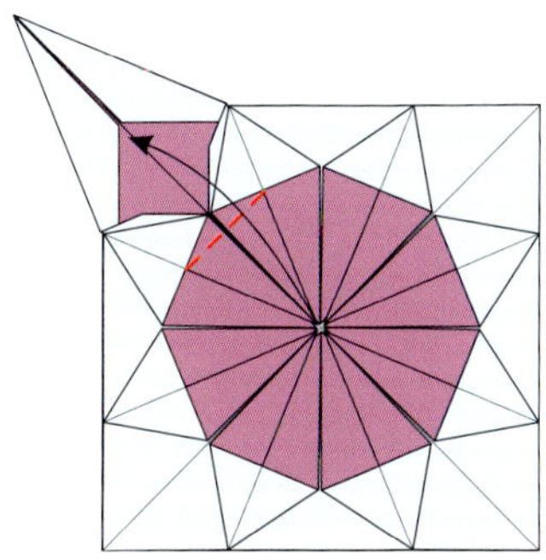

13. An den anderen drei Ecken Nr.11-12 wiederholen.

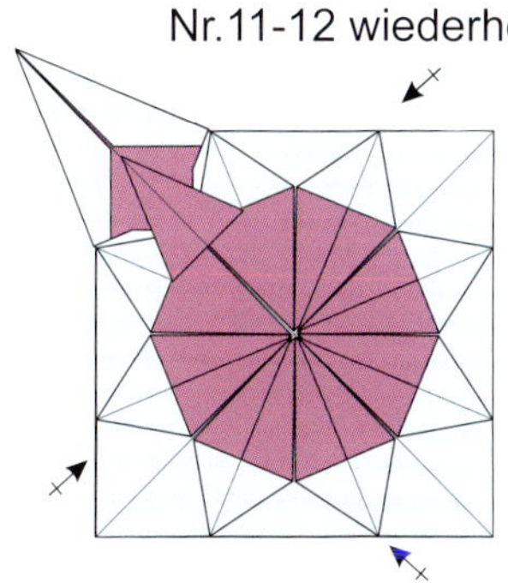

14. Siehe Pfeil, Teil B mittig in Teil A schieben.

15. Spitze von oberer Papierlage nach oben falten, liegen lassen.

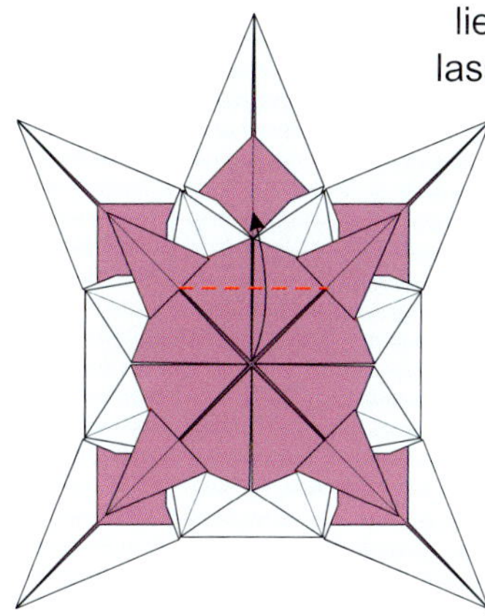

16. An den anderen drei Seiten Nr.14-15 wiederholen.

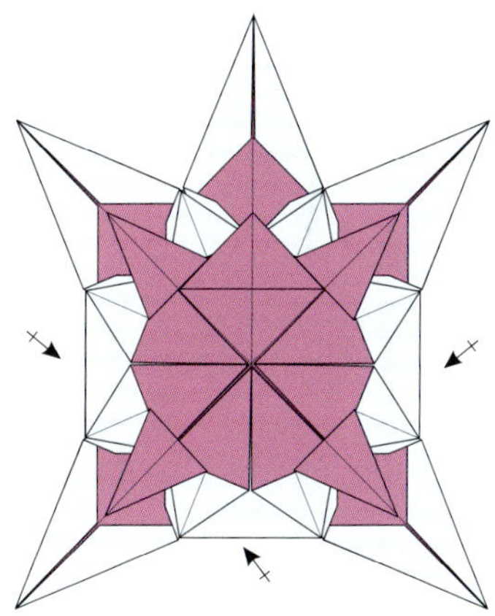

17. Fertiger Stern von der Vorderseite gesehen.

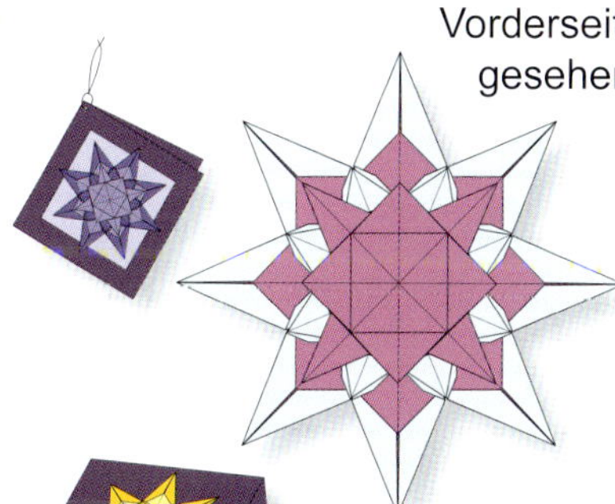

Blätter-Kranz

Modell von J. van Schuylenburg

MATERIAL
Für einen Kranz benötigt man
8 Blätter
DUO COLOR Papier.
Maße: 10x10 cm
Durchmesser fertiger
Kranz 17,5 cm
Kränze können in jeder Größe
gearbeitet werden.

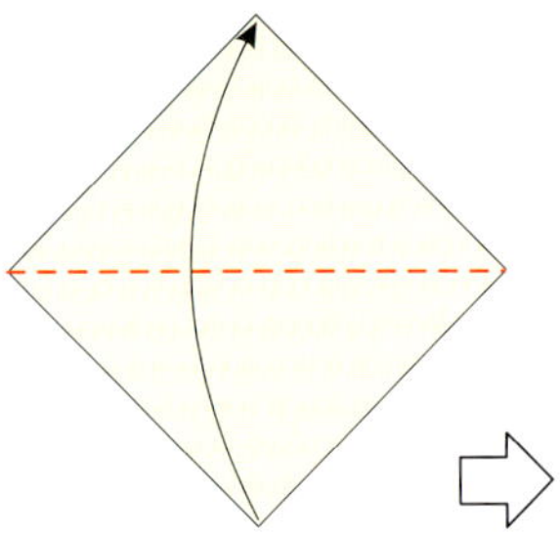

1. Mitte falten, liegen lassen.

2. Schräge Linien zur Spitze falten, liegen lassen.

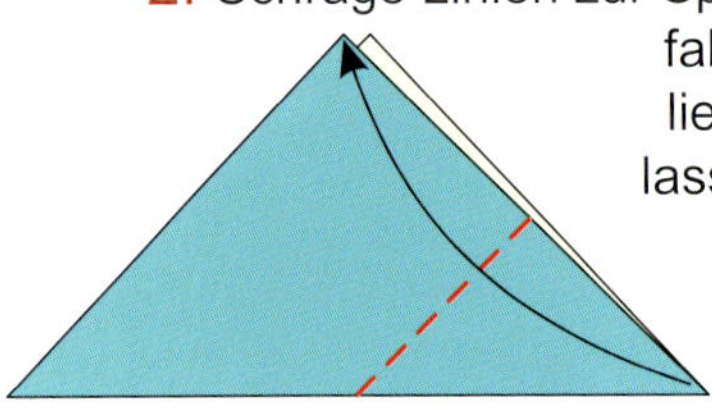

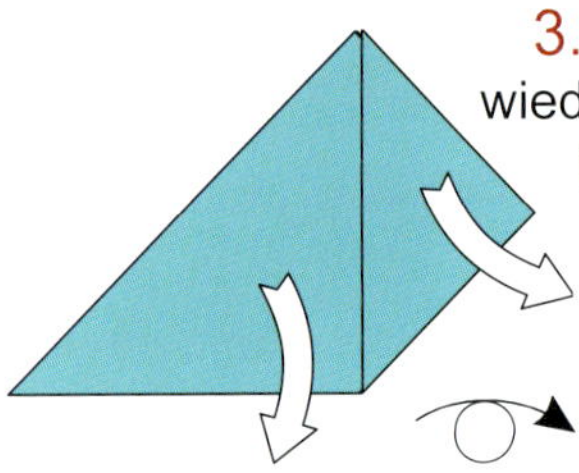

3. Komplett wieder öffnen. Rückseite nach oben legen.

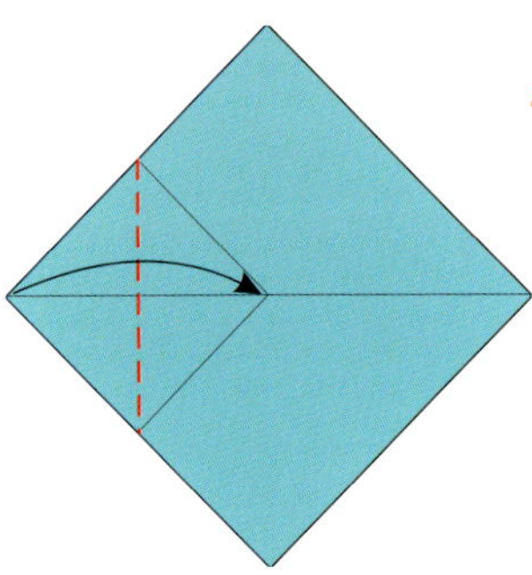

4. Senkrechte Linie falten, liegen lassen.

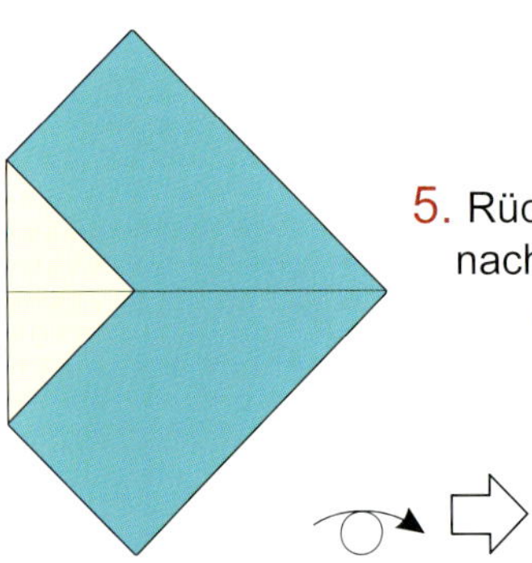

5. Rückseite nach oben legen.

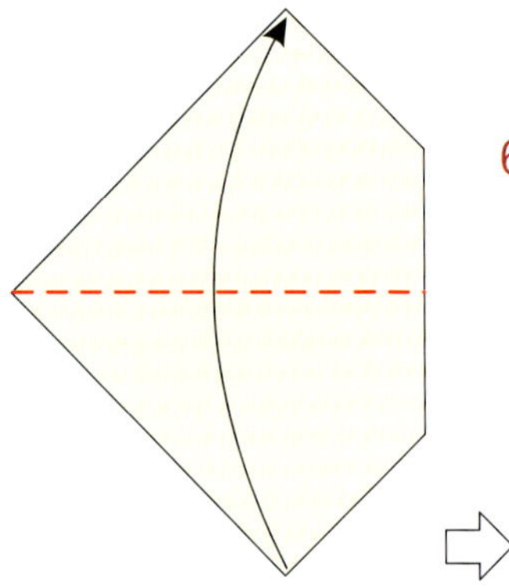

6. Mitte falten, liegen lassen.

7. Rechte untere Ecke nach oben legen, liegen lassen. Nur mit der oberen Papierlage nun die Spitze Nr.2 nach unten falten.

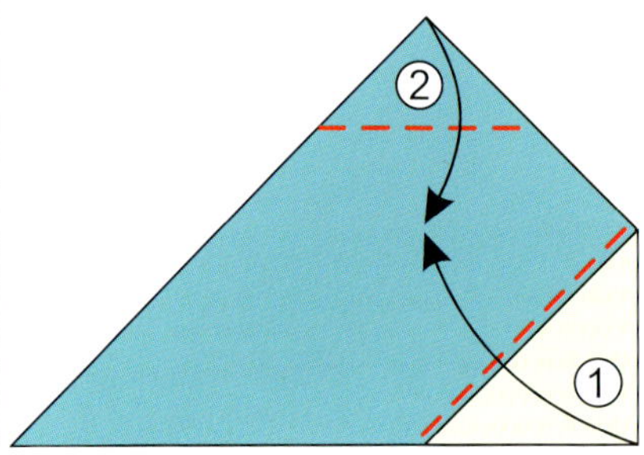

8. Rückseite nach oben legen.

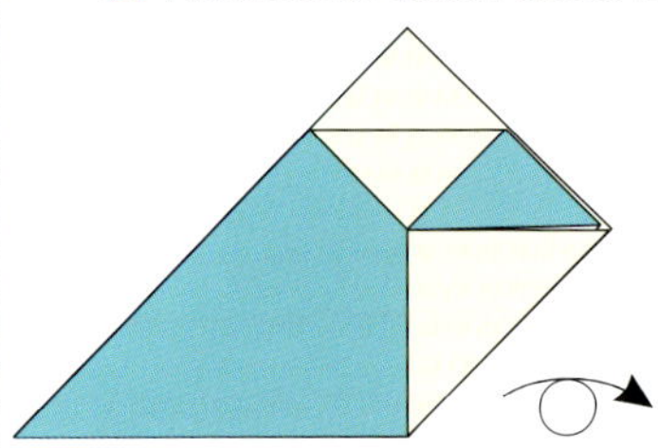

9. Siehe Pfeil, waagerechte Linie falten, wieder öffnen.

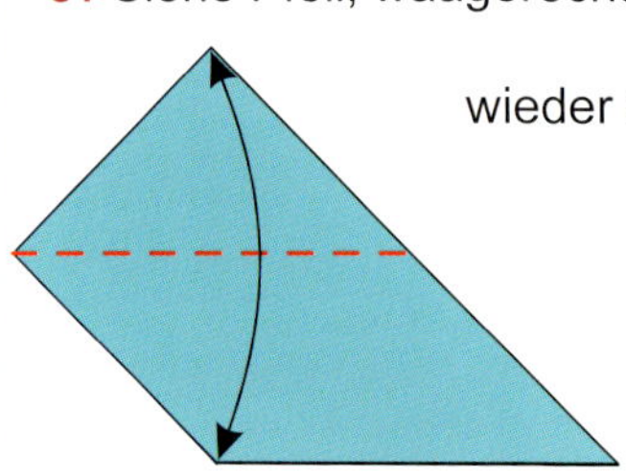

10. Siehe Pfeil, schräge Linie an die waagerechte Linie falten, liegen lassen.

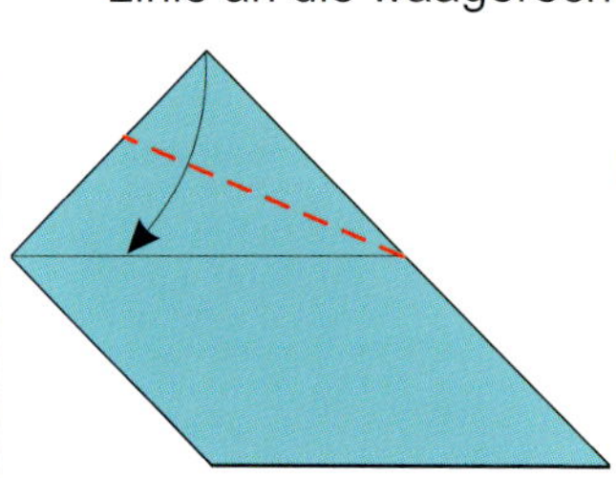

11. Nur mit der oberen Papierlage, siehe Pfeil, nach unten falten.

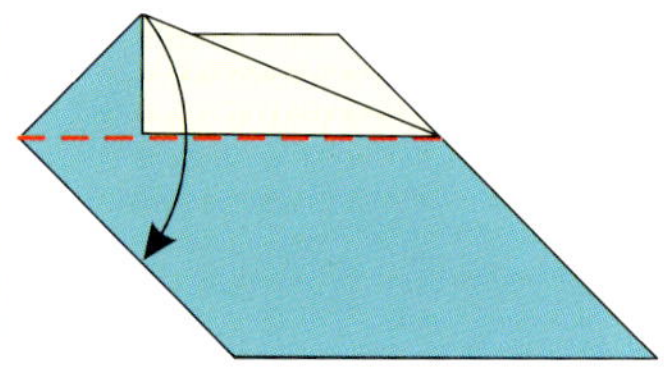

12. Dieses fertige Einzelteil jetzt achtmal falten. Rückseite nach oben legen.

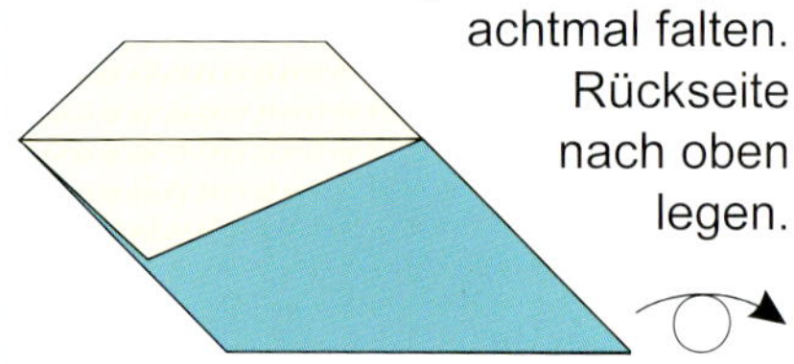

13. Einzelteile, siehe Pfeile, immer unter die kleinen Dreiecke kleben.

14. Rückseite, fertiges Modell.

15. Fertiges Modell von vorne gesehen.

Tür Dekoration

Fröbelstern-Kranz

MATERIAL
Für einen Kranz benötigt man 8 Fröbelsterne.
Am besten ist flammsicheres Papier oder DUO Color Papier.
Maße: 1,5x45 cm oder 2x65 cm

Start. Eine Anleitung für die Herstellung des Fröbelsterns steht auf den Seiten 34 bis 36. Diagramme bis Nr.27 arbeiten. Achtung: Es ist sehr wichtig, dass die überstehenden Streifen nicht gleich abgeschnitten werden.

1. Bei dem 1.Stern alle Streifen abschneiden. Bei dem 2.Stern an einer Spitze ein Stück stehen lassen. Diesen Reststreifen des 2.Sterns nun, siehe Pfeil, in die Spitze des 1.Sterns kleben.

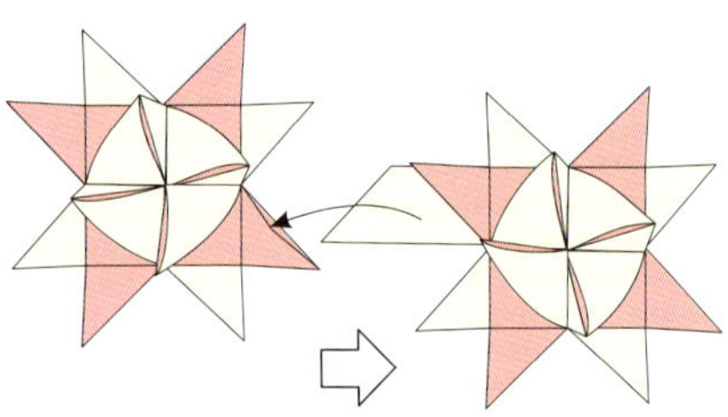

2. Die ersten 2 Sterne für den Kranz sind fertig.

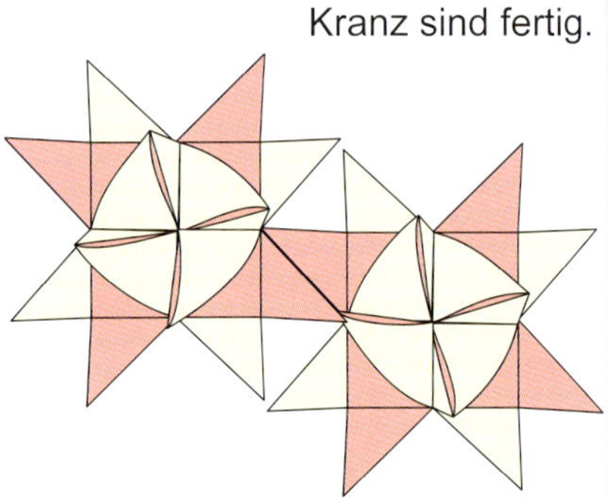

3. Bei dem 3.Stern wieder an einer Spitze ein Stück stehen lassen. Diesen Reststreifen des 3.Sterns nun, siehe Pfeil, in die Spitze des 2.Sterns kleben.
Achtung: Immer auf den richtigen Winkel achten, siehe Diagramm.

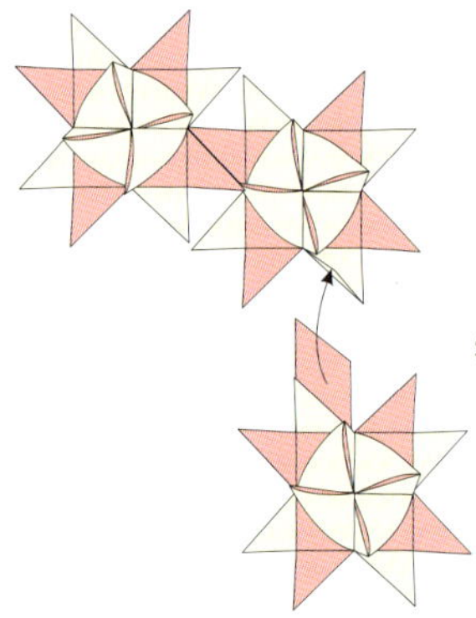

4. Die Schritte von Nr.1-3 nun mit weiteren 4 Sternen wiederholen.

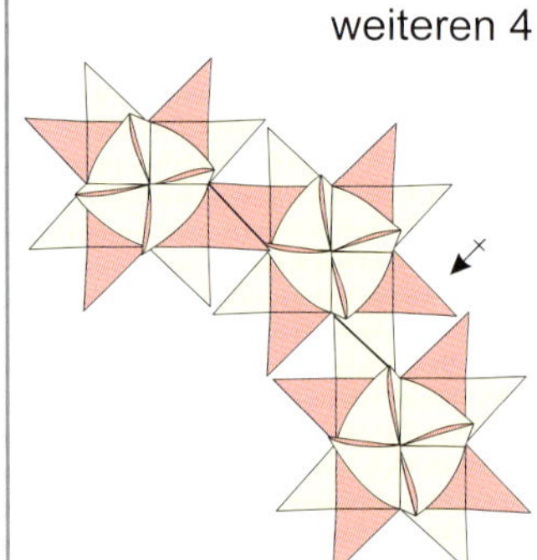

5. Der bis dahin gearbeitete Kranz muss jetzt so aus sehen.

6. Bei dem letzten Stern an zwei Spitzen ein Stück Streifen stehen lassen, siehe Diagramm. Diese Reststreifen des letzten Sterns nun, siehe Pfeile, in die Spitzen des 7. und 1. Sterns kleben.
Achtung: Immer auf den richtigen Winkel achten, siehe Diagramm.

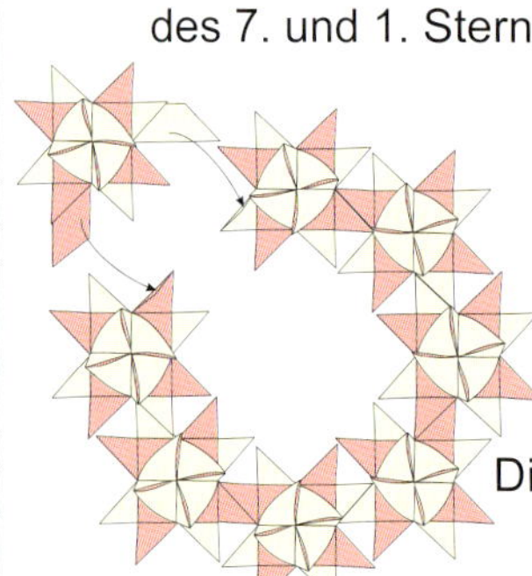

7. Fertige Fröbelsternkränze.

8. Fröbelsternkranz mit Streifenverbindung.

9. Für den Kranz mit Spitzenverbindung, siehe Foto, Spitzen zusammen kleben, der Kranz wird dadurch kleiner.

10. Fröbelsternkranz mit Spitzenverbindung.

Skandinavischer-Sternenkranz

MATERIAL
Für diesen Kranz benötigt man 6 Streifen.
Es werden die abgeschnittenen Streifen der Fröbelsterne verwendet.

1. Für ein Modell müssen alle Streifen immer gleich lang sein.

2. Die Tüten entstehen, indem die Unterseite des Streifens durch drehen auf die Oberseite des Streifens geklebt wird. Danach die Spitzen schneiden.

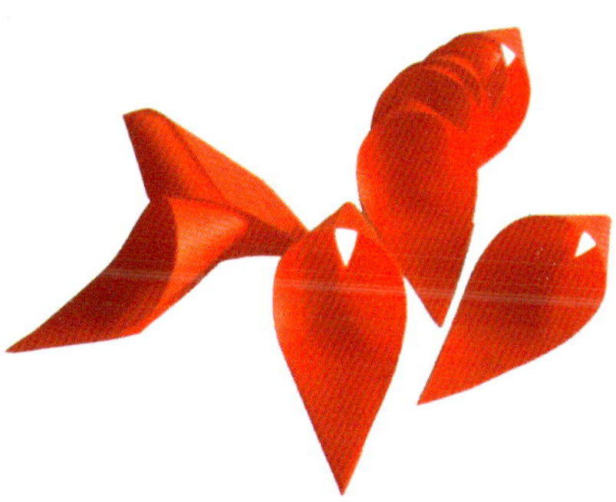

3. Vorder- und Rückseite der geklebten Tüte.

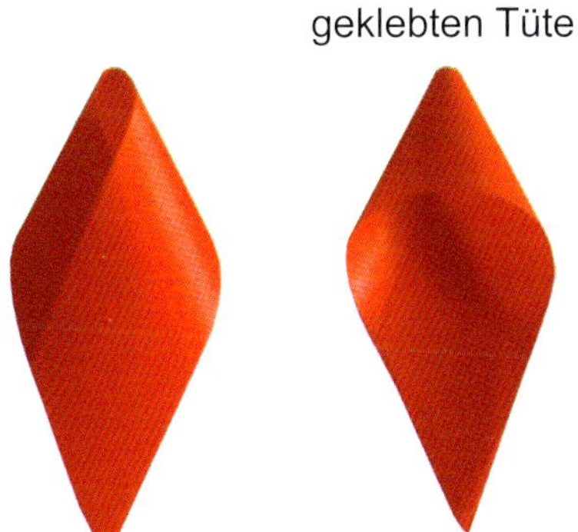

4. Die sechs Tüten so im Kreis auf ein rundes Trägerpapier kleben.

5. Fertiger einseitiger Stern zum aufkleben.

TIPP
Dieser Stern ist eine schöne Übungsarbeit für Kinder.
Gut zur Verzierung von Geschenkverpackungen.

6. Fertiger doppelseitiger Stern zum aufhängen.

MATERIAL
Für diesen Stern benötigt man
1 Blatt
DUO COLOR Streifen Papier.
Maße: 15x15 cm

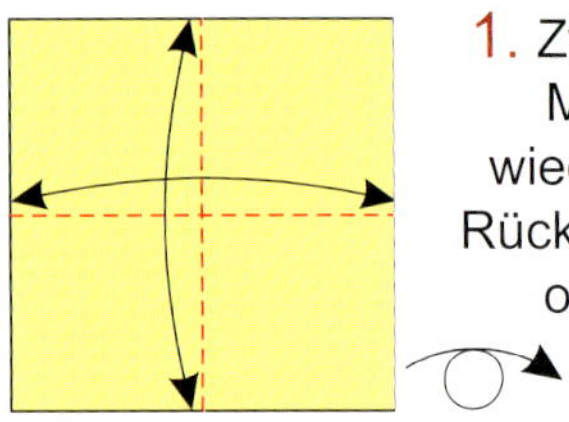

1. Zweimal die Mitte falten, wieder öffnen. Rückseite nach oben legen.

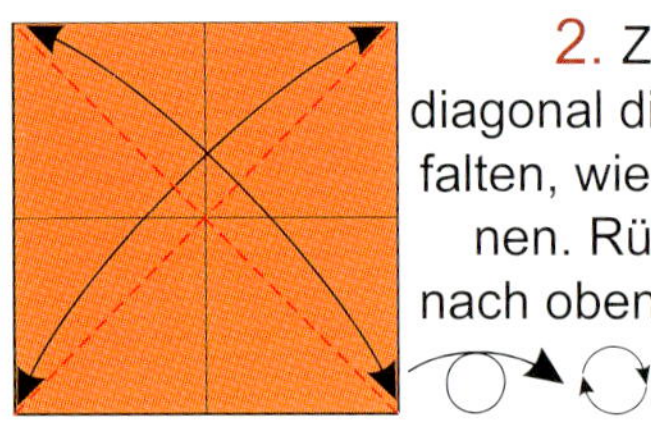

2. Zweimal diagonal die Mitte falten, wieder öffnen. Rückseite nach oben legen.

3. Von der waagerechten Mitte (Bergfalte), die seitlichen Ecken zur unteren Ecke legen. Die obere Ecke dann ebenfalls nach unten legen, siehe Pfeile.

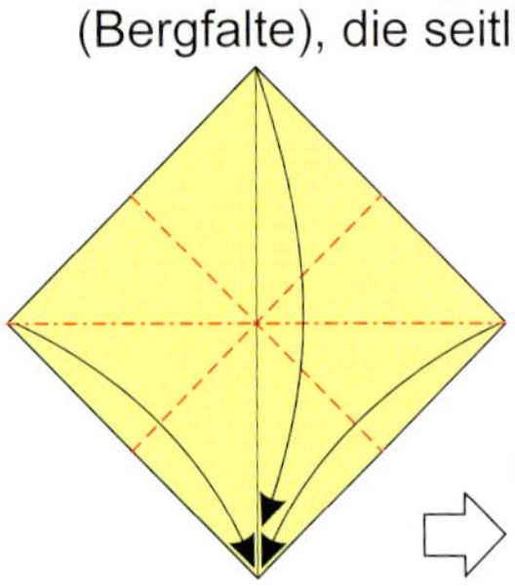

4. Schräge Linien zur Mitte falten, wieder öffnen. Obere Spitze nach unten falten, wieder öffnen.

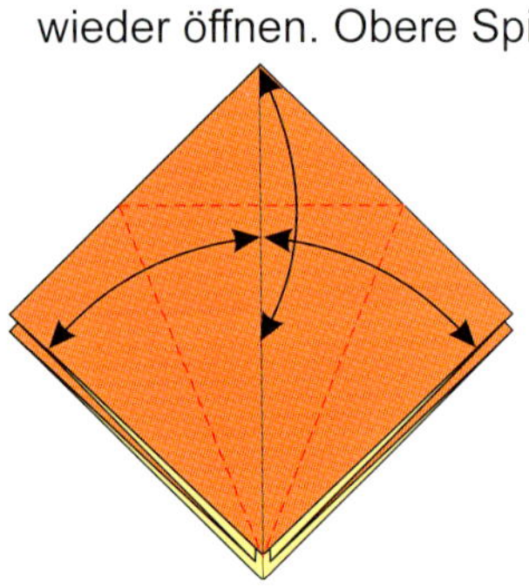

5. Nur obere Papierlage, siehe Pfeil, von unten nach oben falten, dabei seitlich eindrücken.

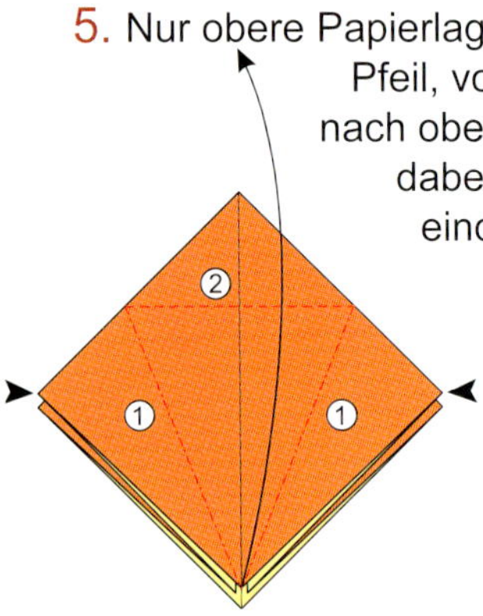

6. Die Schritte Nr.4-5 auf der Rückseite wiederholen.

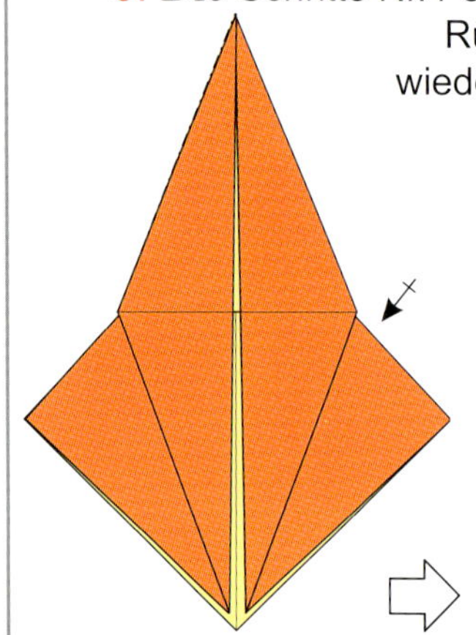

7. Obere Spitze nach unten falten, liegen lassen. Auf der Rückseite wiederholen.

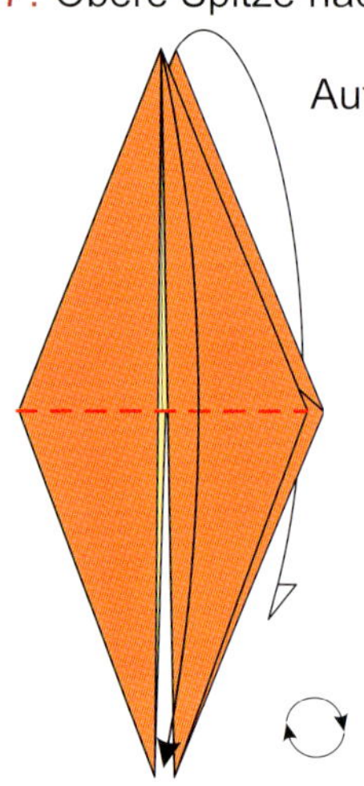

8. Zwei Spitzen nun öffnen und flach auf den Tisch legen.

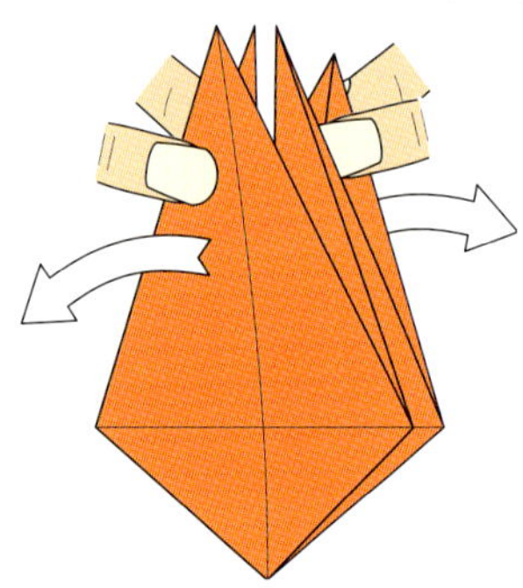

9. An der vorderen Spitze nun seitlich eindrücken um die schrägen Linien zu formen und das Papier flach legen zu können. Siehe auch Diagramm Nr.10.

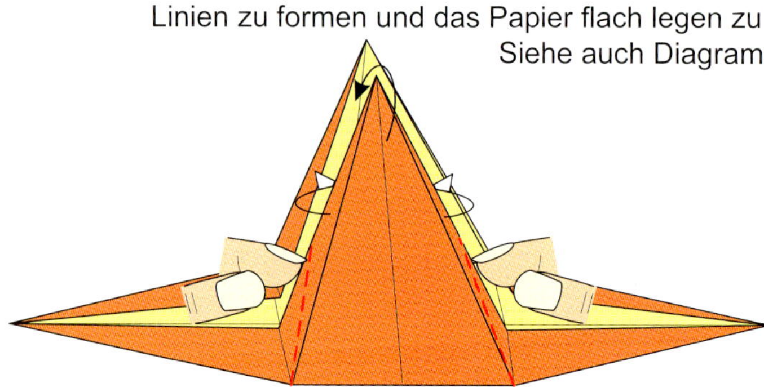

10. Spitze nach vorne falten, liegen lassen.

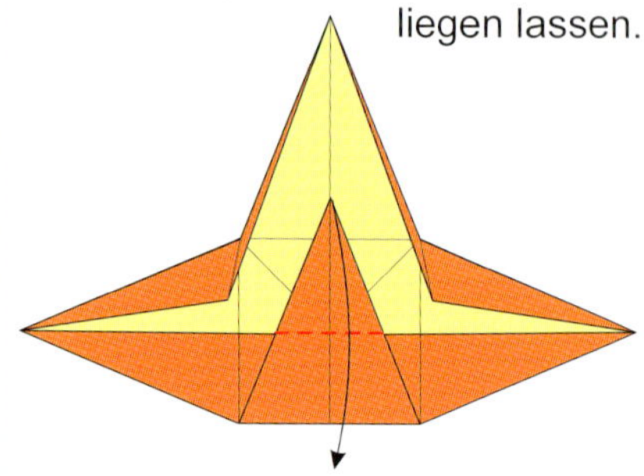

11. Die Schritte Nr.9-10 auf der Rückseite wiederholen.

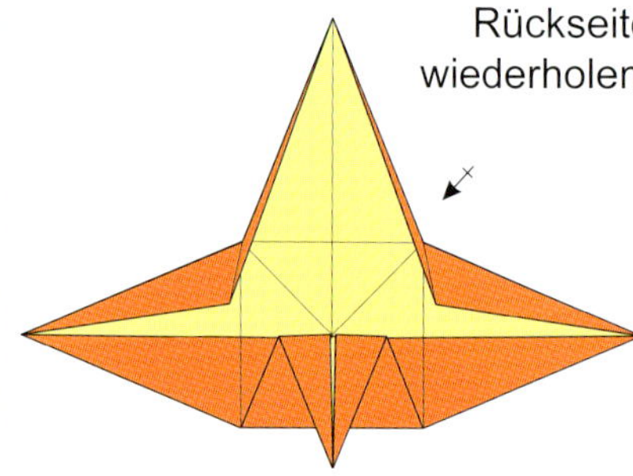

12. Nur mit der oberen Papierlage schräge Linien zur Mitte falten, liegen lassen.

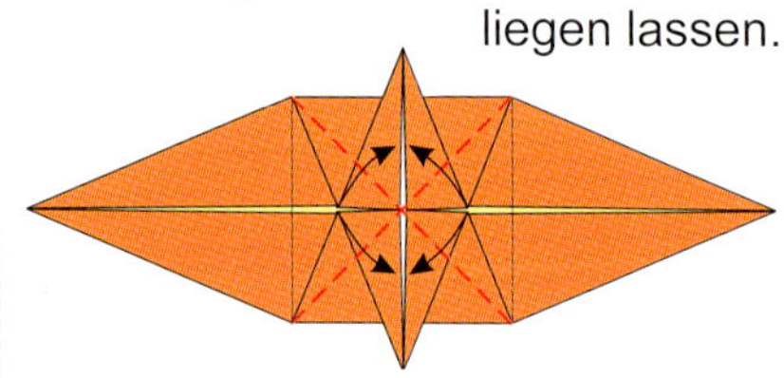

13. Spitze nach links falten, liegen lassen.

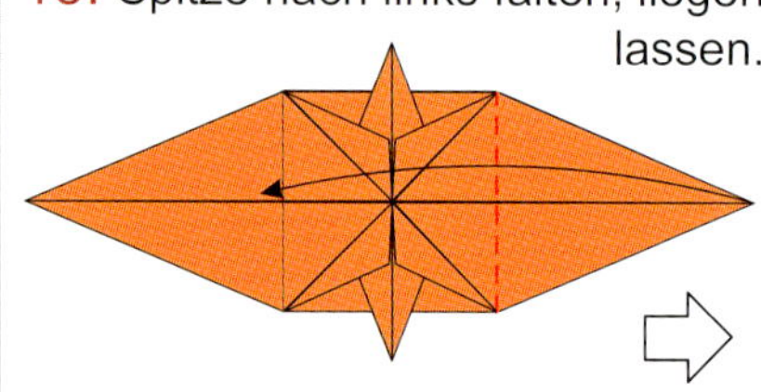

Wand Dekoration

14. Spitze nach rechts falten, liegen lassen.

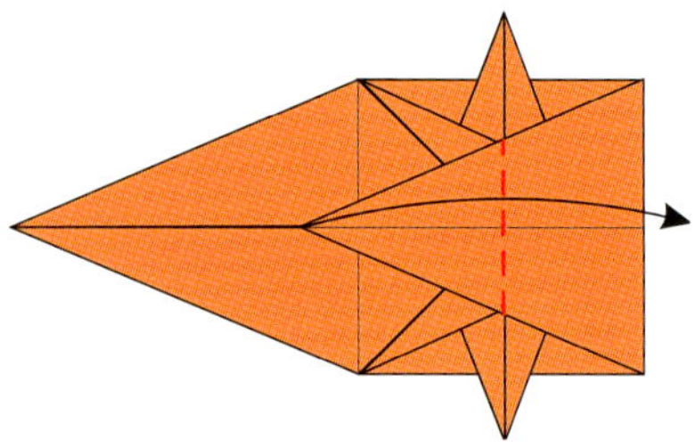

15. Die Schritte Nr.13-14 an der linken Seite wiederholen.

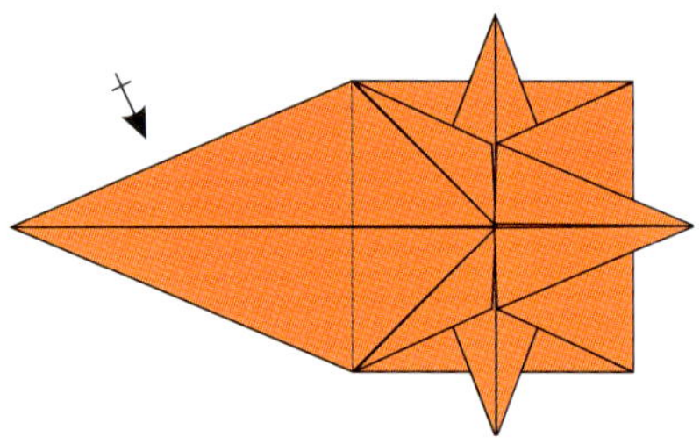

16. Nur mit der oberen Papierlage schräge Linien zu der waagerechten Mitte falten, liegen lassen.

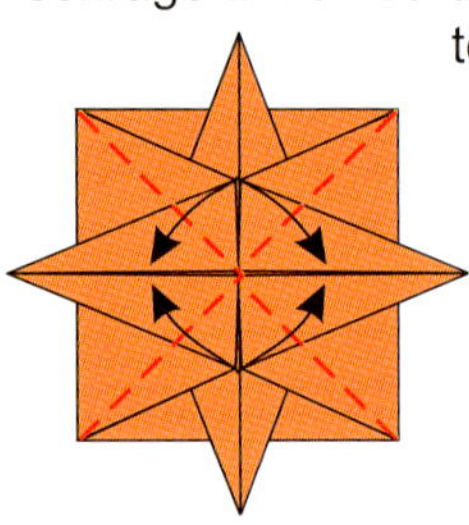

17. Die oberen Papierlagen festkleben.

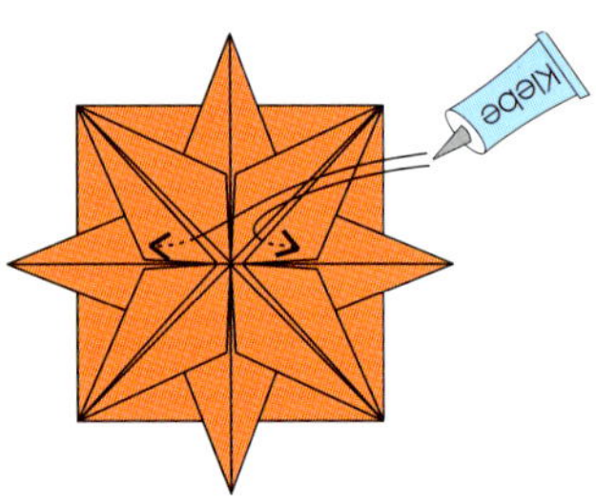

18. Fertiger Bilder Stern.

MATERIAL
Für den Rahmen benötigt man 1 Blatt DUO COLOR Papier Gold.
Maße: 15x15 cm

1. Die Mitte markieren.

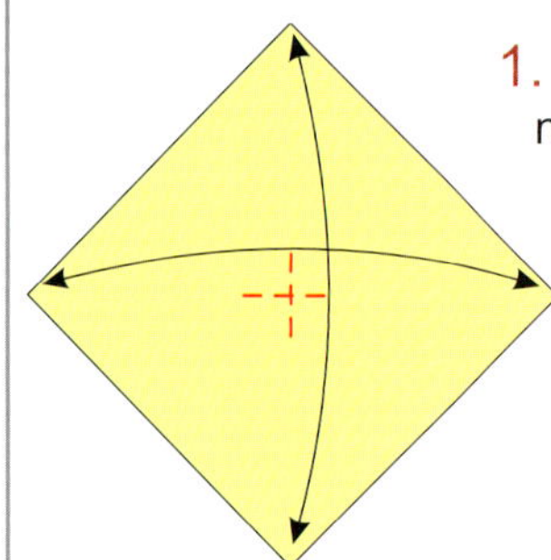

2. Alle vier Ecken an die markierte Mitte falten, wieder öffnen.

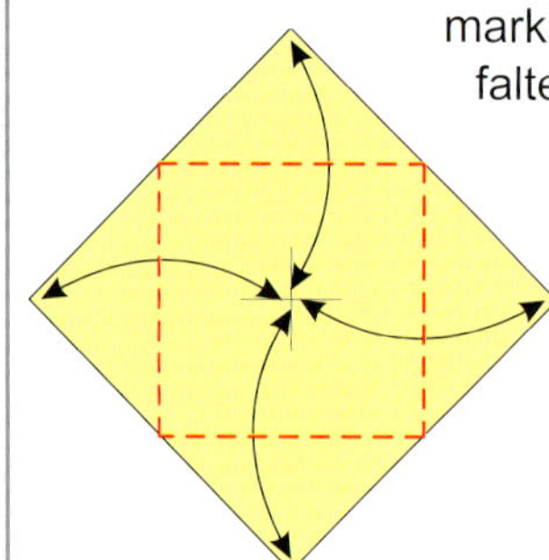

3. Alle vier Ecken an die Linie falten, liegen lassen.

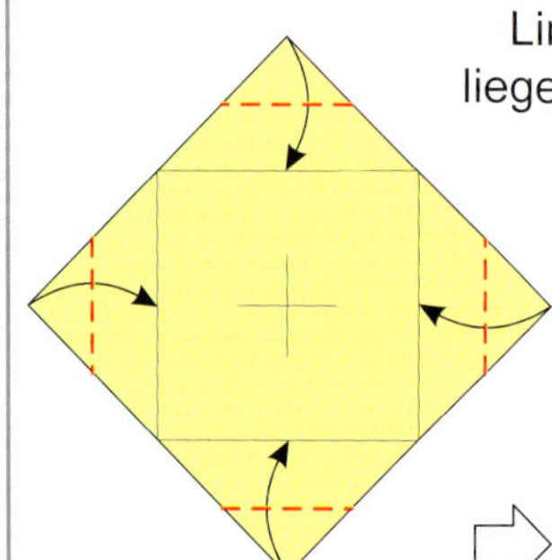

4. Beide waagerechte Linien falten, siehe Pfeile, liegen lassen.

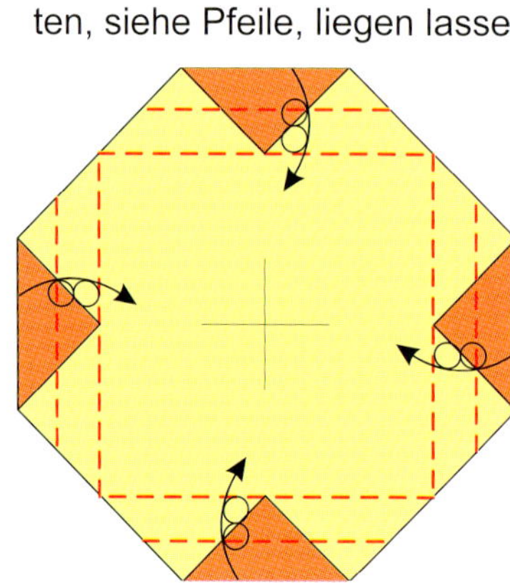

5. Fertiger Rahmen.

6. Den Stern mittig auf den Rahmen kleben.

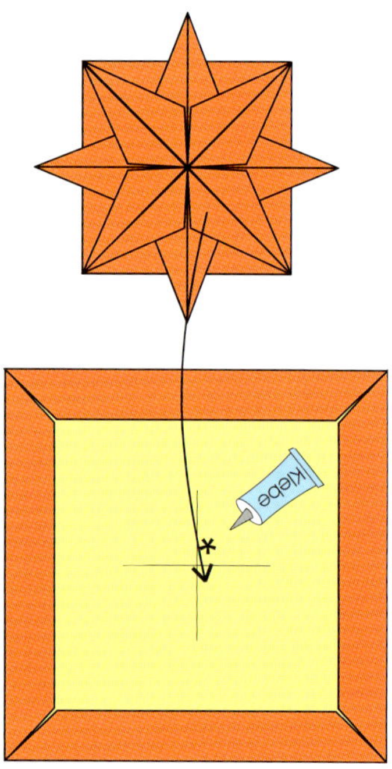

7. Fertiges Modell.

MATERIAL

Für die Keilrahmen benötigt man
1 Blatt
DUO COLOR Papier Gold.
Maße: 15x15 cm

1. Keilrahmen in der Größe 10x10 cm.

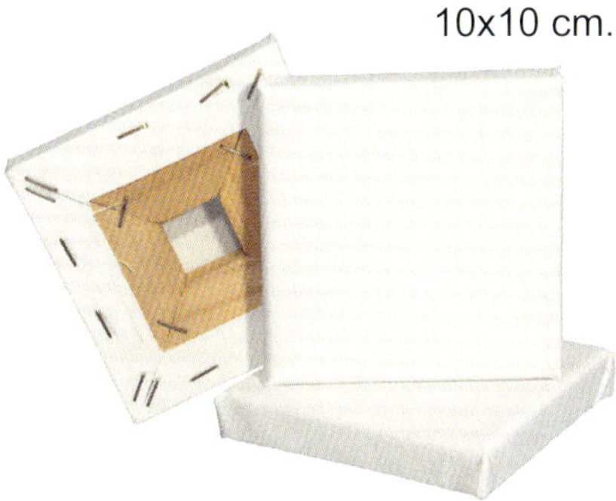

2. Das Papier um den Keilrahmen legen, Rückseite nach oben legen. Mit einem Tacker auf den gegenüberliegenden Seiten das Papier befestigen.

3. Auf der Rückseite seitlich das überstehende Papier abschneiden, siehe Foto.

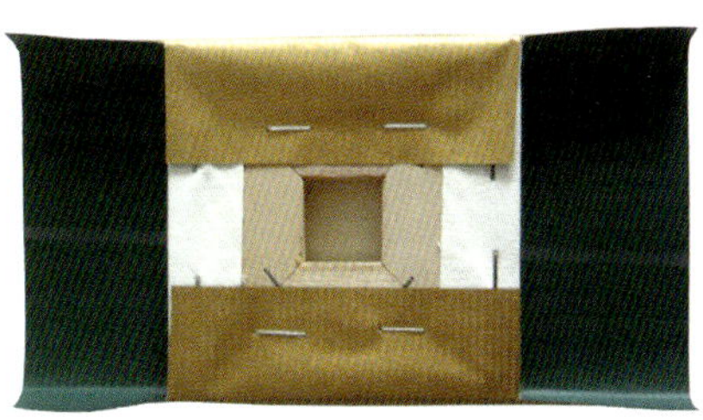

4. Das Papier seitlich an der Keilrahmenhöhe einschneiden und nach innen legen, siehe Foto.

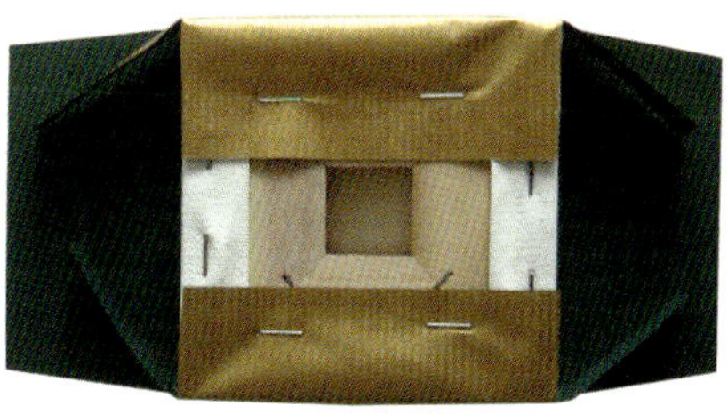

5. Seitlich nun das restliche Papier auch am Keilrahmen festtackern.

6. Fertiger Keilrahmen auf der Vorderseite.

7. Mit diesen Klebepads die Bilder an die Wand kleben. Das hat den Vorteil, dass nach Weihnachten die Bilder sehr schnell wieder entfernt werden können.

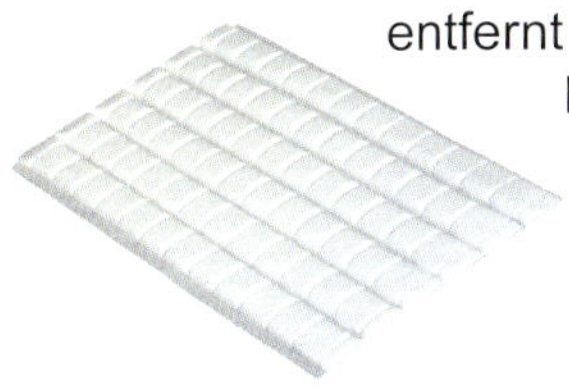

8. Rahmen mit Stern auf den mit Papier bespannten Keilrahmen kleben.
Fertiges Sternen Bild Variante I.

MATERIAL
Für diesen Stern benötigt man
1 Blatt
DUO COLOR Papier Gold.
Maße: 15x15 cm

Start. Diagramme von Seite 26 bis Nr.8 falten.

1. Die vordere Spitze, siehe Pfeile, nach links legen, dabei die schrägen Linien falten. Siehe auch Diagramm Nr.2.

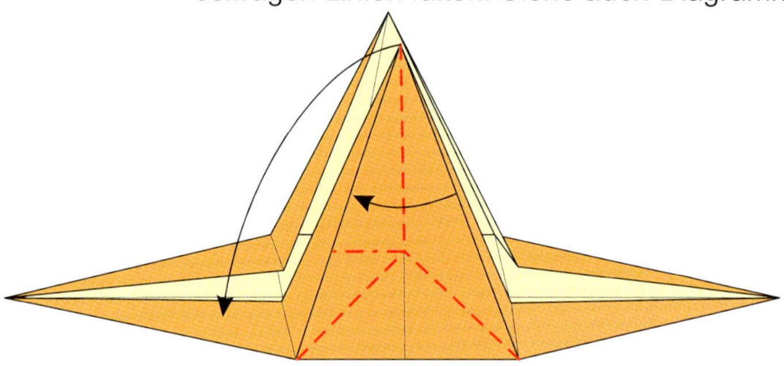

2. Spitze öffnen und flach falten, siehe auch Diagramm Nr.3.

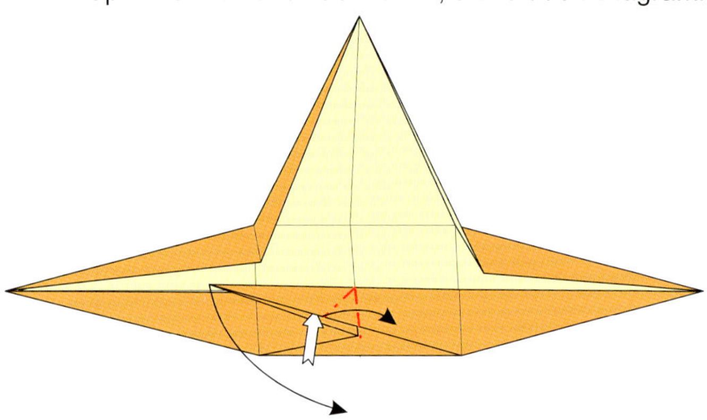

3. Mit der hinteren Spitze die Schritte Nr. 1-2 wiederholen.

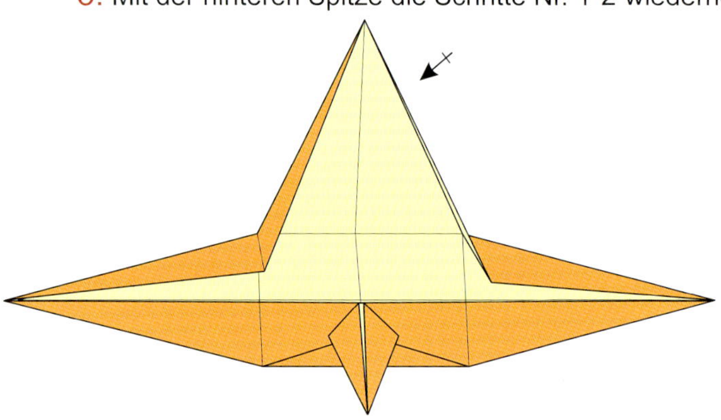

4. An beiden Seiten zuerst die Linie Nr.1 falten, dann die Linie Nr.2 wieder zurück falten, siehe auch Diagramm Nr.5.

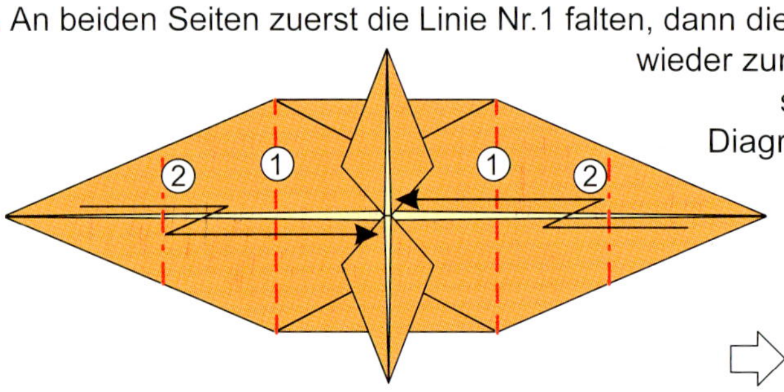

5. Nur mit der oberen Papierlage schräge Linien falten, dabei die Ecken eindrücken damit das Papier unter die Spitze kommt. An der linken Seite wiederholen.

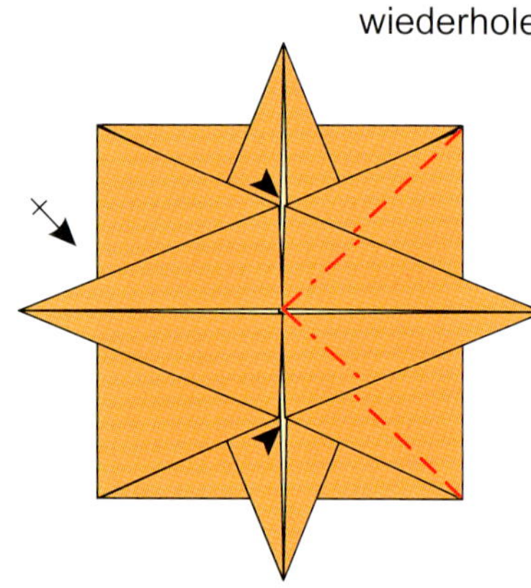

6. Obere Spitze nach links falten.

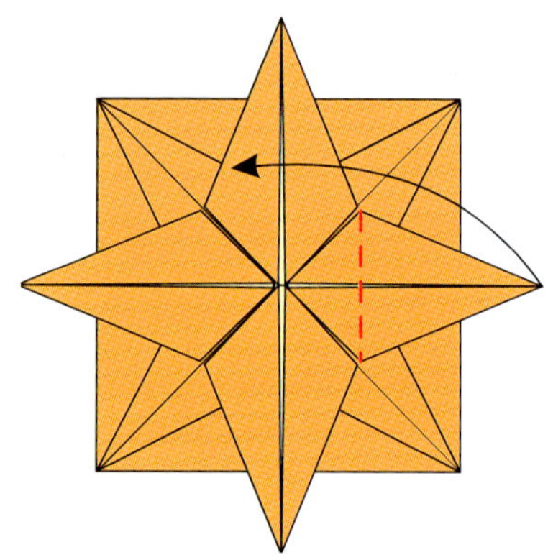

7. Unteres Papier bis zu den schrägen Papierlagen einschneiden.

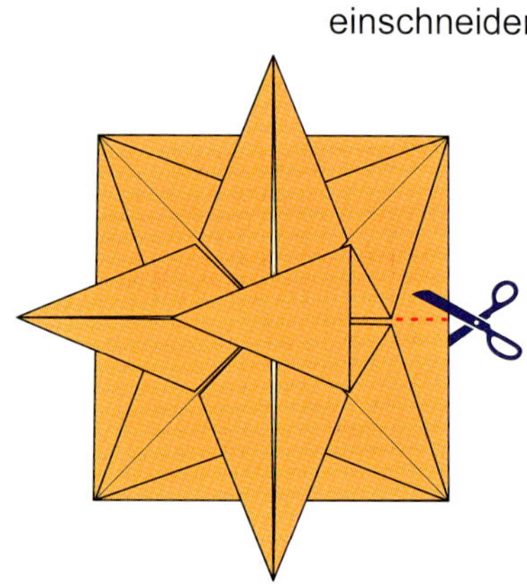

8. Schräge Linie falten und nach innen legen.

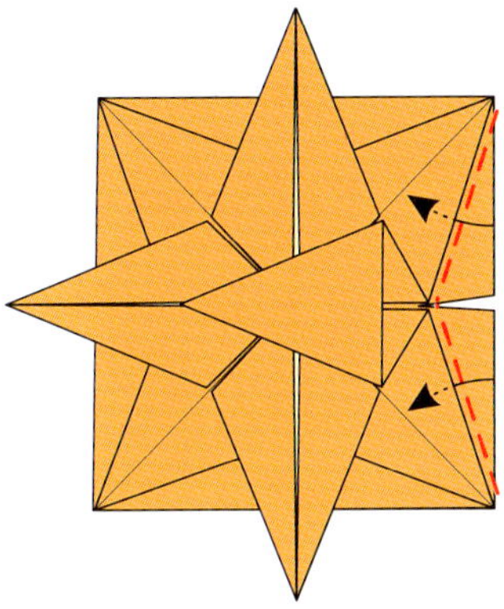

9. Spitze wieder zurück falten. An den drei anderen Seiten die Schritte Nr.7-9 wiederholen.

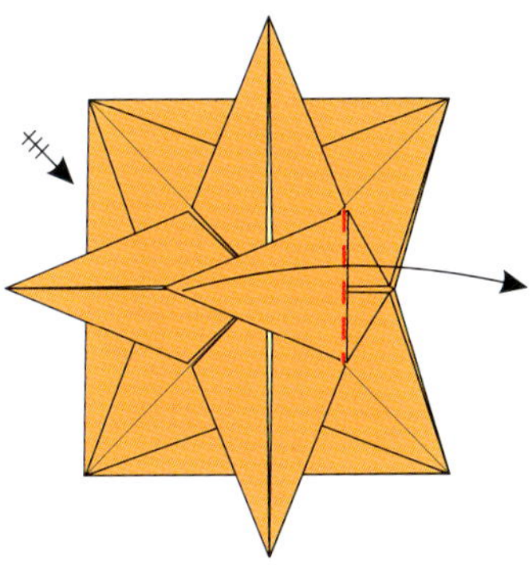

10. Rückseite nach oben legen.

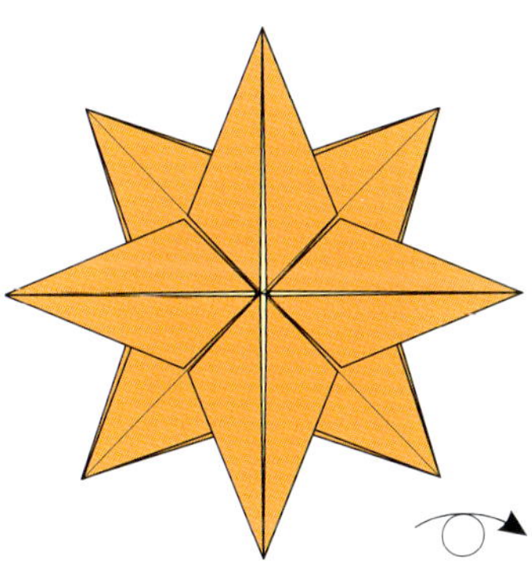

11. Fertiges Modell.

12. Fertig gefalteter Stern.

14. Fertiges Sternen Bild Variante II.

13. Den gefalteten Stern auf diesen Keilrahmen kleben.

15. Idee für eine Wandgestaltung.

Schwimmender Stern

MATERIAL
Für diesen Stern benötigt man
1 Blatt
AQUAPAPIER.
Maße: 20x20 oder 15x15 cm

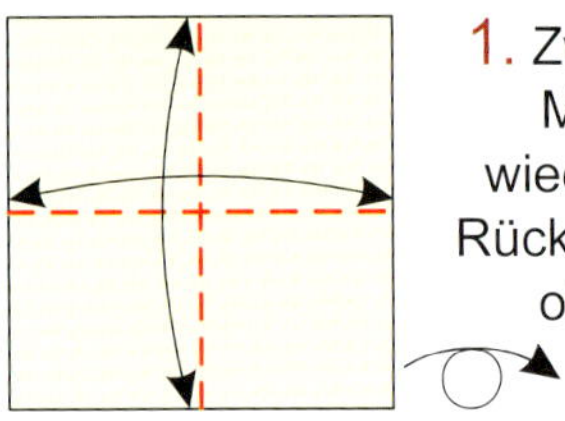

1. Zweimal die Mitte falten, wieder öffnen. Rückseite nach oben legen.

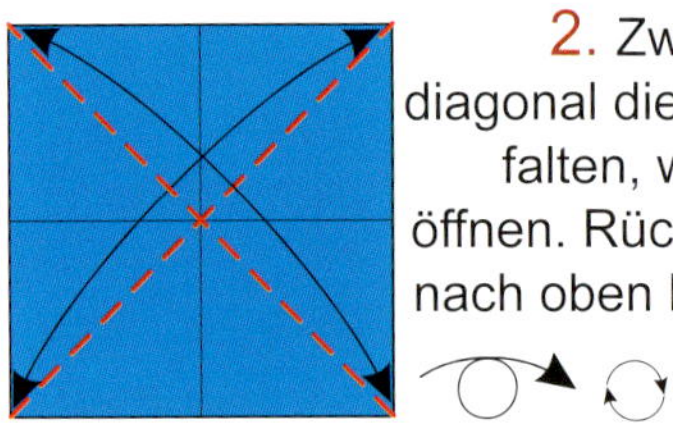

2. Zweimal diagonal die Mitte falten, wieder öffnen. Rückseite nach oben legen.

3. Von der waagerechten Mitte (Bergfalte), die seitlichen Ecken zur oberen Ecke legen. Die untere Ecke dann ebenfalls nach oben legen, siehe Pfeile.

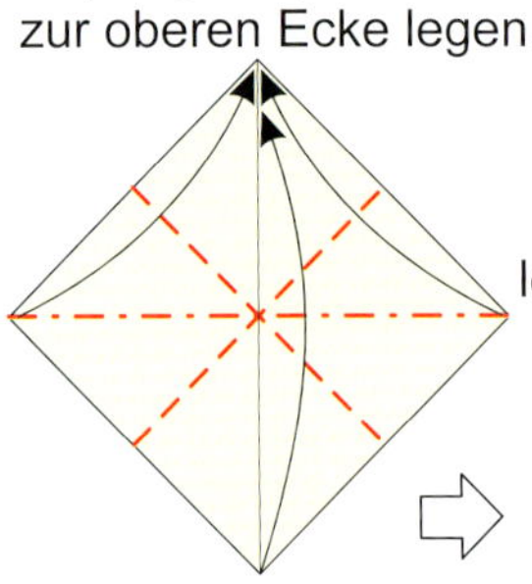

4. Bergfalte nach rechts falten, dabei die Ecke flach drücken.

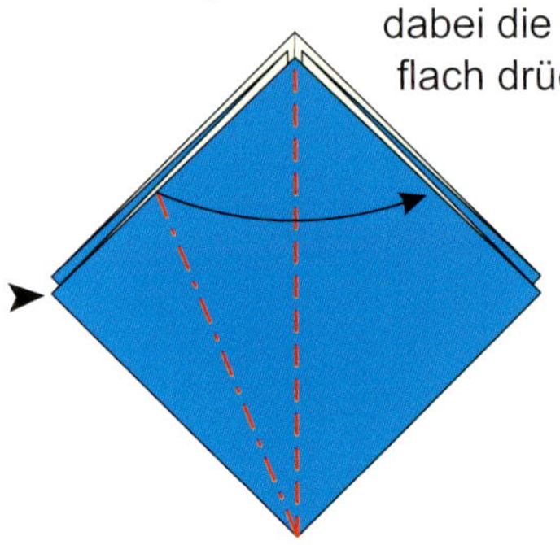

5. Mit den anderen drei Ecken den Schritt Nr.4 wiederholen.

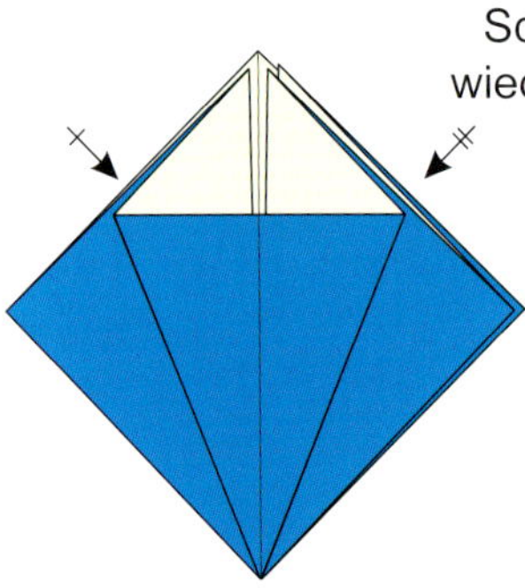

6. Schräge Linien zur Mitte falten, liegen lassen. Auf der Rückseite wiederholen.

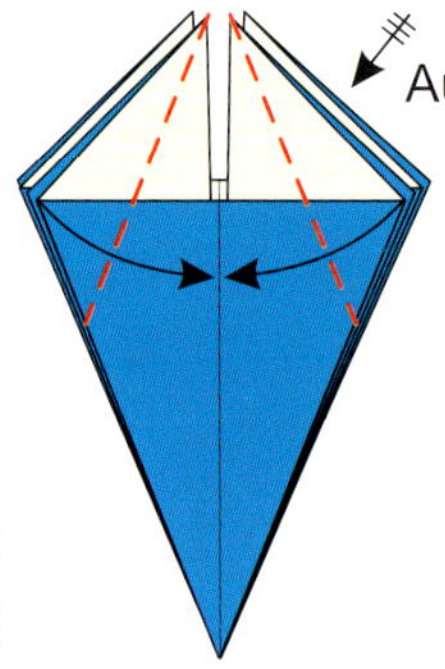

7. Waagerechte Linie nach oben falten, wieder öffnen.

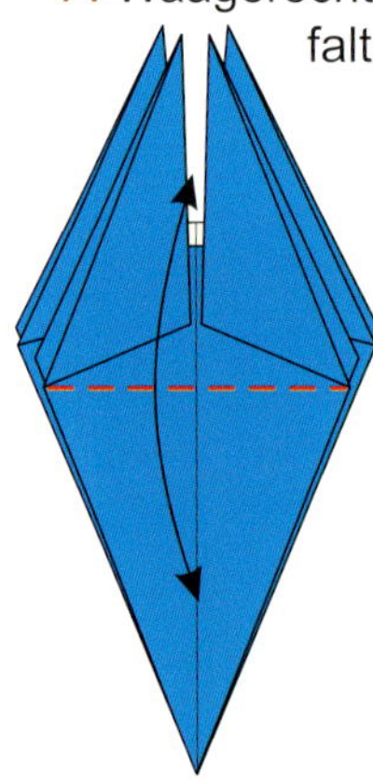

8. Nur mit der oberen Papierlage von der Mitte aus, an der waagerechten Linie, nach unten formen, siehe Pfeil und Diagramm Nr.9.

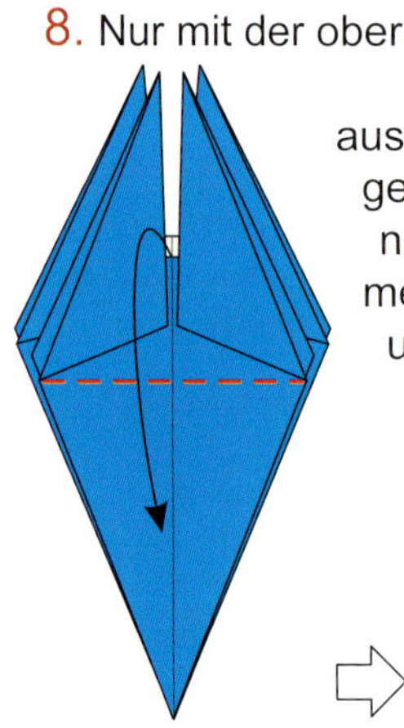

9. Obere Papierlage nach links falten, liegen lassen. Auf der Rückseite wiederholen.

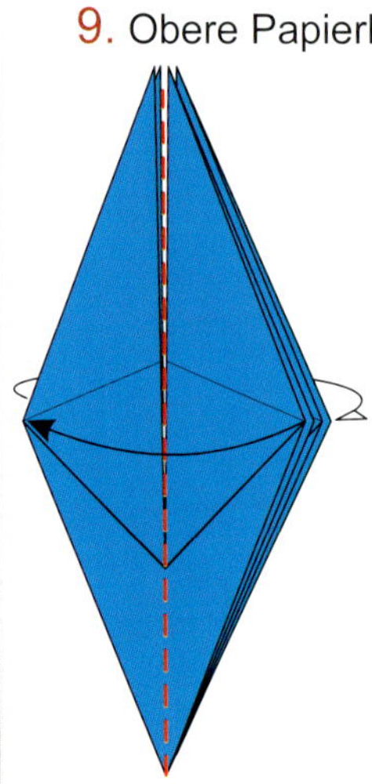

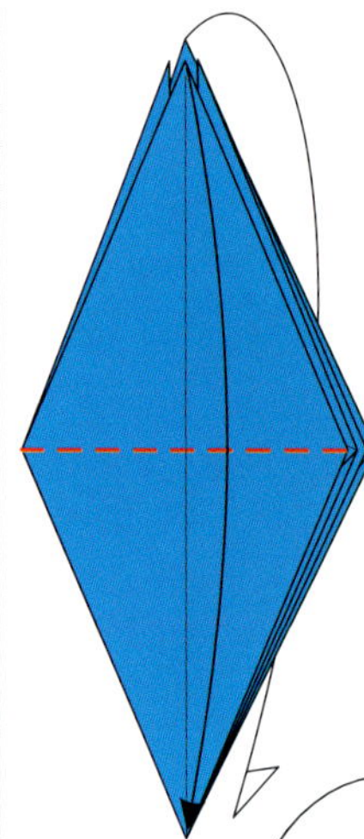

10. Nur mit der oberen Papierlage waagerechte Linie nach unten falten, liegen lassen. Auf der Rückseite wiederholen.

11. Rechts und links an der waagerechten Linie nach unten falten, liegen lassen.

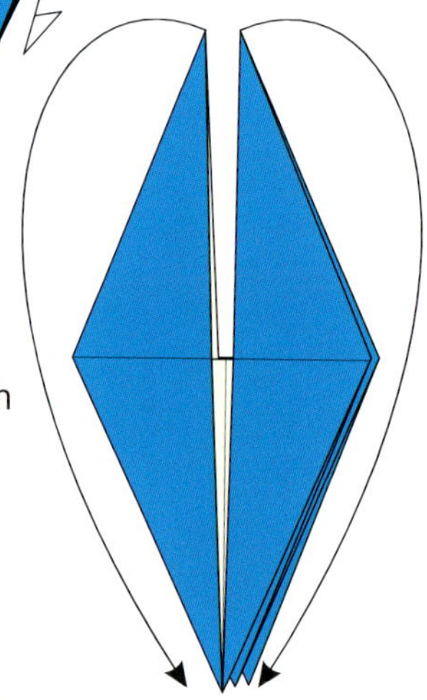

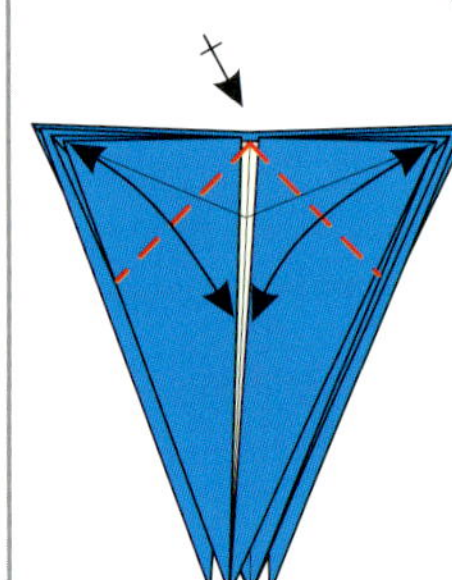

12. Schräge Linien nach unten falten, wieder öffnen. Auf der Rückseite wiederholen.

13. Obere Papierlage nach links falten, liegen lassen. Auf der Rückseite wiederholen.

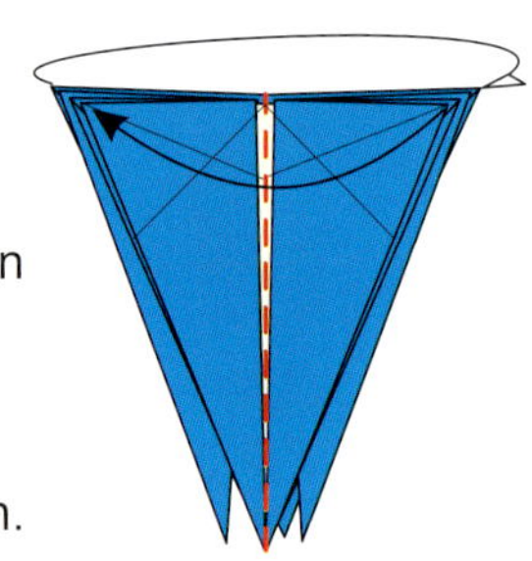

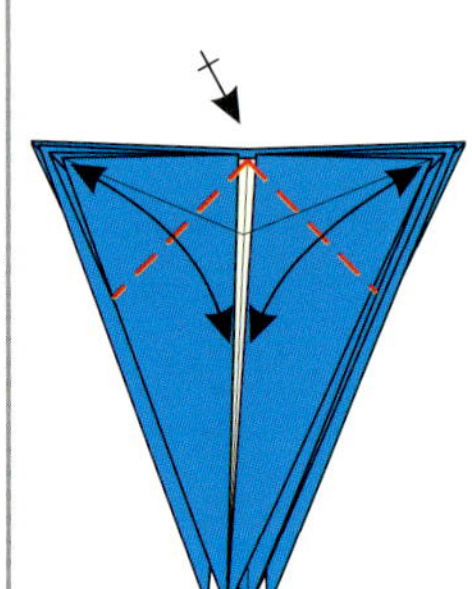

14. Schräge Linien nach unten falten, wieder öffnen. Auf der Rückseite wiederholen.

15. Senkrechte Bergfalte formen und nach links oben an die Papierkante legen, dabei die schräge Linie Nr.1 falten. Siehe Pfeil Nr.2, Papierlage nach links legen. Auf der Rückseite wiederholen.

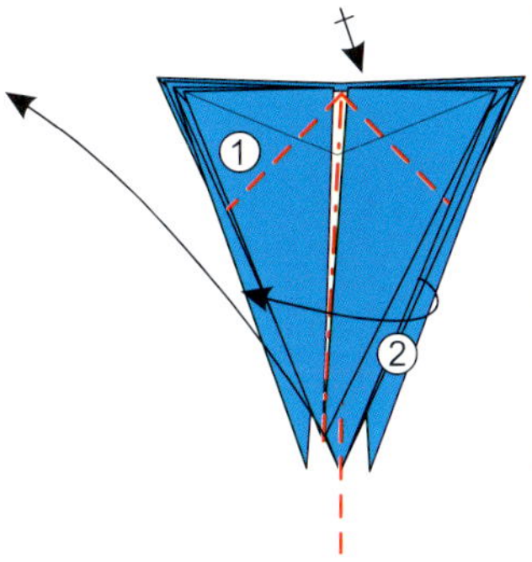

16. Senkrechte Bergfalte formen und nach links oben an die Papierkante legen, dabei die schräge Linie Nr.1 falten. Siehe Pfeil Nr.2, Papierlage nach links legen. Auf der Rückseite wiederholen.

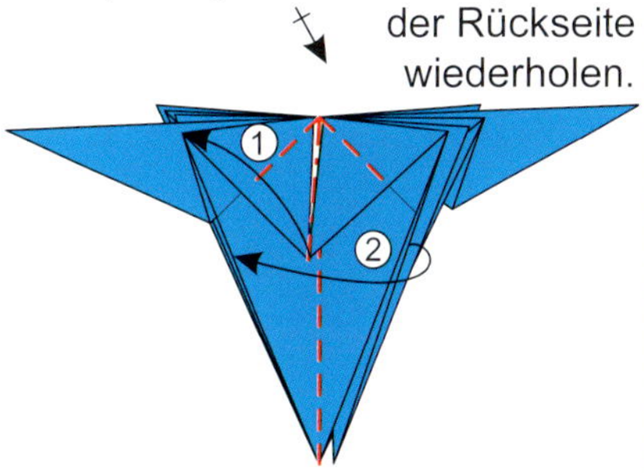

17. Die Schritte Nr.15-16 mit den anderen Spitzen wiederholen.

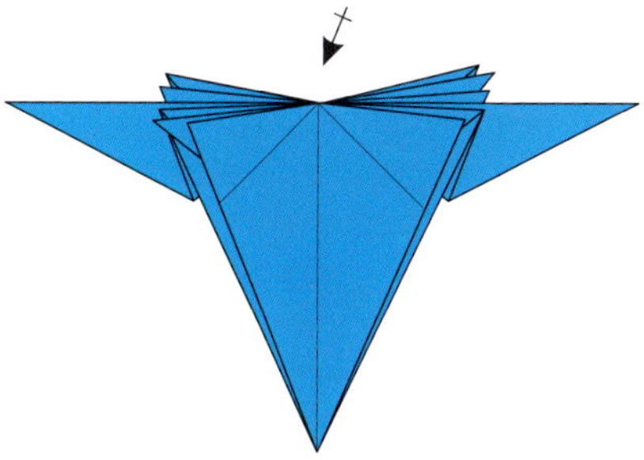

18. Fertiges Modell von oben gesehen.

19. Fertiges Modell seitlich gesehen.

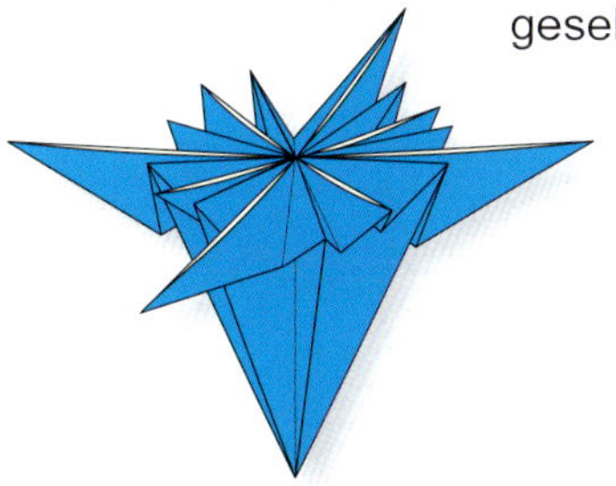

Schwimmende Fröbel Sterne

MATERIAL
Für einen Stern benötigt man
4 Streifen.
Unbedingt AQUAPAPIER Streifen
verwenden.
Maße: 2x65 cm

1. Senkrechte Mitte falten und am Ende anschrägen. 4 Streifen so arbeiten.

2. Streifen Nr.1 horizontal legen, rechts offen. Streifen Nr. 2 vertikal darüber, unten offen.

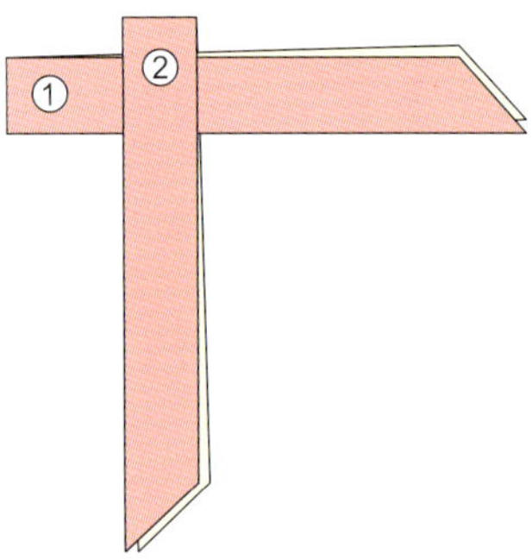

3. Streifen Nr.3 horizontal über Streifen Nr.2 legen, links offen.

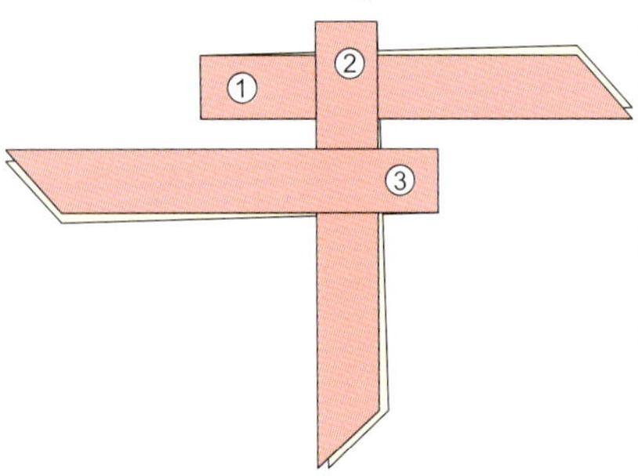

4. Streifen Nr.4 vertikal darüber, oben offen. Die offenen Enden von Nr.4 zwischen beide Teile von Nr.1 schieben.

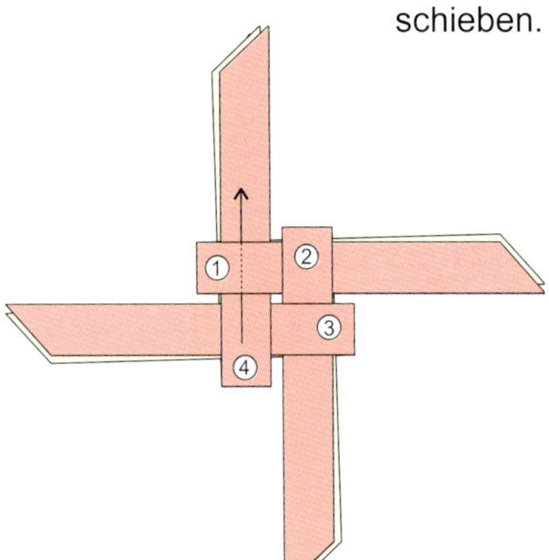

5. Streifen vorsichtig zusammenziehen bis die Verbindung fest ist. Obere Papierlage nach unten falten, siehe Pfeil.

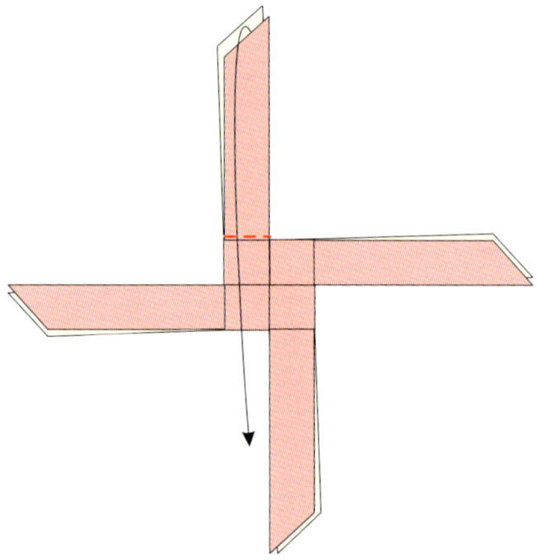

6. Obere Papierlage nach rechts falten.

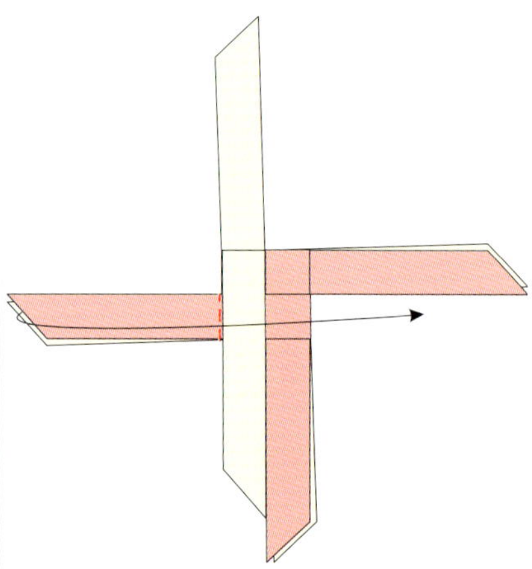

7. Obere Papierlage nach oben falten.

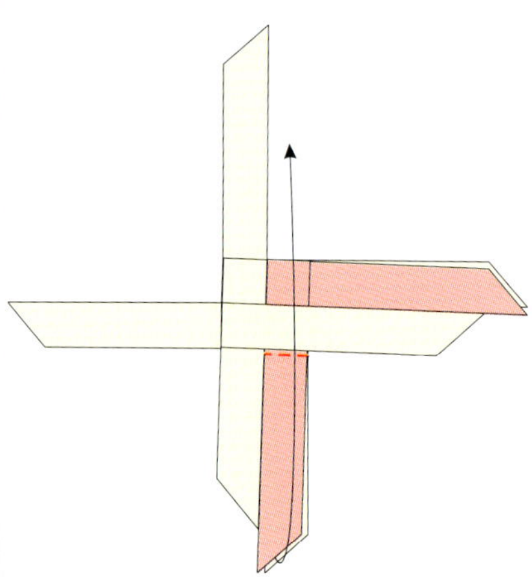

8. Obere Papierlage nach links falten und unter dem Quadrat durchziehen, siehe Pfeil.

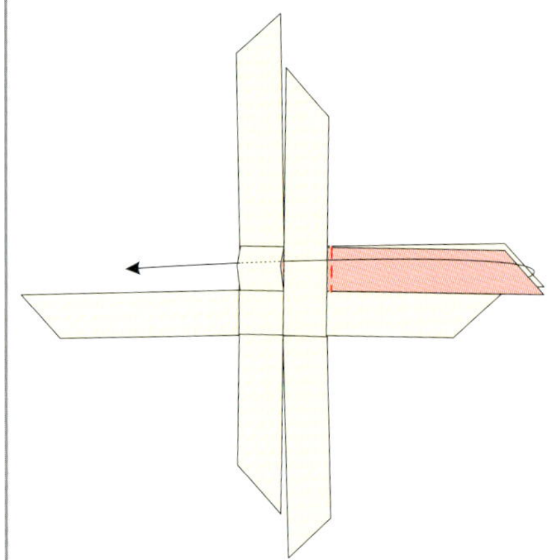

9. Streifen, siehe Pfeil, nach links falten.

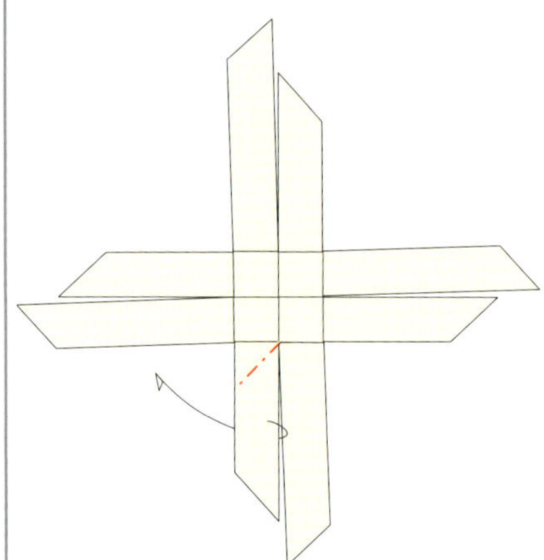

10. Gleicher Streifen, siehe Pfeil, nach oben falten.

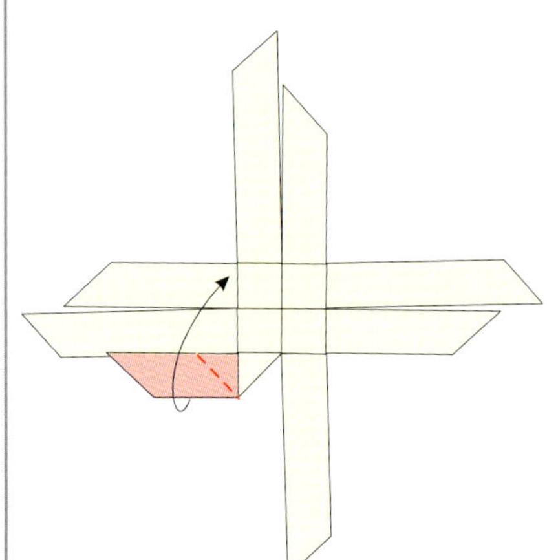

11. Gleicher Streifen, siehe Pfeil, nach rechts legen.

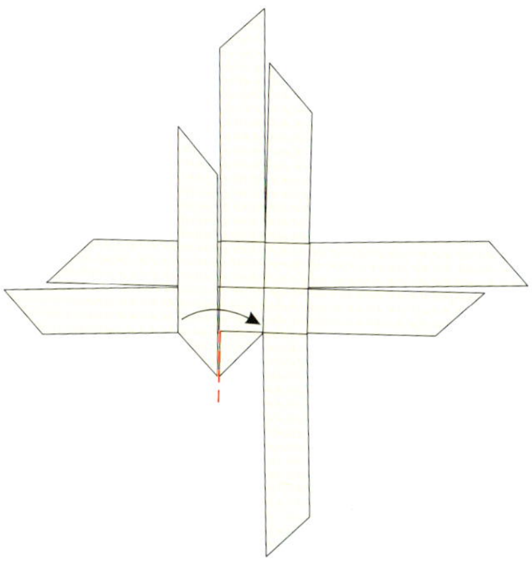

12. Streifen, siehe Pfeil, nach unten falten.

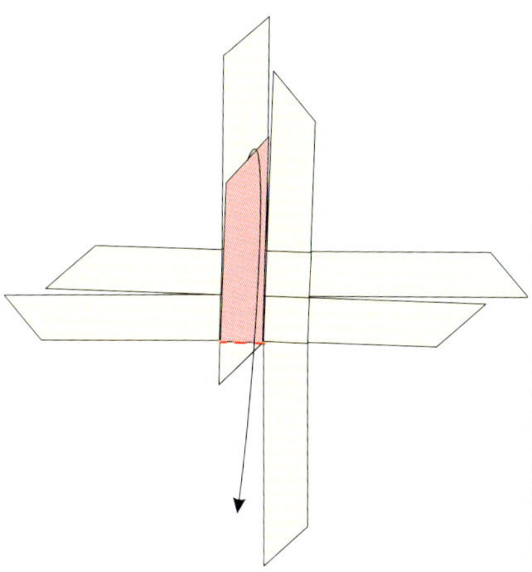

13. Gleicher Streifen, siehe Pfeil, unter dem Quadrat nach oben schieben.

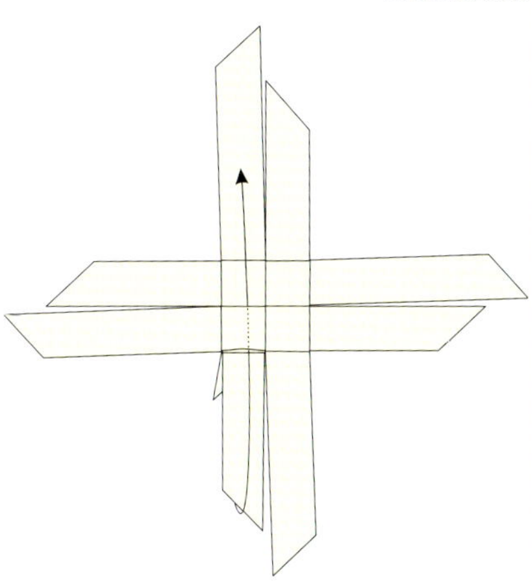

14. Mit den Streifen 1-3, siehe Pfeile, Schritte 9-13 wiederholen.

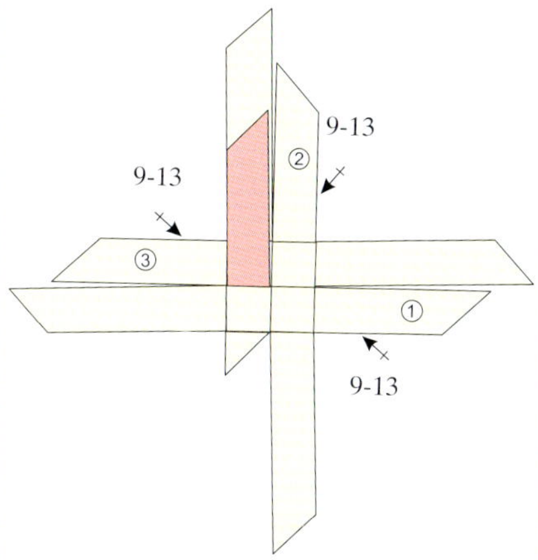

15. Nur obere Papierlage am Quadrat nach unten falten, siehe Pfeil.

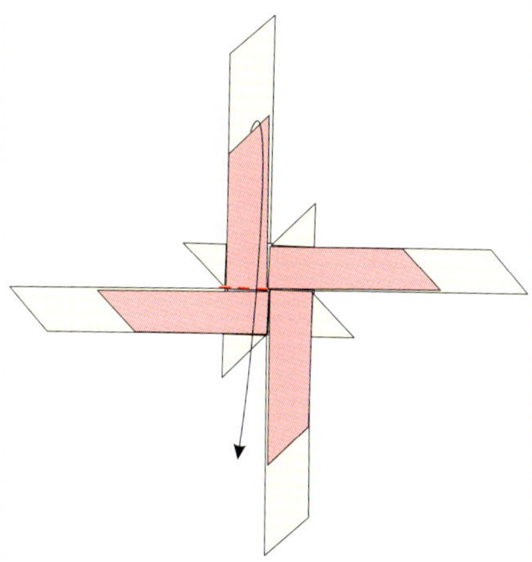

16. Nur obere Papierlage am Quadrat nach links falten, siehe Pfeil.

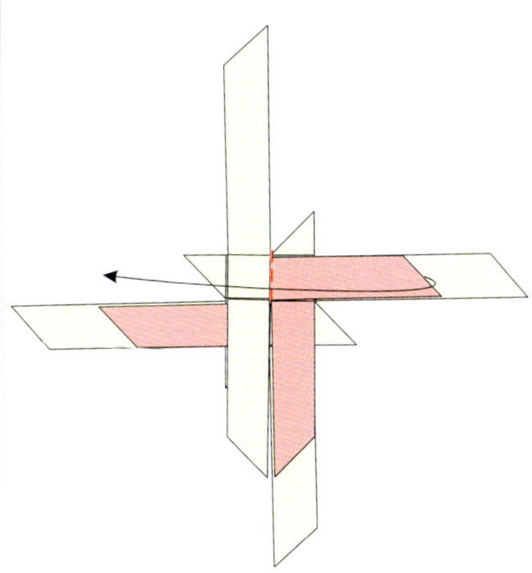

17. Nur obere Papierlage am Quadrat nach oben falten, siehe Pfeil.

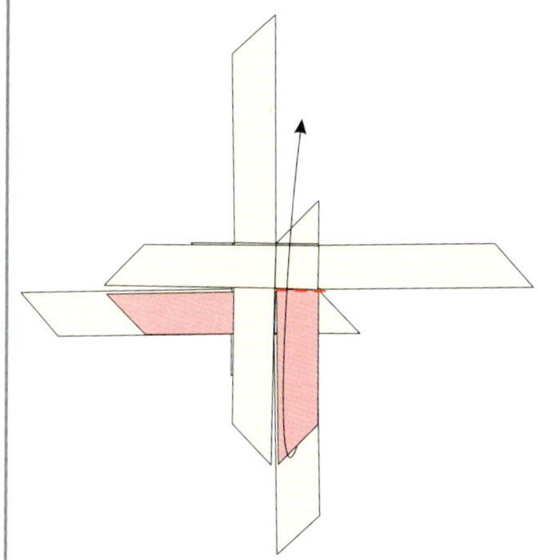

18. Nur obere Papierlage, unter dem Streifen von Nr.15, am Quadrat nach rechts falten, siehe Pfeil.

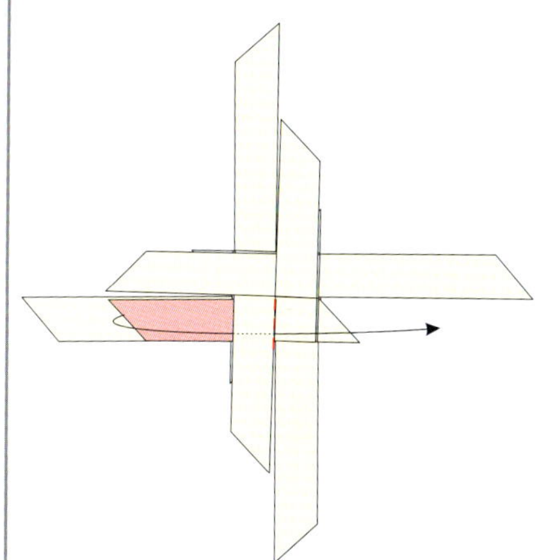

19. Rückseite nach oben legen.

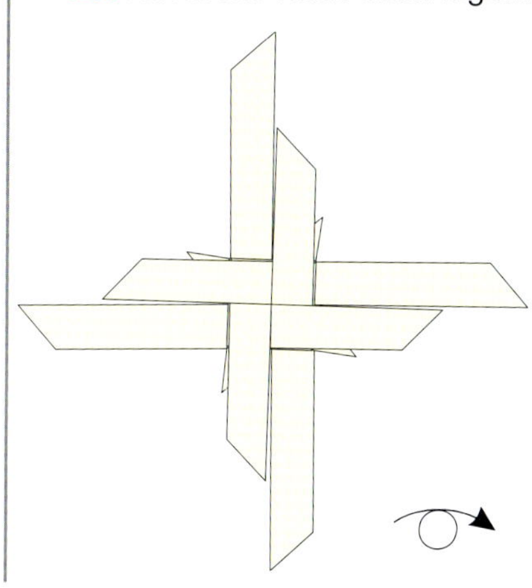

Schwimmende Fröbel Sterne

20. Mit den 4 Streifen der Rückseite, siehe Pfeil, Schritte 9-18 wiederholen.

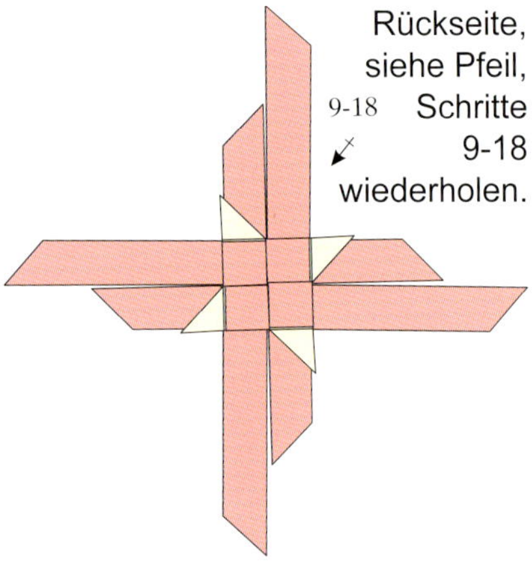

21. Streifen, siehe Pfeil, nach links falten.

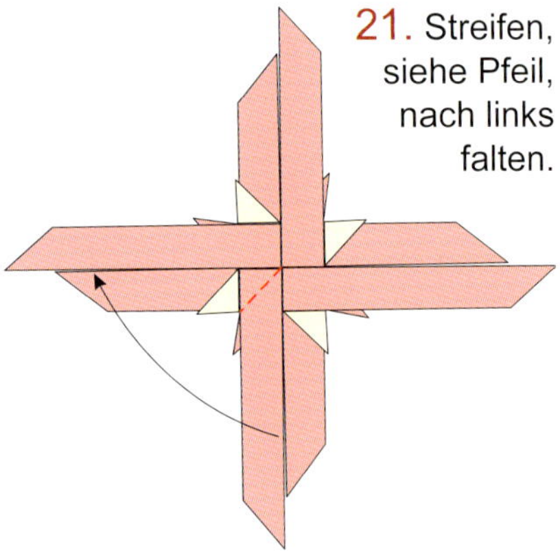

22. Gleichen Streifen nach oben legen, siehe Diagramm Nr.23.

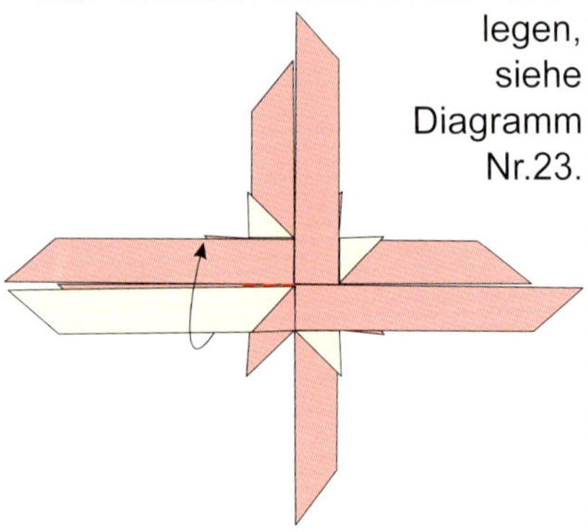

23. Streifen etwas biegen und durch den Mittelschlitz schieben, siehe Pfeil, bis die Tüte geformt ist. An der rechten Sternzacke kommt der Streifen wieder heraus.

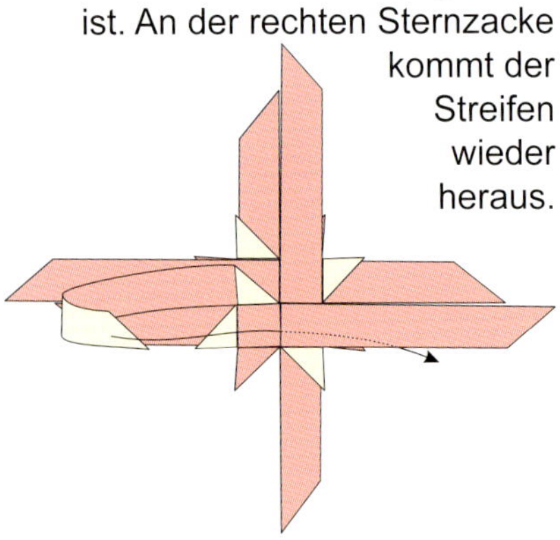

24. Im Uhrzeigersinn drehen.

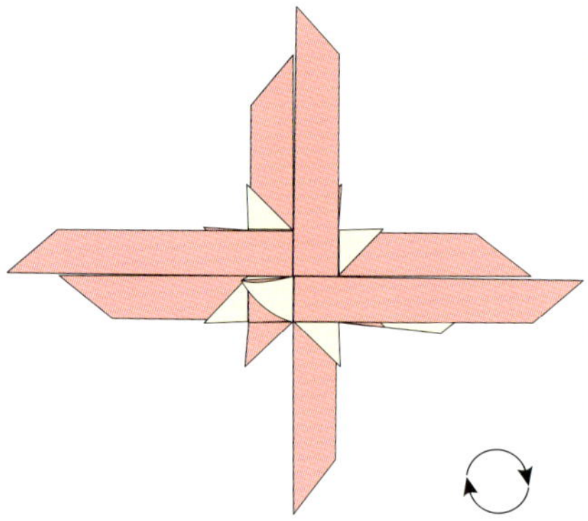

25. Mit den Streifen 1-3, siehe Pfeile, Schritte 21-24 wiederholen.

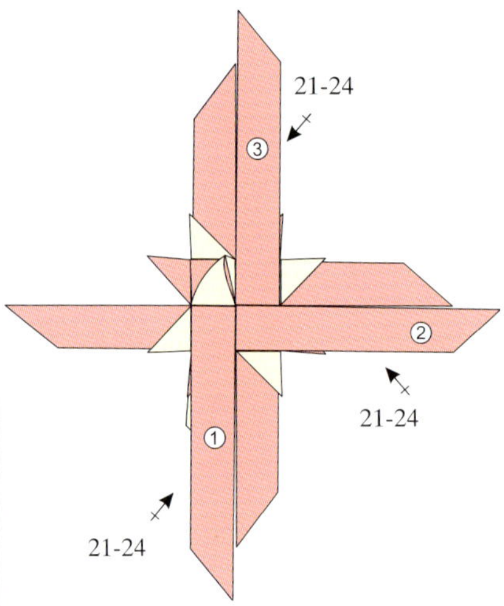

26. Rückseite nach oben legen.

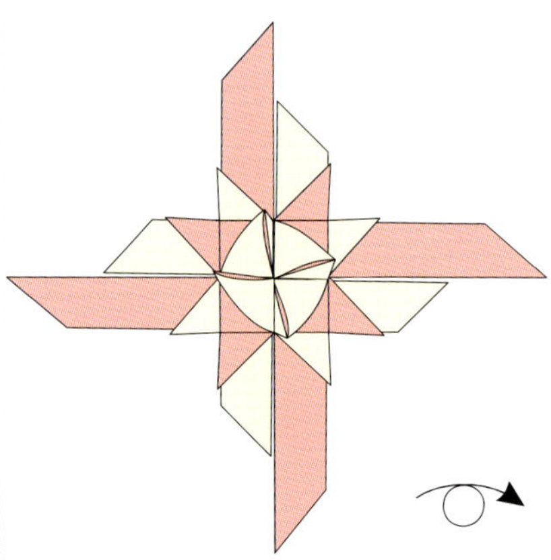

27. Mit den 4 Streifen der Rückseite, siehe Pfeil, Schritt 21-25 wiederholen.

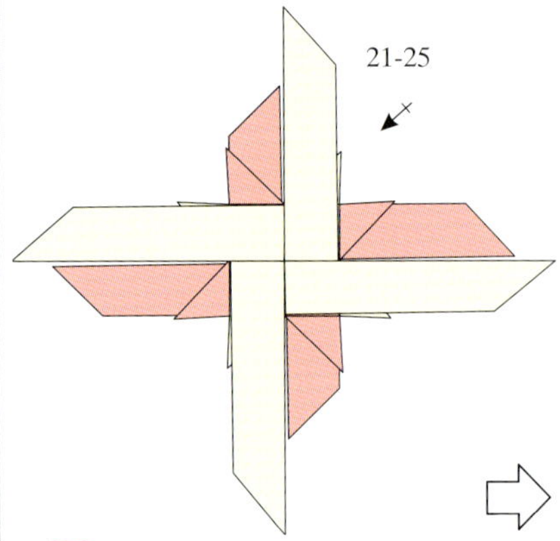

28. Streifen an den Sternzacken abschneiden. Rückseite nach oben legen.

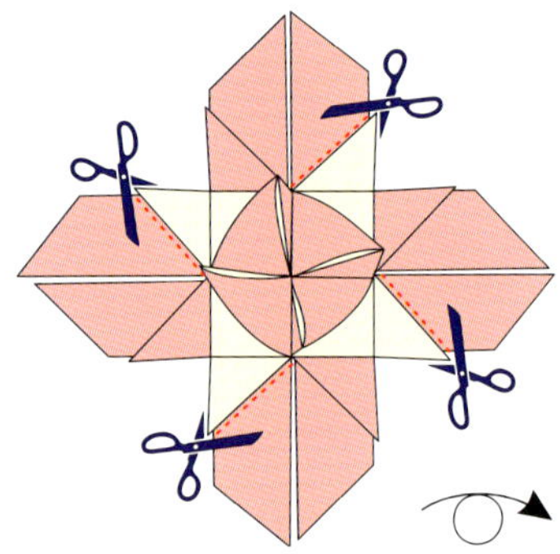

29. Streifen an den Sternzacken abschneiden, fertig.

30. Fertige Modelle.

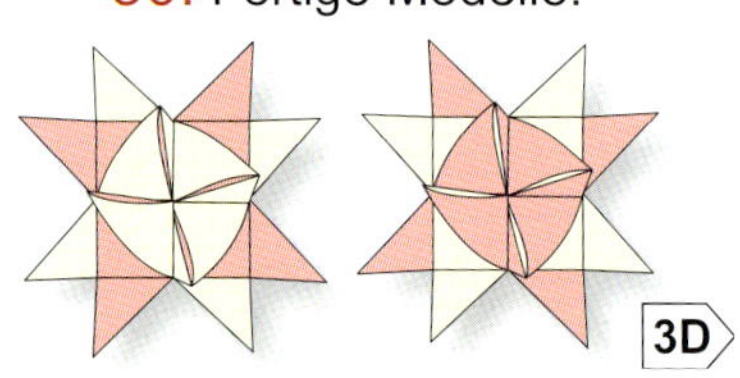

Vorderseite Rückseite

Aufgehender Stern

MATERIAL
Für einen Stern benötigt man
1 Blatt
AQUAPAPIER.
Maße: 20x20 oder 15x15 cm

1. Die abgebildete Schablone abpausen und das AQUAPAPIER danach ausschneiden. In die Mitte einen Spruch (Weihnachts- oder Neujahrsspruch) schreiben, dann die Spitzen nach innen legen, fertig. Diesen Stern nun auf Wasser setzen und zusehen, wie die Sternspitzen sich langsam öffnen und der Spruch lesbar wird. Nette Gästeüberraschung, auch für jede Party geeignet.

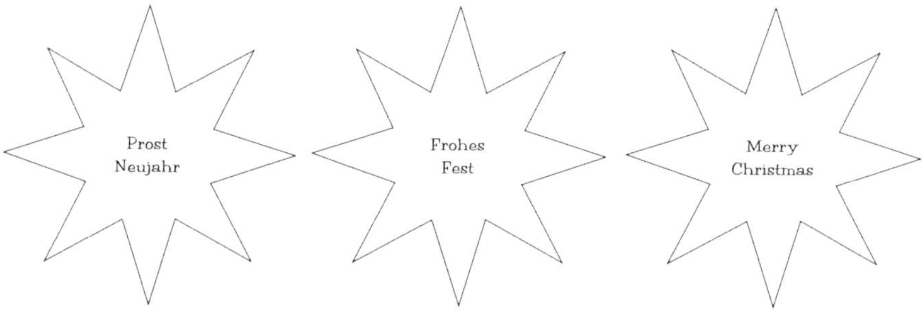

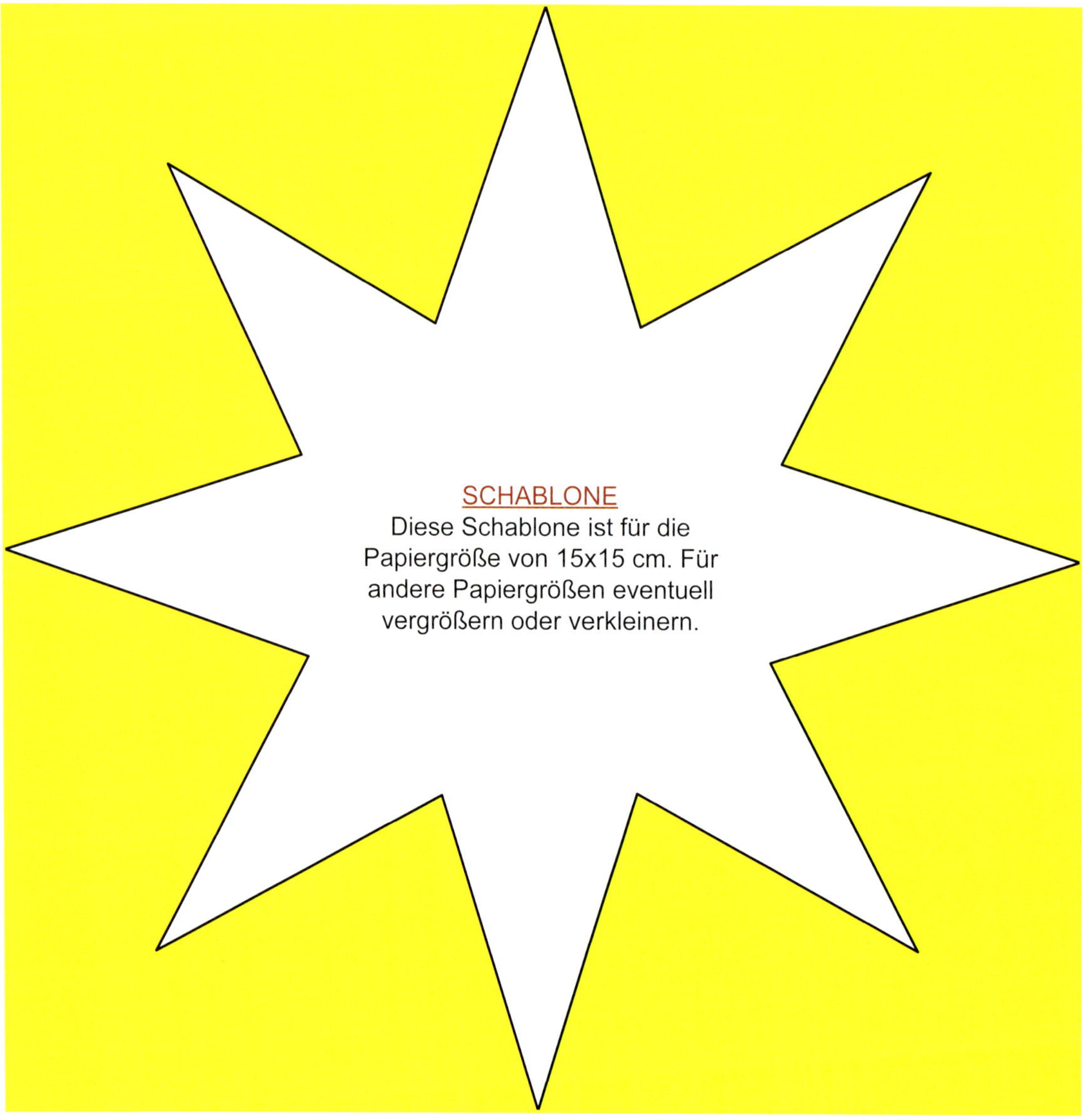

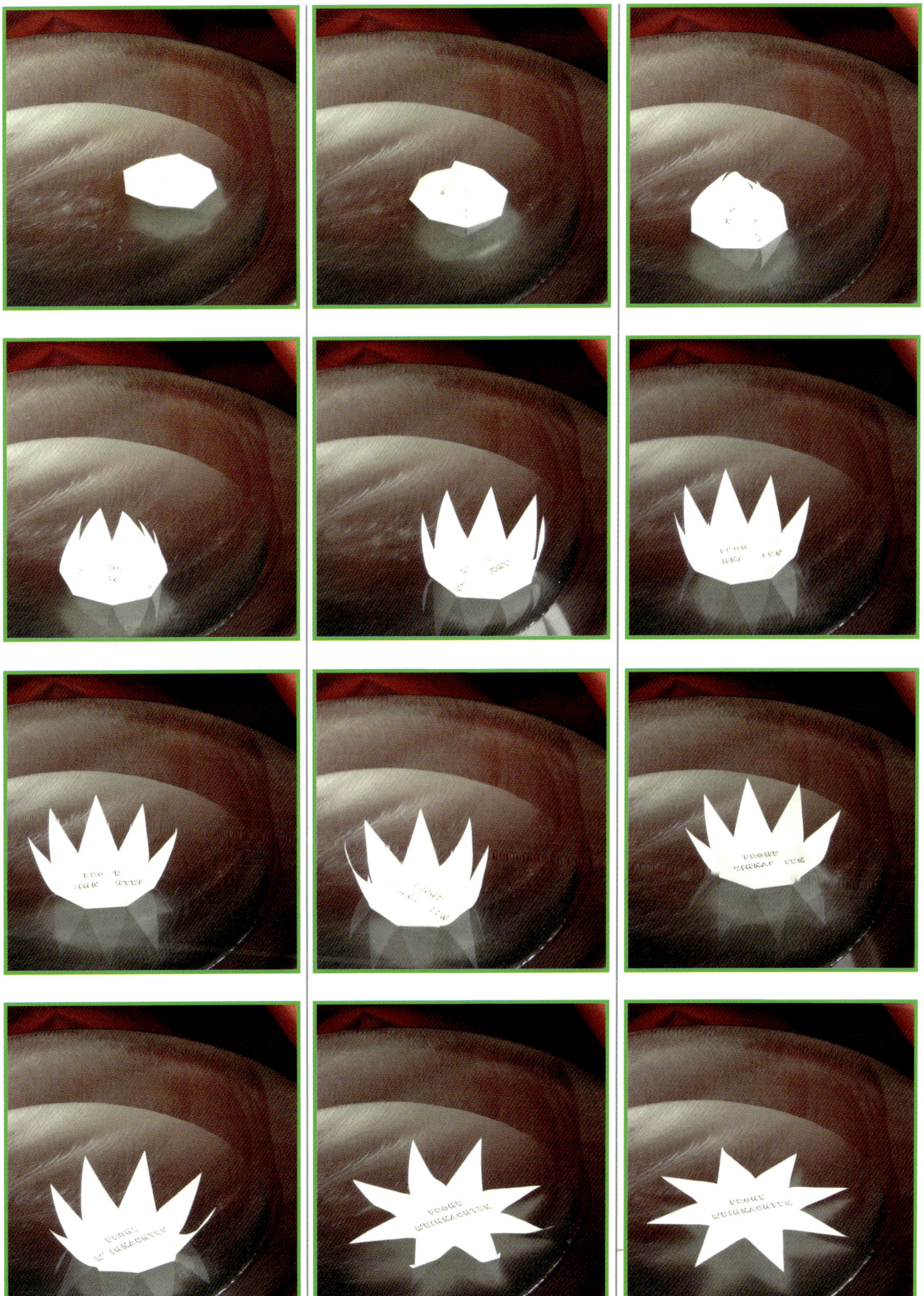

Stern Lampe

Kleine Sterne für Lichterkette

MATERIAL
Für die Stern Lampe benötigt man
30 Blätter
flammsicheres Lampenpapier.
Maße: 30x30 cm

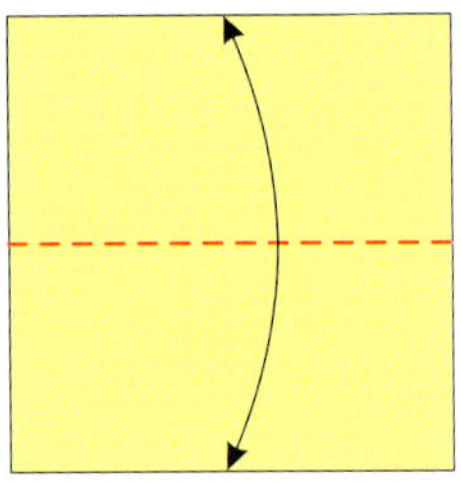

1. Die Mitte falten und wieder öffnen.

2. Schräge Linien an die Mitte falten, liegen lassen.

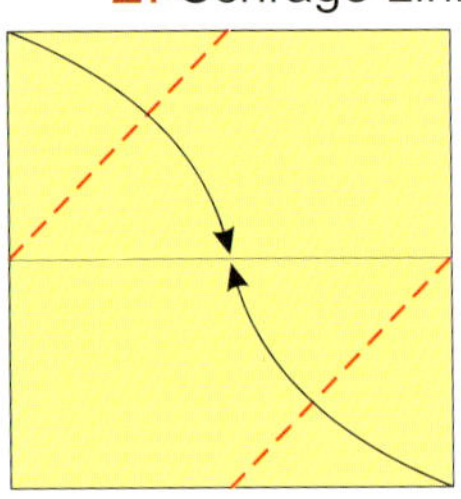

3. Rückseite nach oben legen.

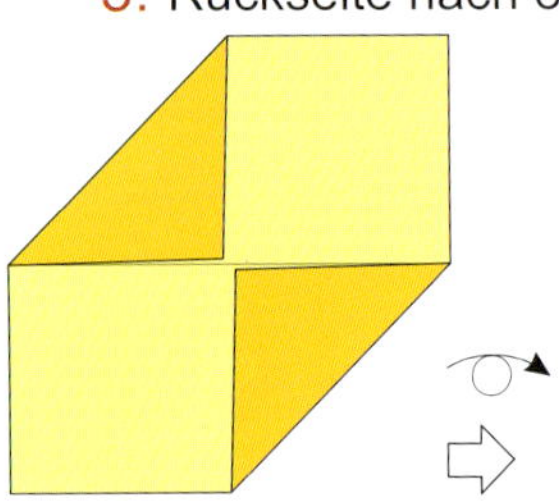

4. Schräge Linien an die Mitte falten, liegen lassen.

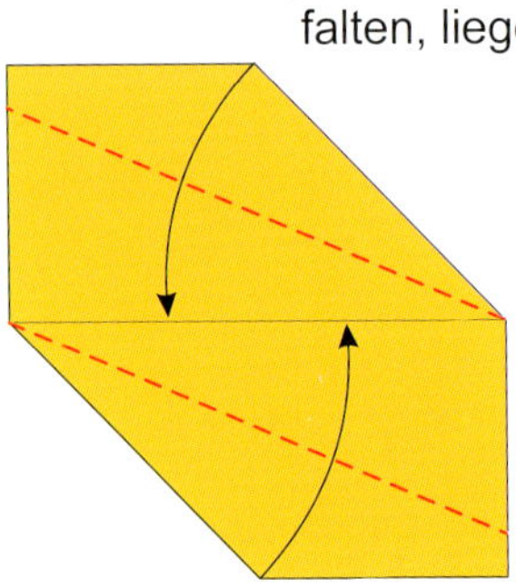

5. Rückseite nach oben legen.

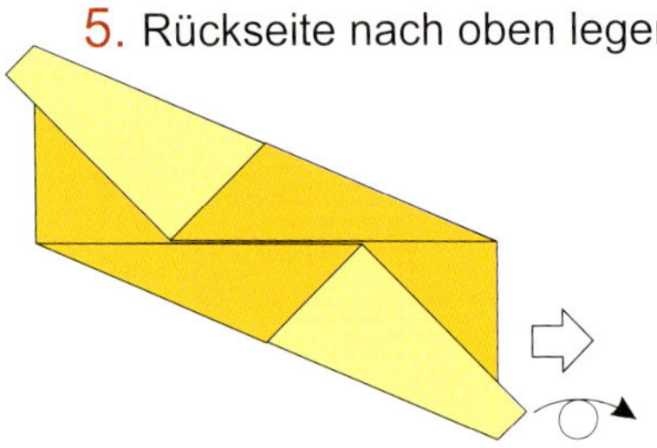

6. Schräge Linien links nach oben falten, liegen lassen. Auf der rechten Seite nach unten falten, liegen lassen. Rückseite nach oben legen und drehen.

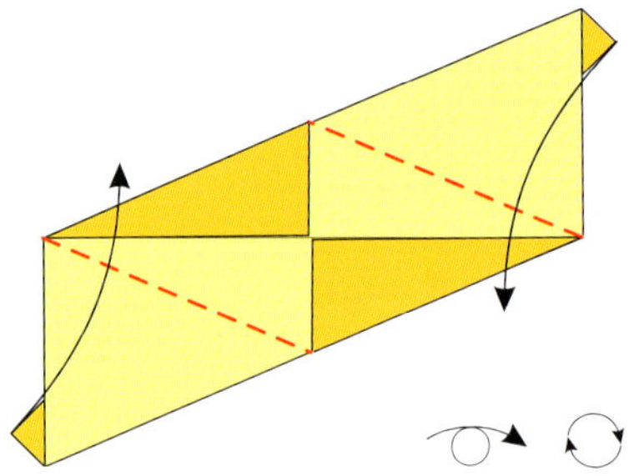

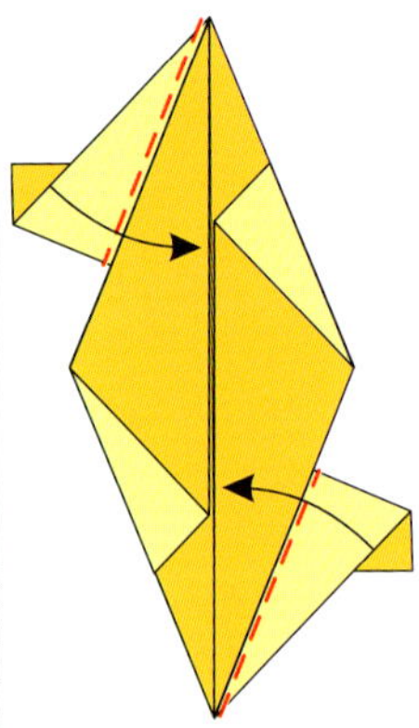

7. Schräge Linien an die Mitte falten, liegen lassen.

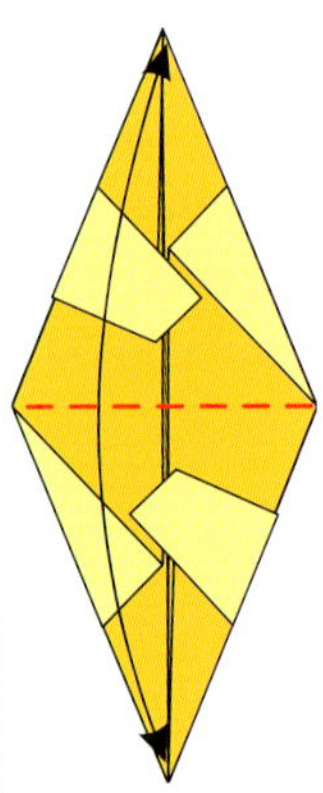

8. Waagerechte Mitte nach oben falten, wieder öffnen.

9. Fertiges Einzelteil. Dreißig solche Einzelteile falten. Zum zusammensetzen der einzelnen Teile muss die obere Papierlage, siehe Pfeil, wieder geöffnet werden. Einzelteil drehen.

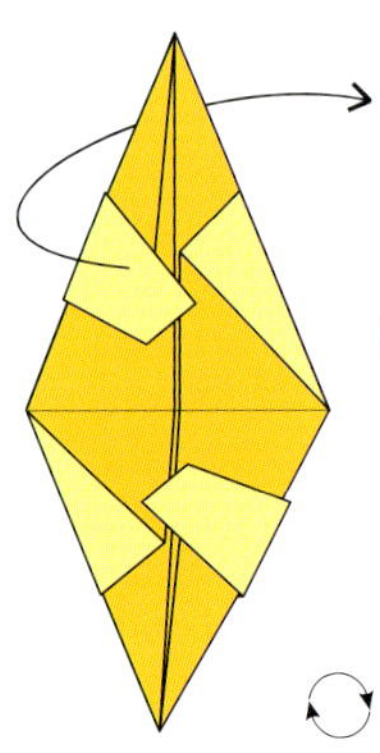

10. Das zweite Teil (rot) in das erste Teil (gelb), siehe Pfeile, schieben. Dabei kommen gefaltete Linien von beiden Teilen aufeinander.

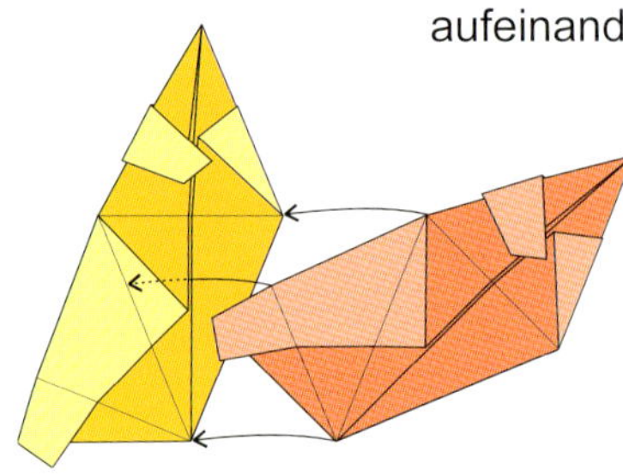

11. Das dritte Teil (grün) nun in das zweite Teil (rot), siehe Pfeile, schieben.

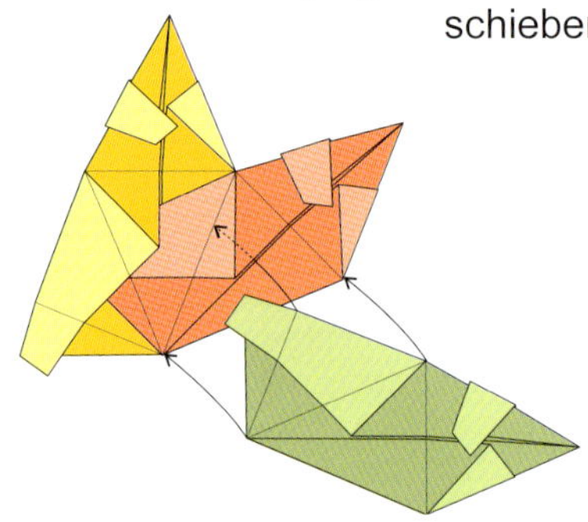

12. Das erste Teil (gelb) in das dritte Teil (grün), siehe Pfeile, schieben. Dieses letzte Teil bringt die Festigkeit für die erste Spitze, die sich jetzt in der Mitte bildet.

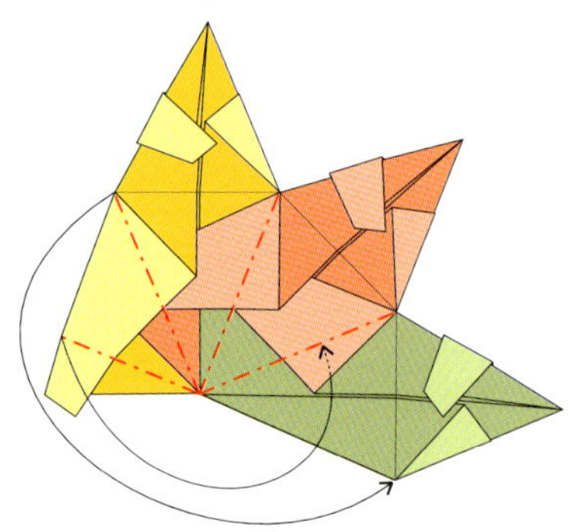

13. Erste fertige Sternspitze. Mit den flachliegenden drei Spitzen wird nun weiter gearbeitet. Siehe Pfeil, Papierlagen wieder öffnen.

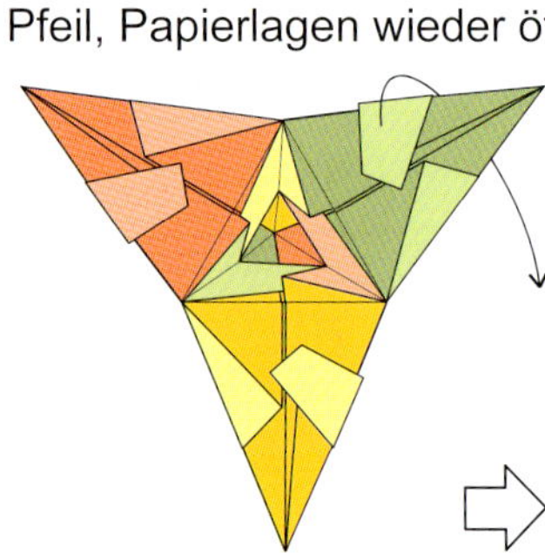

14. In die geöffnete flachliegende Spitze (die nun gelb ist), weitere zwei Einzelteile schieben, wie bei Nr.9-12 beschrieben.

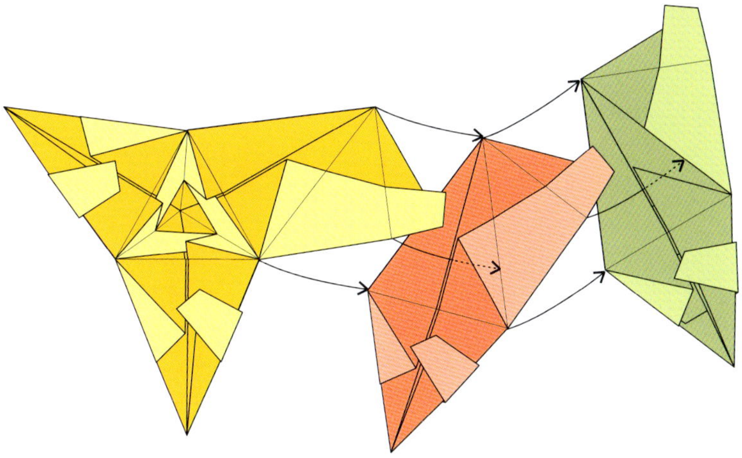

15. Das dritte Teil (grün) nun in das erste Teil (gelb), siehe Pfeile, schieben.

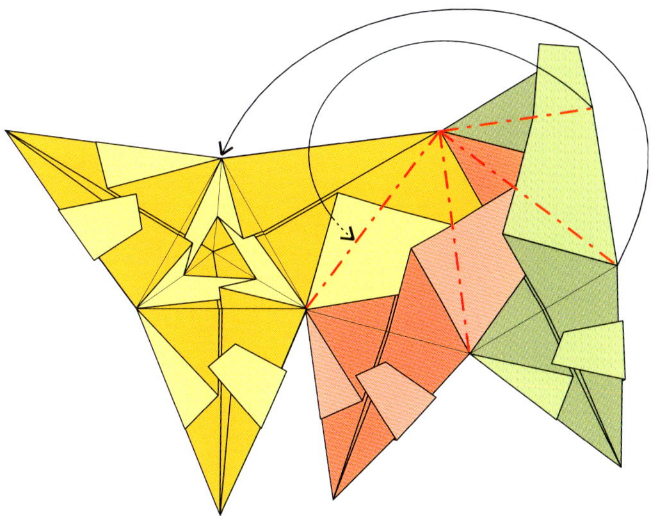

16. Zwei Sternspitzen sind fertig. Siehe Pfeil, mit dieser Spitze und zwei neuen Teilen die dritte Sternspitze arbeiten.

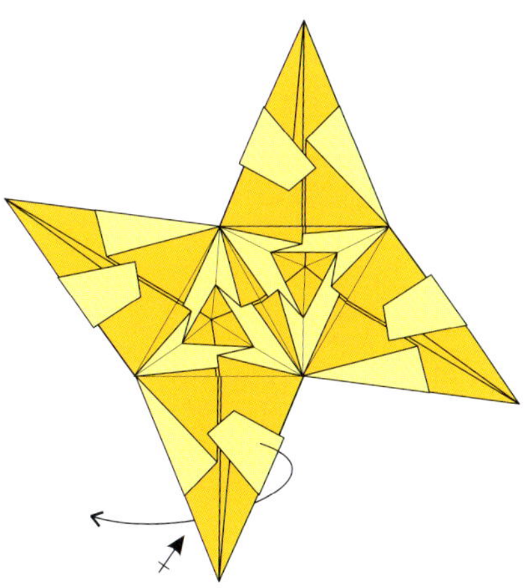

17. Drei Sternspitzen sind fertig. Siehe Pfeil, mit dieser Spitze und zwei neuen Teilen die vierte Sternspitze arbeiten.

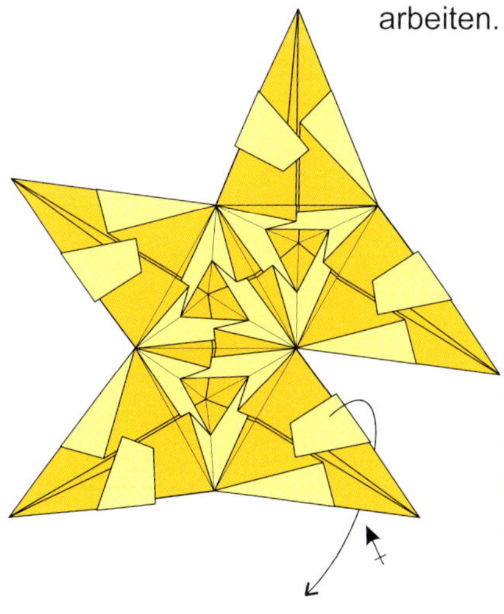

18. Vier Sternspitzen sind fertig. Siehe Pfeile, diese letzten zwei Spitzen öffnen und ineinander schieben.

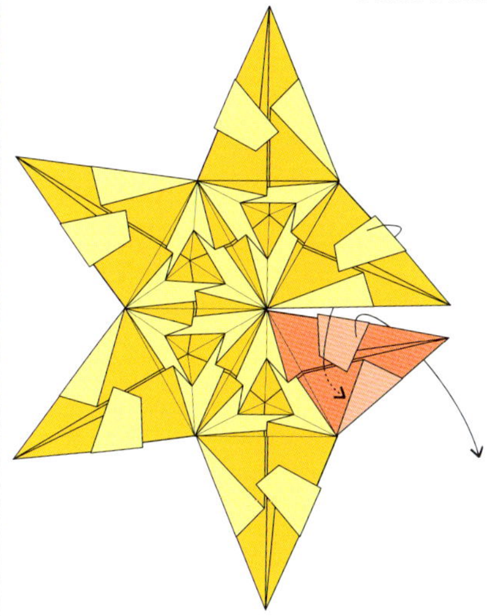

19. Ein neues Einzelteil in die beiden verbundenen Spitzen schieben.

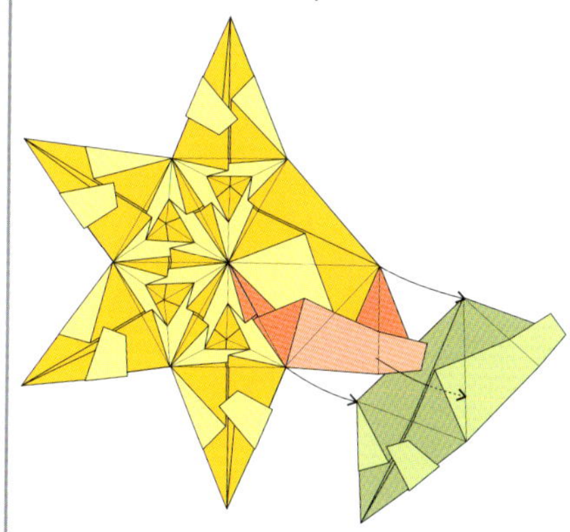

20. Das dritte Teil (grün) nun in das erste Teil (gelb), siehe Pfeile, schieben, dann ist die Basis mit fünf Spitzen fertig. Modell etwas anheben, dann ist die letzte Verbindung leichter zu arbeiten.

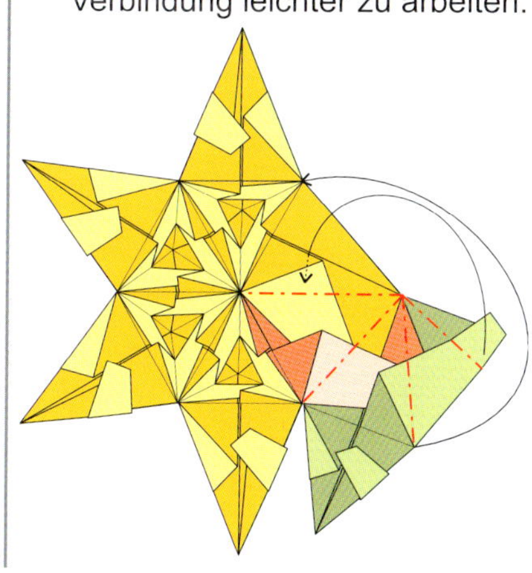

Stern Lampe

21. Die untere Basis von oben und von innen.

22. In jeder Ecke des Fünfecks, mit einem Streifen Klettband oder mit doppelseitigem Klebeband die jeweiligen losen Papierecken mit dem Stern fixieren.
Bei dieser Papiergröße ist das unbedingt erforderlich.
Der Vorteil an Klettband ist, der Stern kann nach Weihnachten wieder auseinander genommen werden.
Achtung: Vo dem auseinandernehmen alle Teile unbedingt kennzeichnen, sonst dauert es im kommenden Jahr sehr lange, die passenden Einzelteile wieder aneinander zu bekommen.

23. Mit dieser Spitze und zwei neuen Einzelteilen wird eine neue Sternspitze gearbeitet.

24. Fertige neue Sternspitze.

25. Mit dieser Spitze und zwei neuen Einzelteilen wird eine neue Sternspitze gearbeitet.

26. Fertige neue Sternspitze.

27. Mit diesen beiden Spitzen und einem neuen Einzelteil wird eine neue Sternspitze gearbeitet.

28. Fertige neue Sternspitze. Stern etwas drehen, damit aus den restlichen drei flachen Spitzen auch Sternspitzen gearbeitet werden können.

29. Mit dieser Spitze nun die Schritte von Nr.25-27 wiederholen. Mit den letzten zwei Spitzen, durch Pfeile gekennzeichnet, ebenso Sternspitzen arbeiten.

30. Mit den fünf Spitzen wird nun die obere Basis gearbeitet.

31. Mit dieser Spitze und zwei neuen Einzelteilen wird eine neue Sternspitze gearbeitet.

32. Fertige neue Sternspitze.

33. Mit diesen beiden Spitzen und einem neuen Einzelteil wird eine neue Sternspitze gearbeitet.

34. Fertige neue Sternspitze.

35. Mit diesen beiden Spitzen und einem neuen Einzelteil wird eine neue Sternspitze gearbeitet.

36. Fertige neue Sternspitze.

37. Mit diesen beiden Spitzen und einem neuen Einzelteil wird eine neue Sternspitze gearbeitet.

38. Fertige neue Sternspitze.

39. Fassung mit Glühbirne einsetzen (max. 60 W).

40. Mit diesen drei Spitzen wird nun die letzte Sternspitze gearbeitet.

41. Fertige Sternlampe

Stern Dosen

Klassiker

MATERIAL
Für diesen Stern benötigt man
1 Blatt
flammsicheres Lampenpapier.
Maße: 15x15 cm

1. Zweimal waagerecht die Mitte falten, wieder öffnen. Rückseite nach oben legen.

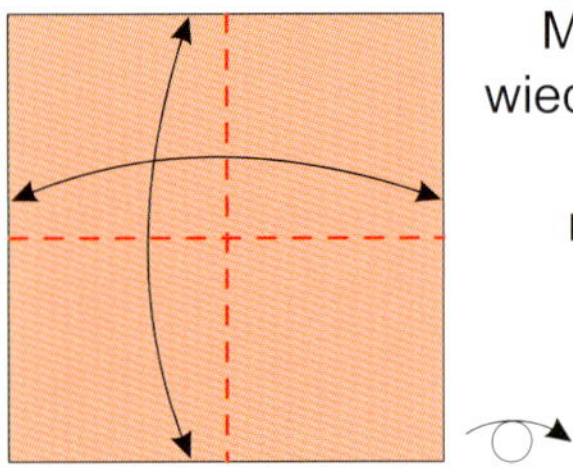

2. Zweimal diagonal die Mitte falten, wieder öffnen.

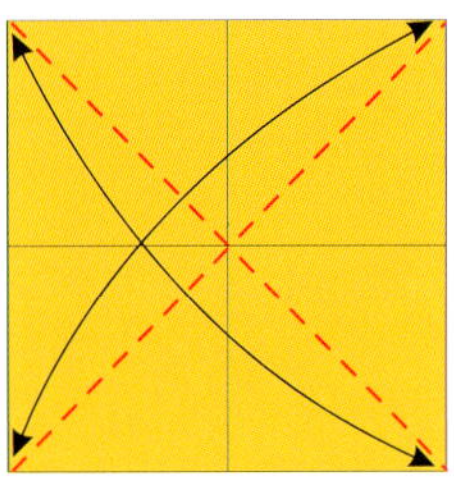

3. Alle vier Ecken zur Mitte falten, liegen lassen.

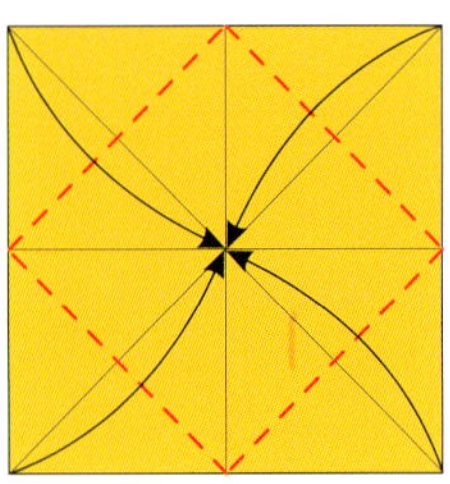

4. Modell um 45 Grad drehen und die Rückseite nach oben legen.

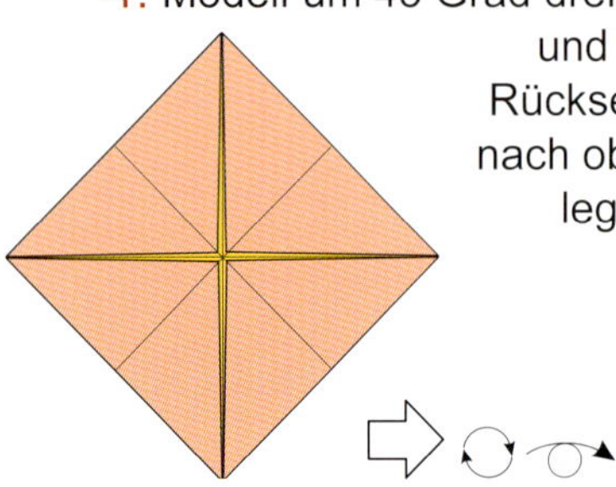

5. Von der waagerechten Mitte (Bergfalte), seitlich zur unteren Mitte legen. Die obere Mitte dann ebenfalls nach unten legen, siehe Pfeile.

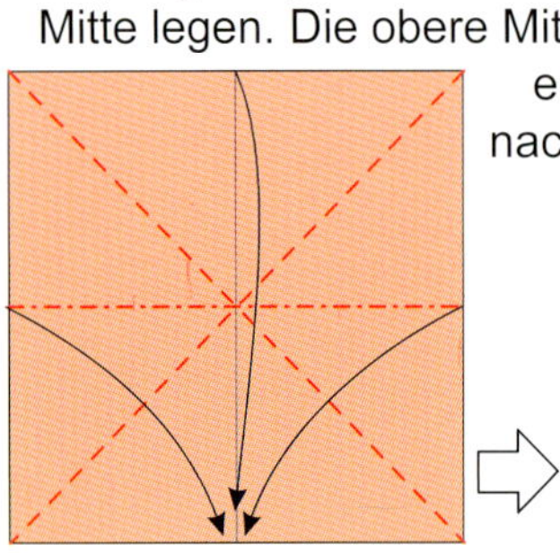

6. Nur mit der oberen Papierlage, Linie Nr.1 als Bergfalte an die untere Papierkante falten, liegen lassen. Die Talfalte Nr.2 wird dabei automatisch mitgefaltet. Die rechte Ecke nach links legen, dabei die schräge Linie falten, liegen lassen. Auf der Rückseite wiederholen.

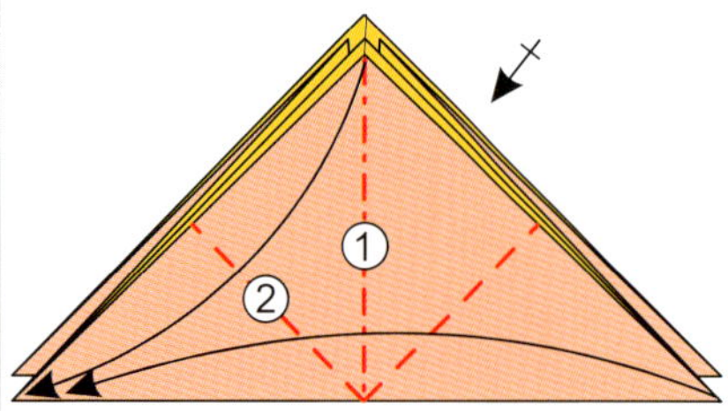

7. Alle Schritte von Nr.6 wiederholen.

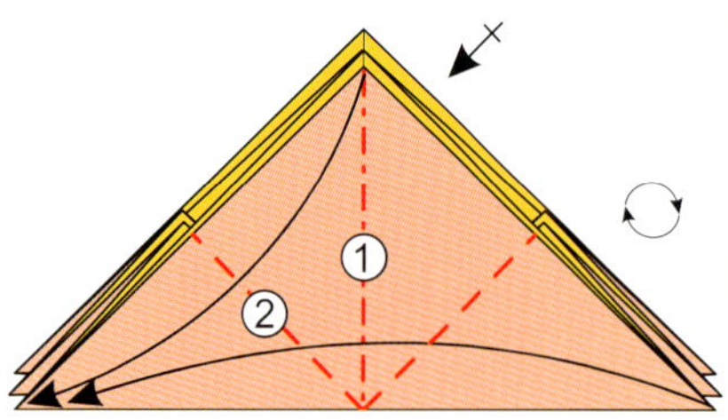

8. Beide Spitzen nach oben legen, liegen lassen.

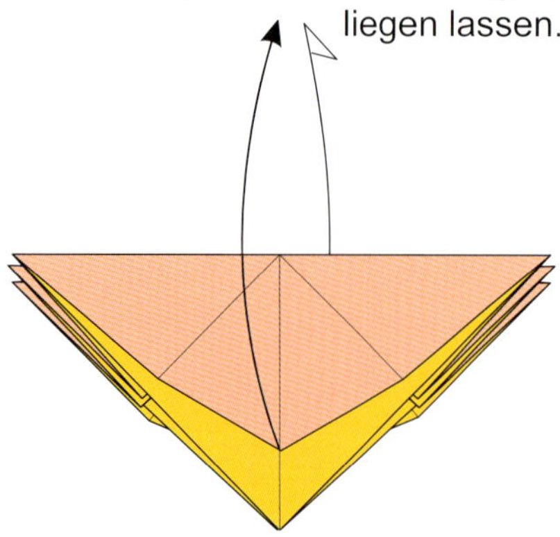

9. An der unteren Spitze waagerechte Linie falten, wieder öffnen.

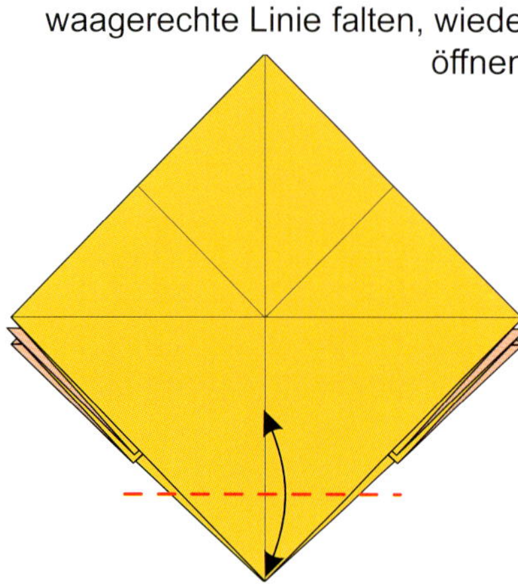

10. Spitze wieder nach unten falten, liegen lassen. Auf der Rückseite wiederholen.

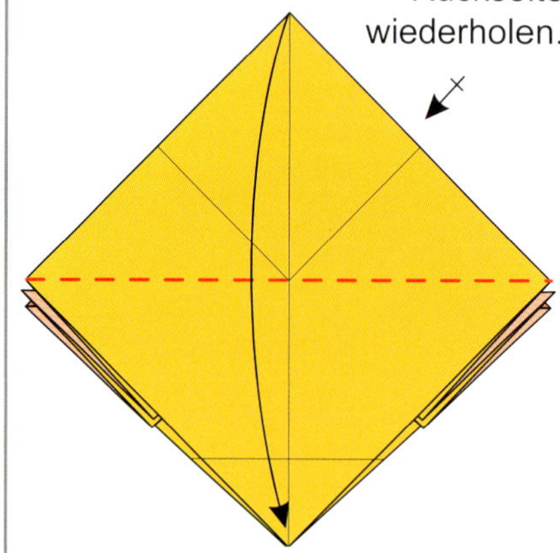

11. An der waagerechten Linie Bergfalte formen, danach auf der Vorder- und Rückseite die senkrechte Linie auch zur Bergfalte formen. Von innen auseinanderdrücken, dadurch wird aus dem flachen Papier die aufgestellte Form. Alle acht Spitzen können noch etwas geformt werden.

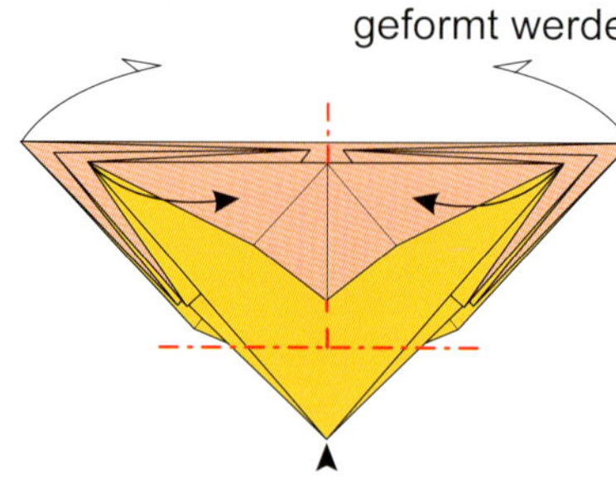

12. Fertiges Modell von oben gesehen.

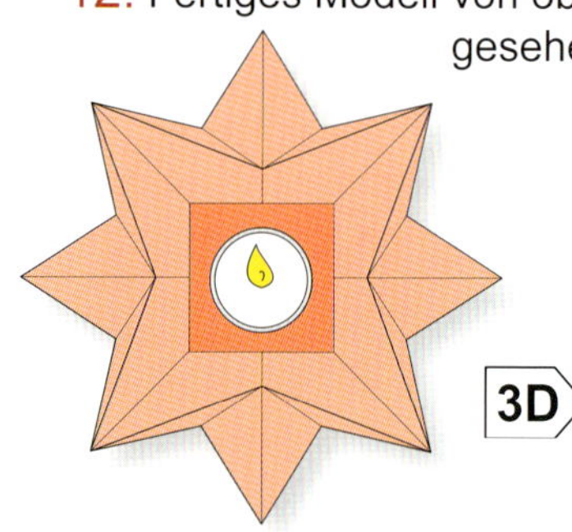

13. Fertiges Modell seitlich gesehen.

MATERIAL
Für diesen Stern benötigt man
1 Blatt
flammsicheres Lampenpapier.
Maße: 30x30 cm
Mit AQUAPAPIER können diese
Lichter auch schwimmen.

1. Zweimal waagerecht die Mitte falten, wieder öffnen. Rückseite nach oben legen.

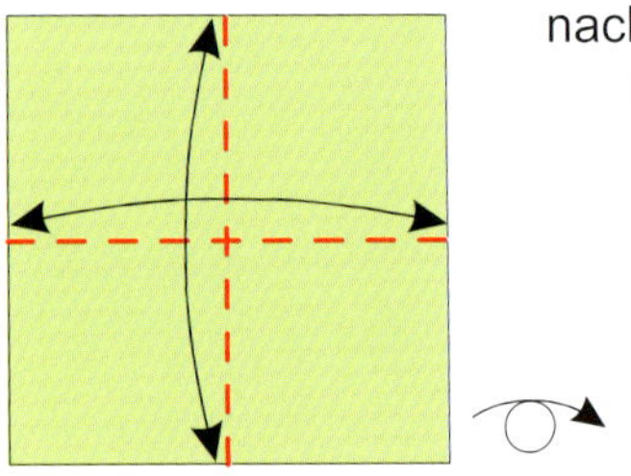

2. Zweimal diagonal die Mitte falten, wieder öffnen. Rückseite nach oben legen.

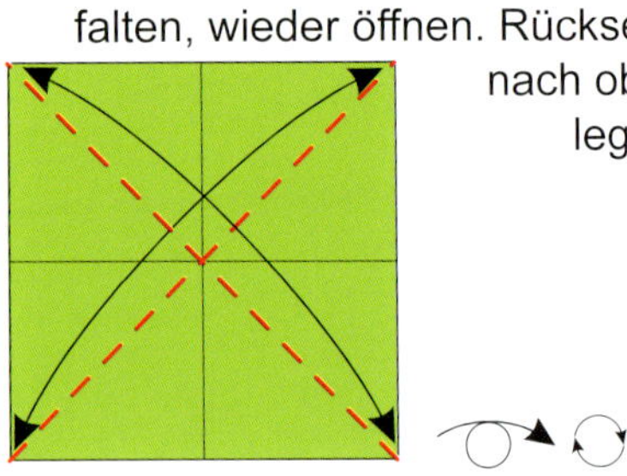

3. Von der waagerechten Mitte (Bergfalte), die seitlichen Ecken zur oberen Ecke legen. Die untere Ecke dann ebenfalls nach oben legen, siehe Pfeile.

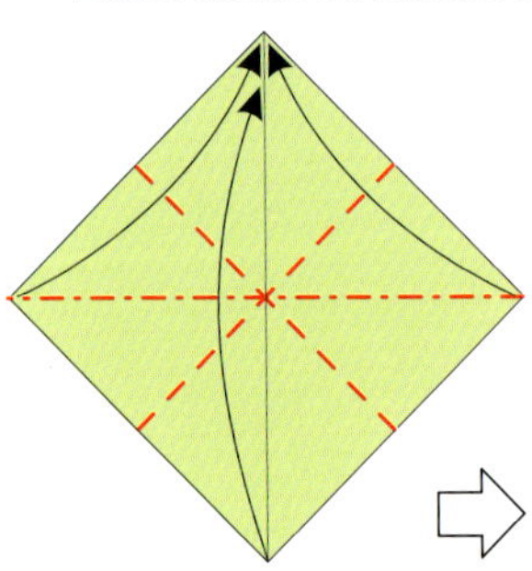

4. Bergfalte nach rechts falten, dabei die Ecke flach drücken.

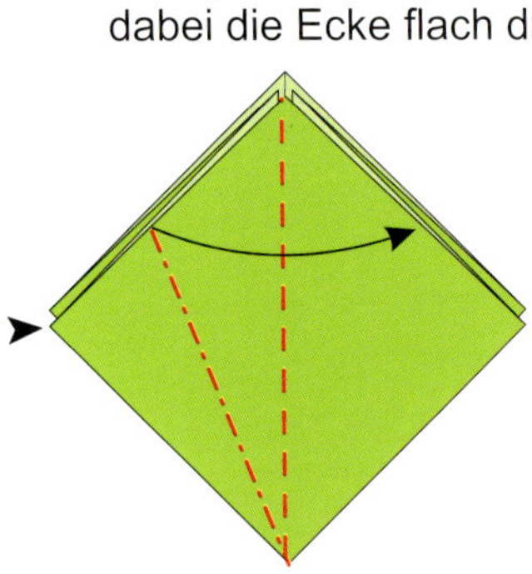

5. Mit den anderen drei Ecken den Schritt Nr.4 wiederholen.

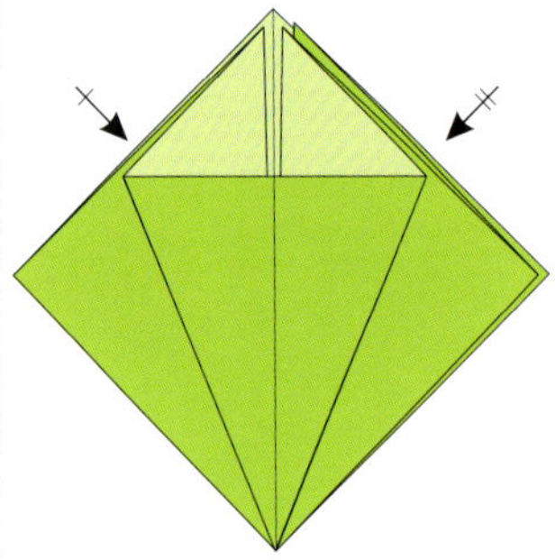

6. Spitzen an der Linie abschneiden.

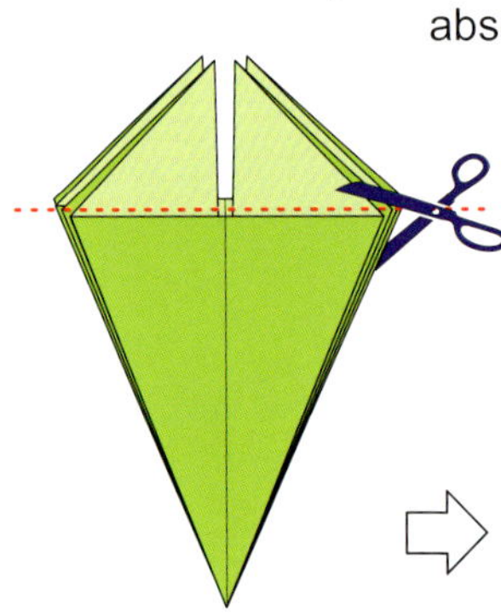

7. Nur mit der oberen Papierlage, siehe Pfeil, schräge Linien zur Mitte falten. Auf der Rückseite wiederholen.

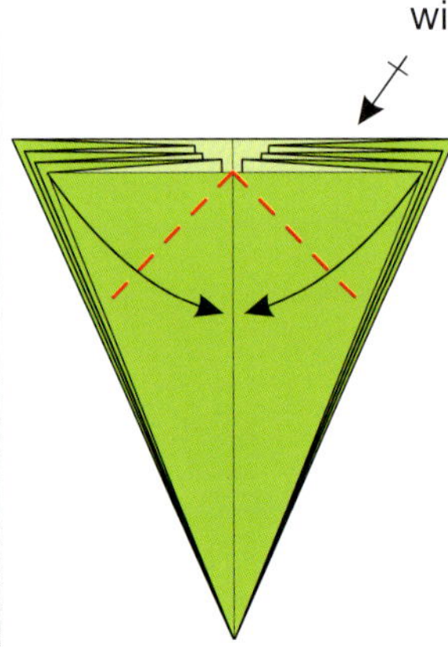

8. Nur mit der oberen Papierlage, siehe Pfeil, von rechts nach links falten. Auf der Rückseite wiederholen.

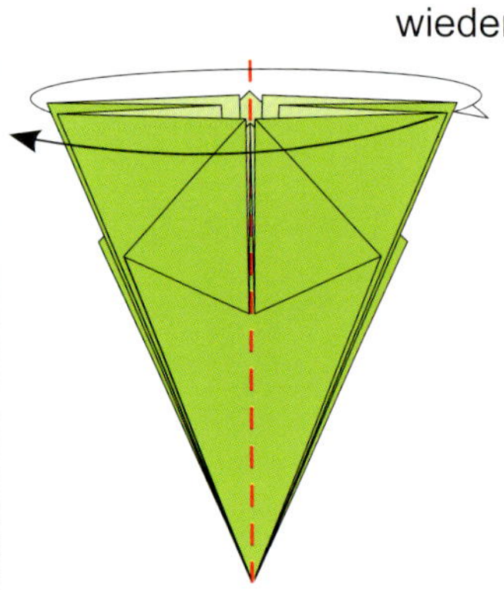

9. Schräge Linien zur Mitte falten, liegen lassen. Auf der Rückseite wiederholen.

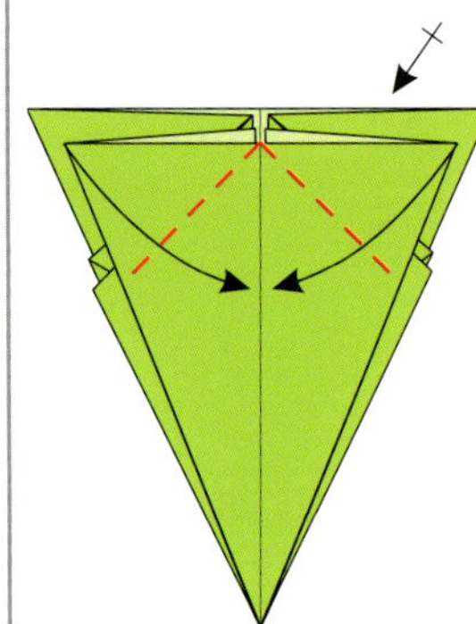

10. Schritte von Nr.7-9 wieder öffnen, siehe Pfeile.

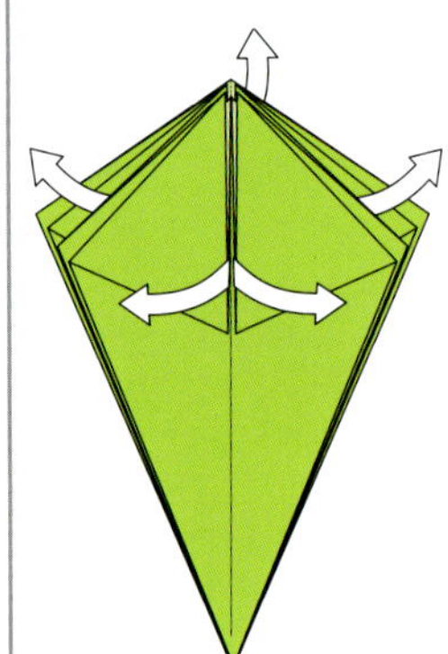

11. Alle schrägen Linien von Nr.7-9 zu Bergfalten formen und dann nach innen legen.

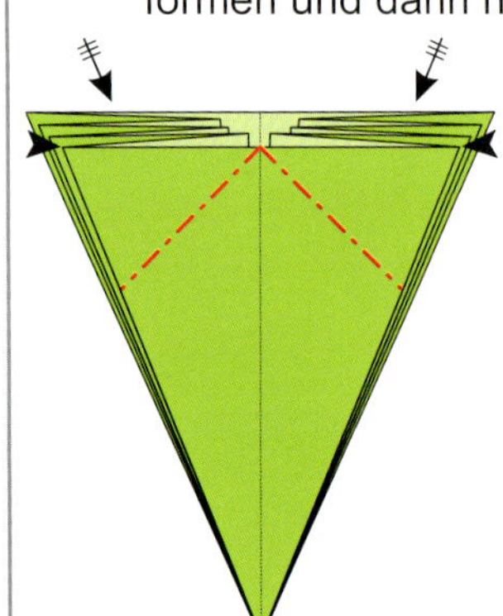

12. Nur mit der oberen Papierlage Spitze nach unten falten, liegen lassen.

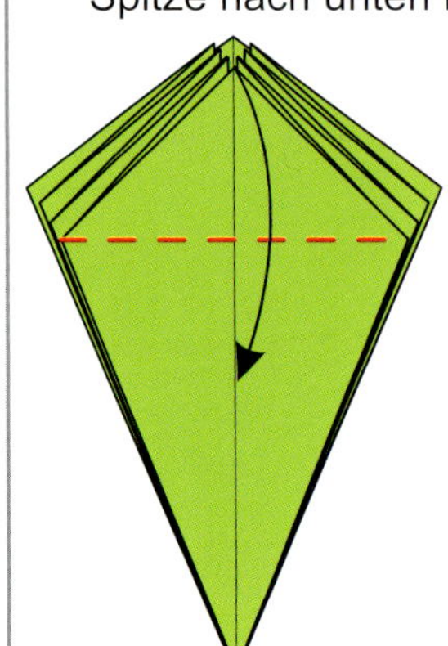

13. Nur mit der oberen Papierlage von links nach rechts falten, liegen lassen. Schritte Nr.12-13 mit allen Spitzen wiederholen.

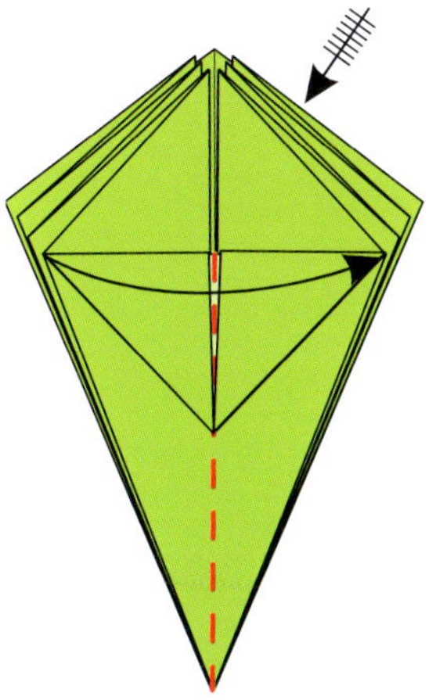

Für diese kleine Tanne 3 Modelle falten. Das Papier muss immer 1,5 cm kleiner sein.

14. An der unteren Spitze waagerechte Linie falten, wieder öffnen.

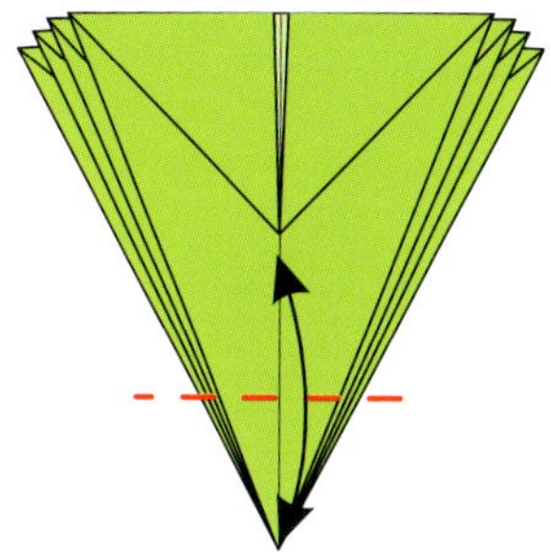

15. Jetzt eine Bergfalte an der unteren Spitze formen, dabei die Spitze eindrücken. Modell von innen auseinanderdrücken, das Modell steht dann flach auf dem Tisch.

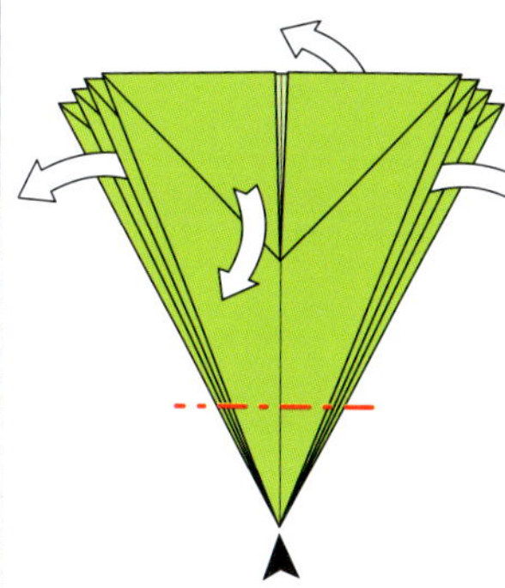

3D

16. Fertiges Modell seitlich gesehen.

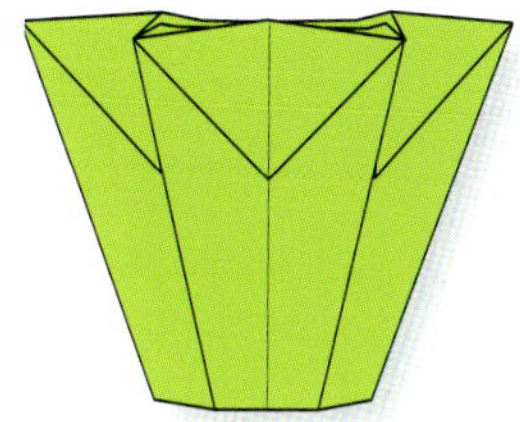

17. Fertiges Modell von oben gesehen.

Lichterkette mit Sternen

MATERIAL

Für einen Stern benötigt man 1 Blatt durchscheinendes Papier. Maße: 15x15 cm

Start. Diagramme von Seite 50 bis Nr.13 falten.

1. Untere Spitze abschneiden.

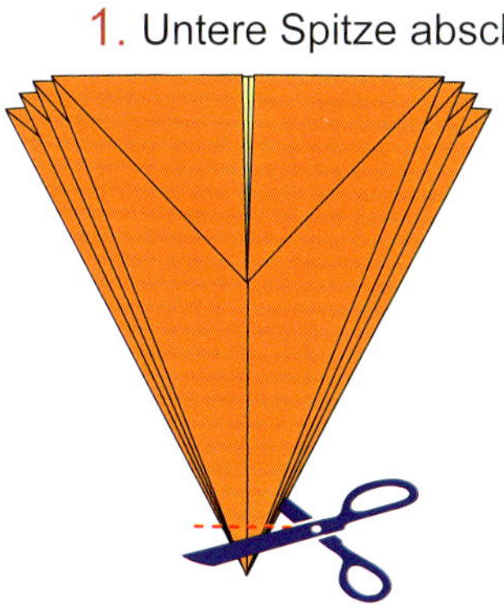

2. Modell von innen auseinanderdrücken.

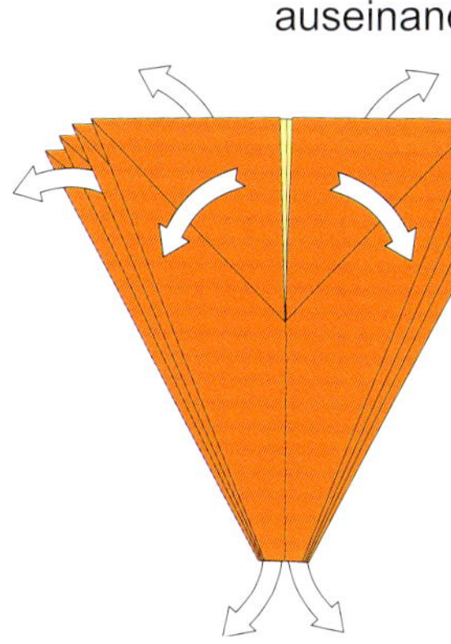

3D

3. Fertiges Modell seitlich gesehen. Das Loch nach oben halten und über den Leuchtkörper schieben.

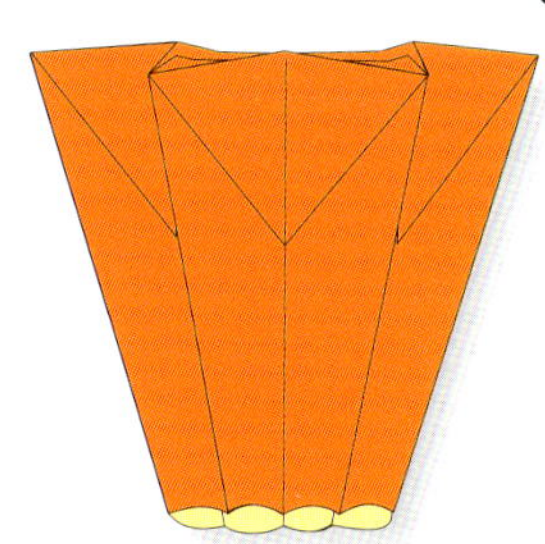

Stern-Dosen Lichter

MATERIAL
Für ein Sternlicht benötigt man
1 Blatt
flammsicheres Lampenpapier.
Maße: 30x30 oder 15x15 cm

Start. Diagramme von Seite 50 bis Nr.3 falten.

1. Nur mit der oberen Papierlage, siehe Pfeile, schräge Linien zur Mitte falten, liegen lassen. Auf der Rückseite wiederholen.

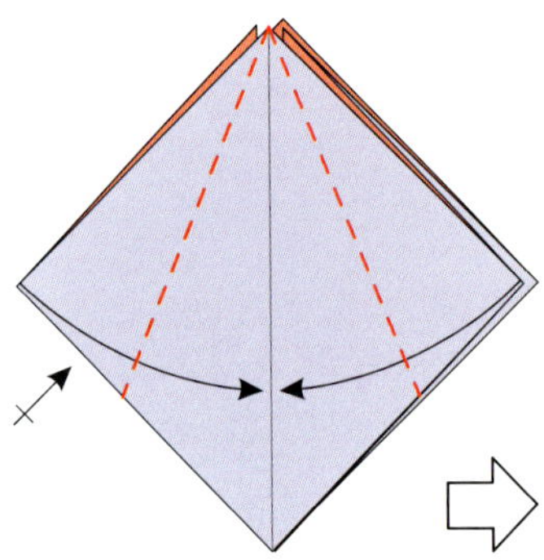

2. Nur mit der oberen Papierlage, schräge Linien als Bergfalte arbeiten und dann nach außen legen. Auf der Rückseite wiederholen.

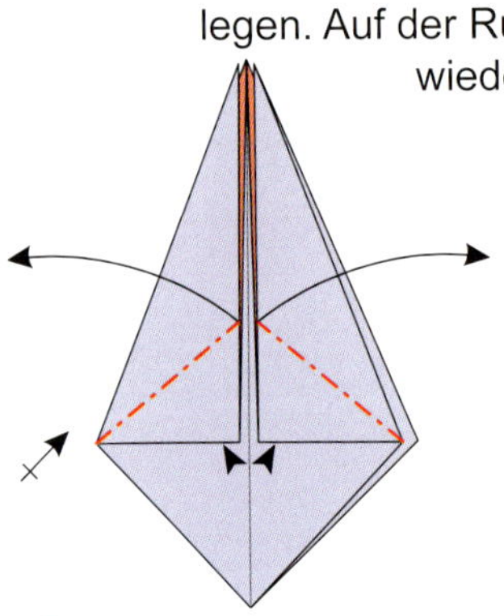

3. Nur mit der oberen Papierlage, siehe Pfeil, von links nach rechts falten. Auf der Rückseite wiederholen.

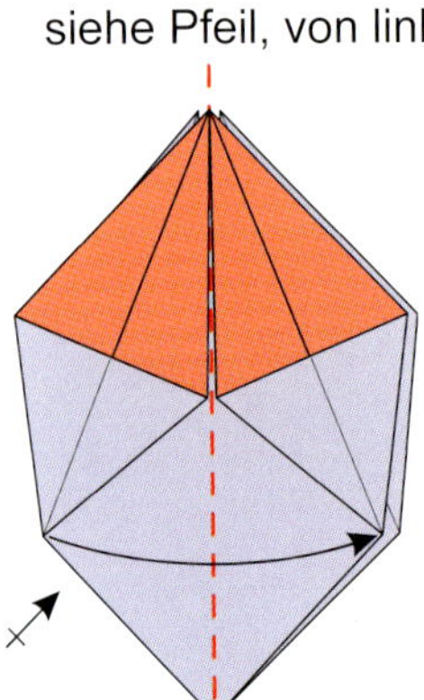

4. Nur mit der oberen Papierlage, siehe Pfeile, schräge Linien zur Mitte falten, liegen lassen. Auf der Rückseite wiederholen.

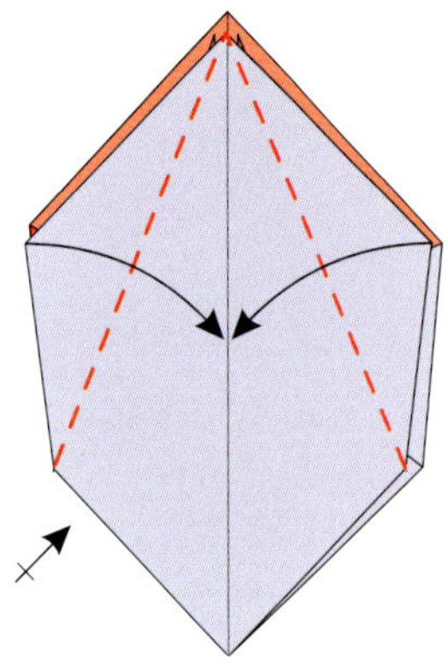

5. An der unteren Spitze die waagerechte Linie falten, wieder öffnen. Achtung: Auf die seitliche Höheneinteilung achten. Bei einer kleineren Papiergröße muß diese Linie höher gesetzt werden, siehe kleine Dosen.

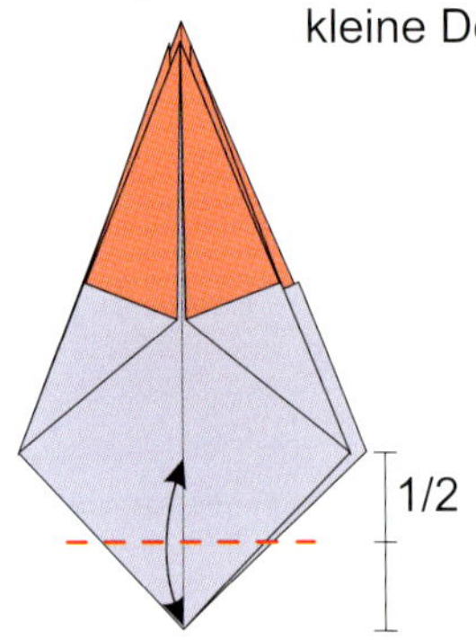

6. Modell von innen auseinanderdrücken, dabei an allen vier Spitzen waagerechte Linie falten. An der unteren Spitze Bergfalte formen und die Spitze eindrücken, das Modell steht dann flach auf dem Tisch.

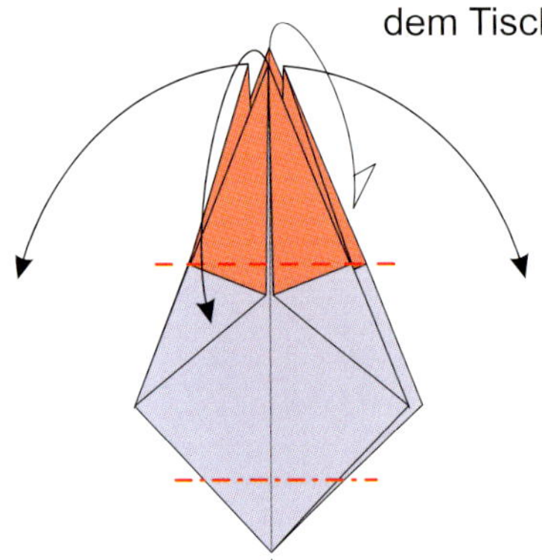

3D

7. Fertiges Modell seitlich gesehen.

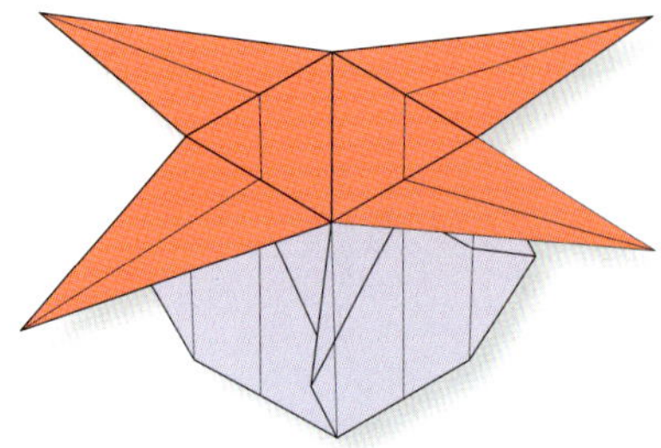

8. Fertiges Modell von oben gesehen.

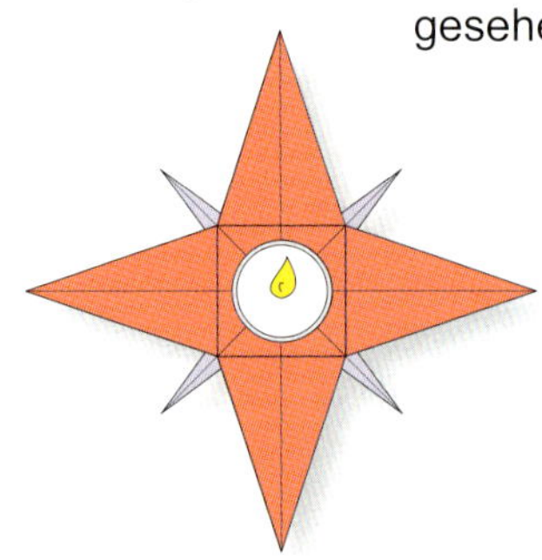

9. Die waagerechten Spitzen nach unten falten. Es entsteht dadurch ein anderer Lichteffekt. Diese Möglichkeit geht nur bei der Papergröße von 30x30 cm.

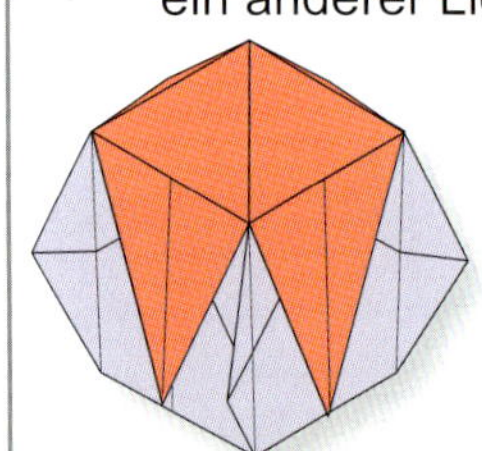

Stern-Dosen Lichter

Modell von J. van Schuylenburg

MATERIAL
Für ein Sternlicht benötigt man
1 Blatt
flammsicheres Lampenpapier.
Maße: 30x30 cm

Start. Diagramme von Seite 50 bis Nr.3 falten.

1. Nur mit der oberen Papierlage, siehe Pfeile, schräge Linien zur Mitte falten, wieder öffnen. Auf der Rückseite wiederholen.

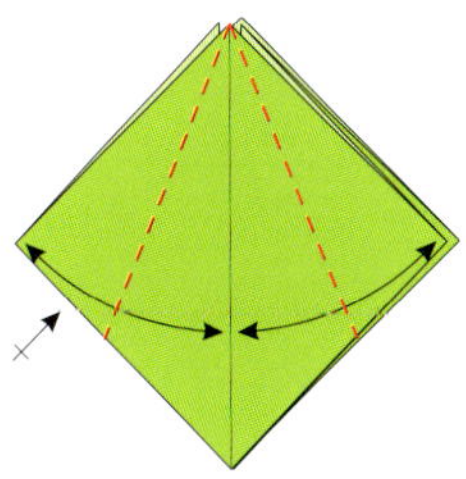

2. Nur mit der oberen Papierlage, schräge Linien als Bergfalte formen und dann nach innen legen. Auf der Rückseite wiederholen.

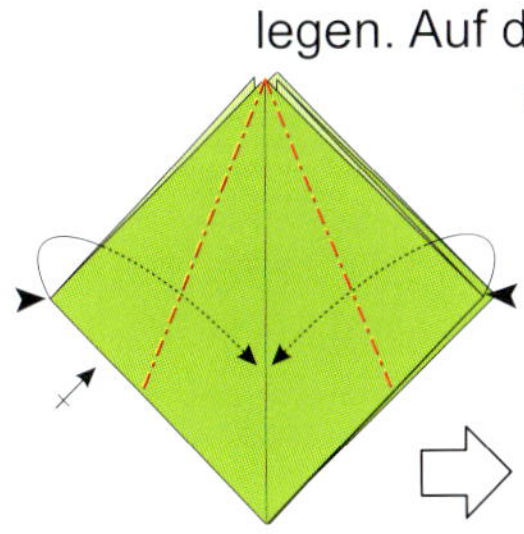

3. Nur mit der oberen Papierlage, siehe Pfeil, schräge Linien zur Mitte falten, wieder öffnen. Auf der Rückseite wiederholen.

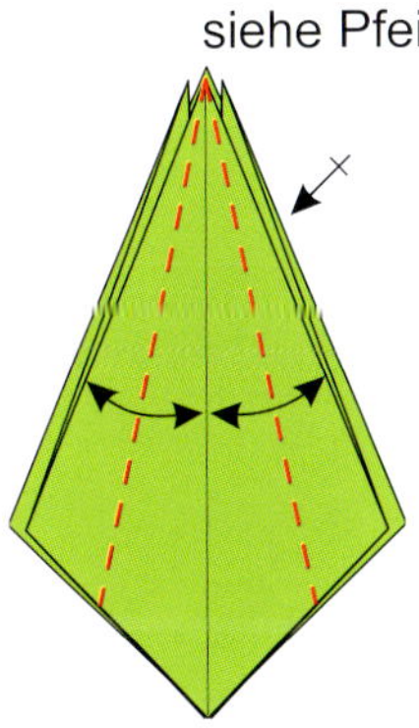

4. Nur mit der oberen Papierlage, siehe Pfeile, schräge Linien falten, wieder öffnen. Auf der Rückseite wiederholen.

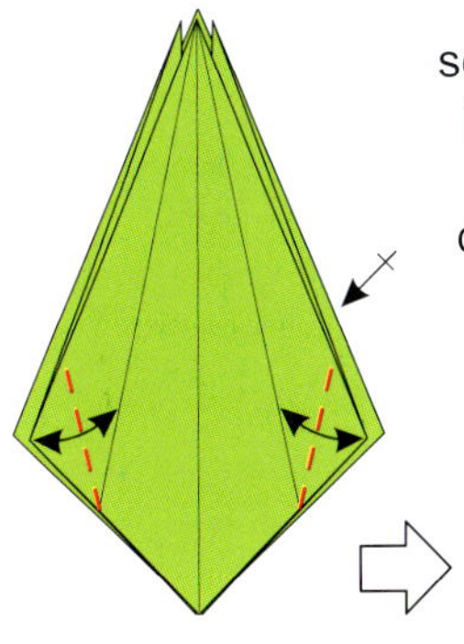

5. Schräge Linien von Schritt Nr.4 als Bergfalte formen. Nur mit der oberen Papierlage Linien von Nr.3 wieder zur Mitte legen, dabei an den seitlichen Ecken flachdrücken. Auf der Rückseite wiederholen.

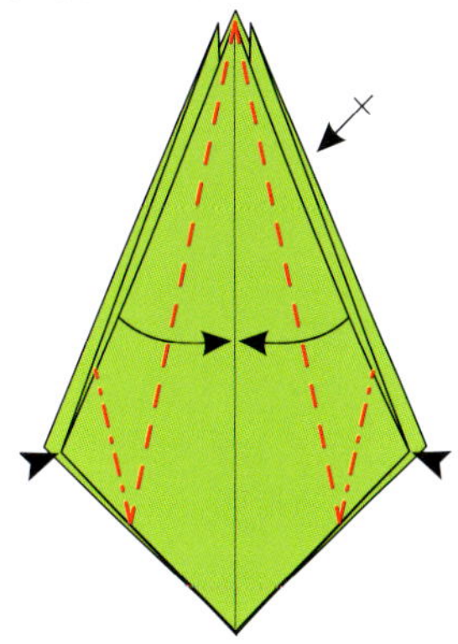

6. Nur mit der oberen Papierlage, siehe Pfeile, Bergfalte formen und nach innen legen. Auf der Rückseite wiederholen.

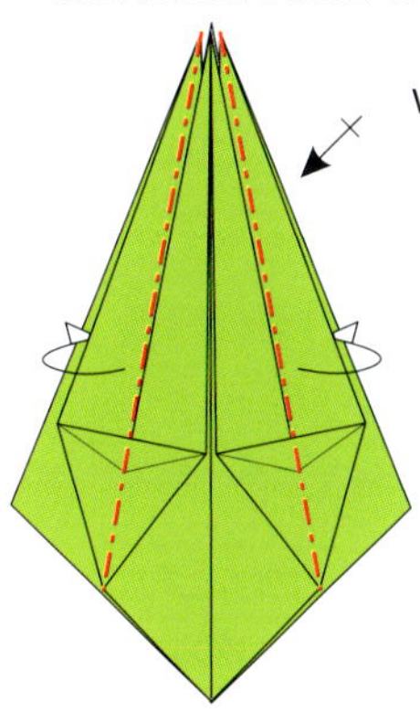

7. An der unteren Spitze die waagerechte Linie falten, wieder öffnen.

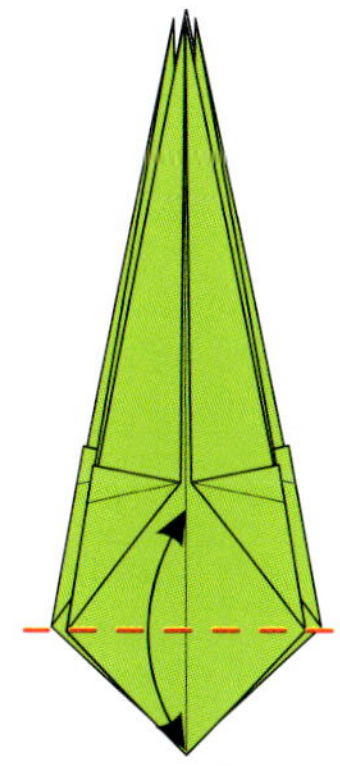

8. Modell von innen auseinanderdrücken, dabei an allen vier Spitzen waagerechte Linie falten. An der unteren Spitze Bergfalte formen und die Spitze eindrücken, das Modell steht dann flach auf dem Tisch.

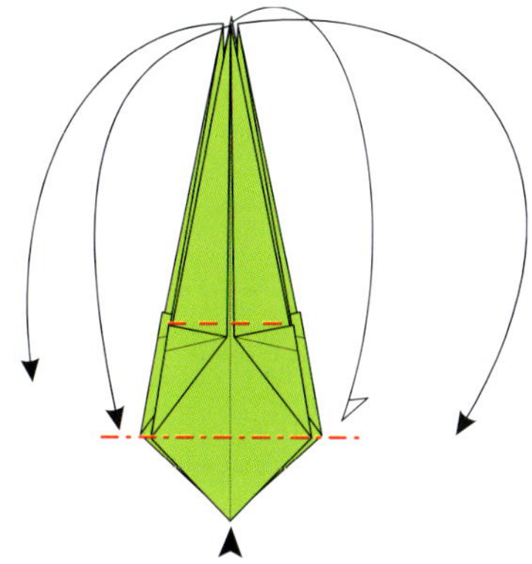

9. An den inneren Dreiecken waagerechte Linien falten, liegen lassen.

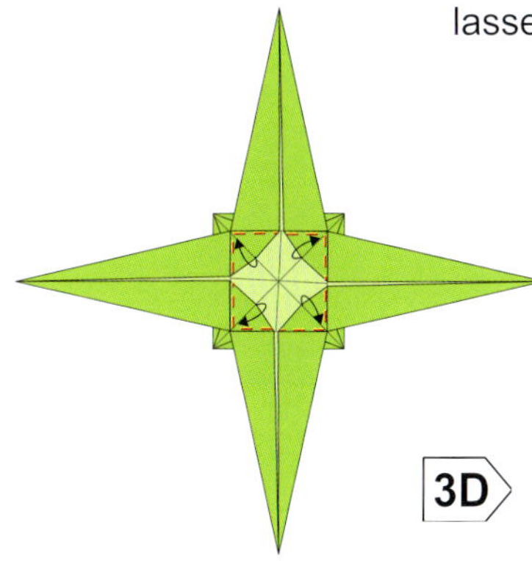

10. Fertiges Modell seitlich gesehen.

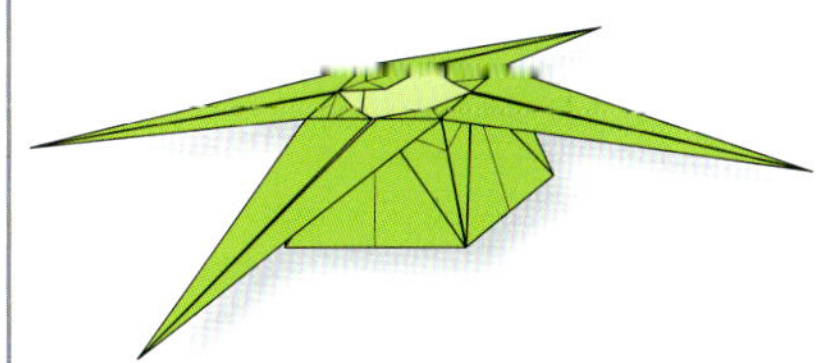

11. Fertiges Modell von oben gesehen.

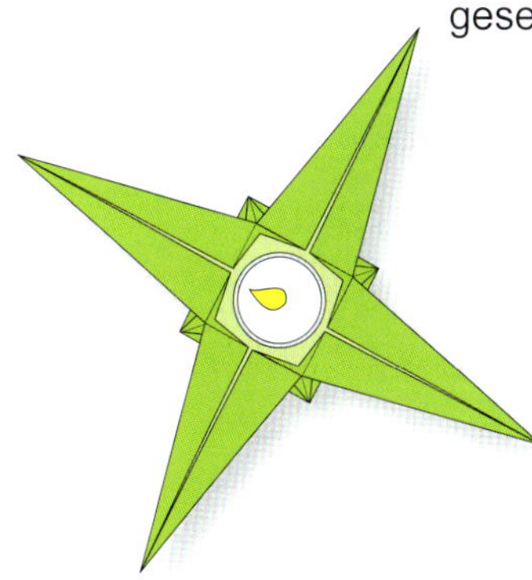

Tischdekoration

Oriana Star

MATERIAL
Für diesen Stern benötigt man
8 Blätter
DUO COLOR Papier.
Maße: 10x10 oder 15x15cm

1. Senkrechte Mitte falten, liegen lassen.

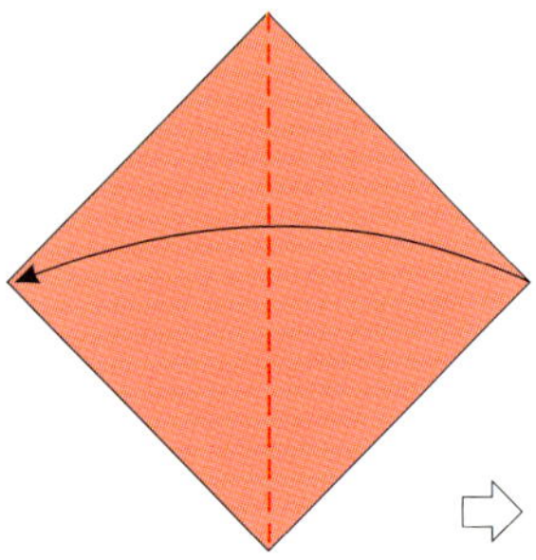

2. Nur mit der oberen Papierlage schräge Linie falten, liegen lassen.

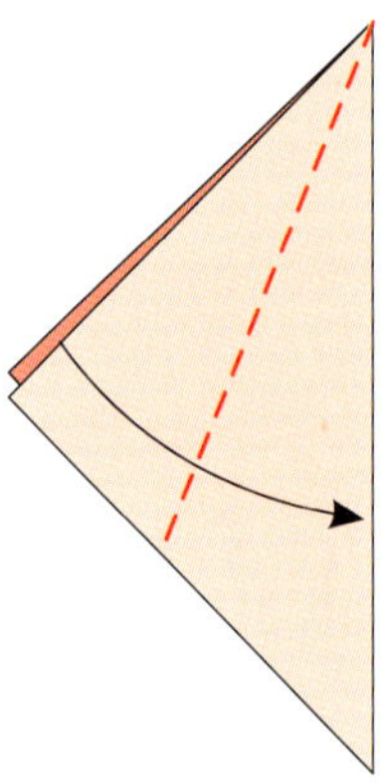

3. Rückseite nach oben legen.

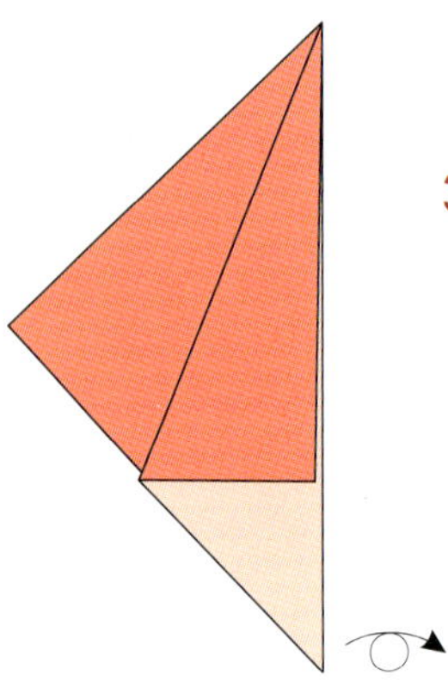

4. Waagerechte Linie falten, liegen lassen.

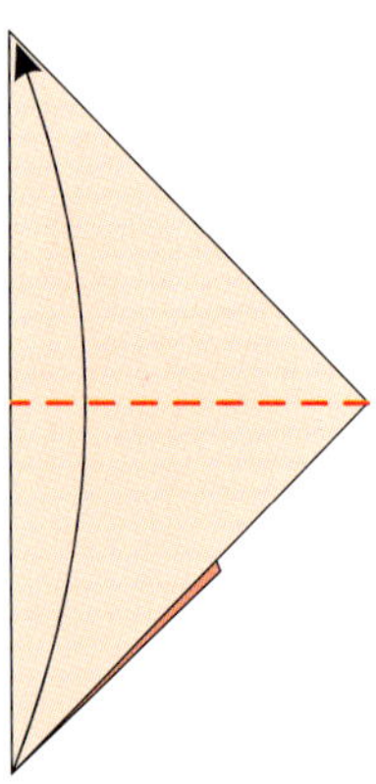

5. Spitze der oberen Papierlage, siehe Pfeile, nach unten falten, liegen lassen.

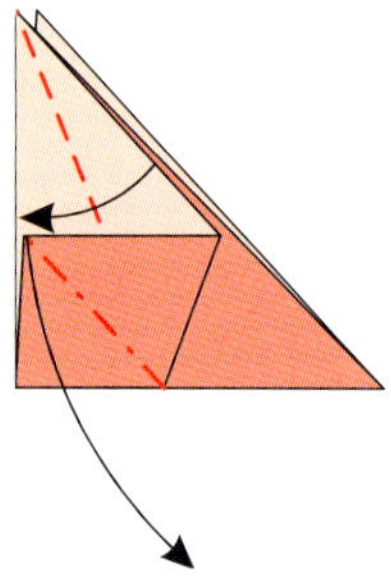

6. Fertiges Einzelteil, achtmal falten.

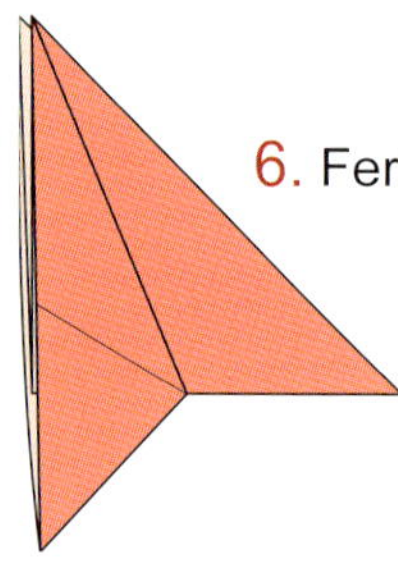

7. Das zweite Einzelteil in den Schlitz vom ersten Teil schieben. Rückseite nach oben legen.

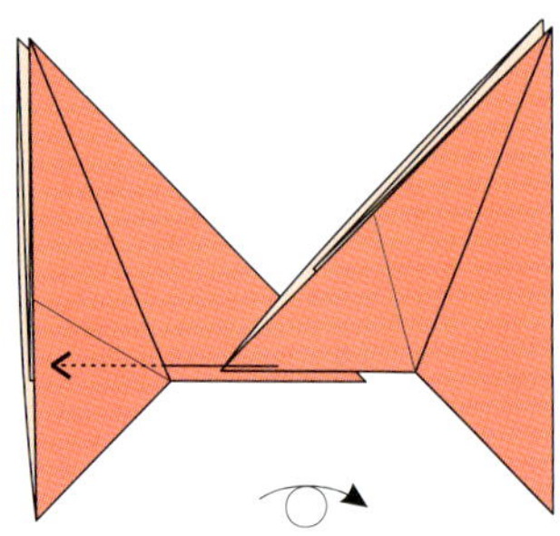

8. Die Spitze des zweiten Einzelteils falten und in den Schlitz vom ersten Teil schieben. Rückseite nach oben legen.

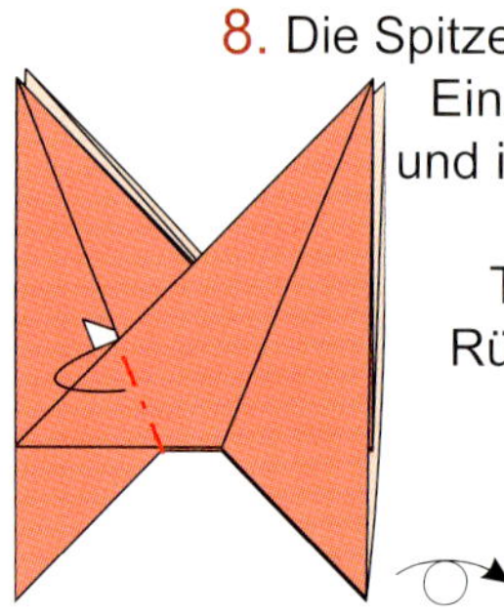

9. Die Schritte von Nr. 7-8 mit den restlichen Einzelteilen wiederholen.

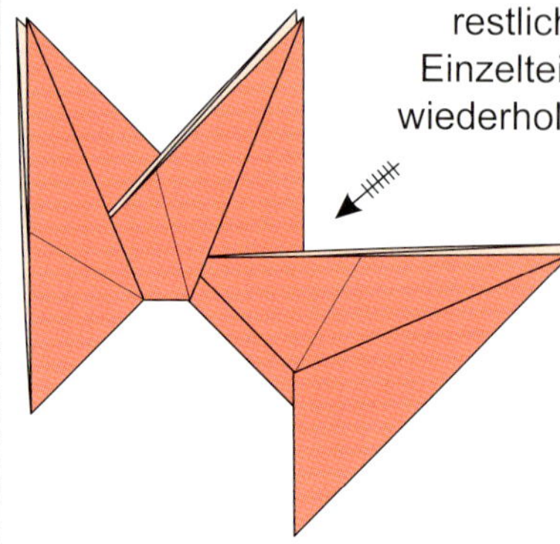

10. Fertiger Stern.

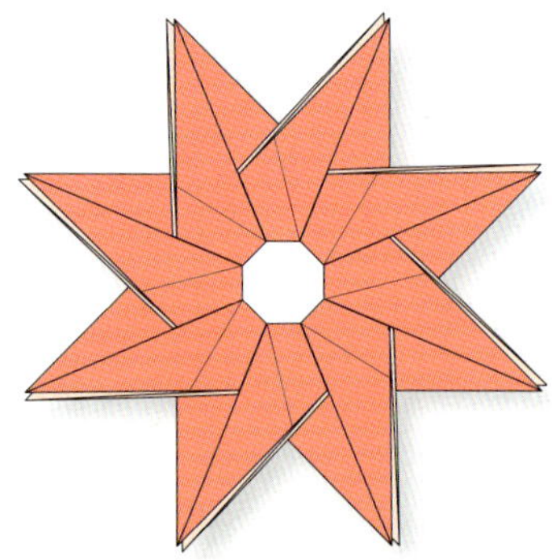

Kleiner Tannenbaum

MATERIAL
Für diesen Tannenbaum wird 1 Blatt grünes Papier benötigt.
Maße: 15x15 cm

1. Senkrechte Mitte falten, wieder öffnen. Schräge Linien zur Mitte falten, wieder öffnen.

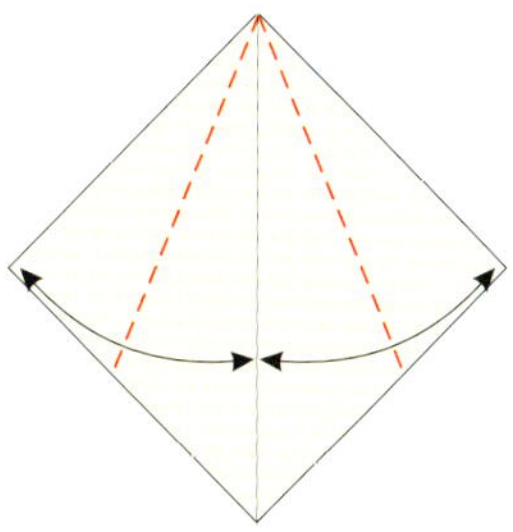

2. Waagerechte Linie falten, liegen lassen.

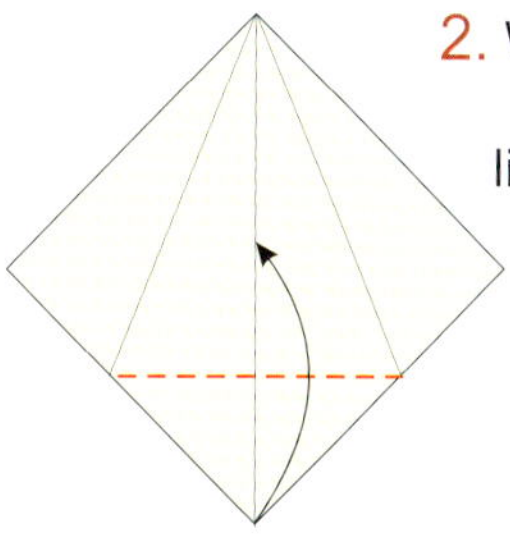

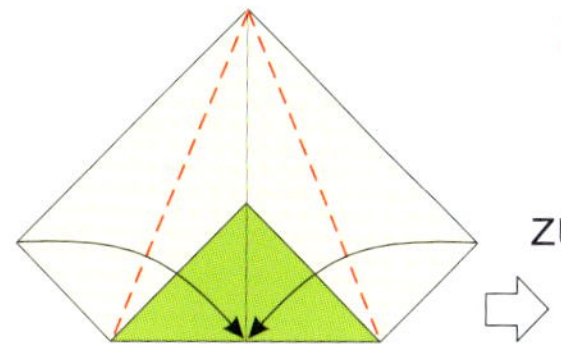

3. Schräge Linien zur Mitte zurücklegen, liegen lassen.

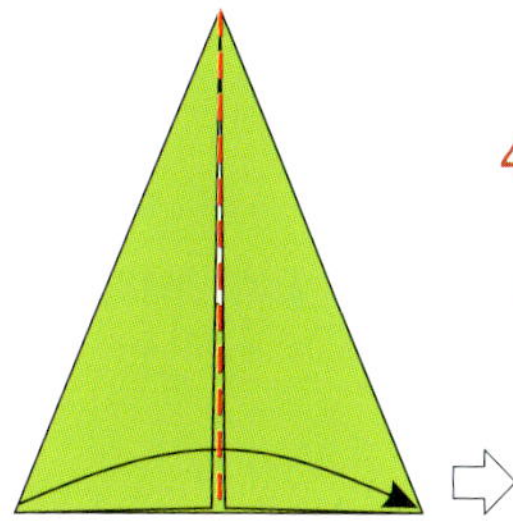

4. Linke Seite nach rechts legen, liegen lassen.

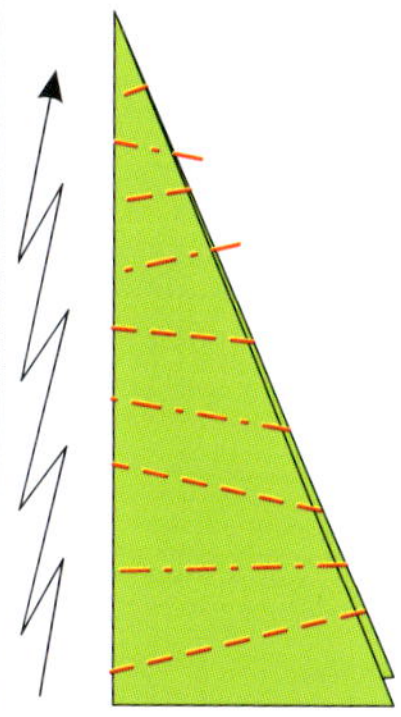

5. Abwechseld Berg- und Talfalten arbeiten, von unten nach oben, siehe Diagramm.

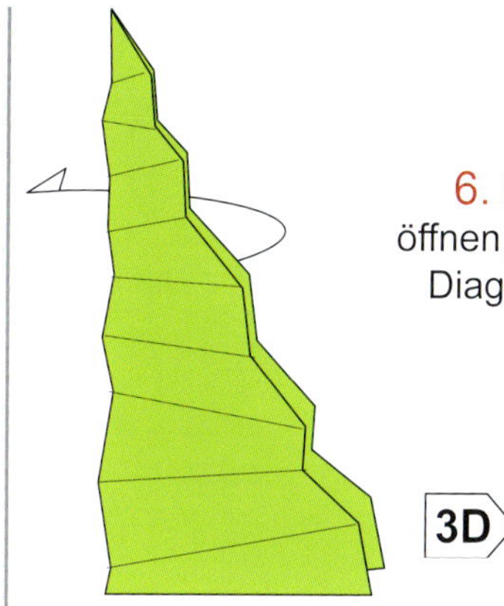

6. Modell öffnen, siehe Diagramm.

7. Fertiges Modell.

Nikolausstiefel

MATERIAL
Für einen Stiefel benötigt man
1 Blatt
rot-weißes Papier.
Maße: 15x15 cm

1. Zweimal diagonal die Mitte falten, wieder öffnen.

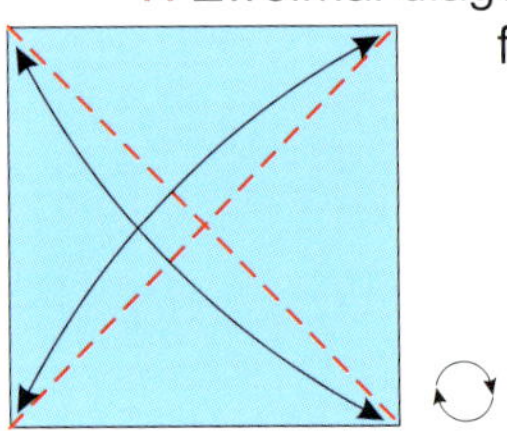

2. Waagerechte Linie falten, liegen lassen.

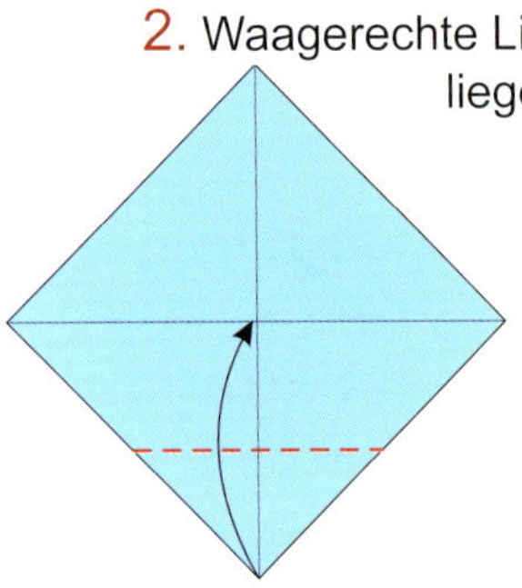

3. Schräge Linie falten, wieder öffnen.

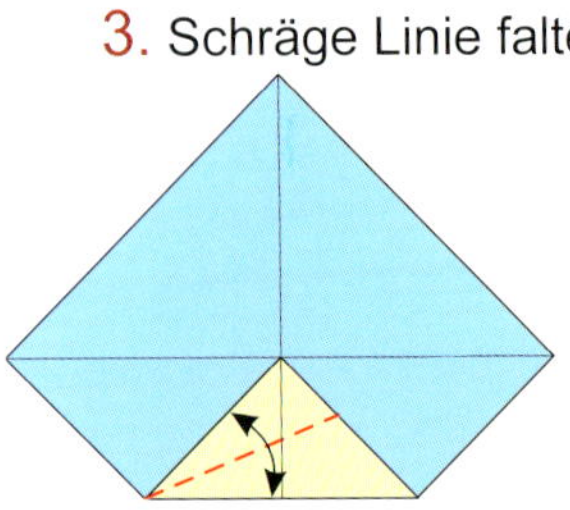

4. Schräge Linie falten, wieder öffnen.

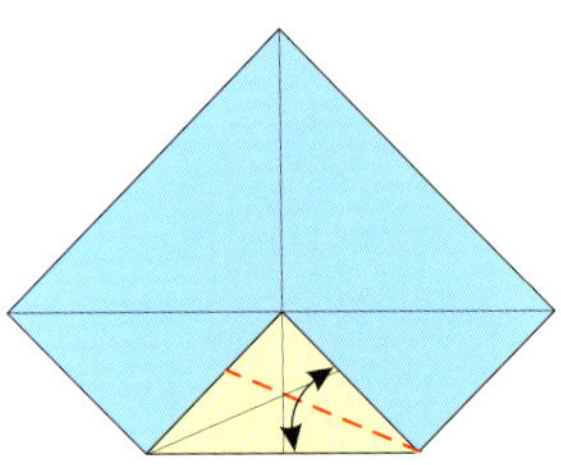

5. Papier nach unten formen, siehe Pfeile, liegen lassen.

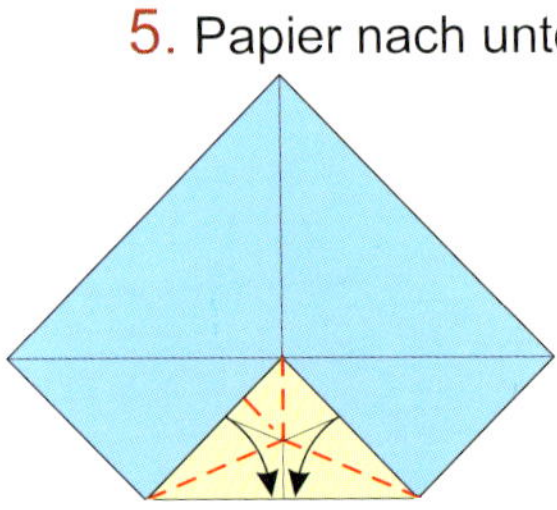

6. Spitze nach unten falten, wieder öffnen.

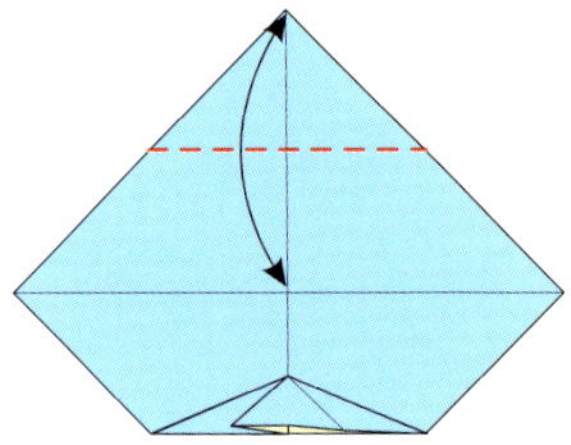

7. Spitze nach unten falten, liegen lassen.

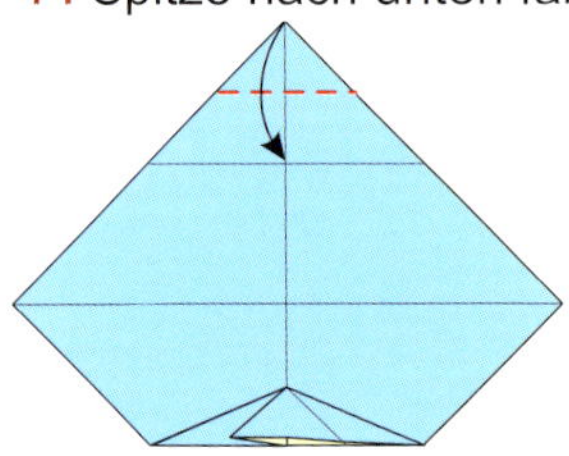

8. Kante nach unten falten, liegen lassen.

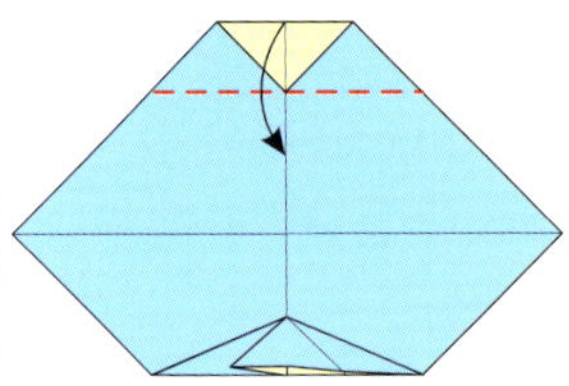

9. Rückseite nach oben legen.

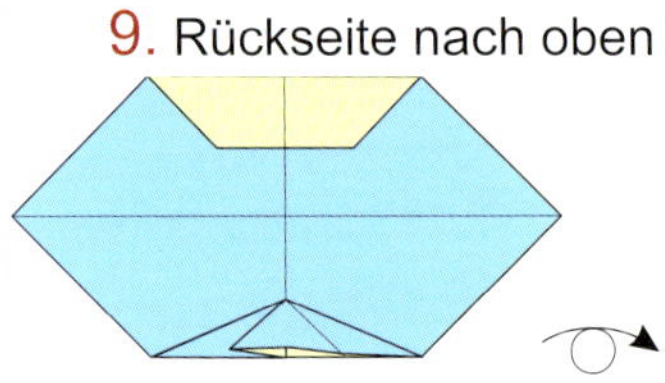

10. Spitzen zur Mitte falten, liegen lassen.

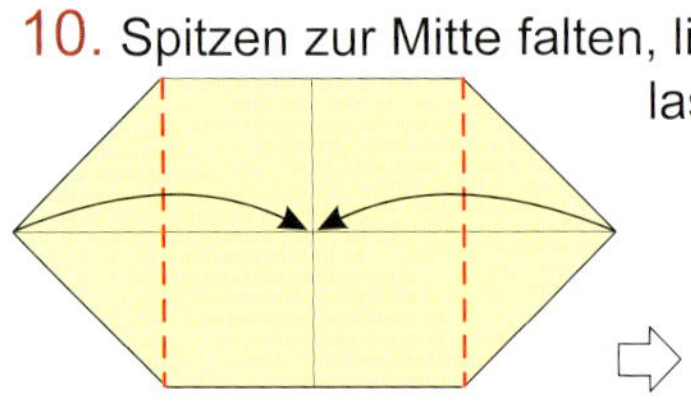

11. Senkrechte Linien falten, wieder öffnen.

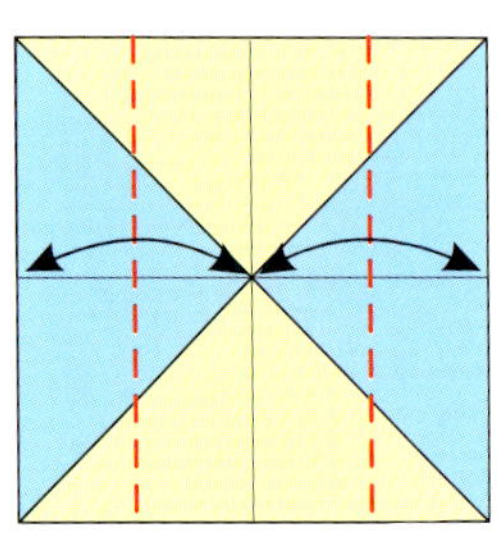

12. Spitzen wieder öffnen.

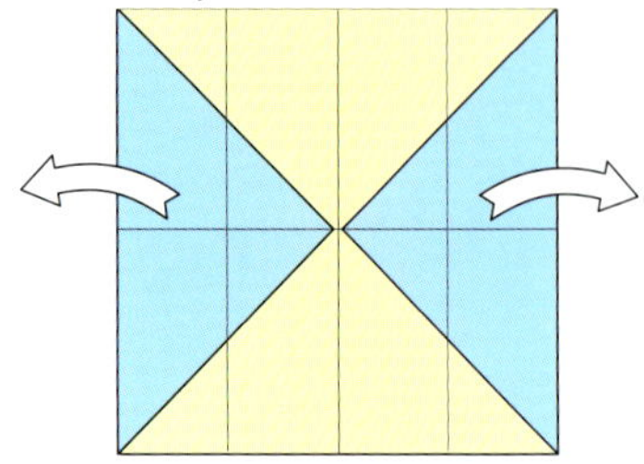

13. Spitzen an den gekennzeichneten Linien abschneiden.

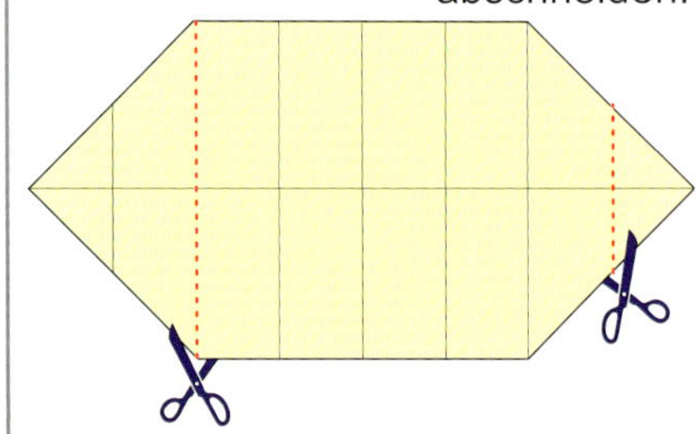

14. Linie falten, liegen lassen.

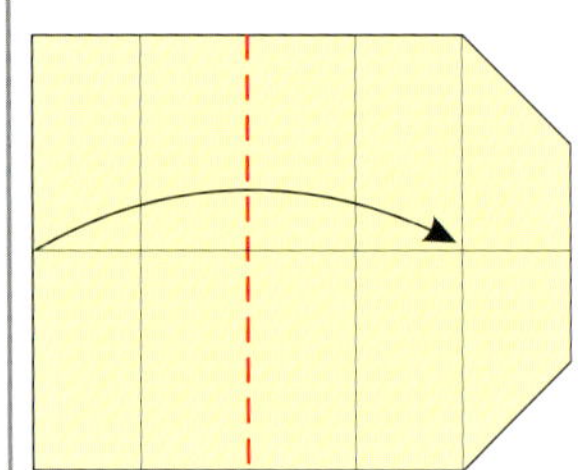

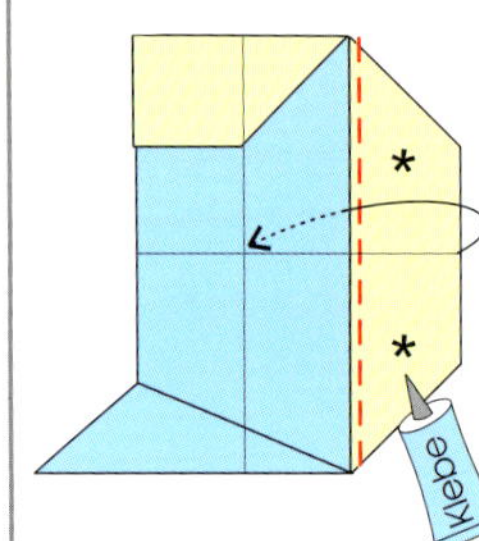

15. Lasche nach innen kleben, siehe Pfeil.

16. Fertiges Modell.

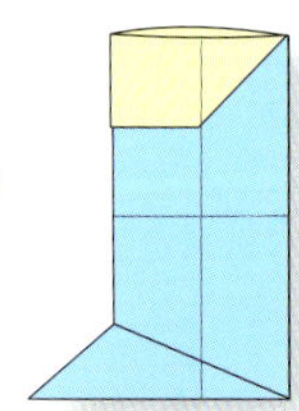

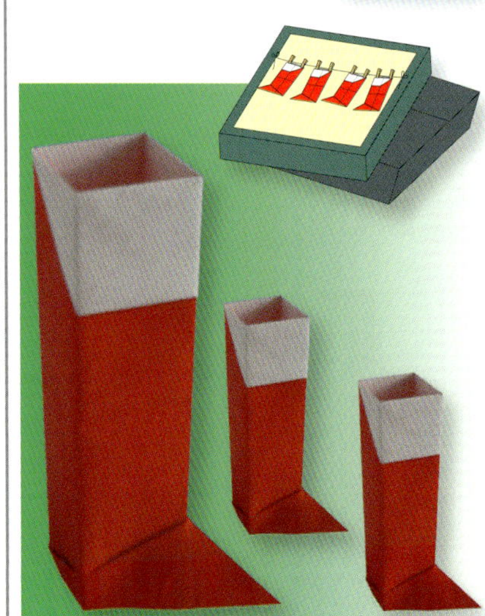

Tischkartenstern

MATERIAL
Für diesen Stern benötigt man
2 Blätter
Papier mit einer weißen Rückseite.
Maße: 15x15 cm

1. Markierungen an allen vier Seiten anbringen, siehe Diagramm.

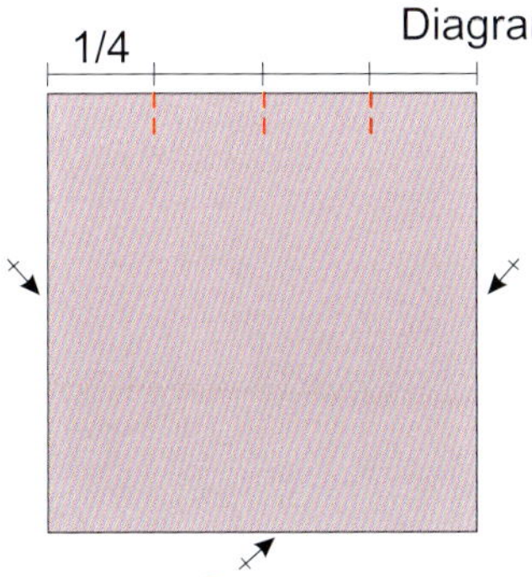

2. Die restlichen zwei Markierungen an allen vier Seiten anbringen, siehe Diagramm.

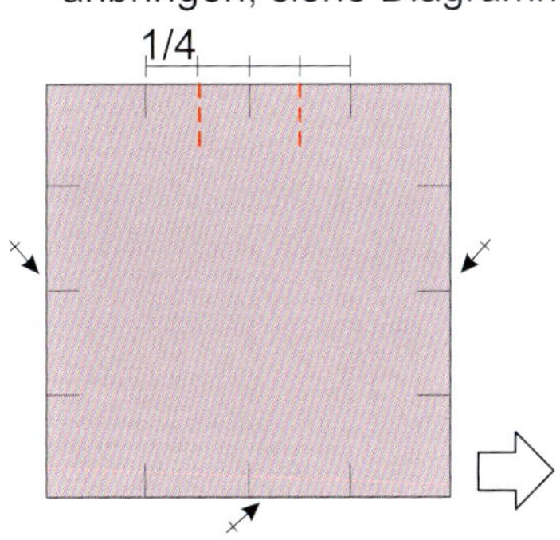

3. Zwischen den letzten Markierungen schräge Linien falten, liegen lassen.

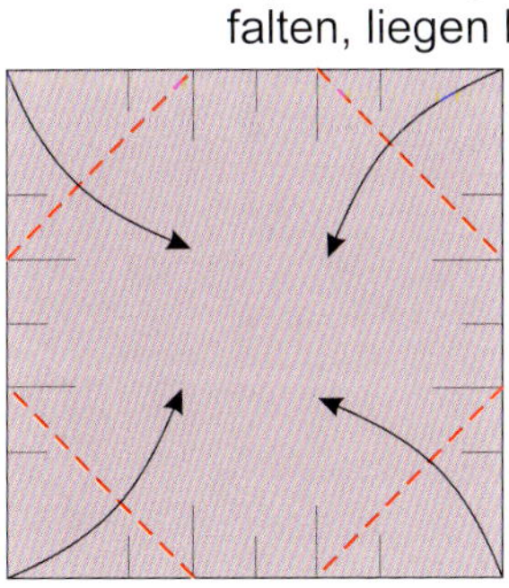

4. Waagerechte Linien falten, wieder öffnen.

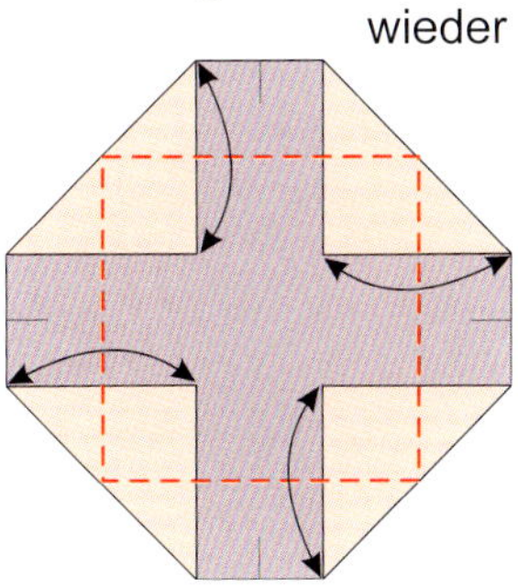

5. Linien zu Bergfalten formen und Papierkanten zur Rückseite legen.

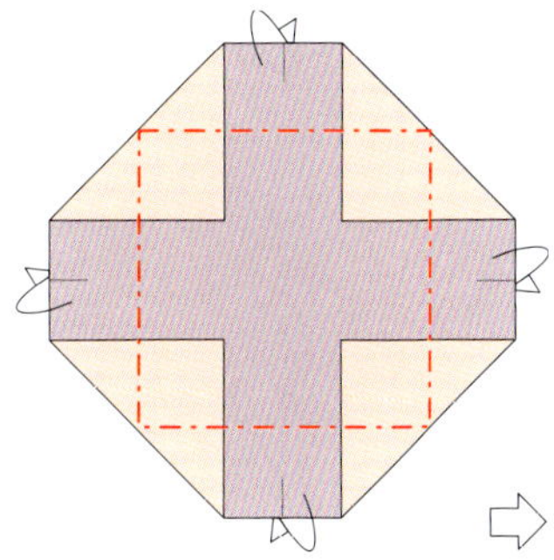

6. Fertiges Einzelteil, zweimal falten.

7. Das zweite Einzelteil unter die Ecken des ersten Einzelteils schieben, siehe Pfeile.

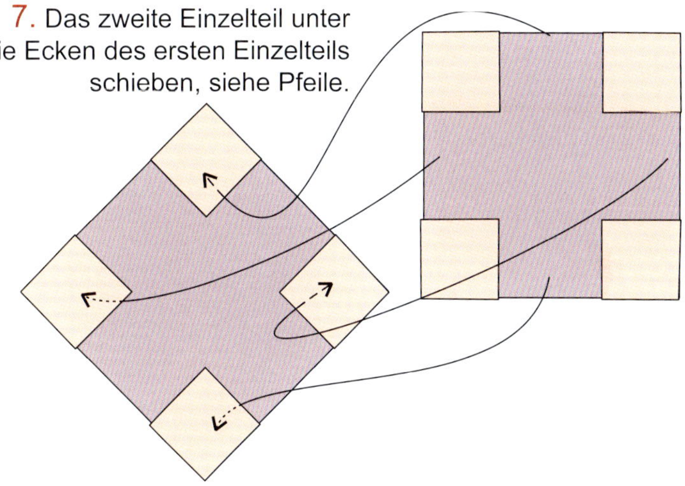

8. Fertiges Modell.

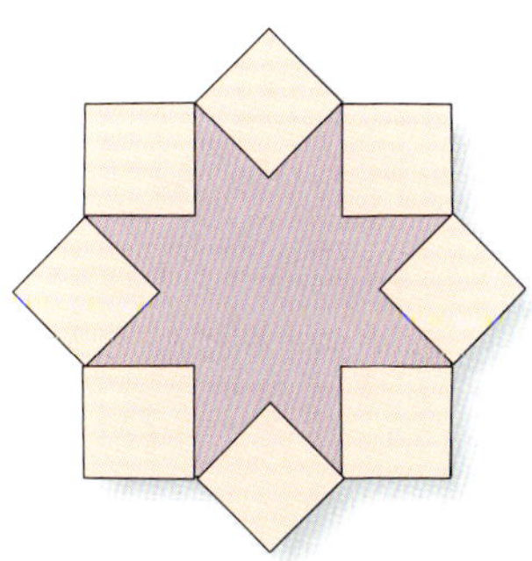

Bestecktasche

MATERIAL
Für eine Bestecktasche benötigt man
1 Blatt
DUO COLOR Papier.
Maße: A4

1. Mit der linken unteren Ecke schräge Linie nach oben falten, liegen lassen.

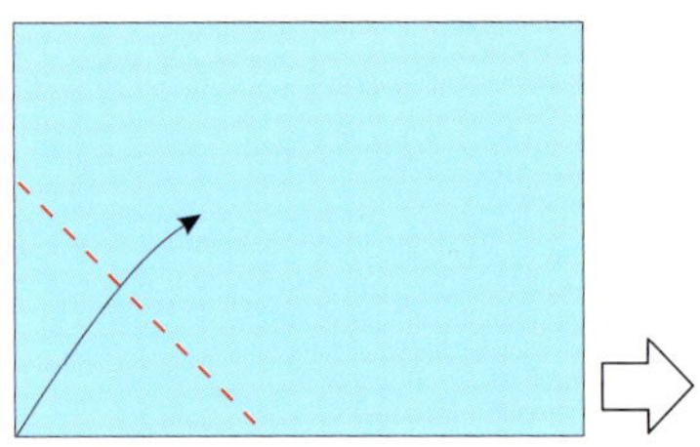

2. Mit der linken oberen Ecke schräge Linie nach unten falten, liegen lassen.

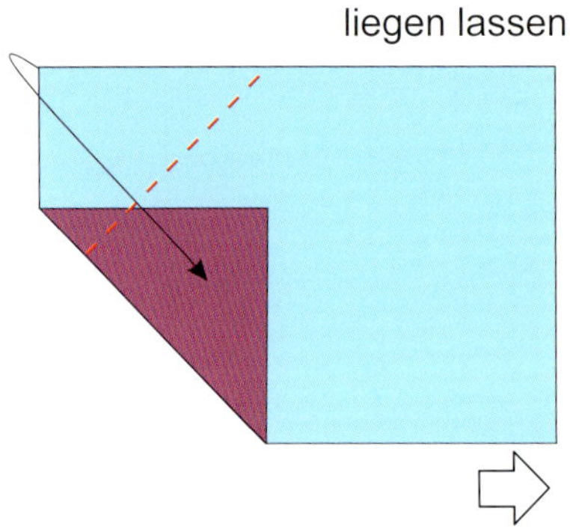

3. Mit der rechten unteren Ecke schräge Linie nach oben falten, liegen lassen.

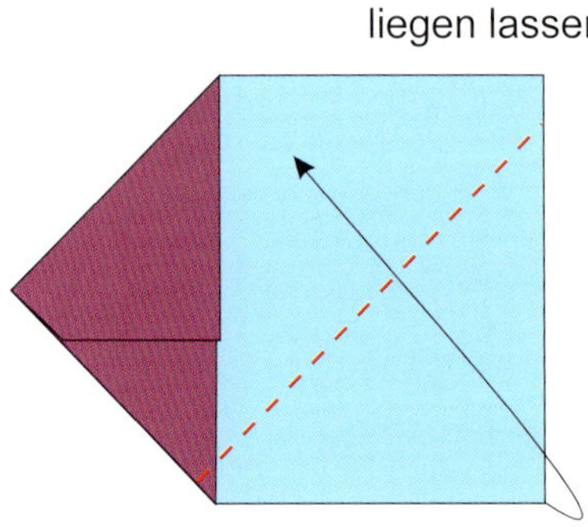

4. Rückseite nach oben legen.

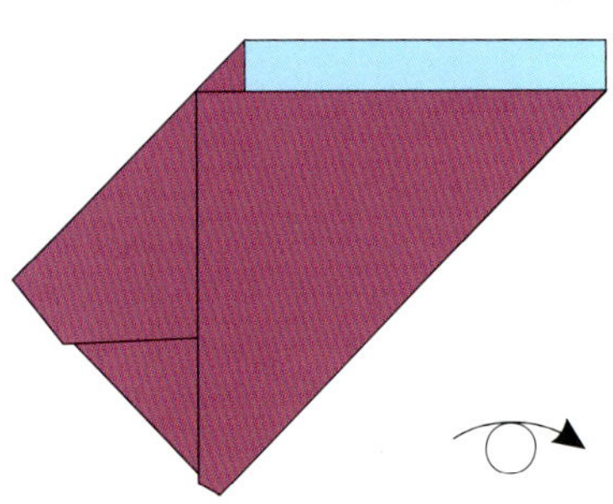

5. Linie von links nach rechts falten, liegen lassen.

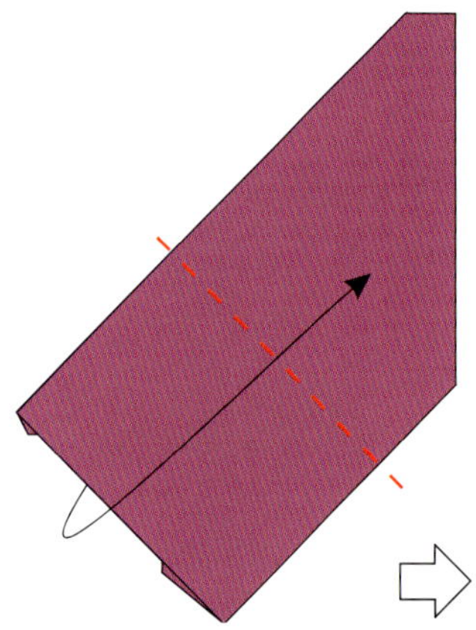

6. Linie von rechts nach links falten, liegen lassen.

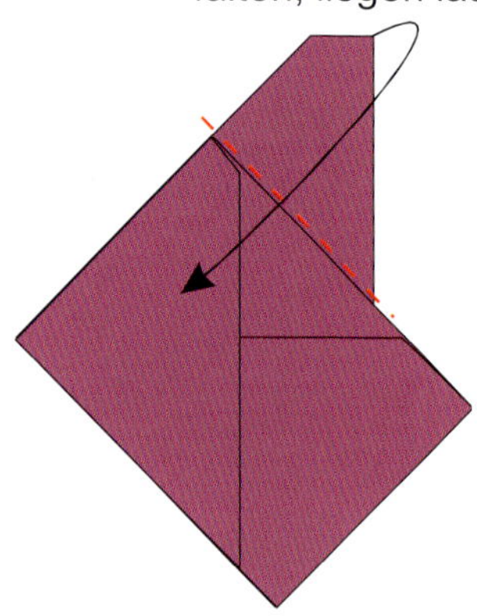

7. Papierlage von Nr. 5 anheben und zu einer Rundung formen. Die linke Ecke dann in das kleine Dreieck schieben, siehe Pfeil.

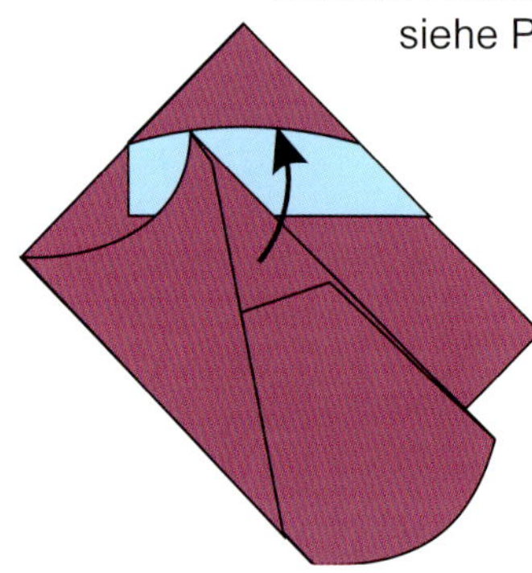

8. Fertiges Modell von der Rückseite.

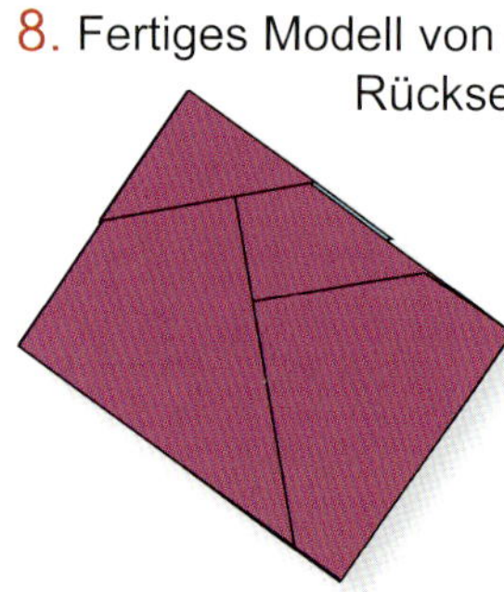

9. Fertiges Modell von der Vorderseite. Kann auch als Einladungsbrief verwendet werden.

MATERIAL
Für diesen Tannenbaum wird
1 Blatt
Dekor Papier Kratzmotiv benötigt.
Maße: 15x15 cm

1. Senkrechte Mitte falten, wieder öffnen.

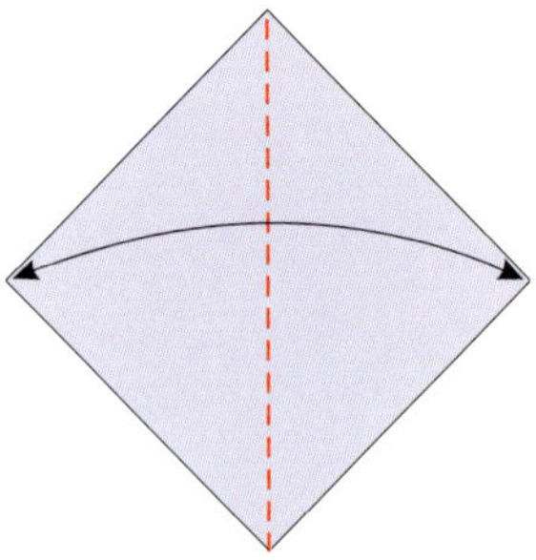

2. Schräge Linien zur Mitte falten, liegen lassen.

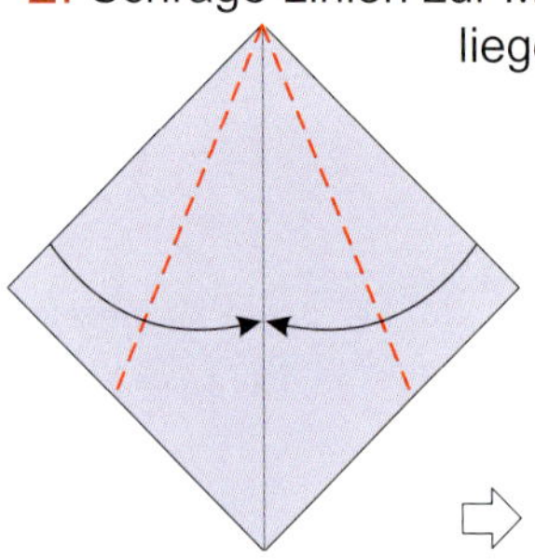

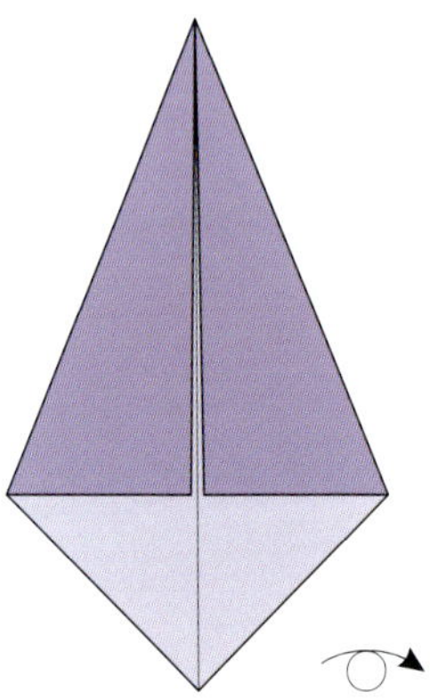

3. Rückseite nach oben legen.

4. Schräge Linien zur Mitte falten, dabei die untere Papierlage nach außen ziehen.

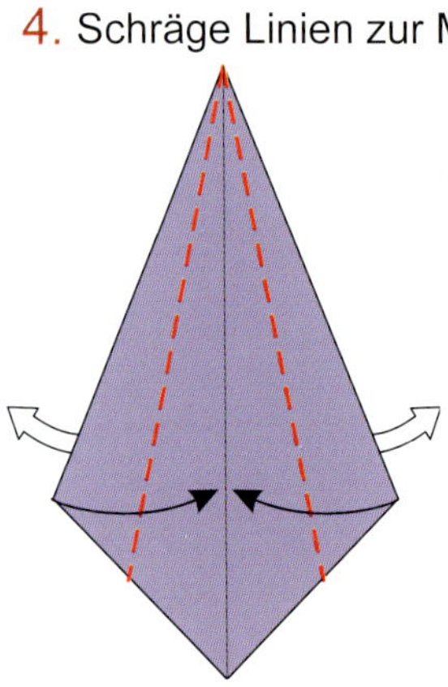

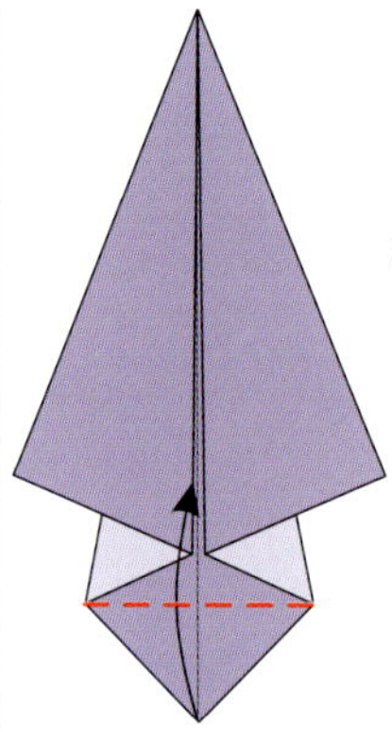

5. Untere Spitze nach oben falten, liegen lassen.

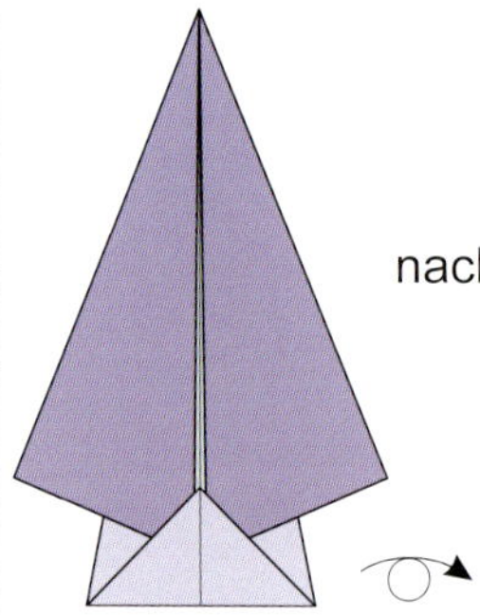

6. Rückseite nach oben legen.

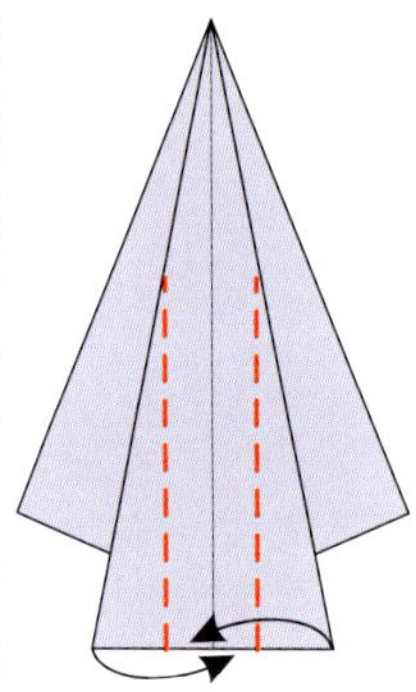

7. Linien falten und ineinander schieben.

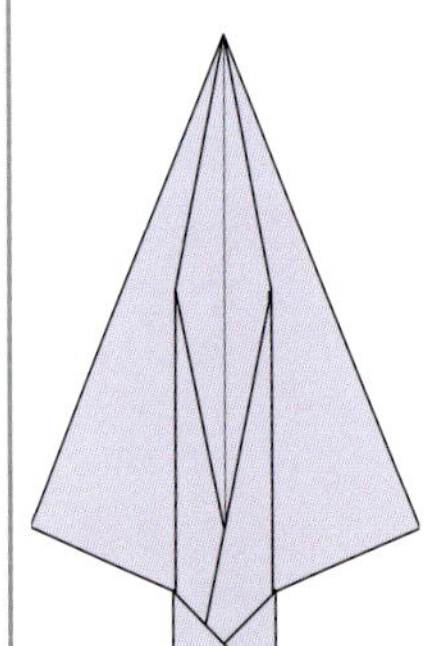

8. So kann der Tannenbaum flach liegen.

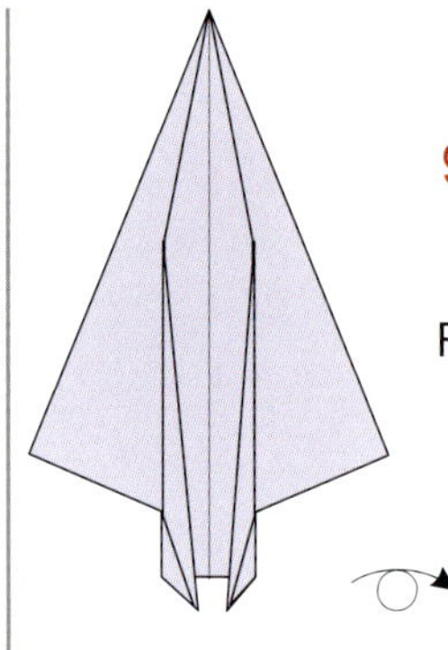

9. So kann der Tannenbaum stehen. Rückseite nach oben legen.

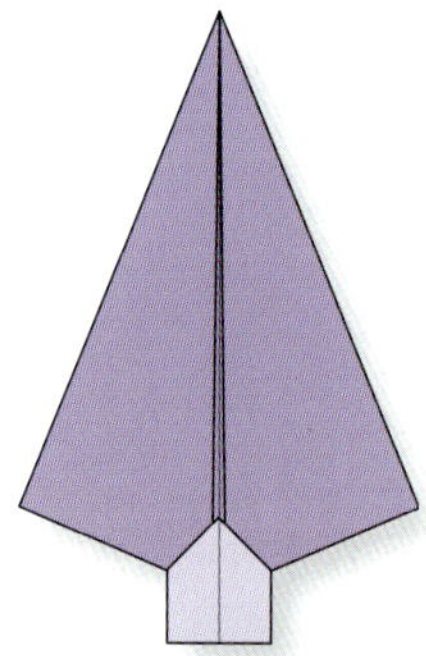

10. Fertiges Modell.

Nikolausgesicht

Modell von Willy Haarsma

MATERIAL
Für dieses Nikolausgesicht benötigt man 1 Blatt rot-weißes Papier.
Maße: 15x15 cm

1. Zweimal diagonal die Mitte falten, wieder öffnen.

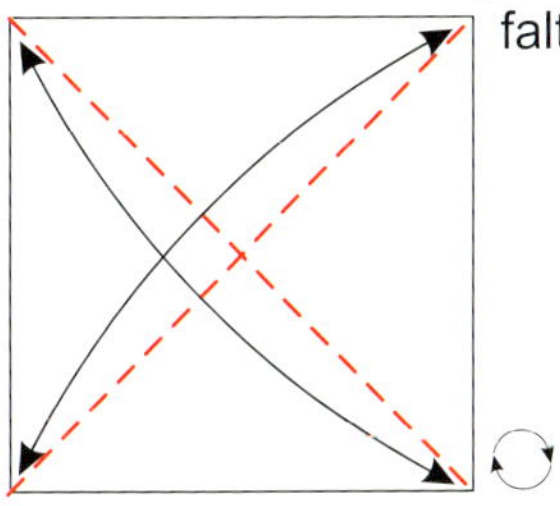

2. Schräge Linien zur Mitte falten, liegen lassen.

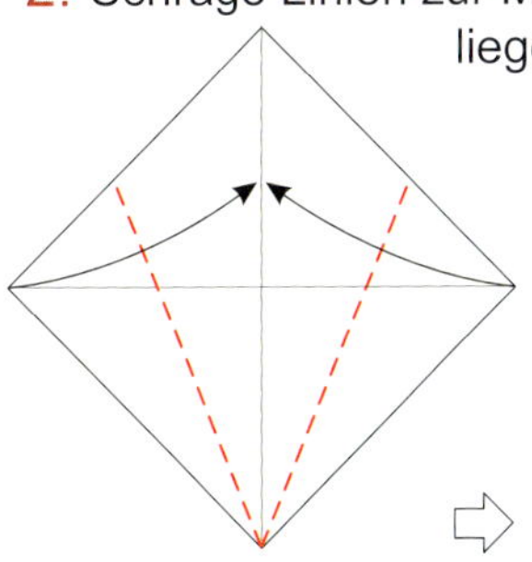

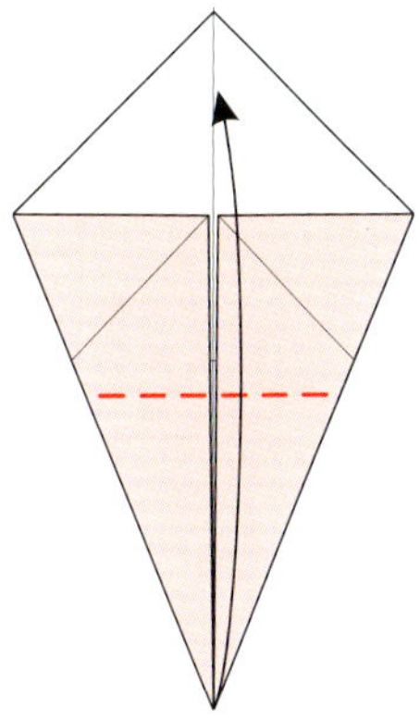

3. Spitze nach oben falten, liegen lassen.

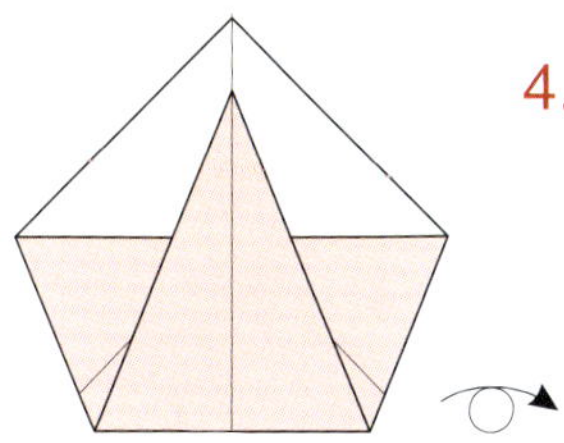

4. Rückseite nach oben legen.

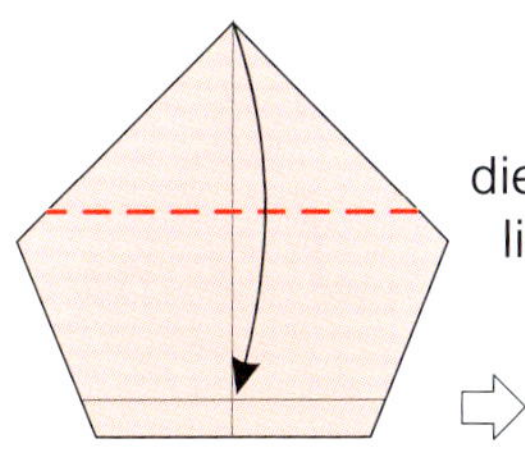

5. Spitze an die Linie falten, liegen lassen.

6. Waagerechte Linie nach unten falten, liegen lassen.

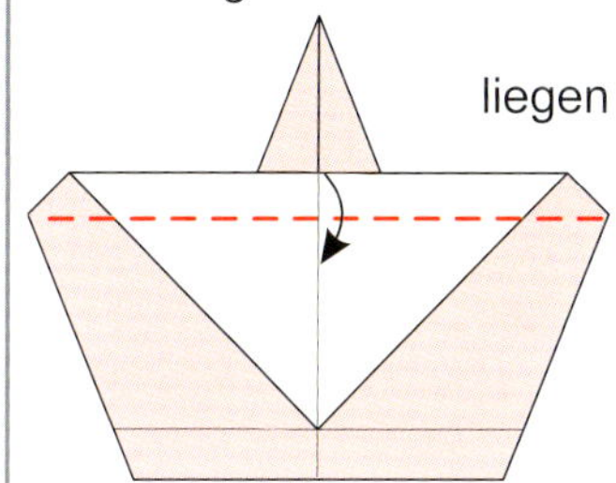

7. Schräge Linien zur Rückseite falten, liegen lassen.

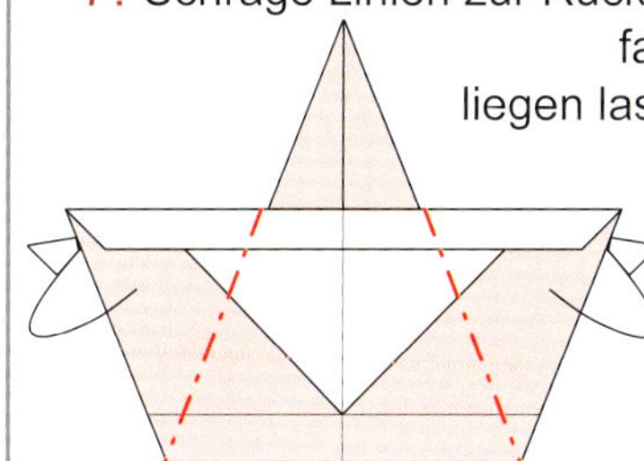

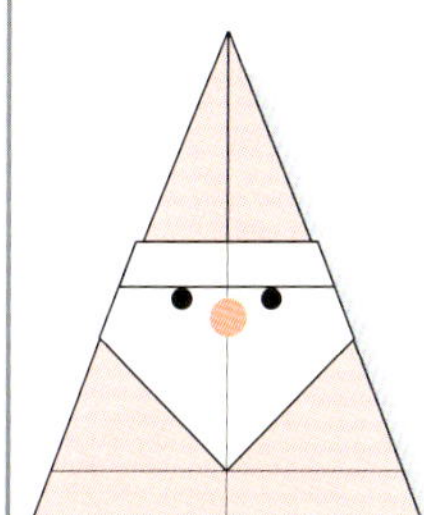

8. Fertiges Modell, Gesicht aufmalen. Es kann eine Serviette hinter dem Modell versteckt werden.

Tannengruppe

MATERIAL
Für diese Tannengruppe werden 3 Blätter grünes Papier benötigt.
Maße: 10x10, 15x15, 20x20 cm

1. Zweimal waagerechte Linien falten, wieder öffnen. Rückseite nach oben legen.

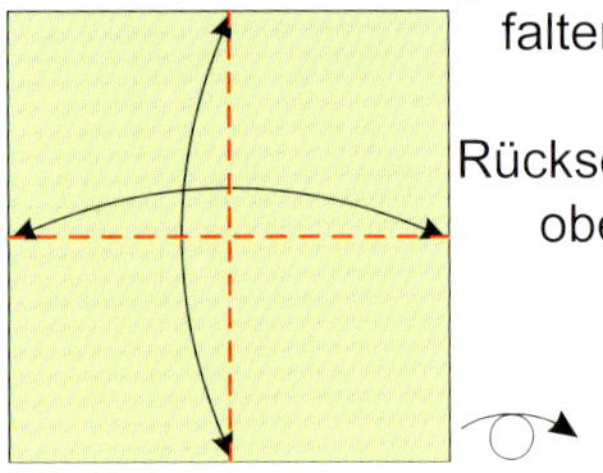

2. Zweimal diagonale Linien falten, wieder öffnen.

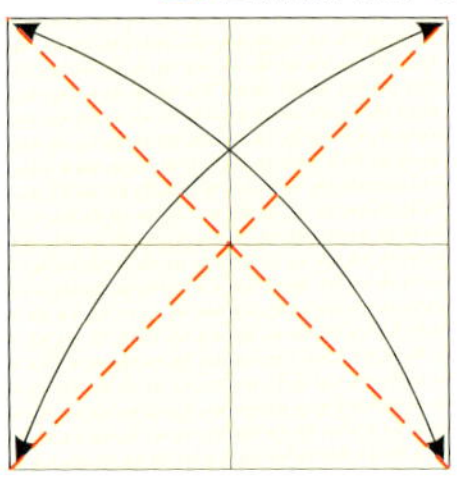

3. Von der waagerechten Mitte (Bergfalte), seitlich zur unteren Mitte legen. Die obere Mitte dann ebenfalls nach unten legen, siehe Pfeile.

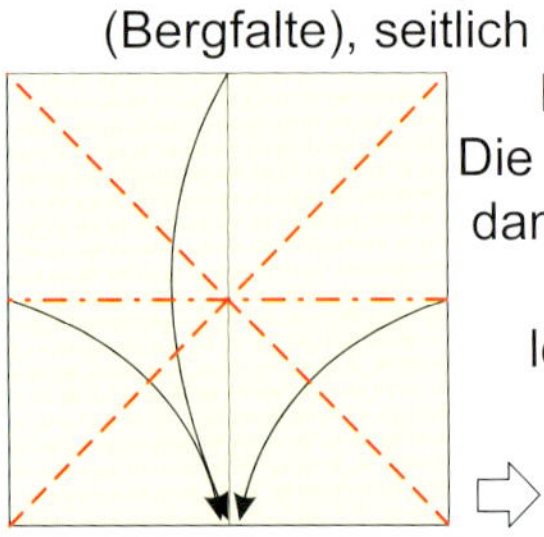

4. Nur mit der oberen Papierlage, schräge Linien falten.

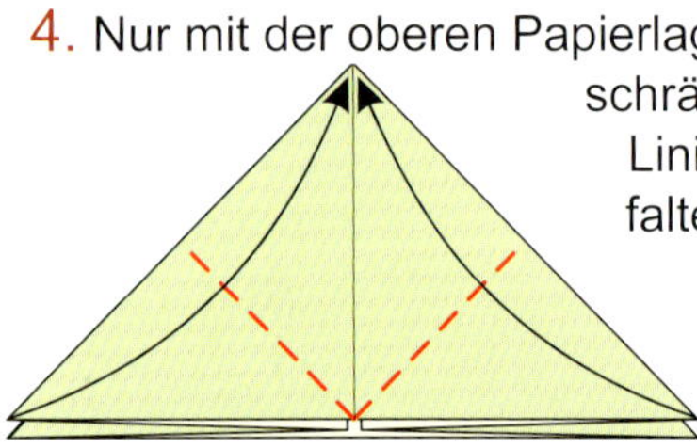

5. Nur mit der oberen Papierlage, waagerechte Linien falten.

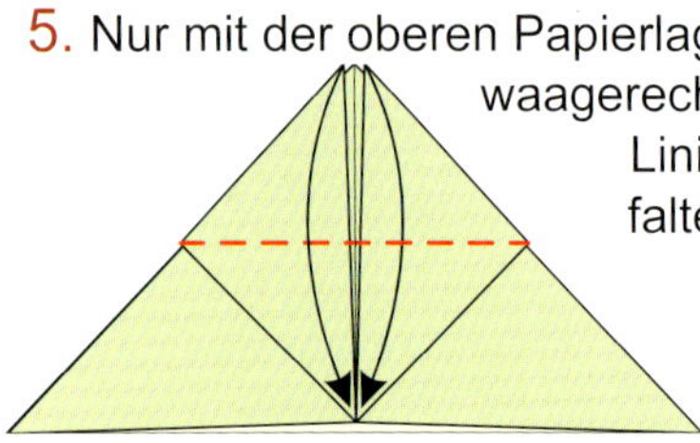

6. Nur mit der oberen Papierlage, schräge Linien falten.

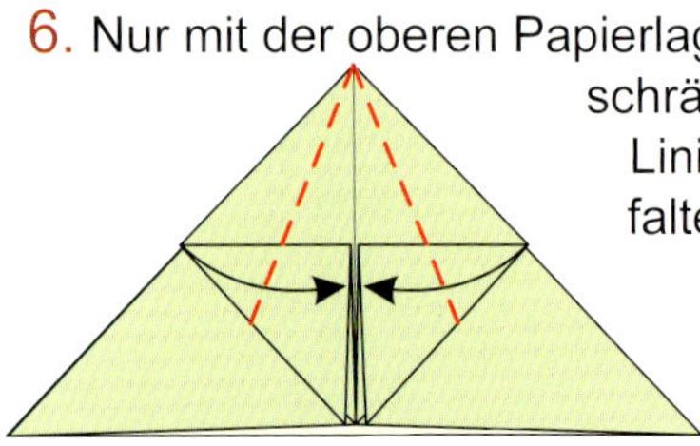

7. Nur mit der oberen Papierlage, schräge Linien falten, siehe Pfeile, liegen lassen.

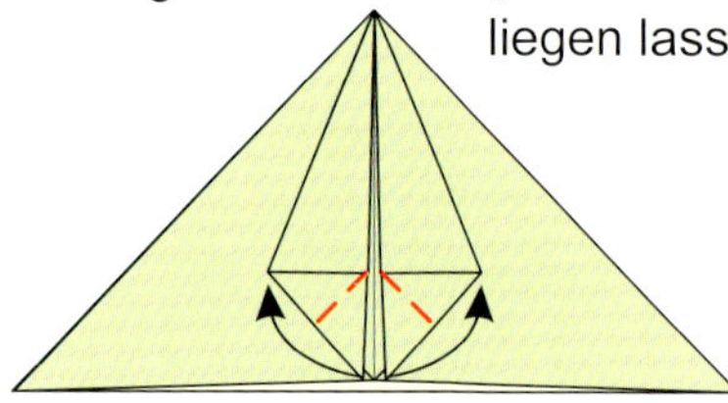

8. Nur mit der oberen Papierlage, waagerechte Linien falten, siehe Diagramm. Beide Dreiecken in die Taschen nach innen schieben, siehe Pfeile.

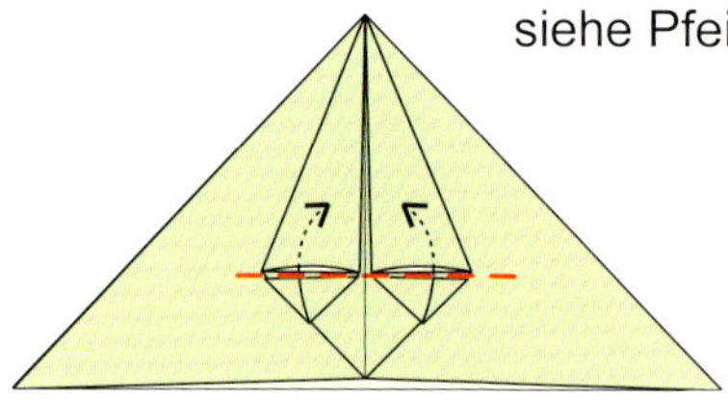

9. Die Schritte Nr.4-8 auf der Rückseite wiederholen.

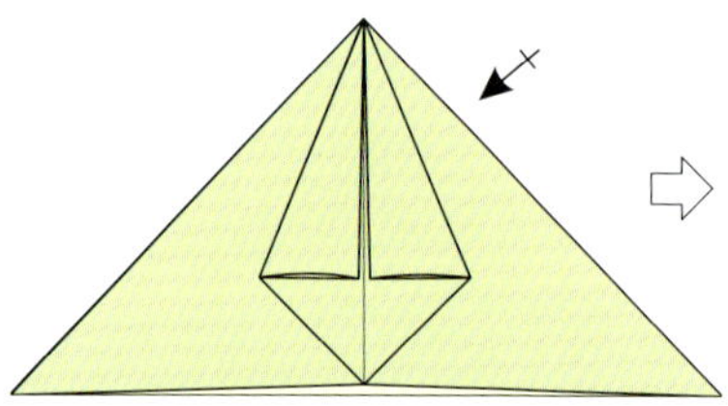

10. Waagerechte Linie falten, wieder öffnen. Bergfalten formen und Modellboden flach drücken.

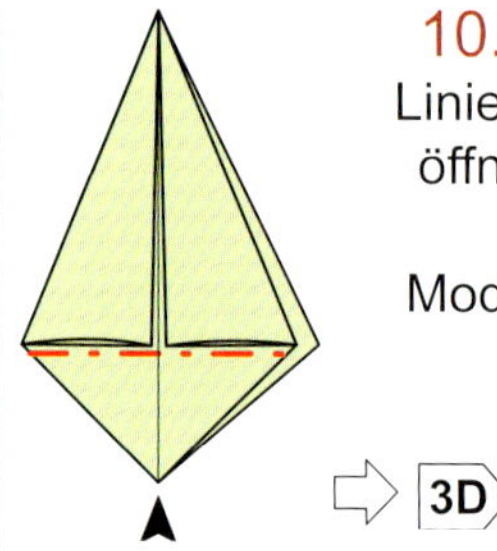

11. Den unteren Boden eindrücken, dabei die senkrechten Linien formen.

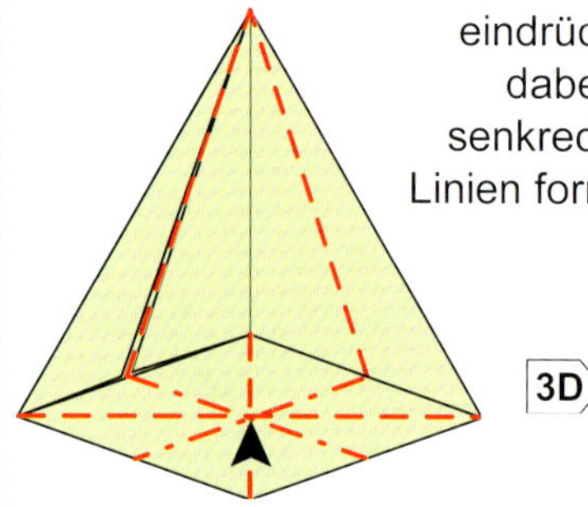

12. Fertiges Modell, in drei verschiedenen Größen falten.

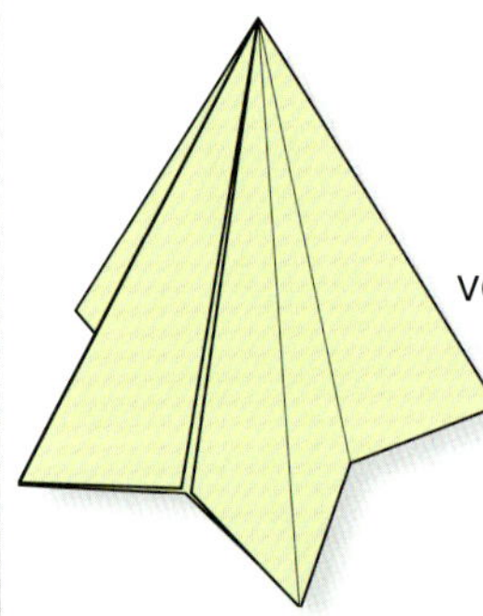

Hohe Tanne

Modell von J. van Schuylenburg

MATERIAL
Für diese hohe Tanne werden 5 Blätter grünes Papier und 1 Blatt Holzpapier benötigt.
Maße: siehe Größenaufstellung

Wichtig
Die unterschiedlichen Größen der einzelnen Tannenetagen beachten.

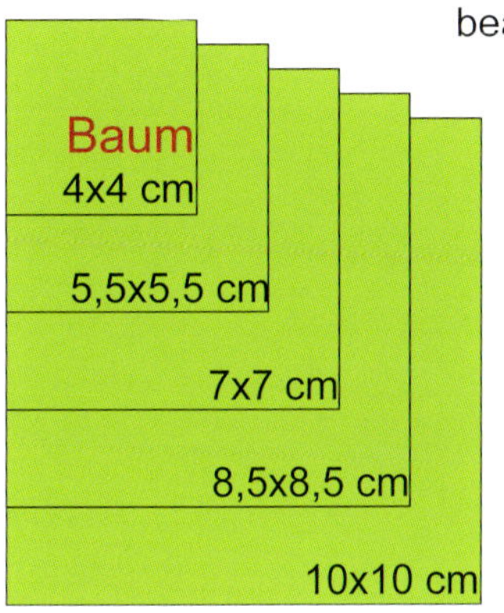

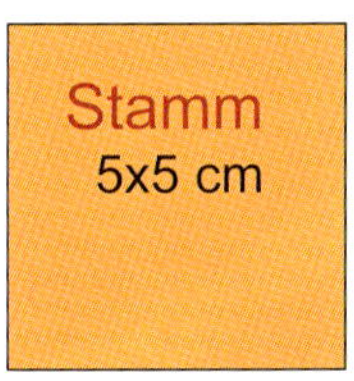

Start Stamm.
Für den Stamm: Diagramme von Seite 64 bis Nr.3 falten.

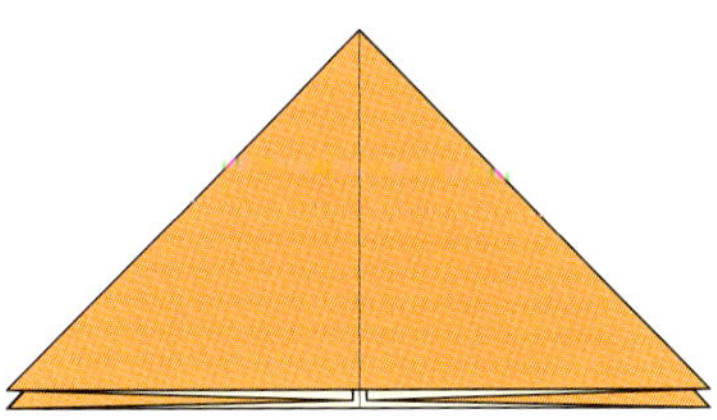

Start Tanne.
Für die Tannenetagen: Diagramme von Seite 64 bis Nr.3 falten.

1. Seitliche Markierung vornehmen.

2. Spitze bis zur Markierung falten, wieder öffnen. Auf der Rückseite wiederholen.

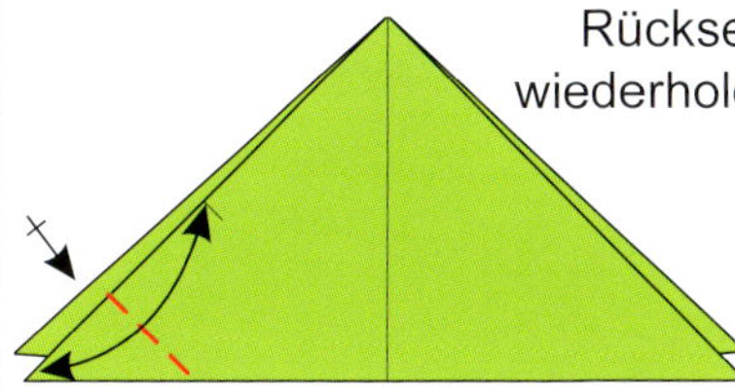

3. Bergfalte formen und Spitze nach innen legen, liegen lassen. Auf der Rückseite wiederholen.

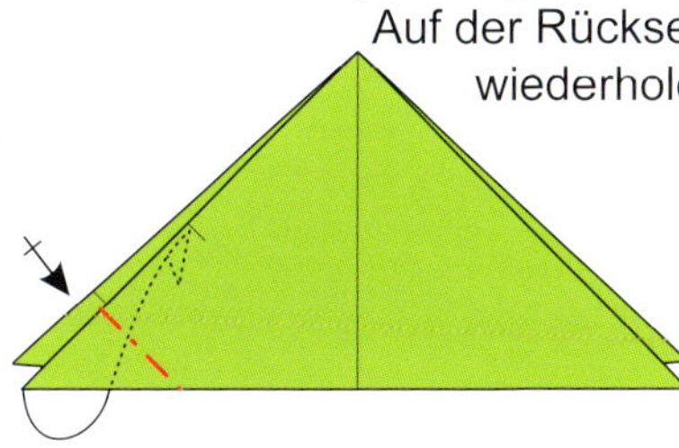

4. Senkrechte Mitte falten, siehe Pfeil, auf der Rückseite wiederholen.

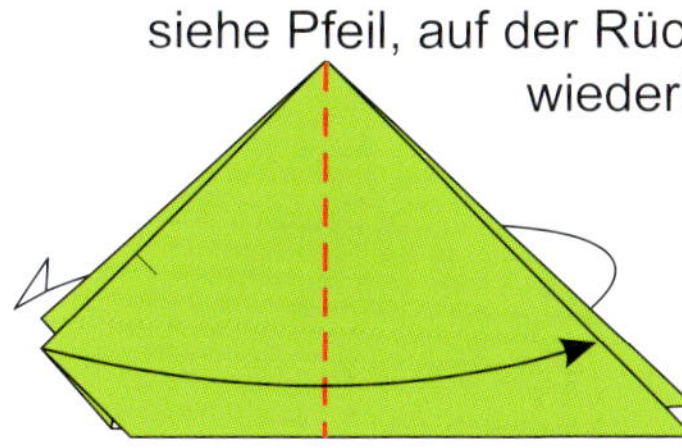

5. Schritte Nr.2-3 auf der Rückseite wiederholen.

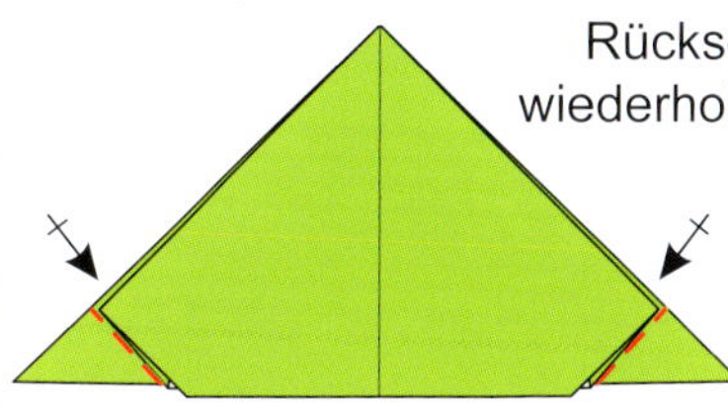

6. Fertiges Einzelteil, fünfmal in verschiedenen Größen falten.

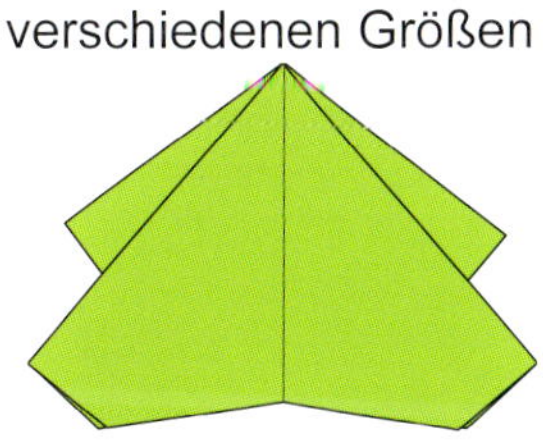

7. Die einzelnen Etagen, von unten nach oben aufeinander setzen und kleben.

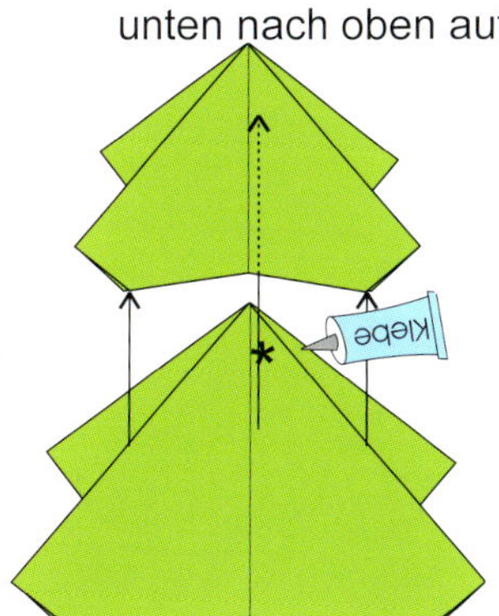

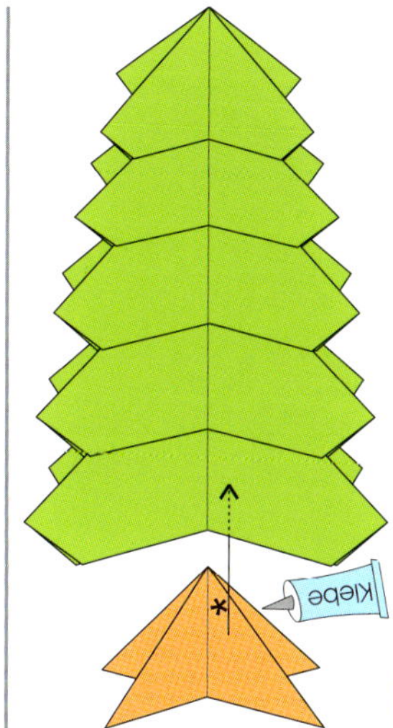

8. Stamm von unten festkleben.

3D

9. Fertiges Modell, der hohen Tanne.

Nikolaus mit Bischofsmütze

Modell von Toshi Takahama

MATERIAL
Für den Nikolaus benötigt man
1 Blatt
Dekor Papier in Rottönen.
Maße: 30x30 - 20x20 - 15x15 cm

1. Zweimal diagonale Mitte falten, wieder öffnen.

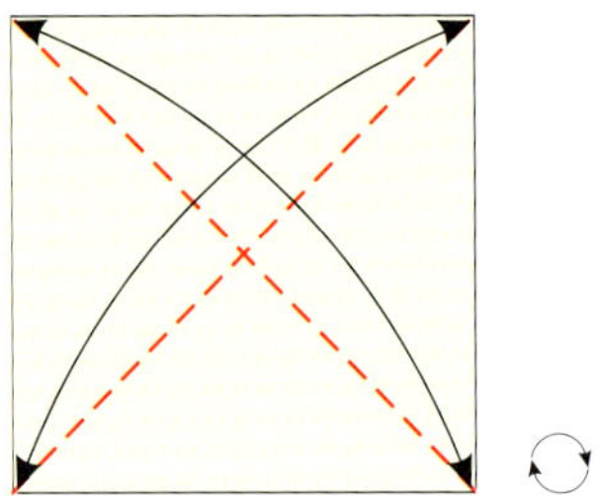

2. Schräge Linien zur Mitte falten, liegen lassen.

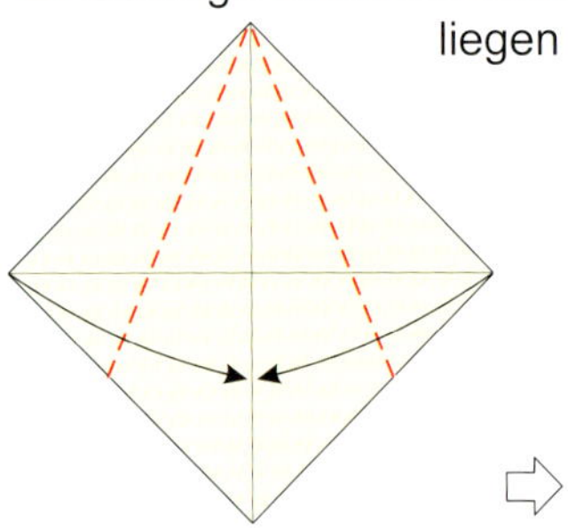

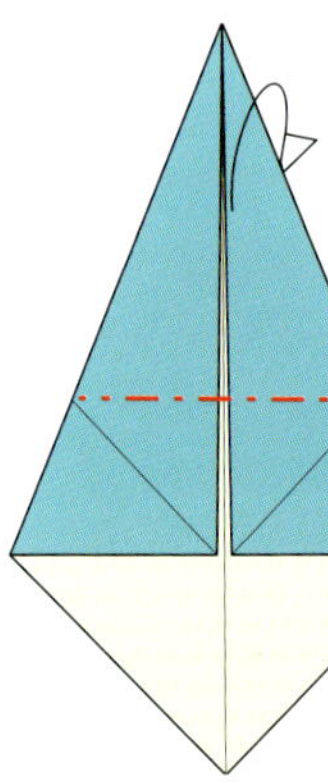

3. Waagerechte Mitte zur Rückseite falten, liegen lassen.

4. Obere Papierlage von der Spitze aus nach oben falten, siehe Pfeile, dabei die schräge Linie mit der unteren Papierlage falten.

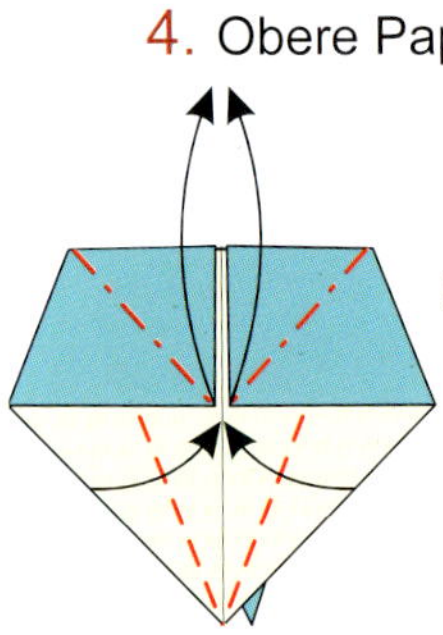

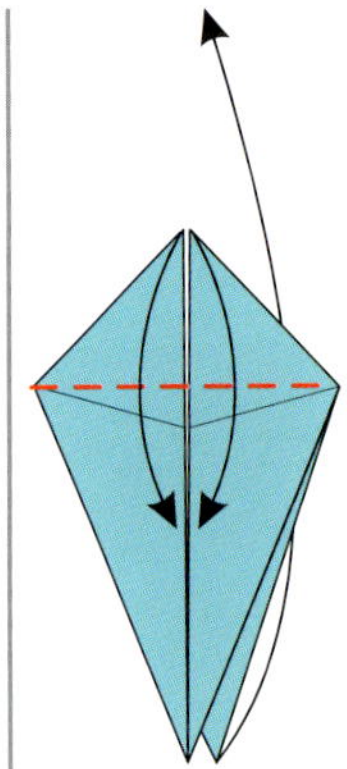

5. Mit beiden Spitzen waagerechte Linien falten, danach die hintere Papierlage nach oben legen.

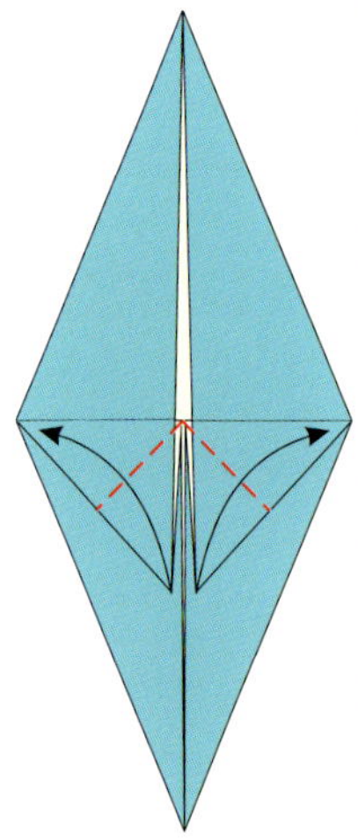

6. Mit beiden Spitzen schräge Linien falten, liegen lassen.

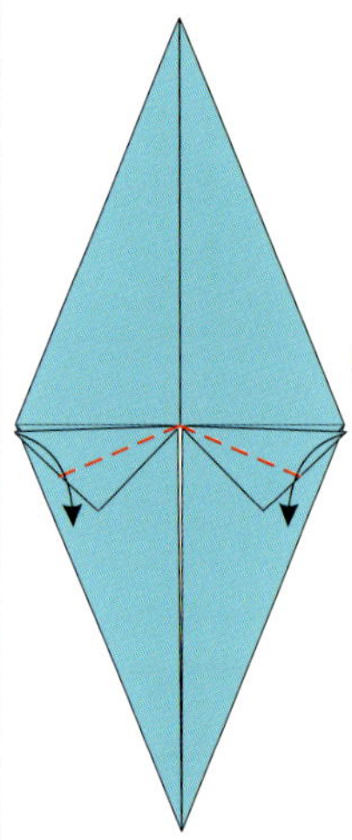

7. Mit beiden Spitzen schräge Linien nach unten falten, liegen lassen.

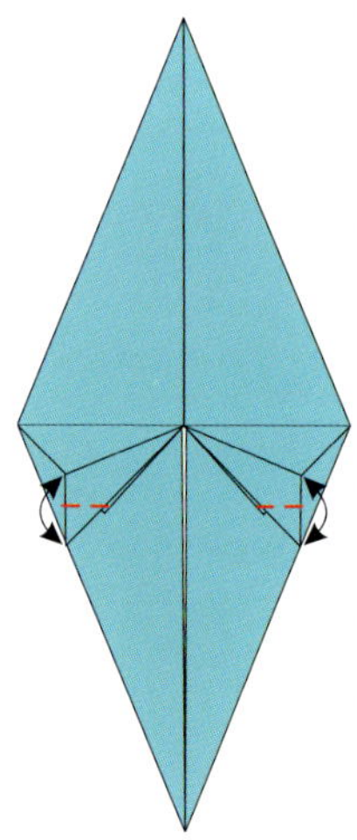

8. Mit beiden Spitzen waagerechte Linien falten, wieder öffnen.

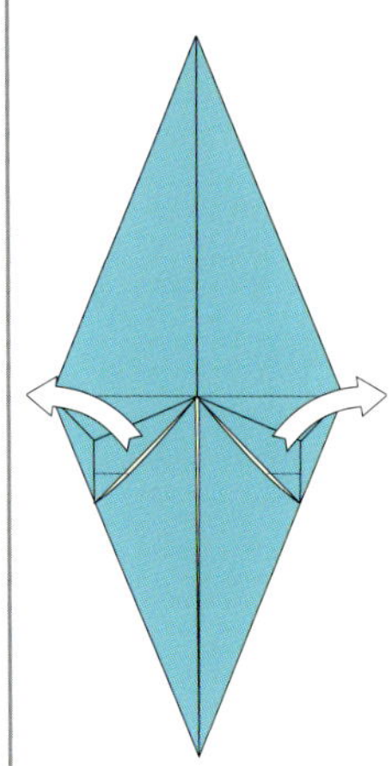

9. Faltmodell komplett öffnen.

10. Beide seitlichen Spitzen nach innen legen. Die geöffneten Faltknicke von Nr.2-7 wieder zurück legen.

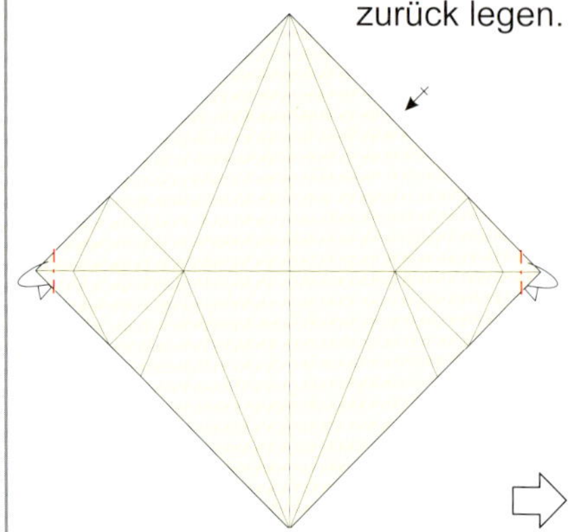

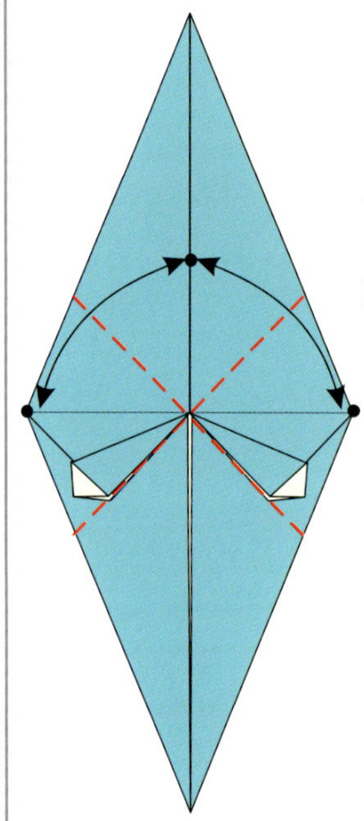

11. Jeweils Punkt auf Punkt legen um die diagonalen Linien zu falten, wieder öffnen.

12. Untere Spitze nach oben legen, dabei die obere Papierlage an den schrägen Linien seitlich nach außen legen und falten, siehe Pfeile.

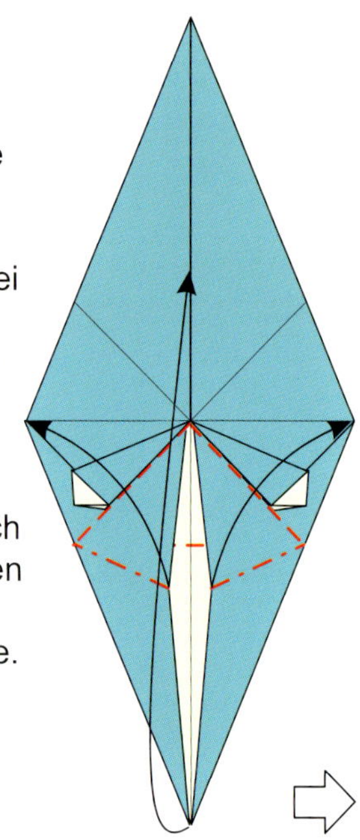

Nikolaus mit Bischofsmütze

13. Nur mit der oberen Papierlage schräge Linien falten, siehe Pfeile, liegen lassen.

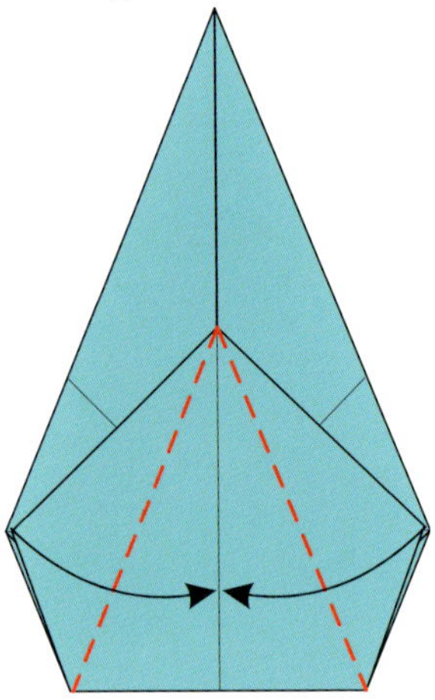

14. Obere Spitze zur Rückseite falten, dabei in der Mitte eine Bergfalte formen.

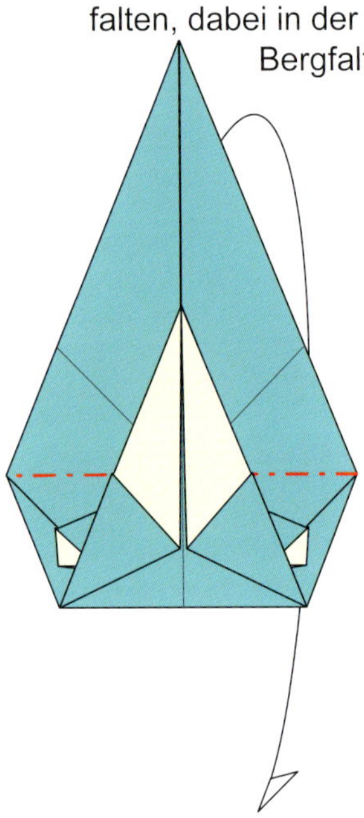

15. Untere Spitze nach oben falten, dabei in der Mitte eine Talfalte arbeiten. Rückseite nach oben legen.

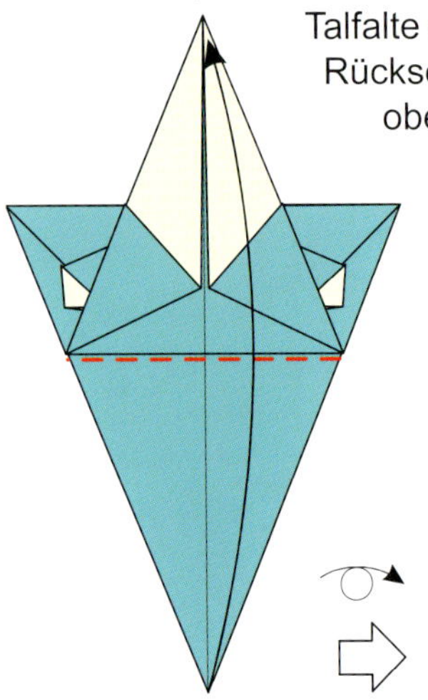

16. Spitzen nach unten falten, wieder öffnen.

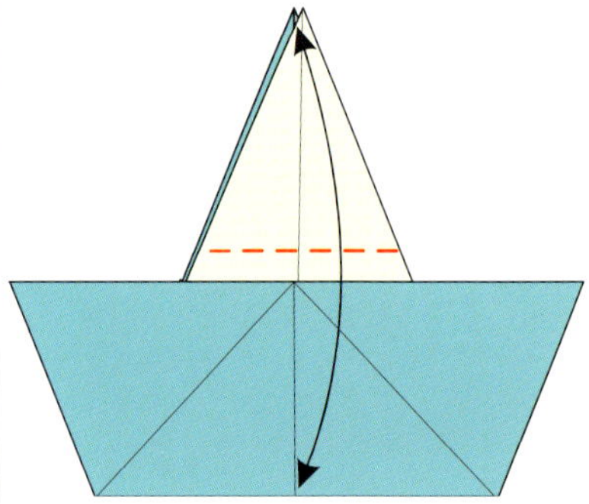

17. Schräge Linien falten, liegen lassen.

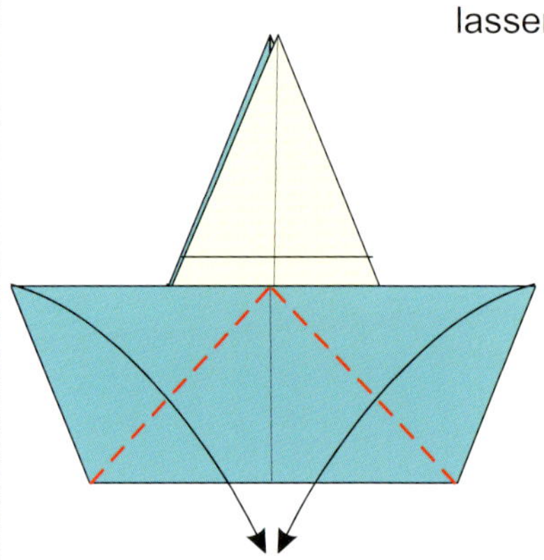

18. Beide Spitzen nach unten falten, liegen lassen.

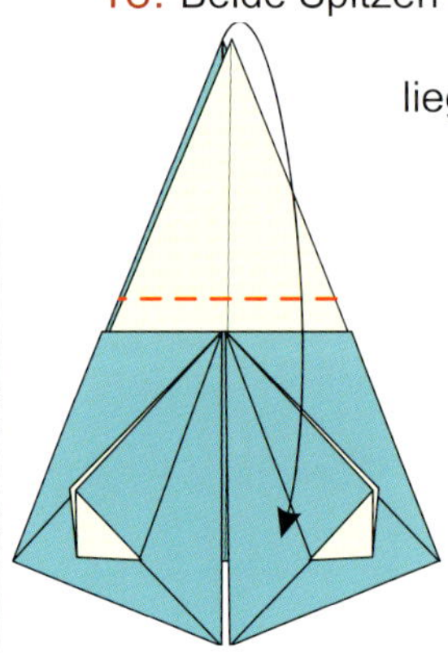

19. Nur mit der oberen Spitze wieder nach oben zurück falten, liegen lassen.

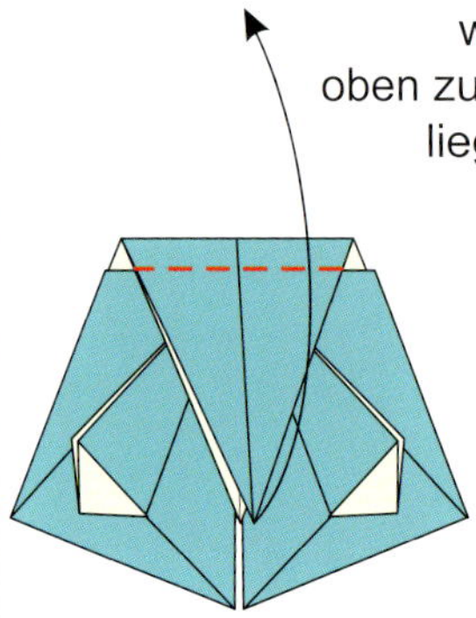

20. An den unteren Spitzen Linien falten, liegen lassen. Rückseite nach oben legen.

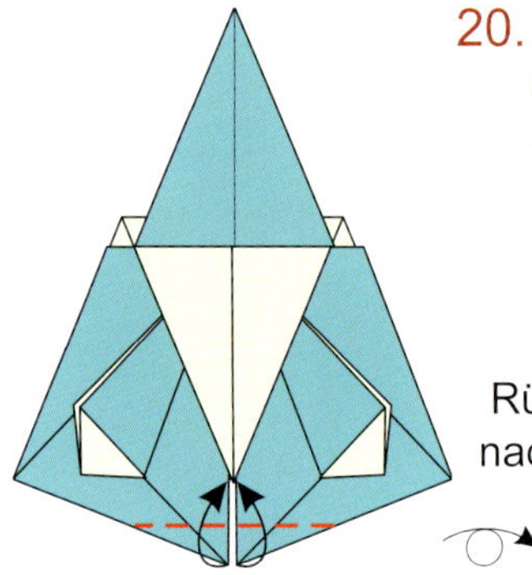

21. Senkrechte Linien falten, liegen lassen. Rückseite nach oben legen.

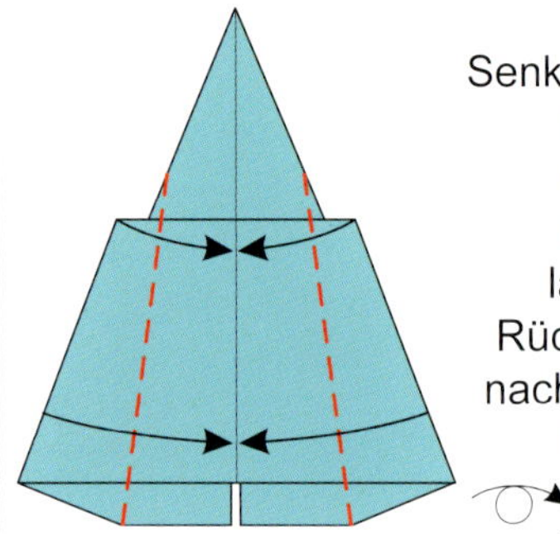

3D

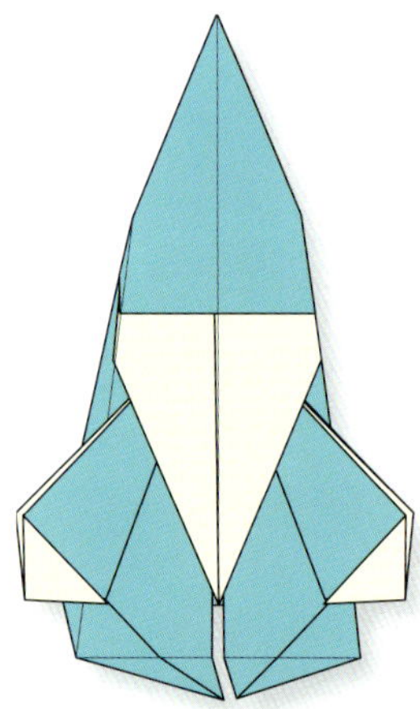

22. Fertiges Modell.

Tischläufer

MATERIAL
Für einen Tischläufer aus Fröbelsternen benötigt man 4 oder 5 Sterne aus flammsicherem oder DUO COLOR Papier in Gold oder Silber.

Start. Diagramme für Fröbelsterne sind auf den Seiten 34-36 abgebildet.

Streifenverbindung:

1. Seitlich beide Streifen für die Verbindung stehen lassen.

Sternspitzenverbindung:
Spitzen in die gegenüberliegenden Spitzen schieben und festkleben.

Idee für eine Tischkarte

2. Streifen jeweils in die gegenüberliegenden Sternspitzen schieben.

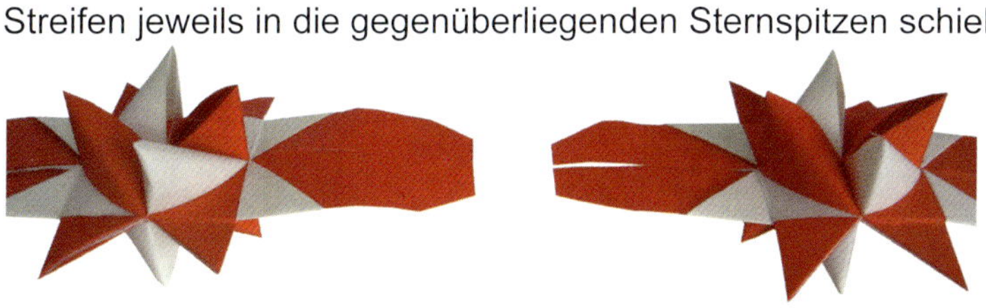

Baum
Schmuck

Ringharmonium

Modell von Dr. U. Krallmann Wenzel

MATERIAL
Für diesen Stern benötigt man 6 Blätter DUO COLOR Papier.
Maße: 15x15 oder 10x10 cm

Start. Bei drei Blättern die Vorderseite nach oben, bei den anderen drei Blättern die Rückseite nach oben.

1. Zweimal diagonale Linien falten, wieder öffnen. Rückseite nach oben legen.

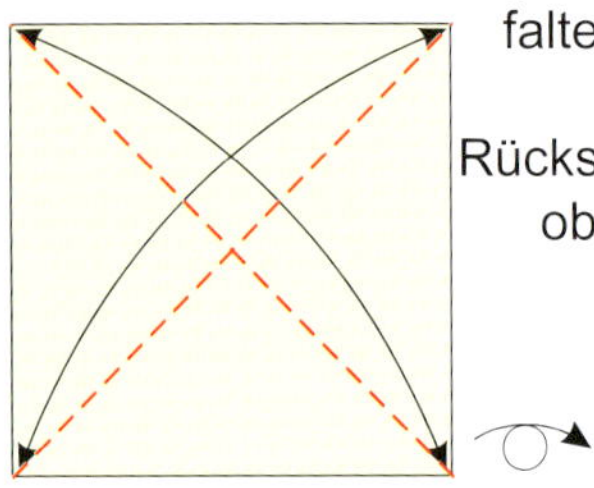

2. Zweimal waagerechte Linien falten, wieder öffnen. Rückseite nach oben legen.

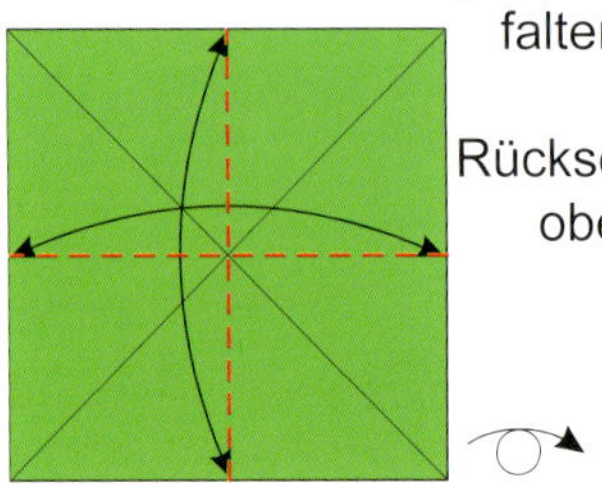

3. Von der waagerechten Mitte (Bergfalte), seitlich zur unteren Mitte legen. Die obere Mitte dann ebenfalls nach unten legen, siehe Pfeile.

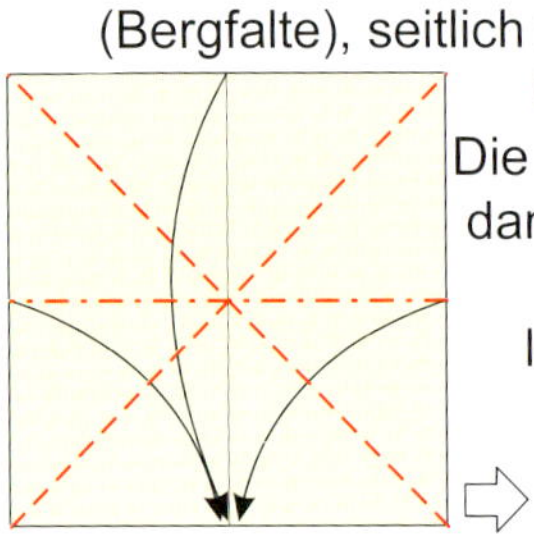

4. Nur mit der oberen Papierlage, schräge Linien falten, wieder öffnen. Auf der Rückseite wiederholen.

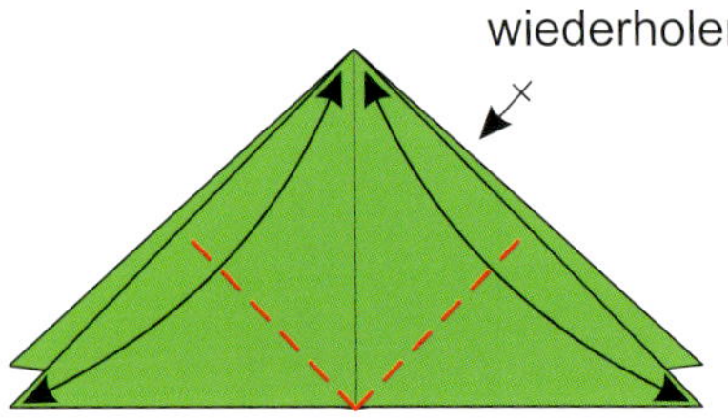

5. Nur mit der oberen Papierlage, senkrechte Linie falten. Auf der Rückseite wiederholen.

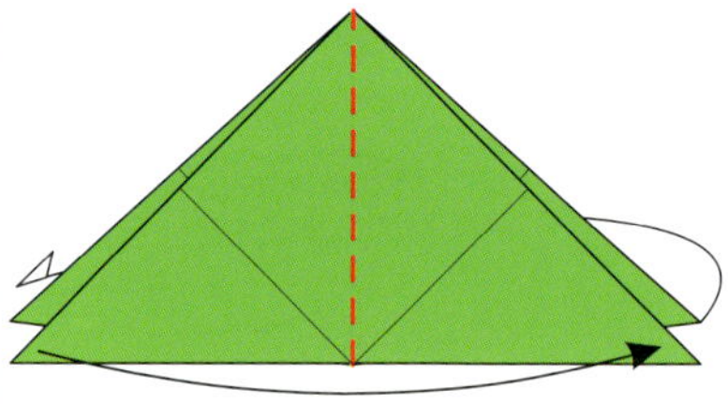

6. Fertiges Einzelteil, dreimal Vorderseite.

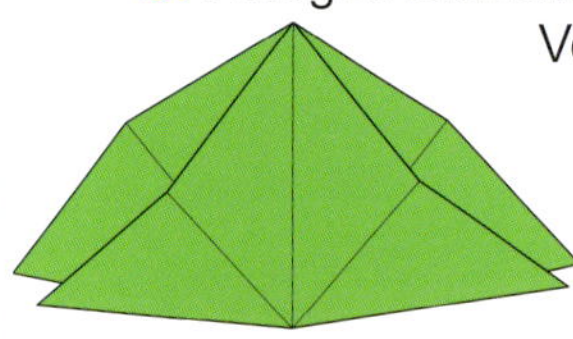

7. Fertiges Einzelteil, dreimal Rückseite.

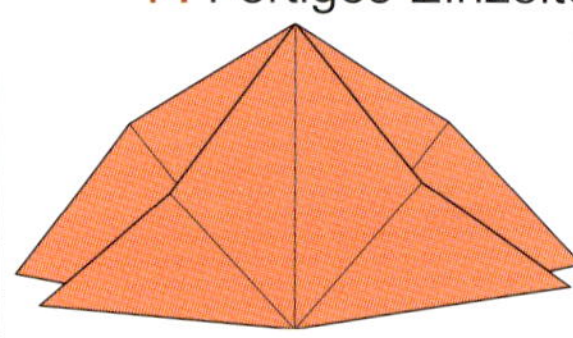

8. Jetzt wird immer die vordere Spitze des rechten Teils in die vordere Spitze des linken Teils geschoben. Die hintere Spitze des linken Teils wird dann entgegengesetzt in die hintere Spitze des rechten Teils geschoben, siehe Diagramm. Rückseite nach oben legen.

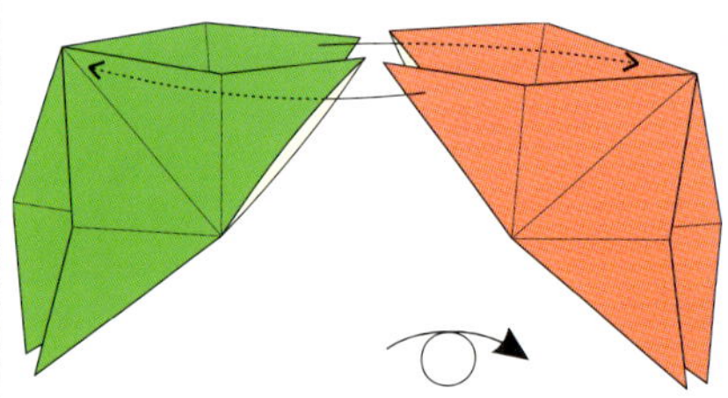

9. Die Beschreibung der Zusammensetzung von Nr.8 nun mit den restlichen vier Einzelteilen wiederholen.

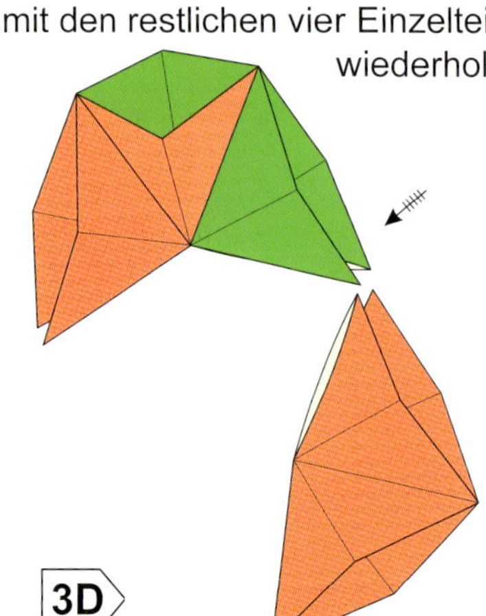

10. Fertiges Modell.

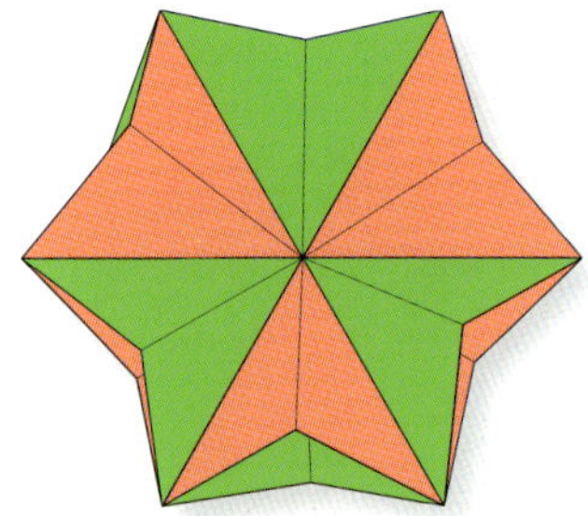

Schneekristalle

Modell von Prof. Mark Overmars

MATERIAL
Für einen Schneekristall werden 6 Blätter Dekor Papier benötigt.
Maße: 15x15 oder 10x10 cm

Start. Diagramme von Seite 72 bis Nr.3 falten.

1. Waagerechte Linie falten und dann die Mitte versenken, siehe auch Seite 13.

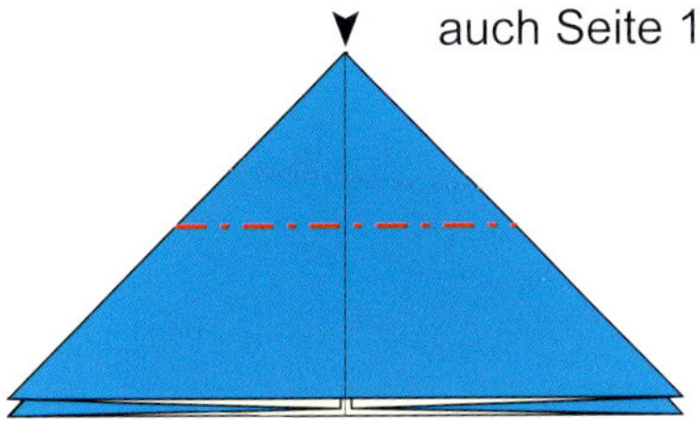

2. Seitliche Spitzen zur Mitte falten, wieder öffnen. Auf der Rückseite wiederholen.

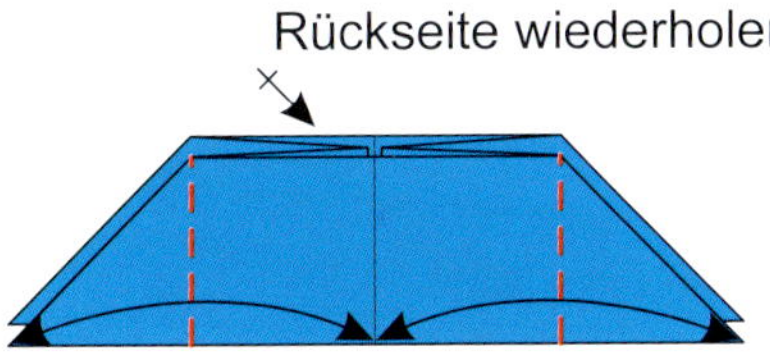

3. Rechte Spitze nach innen legen, liegen lassen. Auf der Rückseite wiederholen.

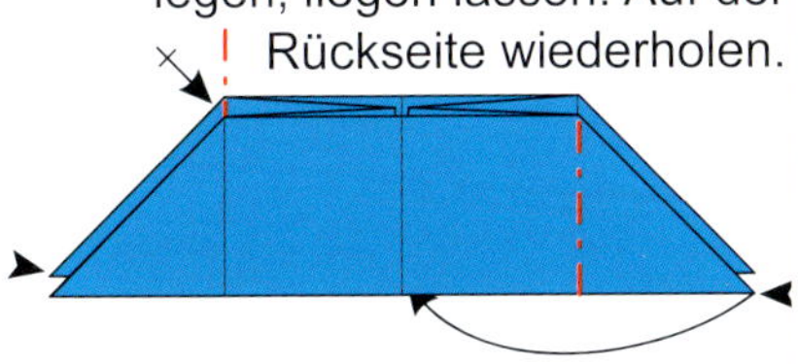

4. Fertiges Einzelteil, sechsmal falten.

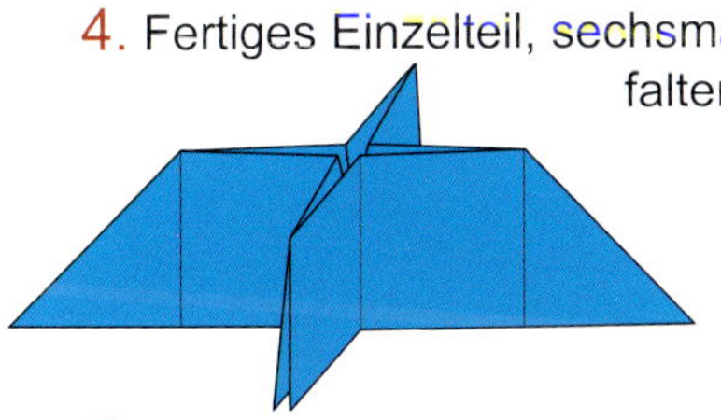

5. Das waagerechte Teil in das senkrechte Teil schieben.

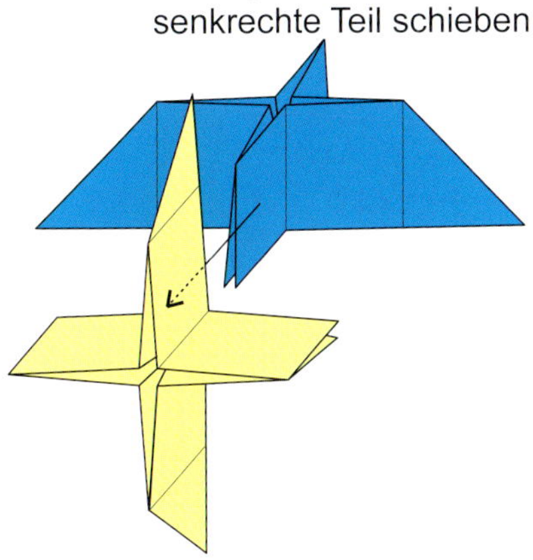

6. Die Spitze des senkrechten Teils in das waagerechte Teil nach innen falten.

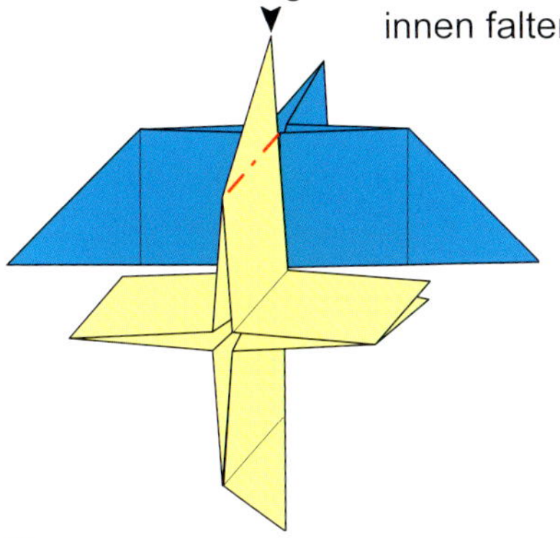

7. Die Schritte von Nr.5-6 mit dem hinteren senkrechten und dem unteren waagerechten Teil wiederholen, siehe Pfeile und Diagramm Nr.8.

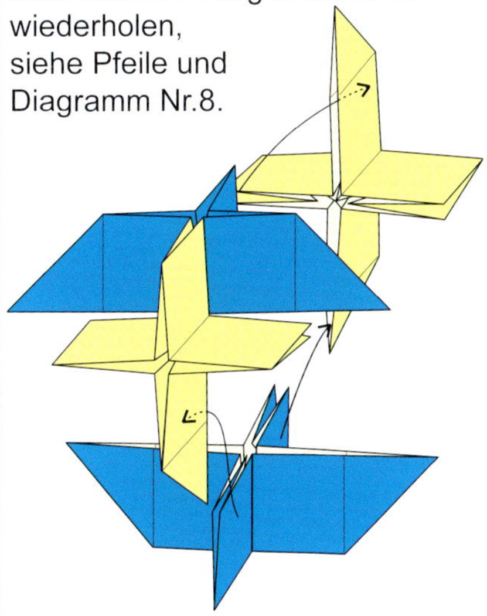

8. Die Schritte von Nr.5-6 mit den beiden seitlichen Teilen wiederholen.

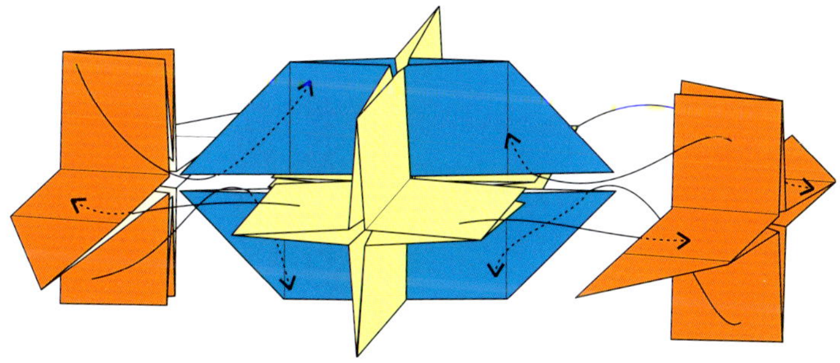

9. An allen Seiten schräge Linien nach innen formen, siehe Pfeile.

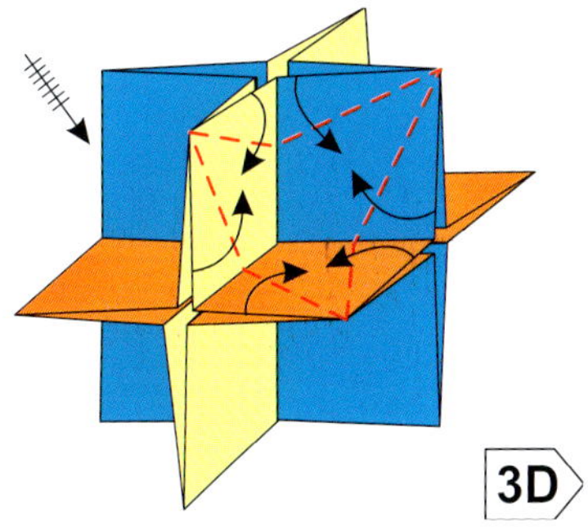

10. Fertiges Modell.

Ringstern

MATERIAL
Für diesen Stern benötigt man
8 Blätter
DUO COLOR Papier.
Maße: 15x15 oder 10x10 cm

1. Waagerecht die Mitte falten, wieder öffnen.

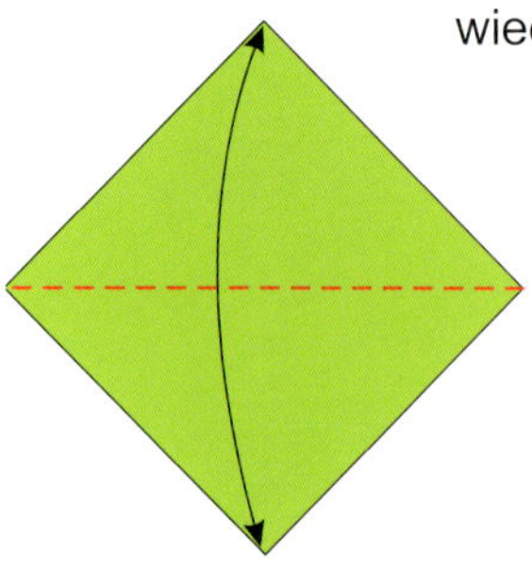

2. Schräge Linie an die Mitte falten, liegen lassen.

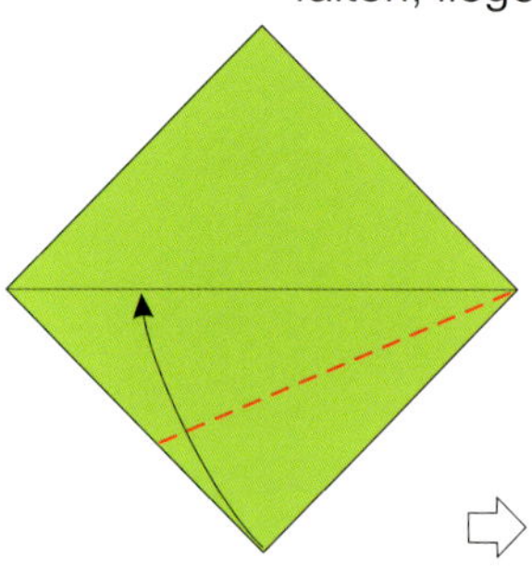

3. Obere Spitze nach unten falten, liegen lassen.

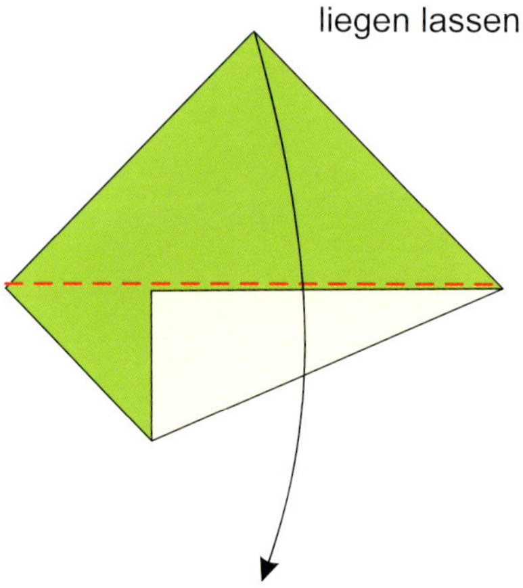

4. Nur mit der oberen Papierlage schräge Linie falten, liegen lassen.

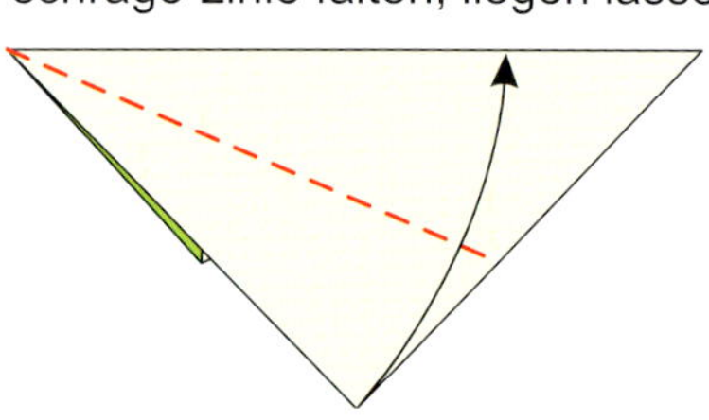

5. Rechte Seite, schräge Linie nach vorne falten, liegen lassen. Linke Seite, schräge Linie zur Rückseite falten, liegen lassen.

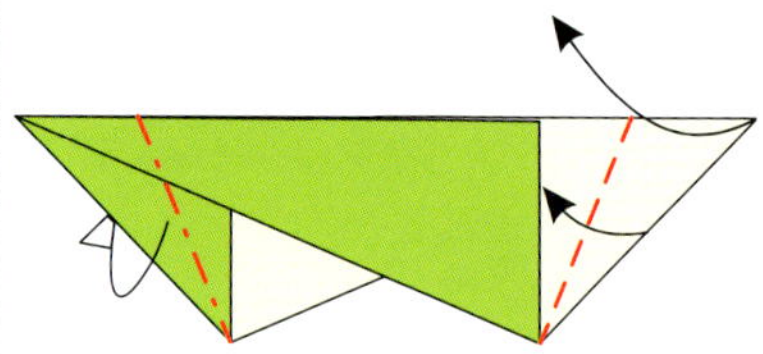

6. Linke Seite wieder öffnen. Modell drehen.

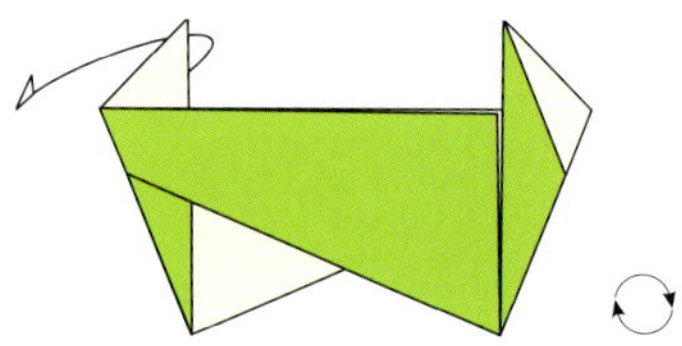

7. Fertiges Einzelteil, achtmal falten.

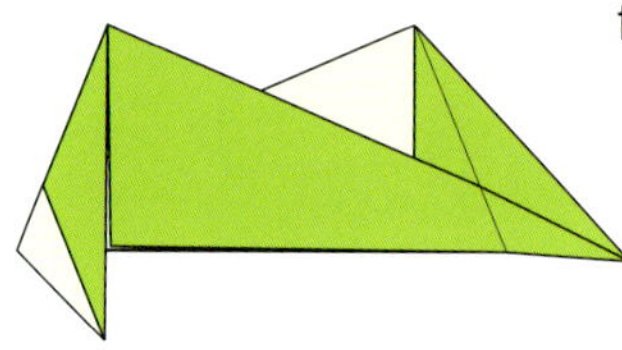

8. Das zweite Teil so über die hintere Papierlage des ersten Teils schieben und eventuell festkleben.

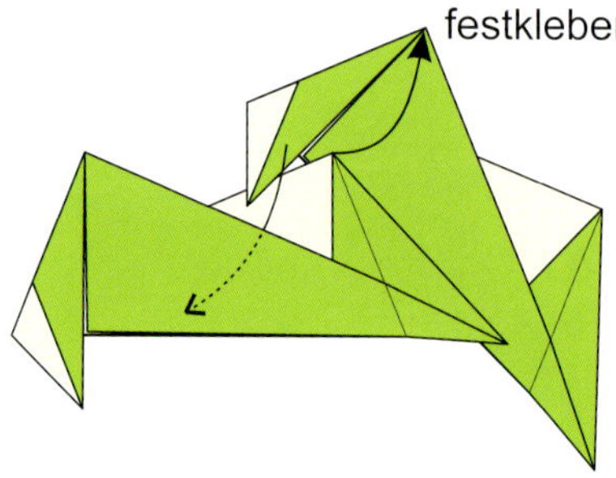

9. Die Spitze des ersten Teils, siehe Pfeil, um die vordere Papierlage des zweiten Teils falten und eventuell festkleben.

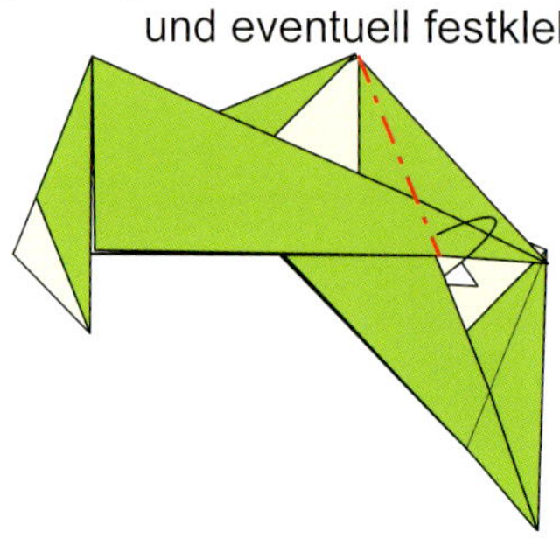

10. Das dritte Teil so über das zweite Teil schieben. Die Schritte von Nr.8-9 nun mit den restlichen Teilen wiederholen.

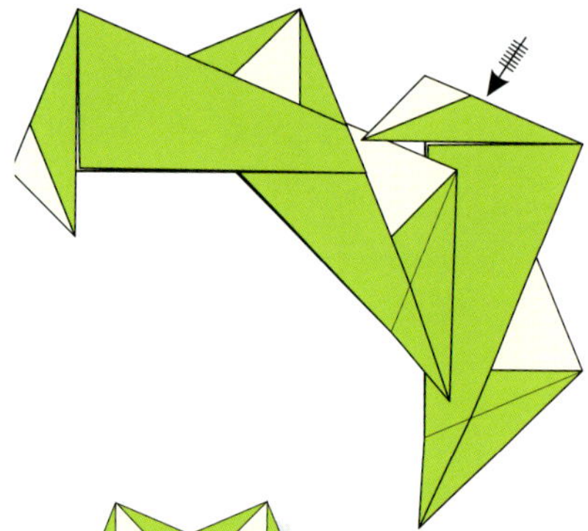

11. Fertiges Modell Vorderseite.

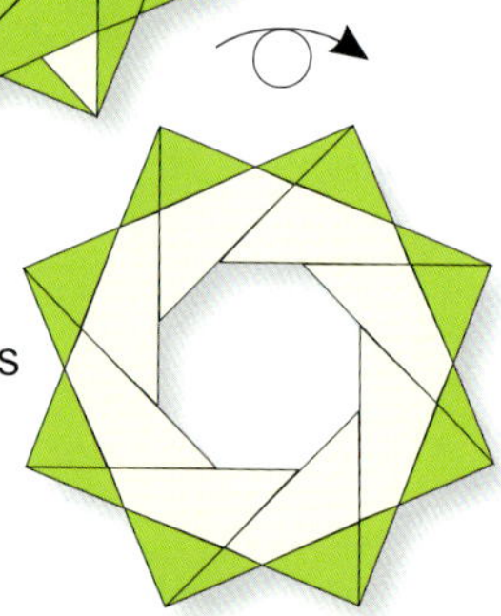

12. Fertiges Modell Rückseite.

Kubus

Modell von J. van Schuylenburg

MATERIAL
Für den Kubus benötigt man
2 Blätter
DUO COLOR Papier.
Maße: 15x15 oder 10x10 cm

Start. Diagramme Seite 72 bis Nr.2 falten, dann das Papier drehen.

1. Senkrechte Linien falten, liegen lassen.

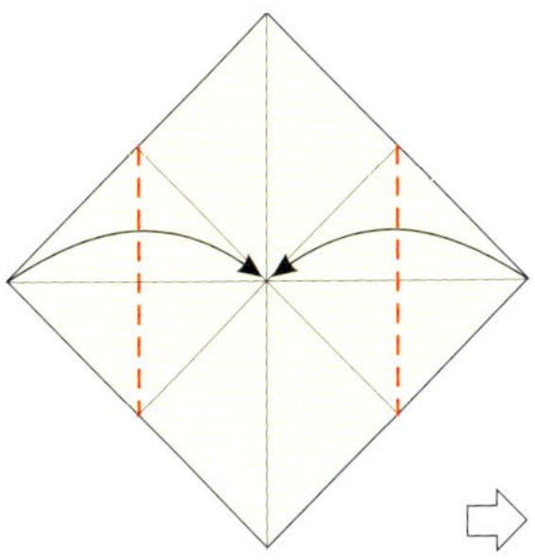

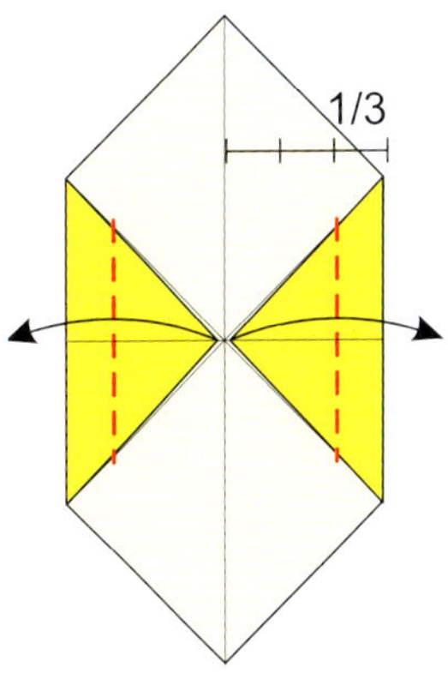

2. Nur mit der oberen Papierlage, senkrechte Linien nach außen falten, liegen lassen.

3. Von der waagerechten Mitte (Bergfalte), seitlich zur unteren Spitze legen. Die obere Spitze dann ebenfalls nach unten legen, siehe Pfeile.

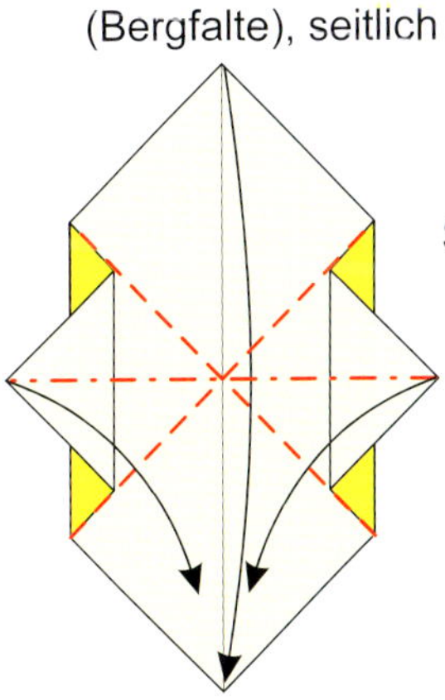

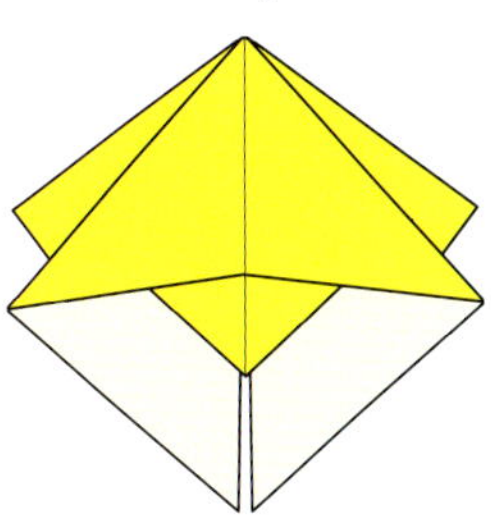

4. Fertiges Einzelteil, zweimal falten.

5. Bei einem Teil ist die Vorderseite des Papiers zu sehen. Bei dem zweiten Teil ist die Rückseite des Papiers zu sehen. Siehe Pfeile, beide Teile so übereinander schieben, die kleinen Dreiecke sind immer außen.

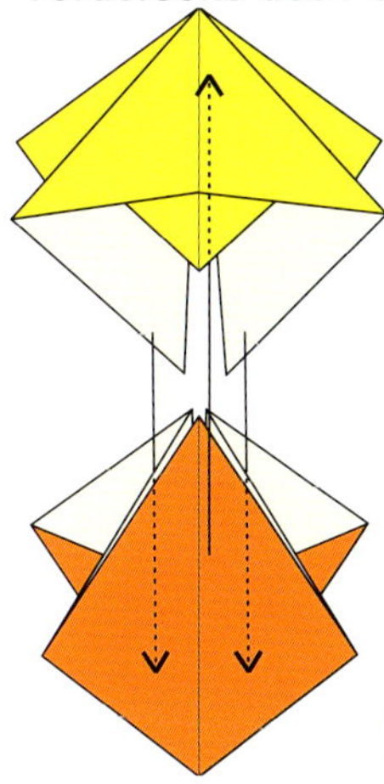

3D

6. Fertiges Modell.

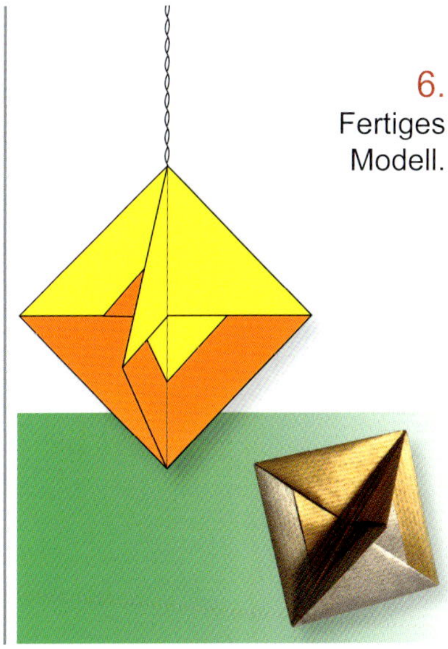

Weihnachtskugeln

Modell von Paolo Bascetta

30 Blätter beide Seiten Blau
Papier 15x15 cm
Sterndurchmesser 25 cm

30 Blätter DUO Color Grün-Rot
Papier 15x15 cm
Sterndurchmesser 25 cm

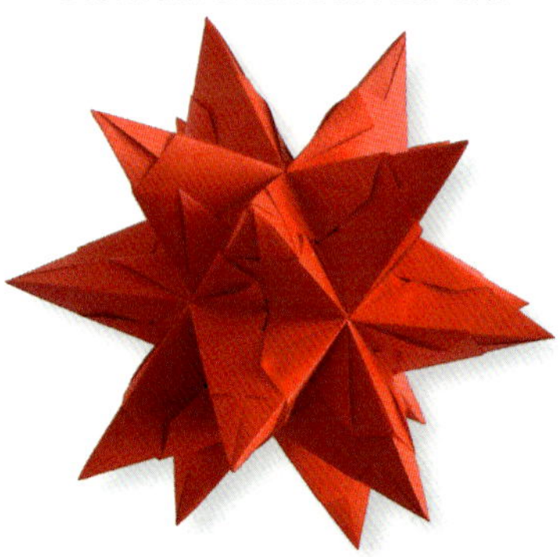

30 Blätter DUO Color Grün-Rot
Papier 15x15 cm
Sterndurchmesser 25 cm

30 Blätter DUO Color Silver Stars
Papier 15x15 cm
Sterndurchmesser 25 cm

ANLEITUNG
Diagramme für diese Sterne stehen auf den Seiten 42 bis 45, diese kleineren Sterne brauchen nicht geklebt werden.

30 Blätter DUO Color
Bordeaux-Gold Papier 5x5 cm
Sterndurchmesser 8 cm

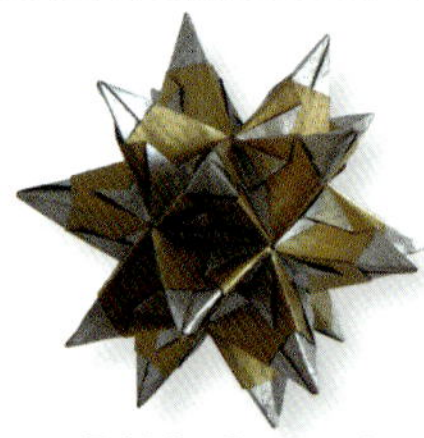

30 Blätter DUO Color Silber-Gold
Papier 5x5 cm
Sterndurchmesser 8 cm

30 Blätter DUO Color Rot-Gold
Papier 5x5 cm
Sterndurchmesser 8 cm

30 Blätter DUO Color Blau-Gold
Papier 5x5 cm
Sterndurchmesser 8 cm

30 Blätter Bambus Gelb
Papier 15x15 cm
Sterndurchmesser 25 cm

30 Blätter DUO Streifen Grün
Papier 7,5x7,5 cm
Sterndurchmesser 10 cm

30 Blätter DUO Streifen Bordeaux
Papier 7,5x7,5 cm
Sterndurchmesser 10 cm

30 Blätter DUO Streifen Grün-Rot
Papier 7,5x7,5 cm
Sterndurchmesser 10 cm

30 Blätter DUO Streifen Blau
Papier 7,5x7,5 cm
Sterndurchmesser 10 cm

Zum Aufhängen einen Stab durch den Knoten schieben, nach innen legen, dann die letzte Spitze schließen.

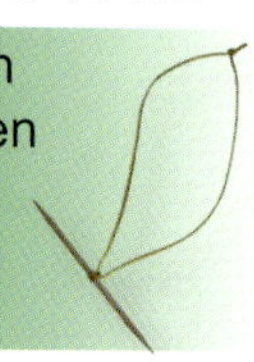

Kinderstern

MATERIAL
Für diesen Stern benötigt man
8 Blätter
DUO COLOR Papier.
Maße: 7,5x7,5 cm

1. Senkrechte Mitte falten, wieder öffnen.

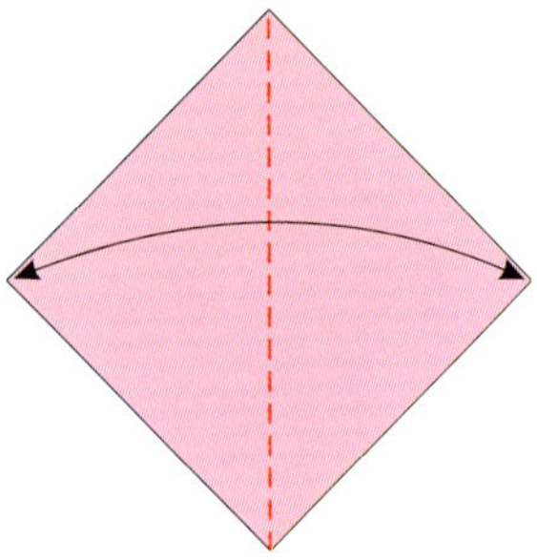

2. Schräge Linie an die Mitte falten, liegen lassen.

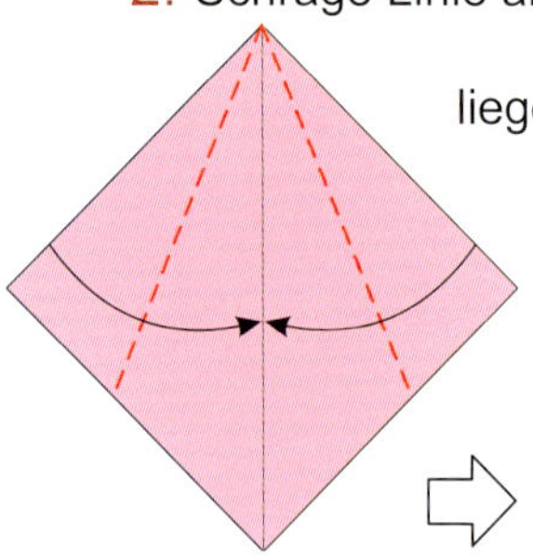

3. Untere Spitze nach oben falten, wieder öffnen. Rückseite nach oben legen.

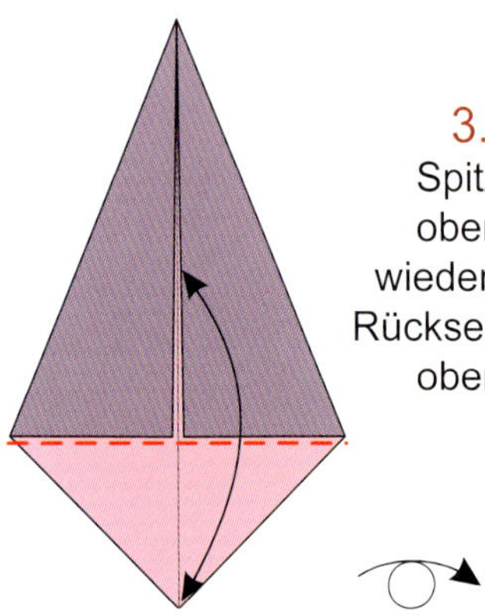

4. Schräge Linie falten, wieder öffnen.

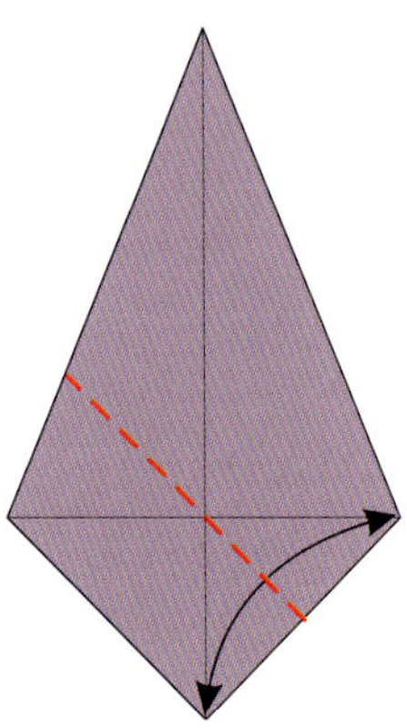

5. Schräge Linie falten, wieder öffnen.

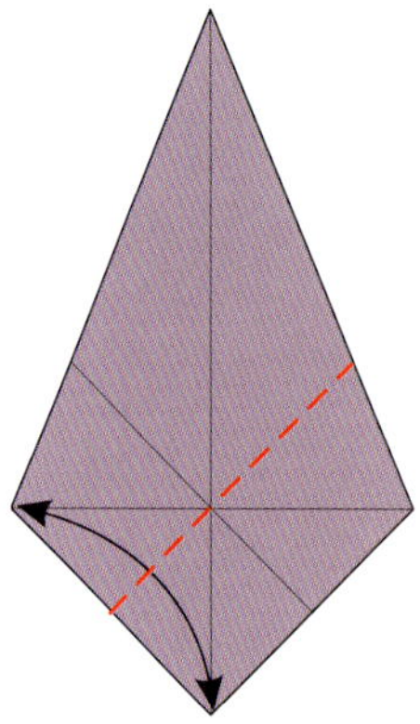

6. Von der waagerechten Mitte (Bergfalte), die seitlichen Ecken nach oben legen.

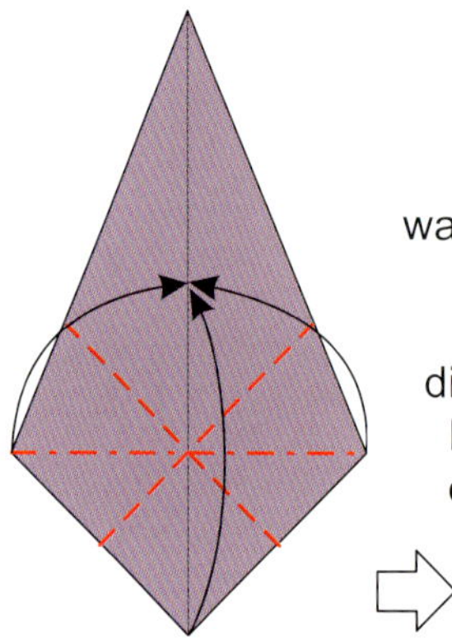

7. Fertiges Einzelteil, achtmal falten.

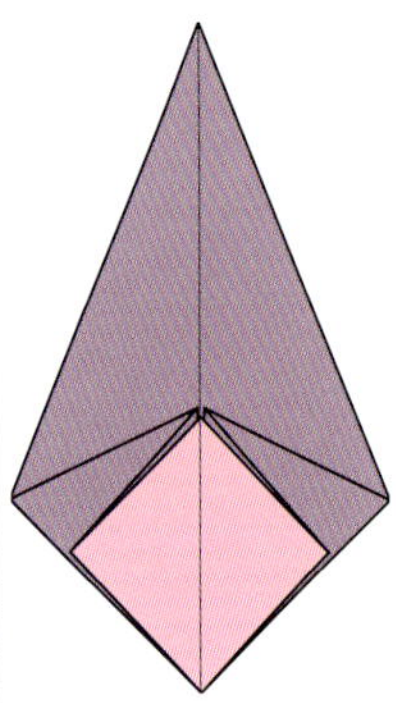

8. Das zweite Einzelteil unter das vordere Dreieck vom ersten Teil schieben und kleben, siehe Pfeil.

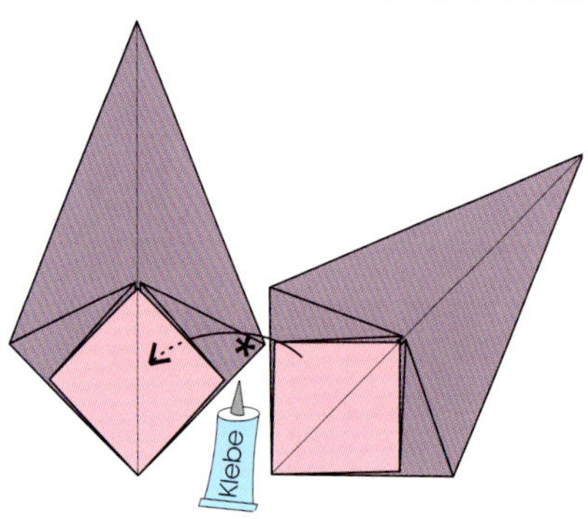

9. Das dritte Einzelteil unter das vordere Dreieck vom zweiten Teil schieben und kleben, siehe Pfeil. Mit den restlichen Teilen Schritt Nr.8 wiederholen

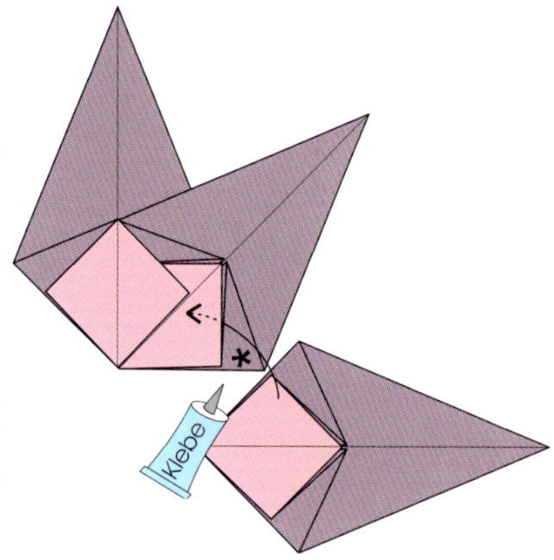

10. Fertiges Modell.

MATERIAL
Für diese Glocke benötigt man
4 Blätter
silber oder goldenes Papier.
Maße: 10x10 oder 5x5 cm

Start. Diagramme von Seite 78 bis Nr.2 falten.

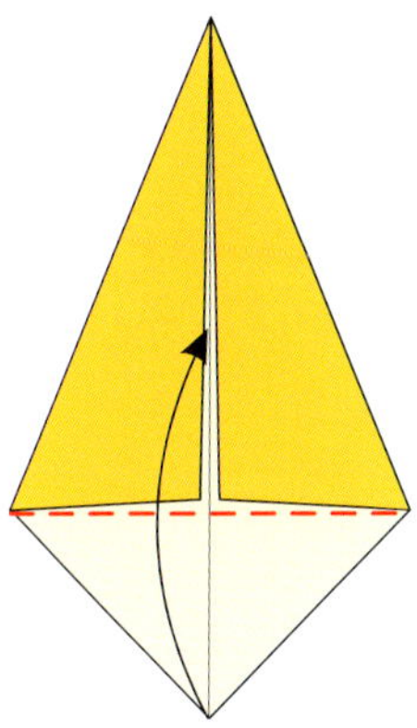

1. Untere Spitze nach oben falten, liegen lassen.

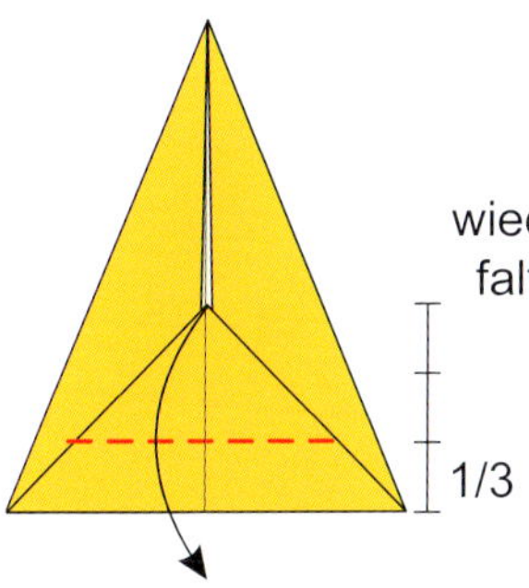

2. Spitze wieder zurück falten, liegen lassen.

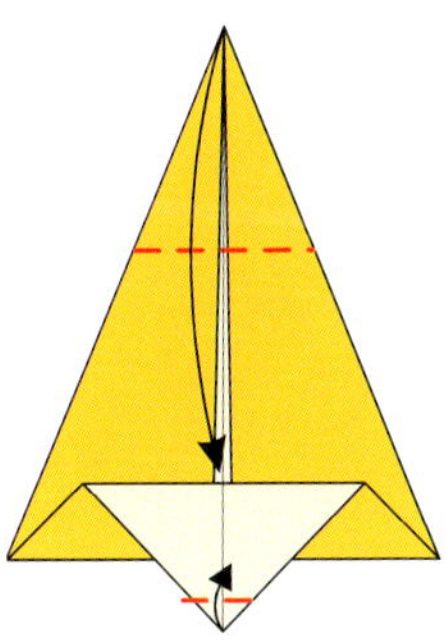

3. Untere Spitze wieder zurück falten, liegen lassen. An der oberen Spitze waagerechte Linie falten.

4. Obere Spitze wieder zurück falten, liegen lassen.

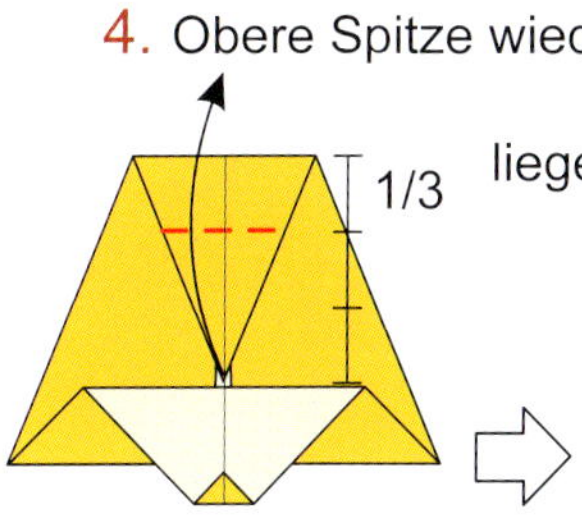

5. Obere Spitze wieder zurück falten, liegen lassen. Seitlich die schrägen Linien falten.

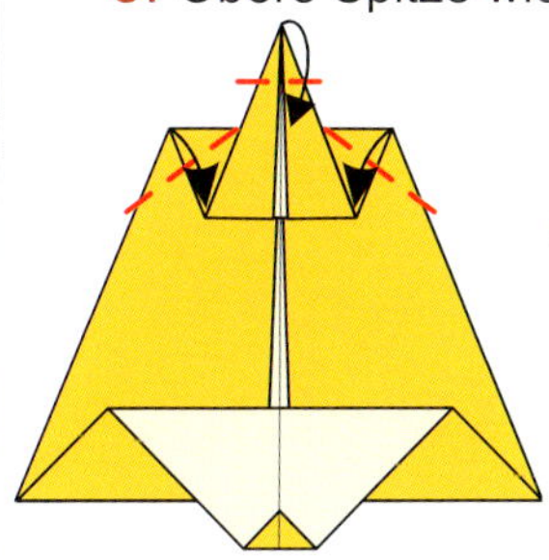

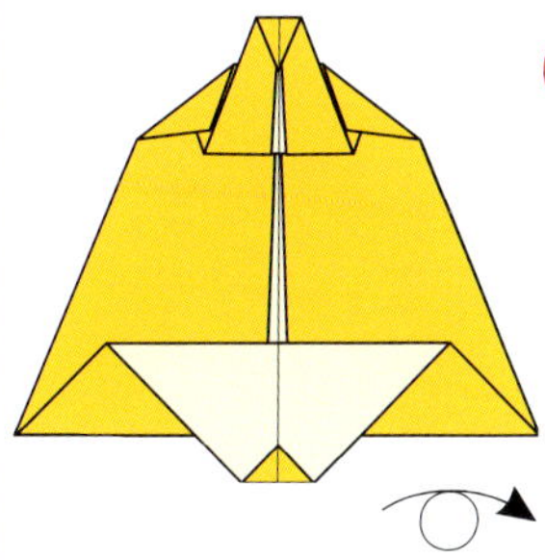

6. Fertiges Einzelteil, Rückseite nach oben legen.

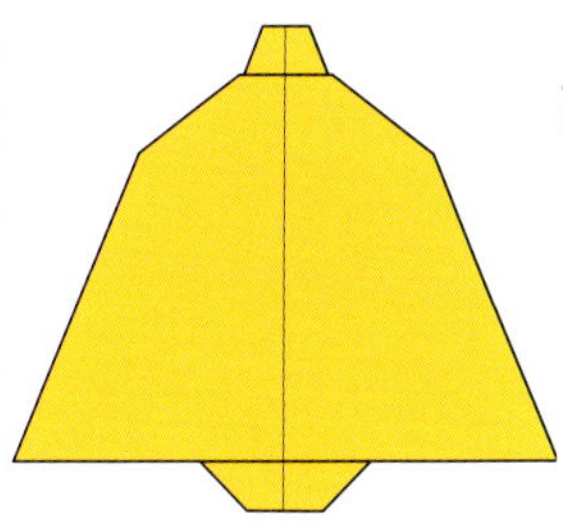

7. Fertiges Einzelteil, viermal falten.

8. Bei allen vier Einzelteilen die senkrechte Mitte falten.

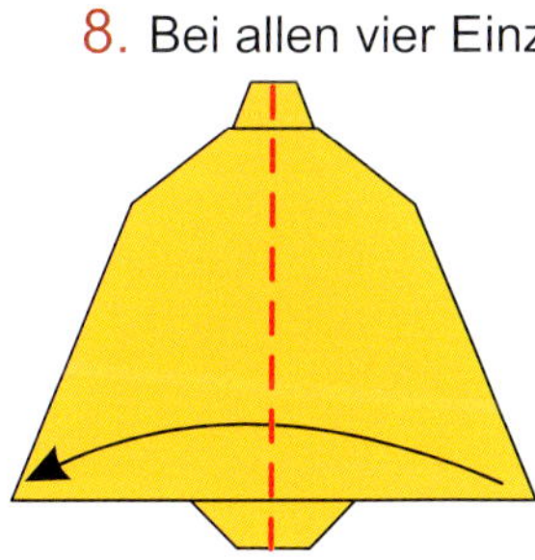

9. Zweimal zwei Einzelteile zusammen kleben, siehe Diagramm.

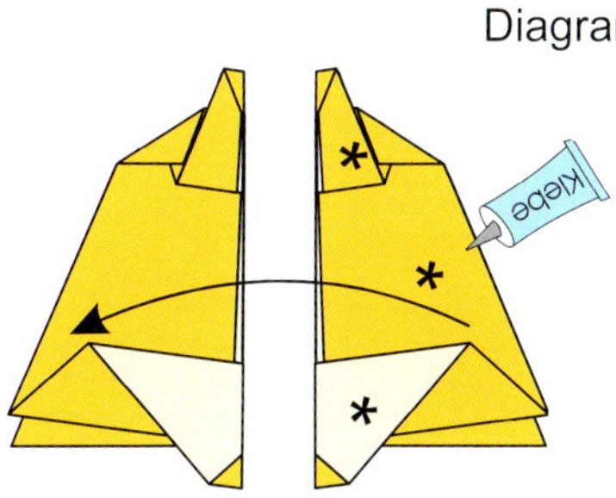

10. Die beiden Teile nun zusammen kleben, siehe Diagramm. Die Kordel gleich in die Mitte kleben.

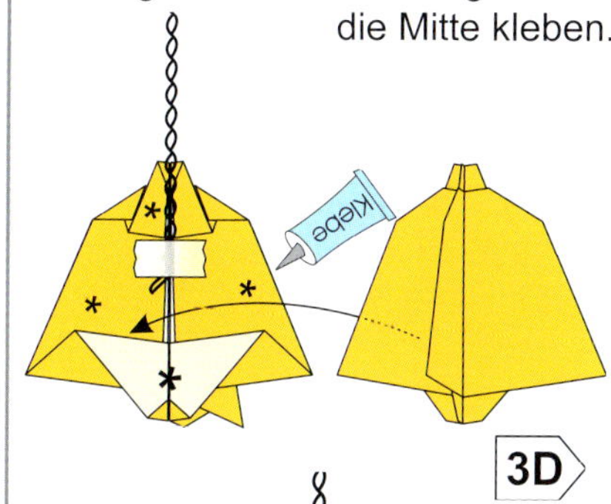

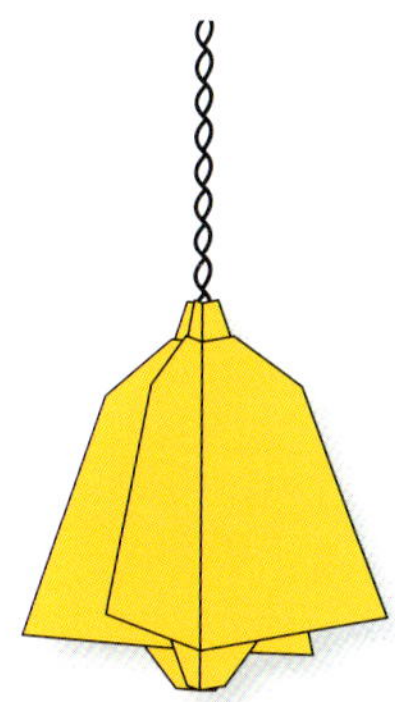

11. Fertiges Modell.

Roulett

Modell von Paolo Bascetta

MATERIAL
Für diesen Stern benötigt man
8 Blätter
weihnachtliches Papier.
Maße: 15x15 oder 10x10 cm

Start. Diagramme von Seite 78 bis Nr.2 falten.

1. Schräge Linien zur Mitte falten, wieder öffnen. Rückseite nach oben legen.

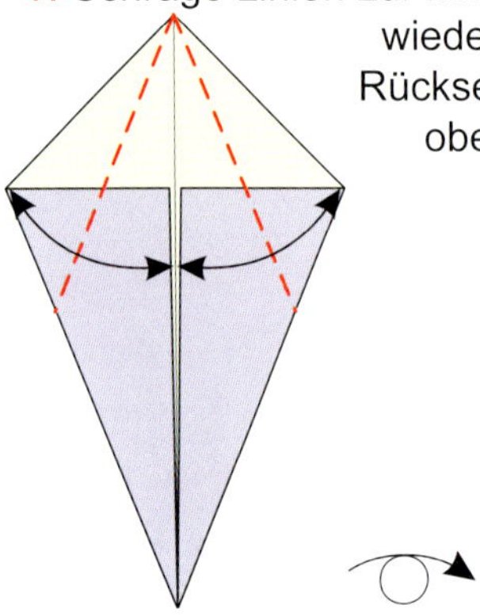

2. Punkt auf Punkt legen, siehe Pfeil, um die schräge Linie (nur bis zur Mitte) zu falten, wieder öffnen.

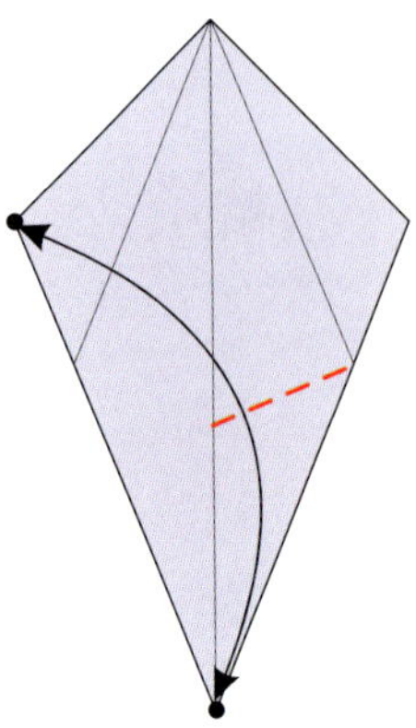

3. Punkt auf Punkt legen, siehe Pfeil, um die schräge Linie (nur bis zur Mitte) zu falten, wieder öffnen.

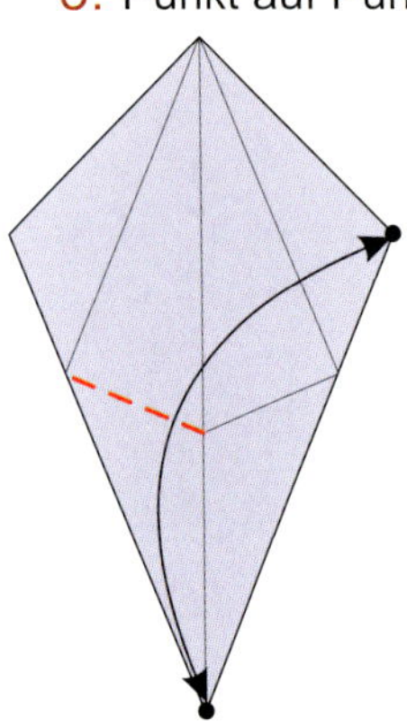

4. Das Papier zusammenlegen, siehe Pfeile, dabei die untere Spitze nach oben drehen.

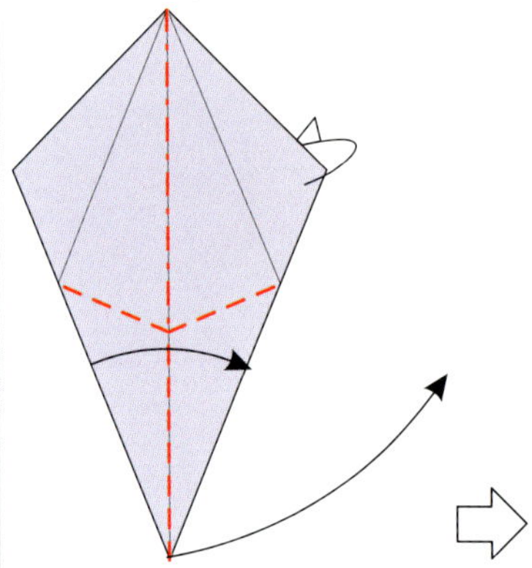

5. Fertiges Einzelteil nun achtmal so falten.

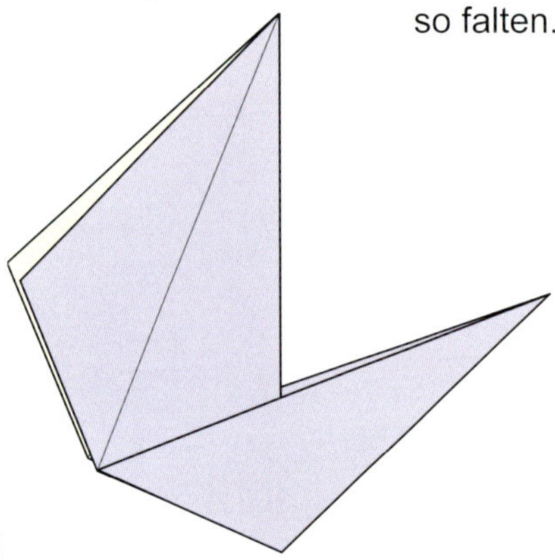

6. Das zweite Einzelteil unter das ersten Teil schieben siehe Pfeil.

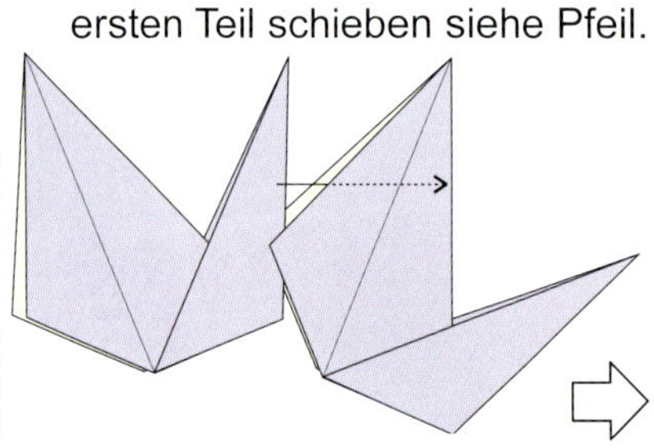

7. Vordere und hintere Papierlaschen vom zweite Einzelteil nach innen um die Spitze des ersten Teils falten, siehe Pfeile.

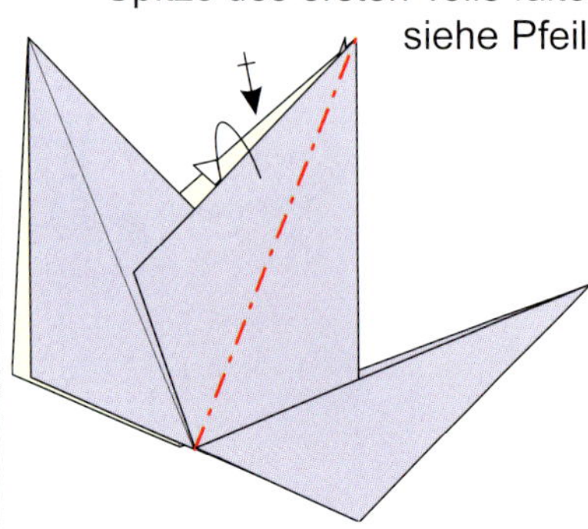

8. Die Schritte Nr.6-7 mit den restlichen Einzelteilen wiederholen.

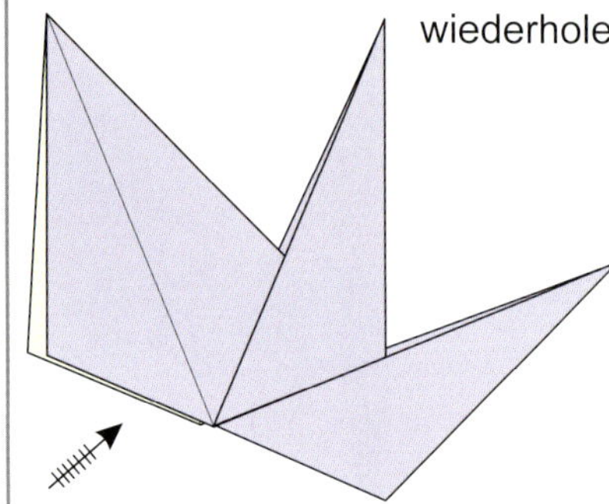

9. Fertiges Modell.

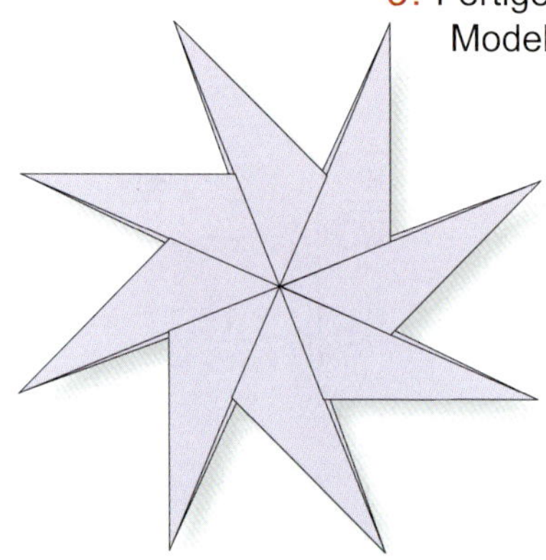

Schnee

Klassischer Weihnachtsstern

Modell von René Lucio

MATERIAL
Für diesen Stern benötigt man 1 Blatt weihnachtliches Papier.
Maße: 30x30 - 15x15 - 10x10 cm

1. Zweimal waagerechte Linien falten, wieder öffnen. Rückseite nach oben legen.

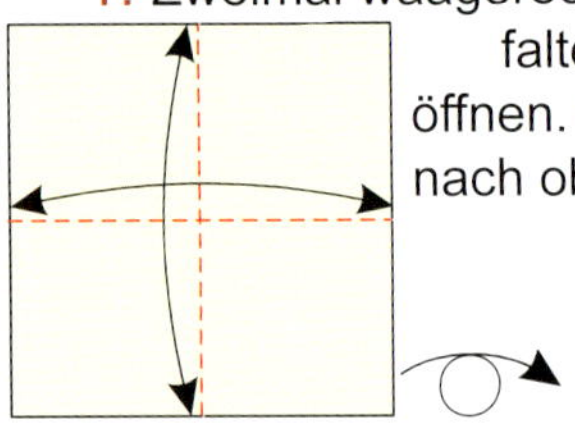

2. Zweimal diagonale Linien falten, wieder öffnen. Rückseite nach oben legen.

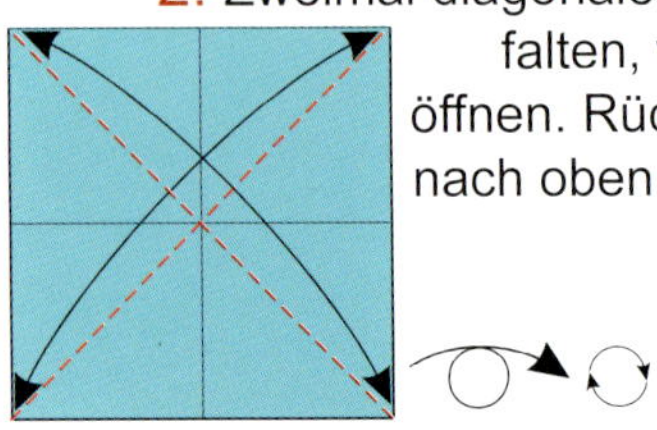

3. Von der waagerechten Mitte (Bergfalte), die seitlichen Ecken zur unteren Ecke legen. Die obere Ecke dann ebenfalls nach unten legen, siehe Pfeile.

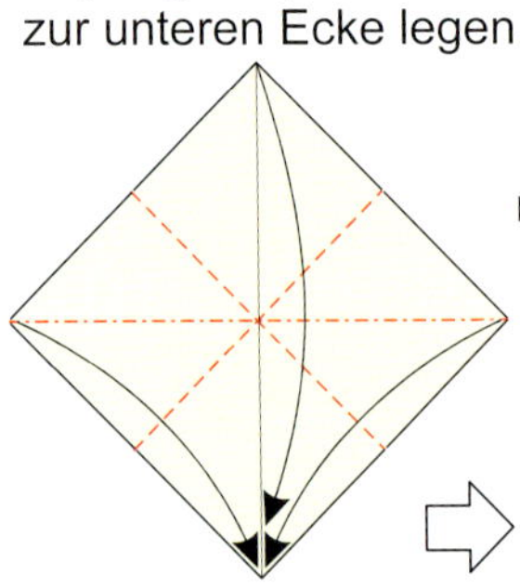

4. Schräge Linien zur Mitte falten, wieder öffnen. Obere Spitze nach unten falten, wieder öffnen.

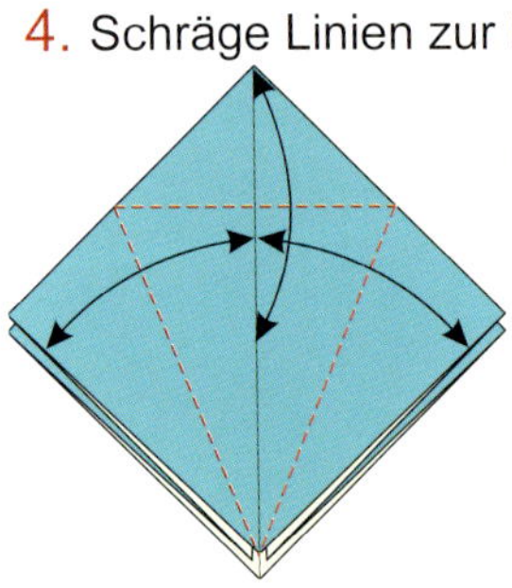

5. Nur obere Papierlage, siehe Pfeil, von unten nach oben falten, dabei seitlich eindrücken.

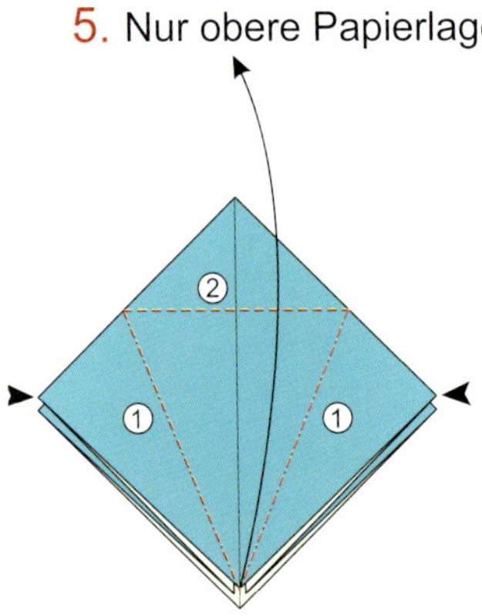

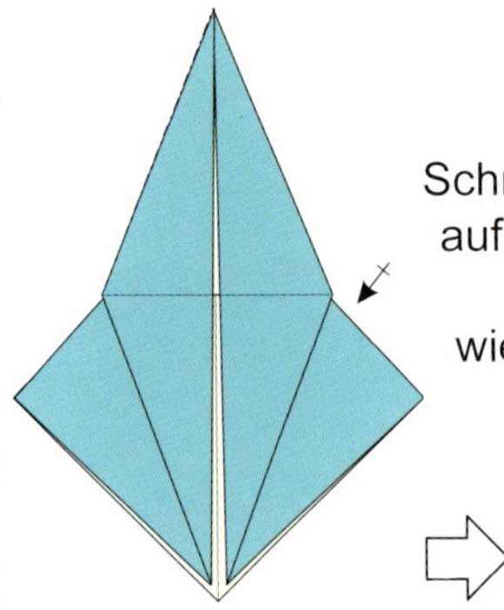

6. Die Schritte Nr.4-5 auf der Rückseite wiederholen.

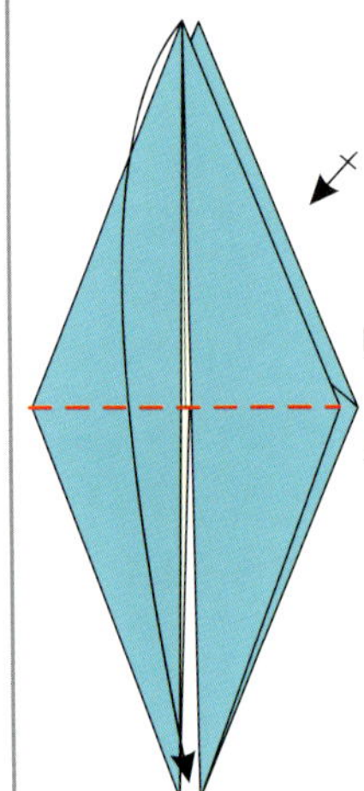

7. Obere Spitze nach unten falten, liegen lassen. Auf der Rückseite wiederholen.

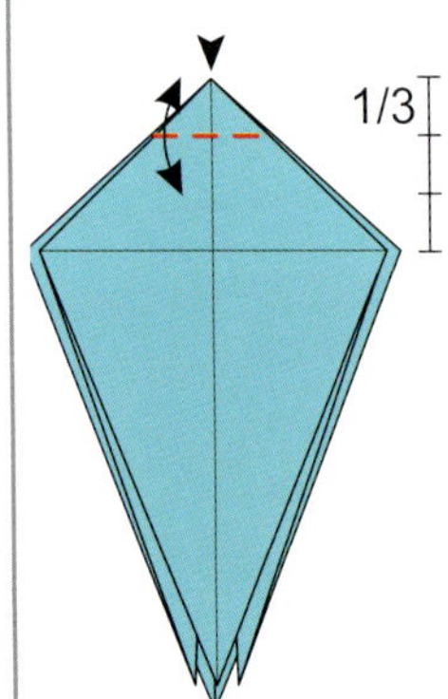

8. An der oberen Spitze waagerechte Linie falten, wieder öffnen. Die Spitze nun an dieser Linie versenken, siehe auch Seite 13.

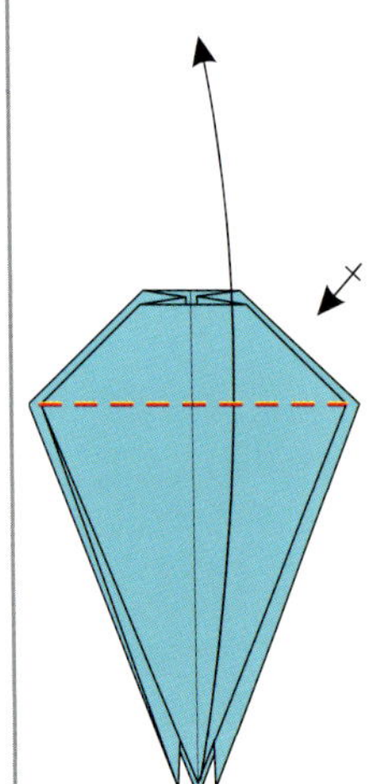

9. Untere Spitze nach oben falten, liegen lassen. Auf der Rückseite wiederholen.

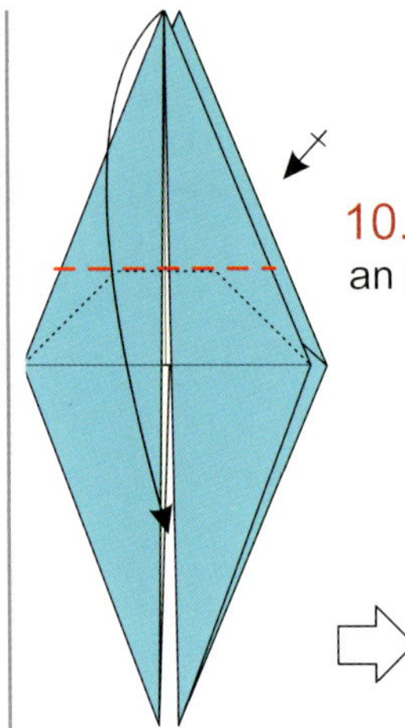

10. Obere Spitze an der Linie nach unten falten, liegen lassen. Auf der Rückseite wiederholen.

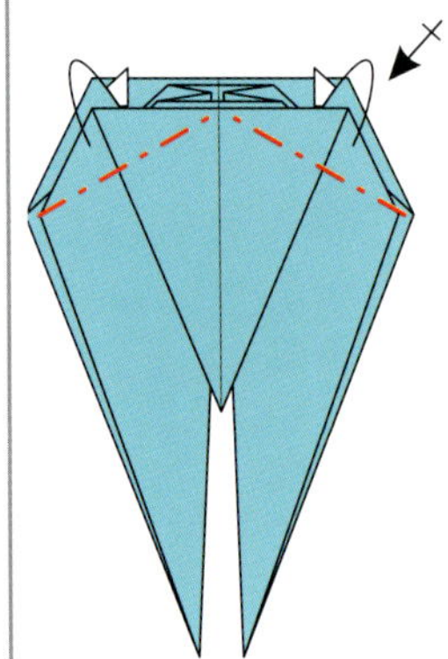

11. Schräge Linien nach innen falten, liegen lassen. Auf der Rückseite wiederholen.

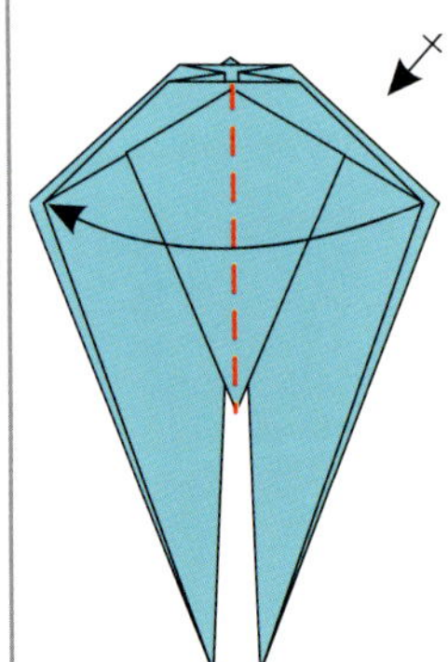

12. Senkrechte Linie falten, liegen lassen. Auf der Rückseite wiederholen.

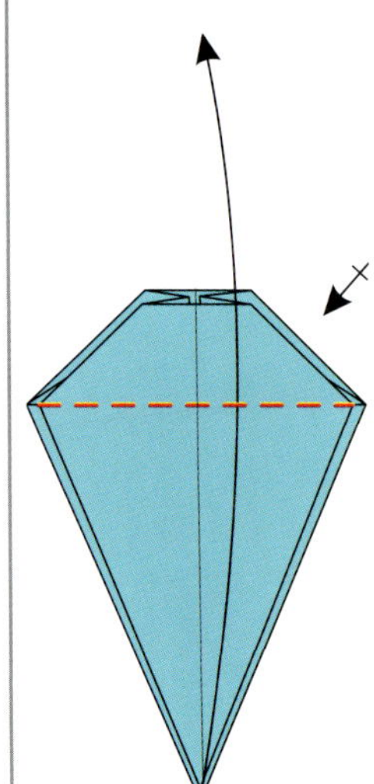

13. Waagerechte Linie falten, liegen lassen. Auf der Rückseite wiederholen.

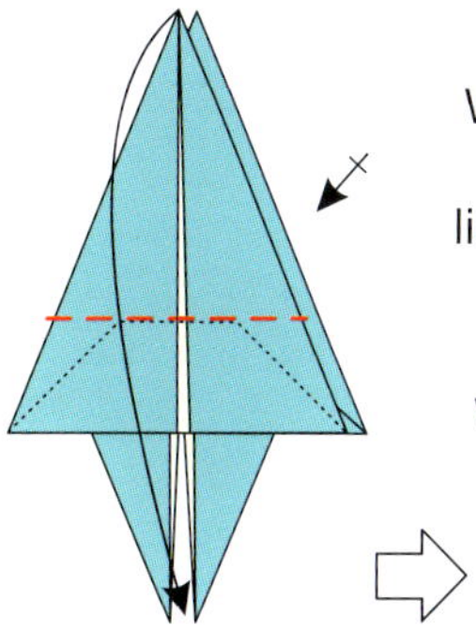

14. Waagerechte Linie falten, liegen lassen. Auf der Rückseite wiederholen.

15. Schräge Linien nach innen falten, liegen lassen. Auf der Rückseite wiederholen.

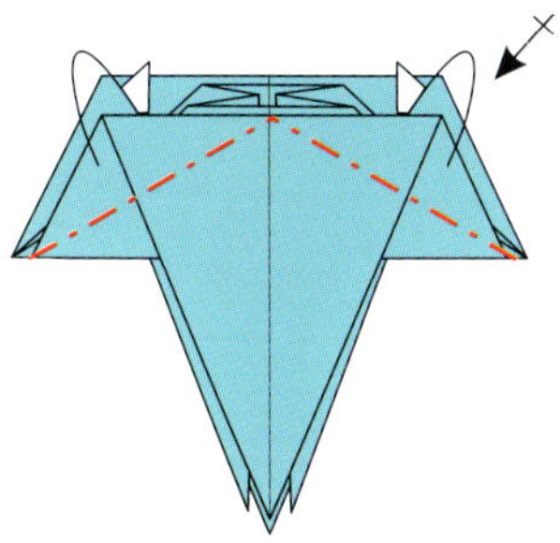

16. Der Stern wird auch deshalb Taschenstern genannt, weil er so wie er jetzt ist sehr gut in jede Tasche passt. Zur Fertigstellung nun alle vier unteren Spitzen nach außen ziehen.

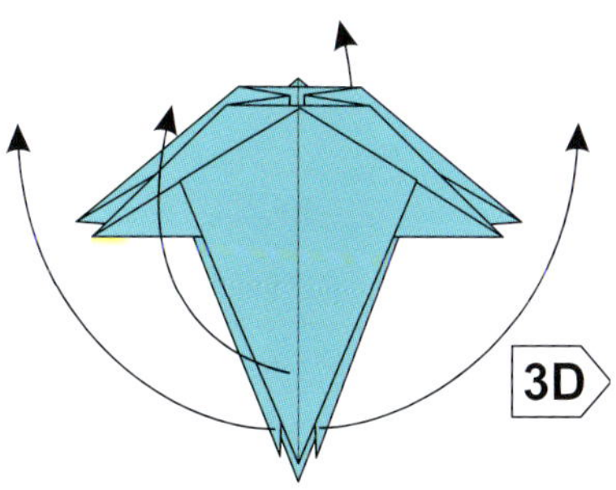

17. Fertiges Modell. Dieser Stern ist auch in dem Buch „Das große Origamibuch" erklärt.

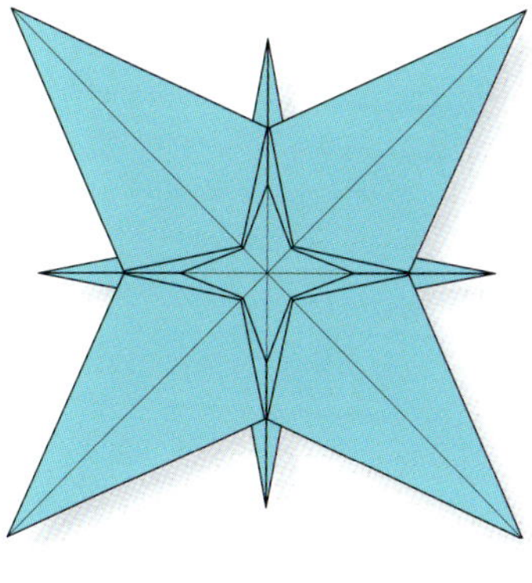

Engel

MATERIAL
Für diesen Engel benötigt man
1 Blatt Papier
Dekor Suminagashi.
Maße: 15x15 cm

Start. Diagramme von Seite 82 bis Nr.3 falten.

1. Bergfalte nach rechts falten, dabei die Ecke flach drücken.

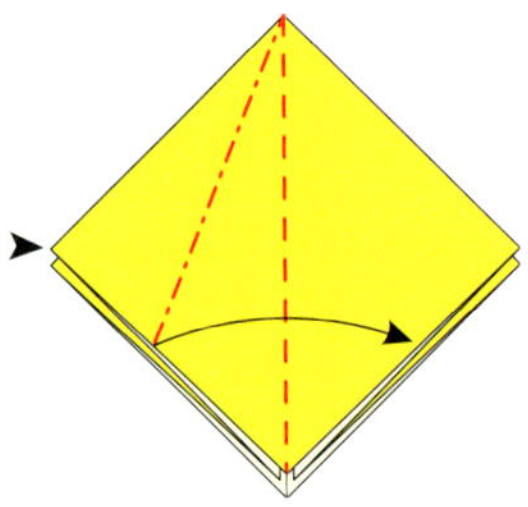

2. Rückseite nach oben legen.

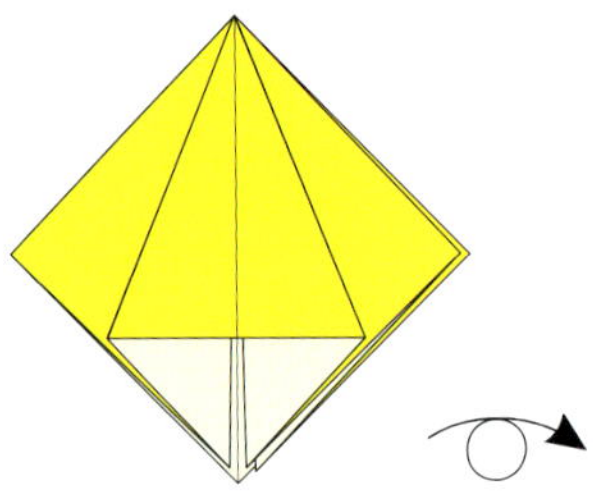

3. Schräge Linien an die Mitte falten, wieder öffnen. An der linken Seite der Rückseite wiederholen.

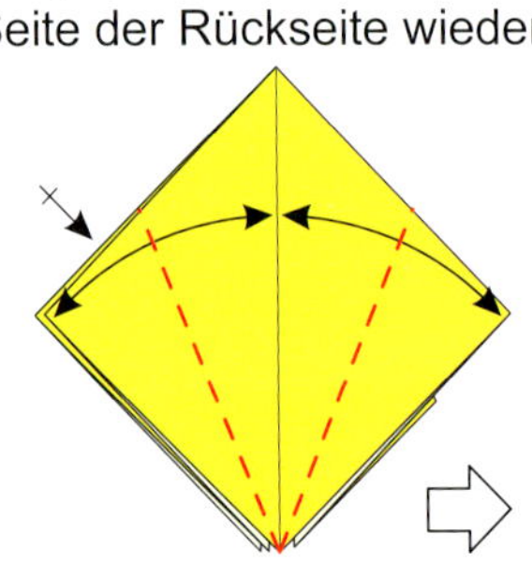

4. Bergfalten formen und nach innen legen, dabei die Ecke flach drücken. An der linken Seite der Rückseite wiederholen.

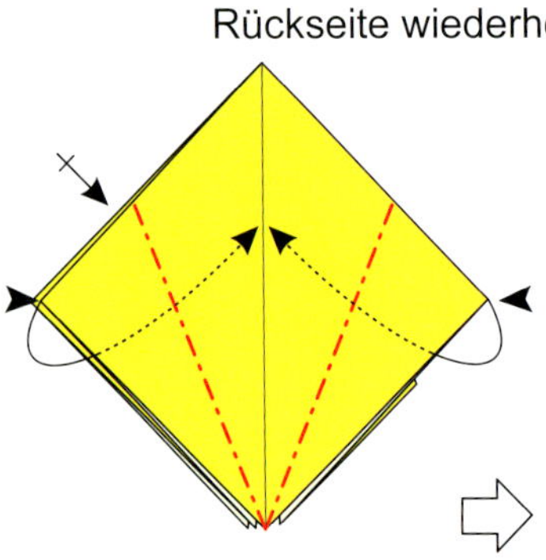

5. Nur mit der oberen Papierlage, schräge Linie nach rechts falten, dabei die Ecke flach drücken.
Achtung: Langsam arbeiten, damit das Papier nicht einreißt.

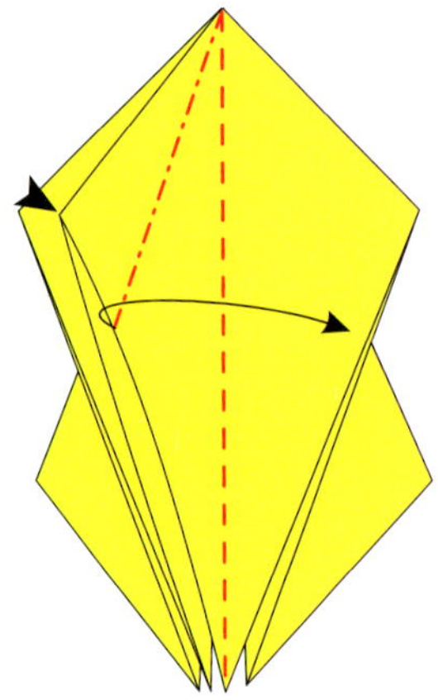

6. + 7. Linke untere Spitze Nr.1 öffnen, zur linken Seite drehen und so weit wie möglich nach oben schieben. Die eingezeichnete Berg- und Talfalte Nr.2 bilden sich dann automatisch.
Achtung: Langsam arbeiten, damit das Papier nicht einreißt. Diesen Arbeitsgang dann auch auf der rechten Seite wiederholen.

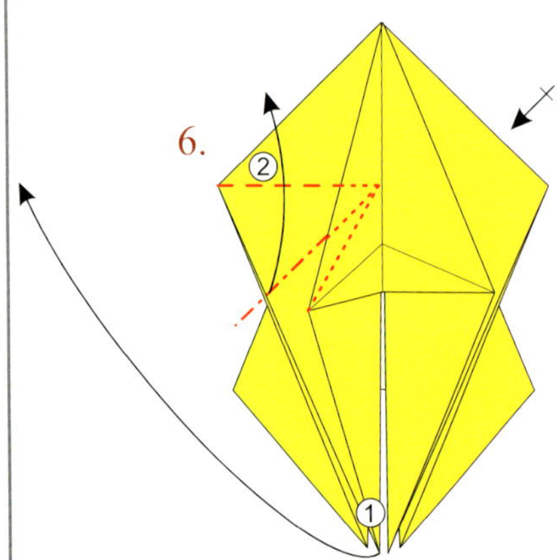

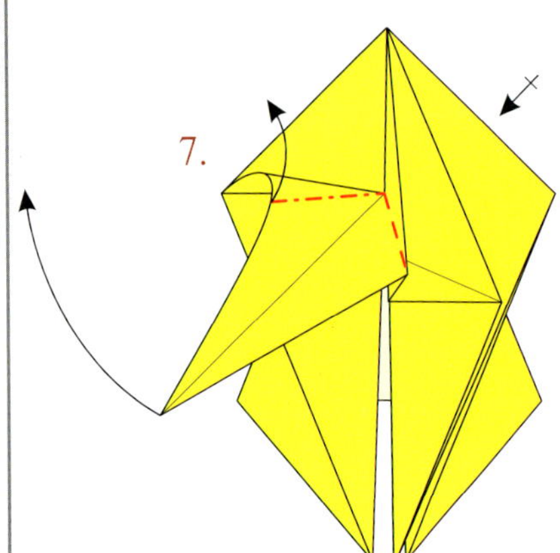

8. Nur mit der oberen Papierlage von der Ecke aus, schräge Linien falten, siehe Pfeil.

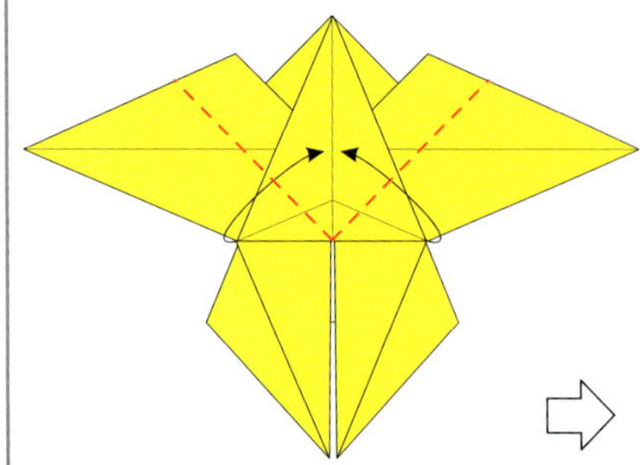

9. An der mittleren Spitze eine Bergfalte arbeiten und nach innen schieben. Die obere Spitze nach unten falten, liegen lassen.

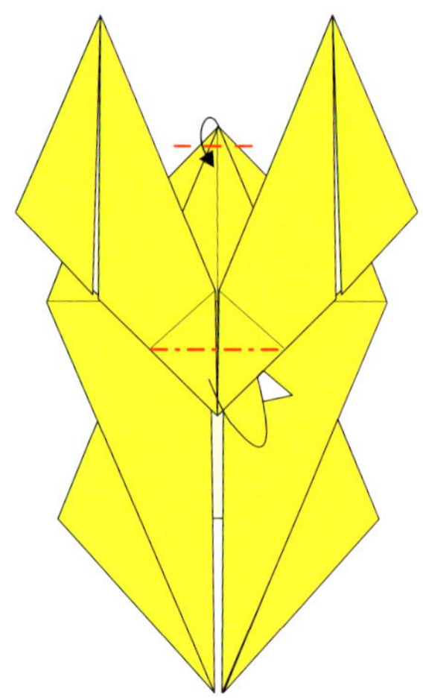

10. An der linken Seite, nur mit der oberen Papierlage so weit wie möglich öffnen.
Achtung: Es entsteht eine Papierfalte, siehe auch roter Kreis im Diagramm Nr.11.

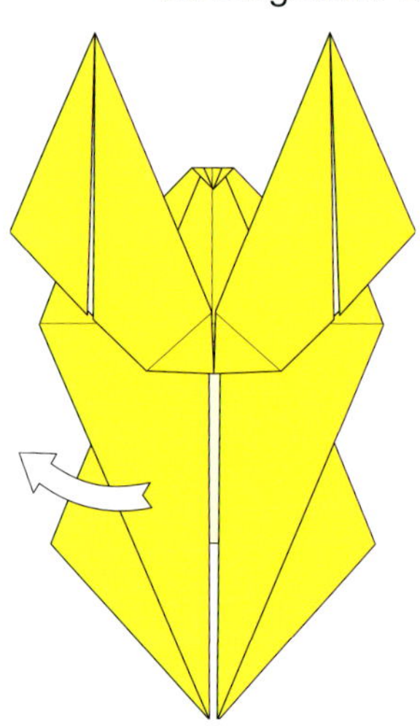

11. Spitze zur Mitte legen, dabei die schräge Linie falten. Die Papierfalte, siehe Kreis, bleibt.

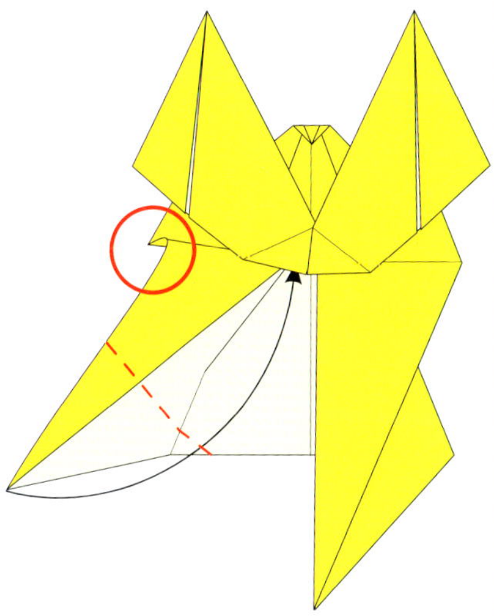

12. Spitze an der schrägen Linie wieder nach unten falten, liegen lassen.

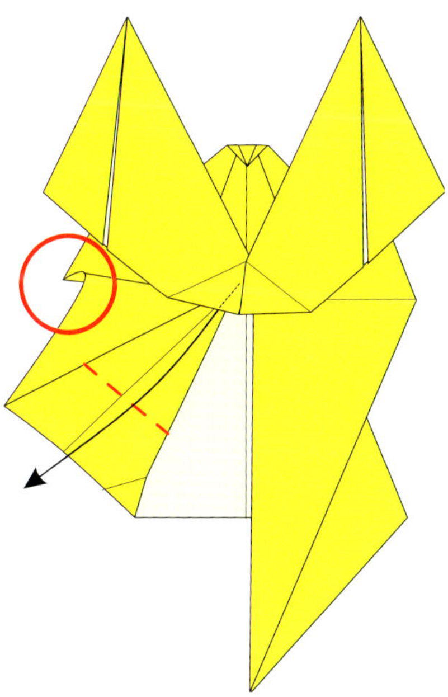

13. Siehe Pfeil, Bergfaltenlinie zur Mitte legen, falten und liegen lassen. Die Papierfalte im Kreis löst sich dadurch auf.

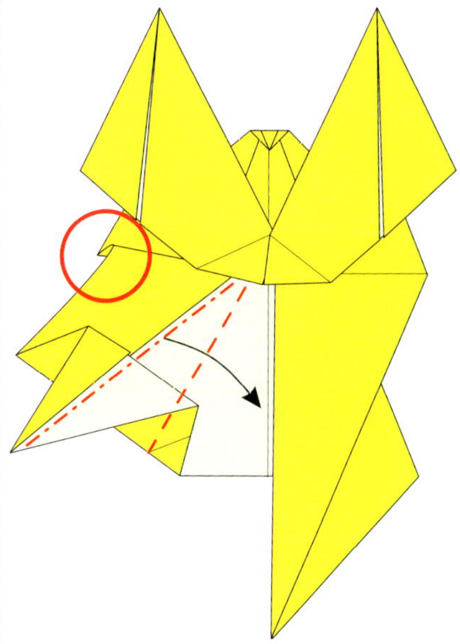

14. Arbeitsschritte Nr.10-13 an der rechten Seite wiederholen.

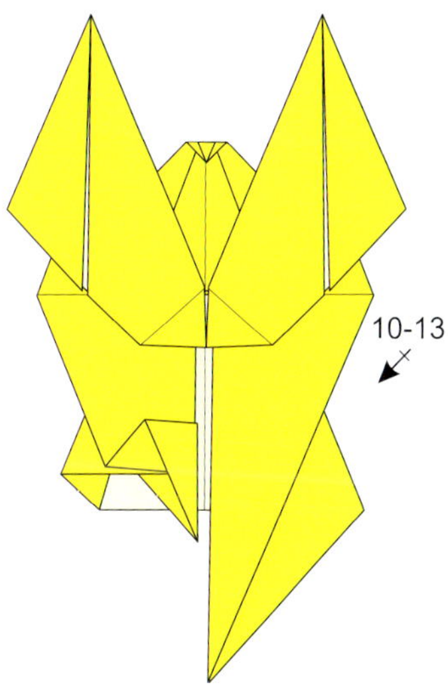

15. Rückseite nach oben legen.

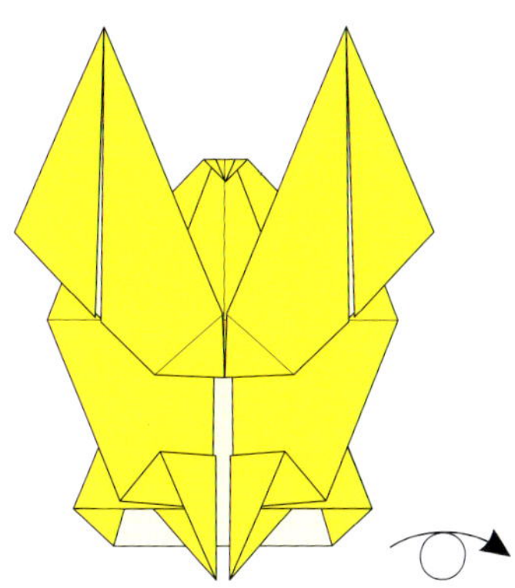

16. Schräge Linien falten, liegen lassen.

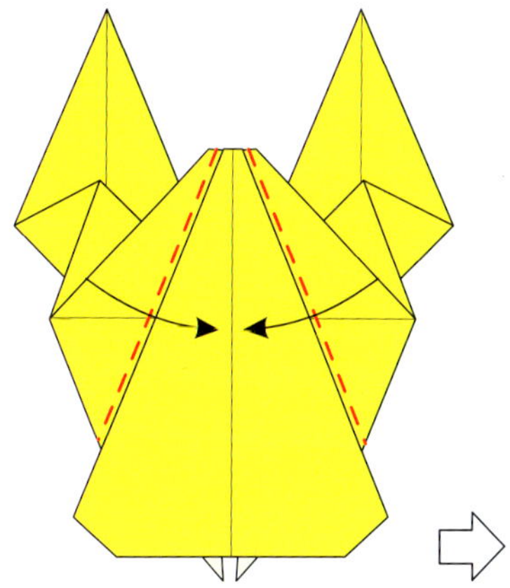

17. Am Kopfbereich, siehe Pfeile, Linien falten und formen. Die Flügel durch eindrücken der Papiere formen, siehe Pfeile.

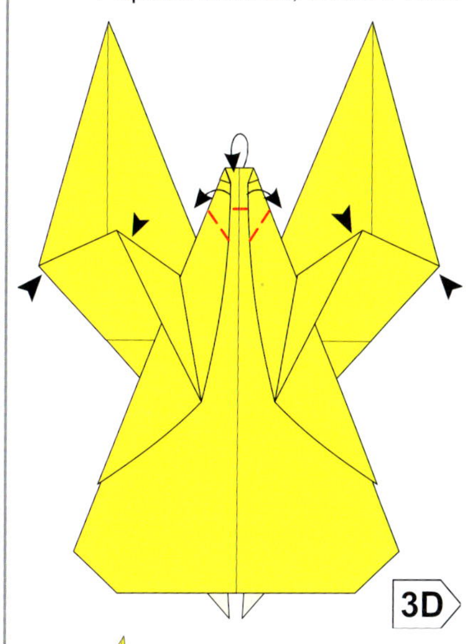

18. Fertiges Modell.

Tropfen

MATERIAL
Für diesen Tropfen benötigt man
1 Blatt
goldenes Dekor Papier.
Maße: 15x15 cm

Start. Diagramme von Seite 82 bis Nr.3 falten.

1. Waagerechte Linie falten, wieder öffnen. Auf der Rückseite wiederholen.

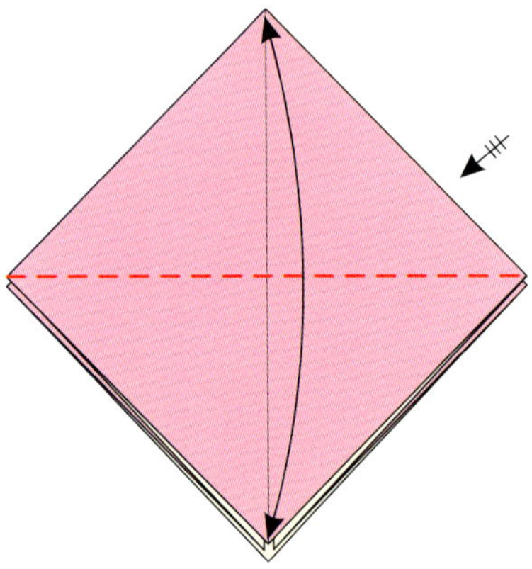

2. Beide schräge Linien jeweils bis zur Mitte falten, wieder öffnen.

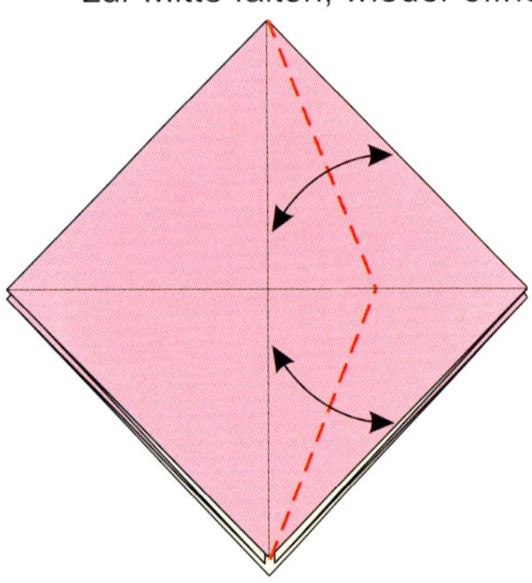

3. Papierkanten nun zur Mitte legen, siehe Pfeile, liegen lassen. Es bildet sich eine Spitze, siehe Diagramm Nr.4.

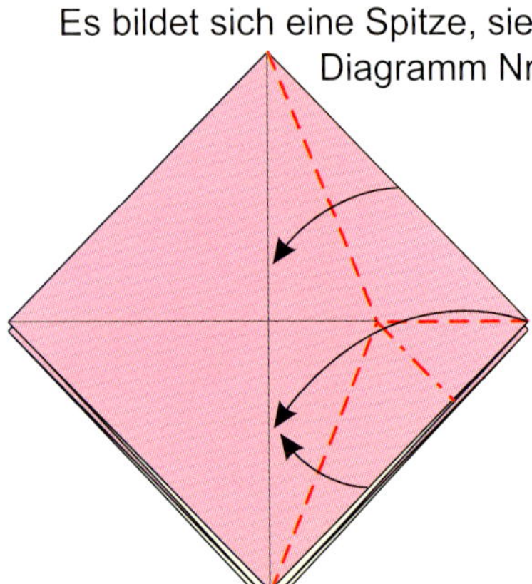

4. Die Schritte Nr.2-3 auf der linken Seite wiederholen.

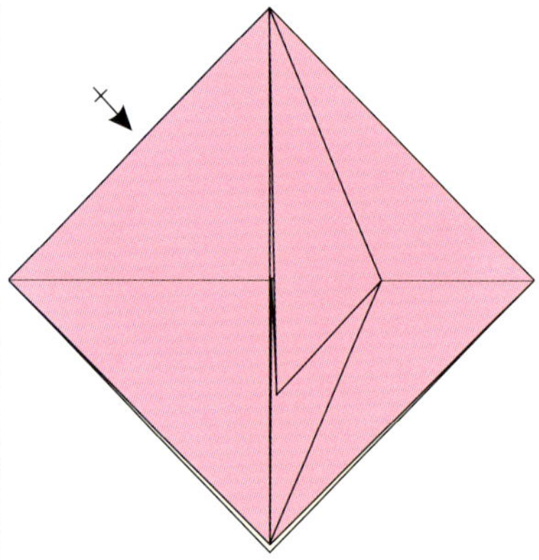

5. Die Schritte Nr.2-4 auf der Rückseite wiederholen.

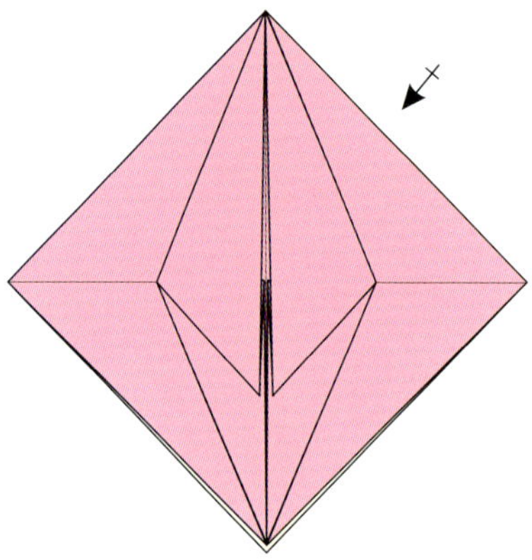

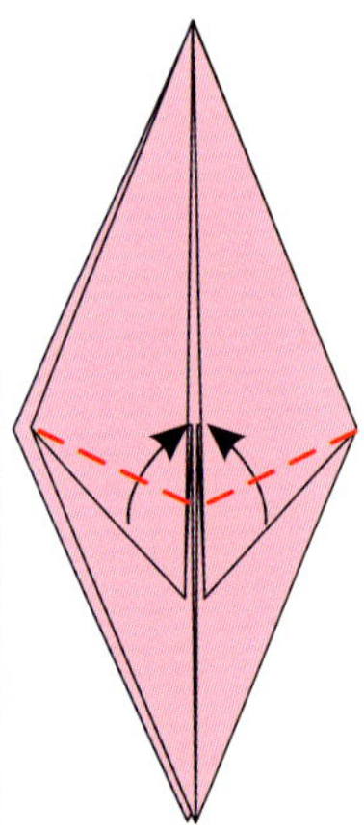

6. Nur mit der oberen Papierlage schräge Linien zur Mitte falten, liegen lassen.

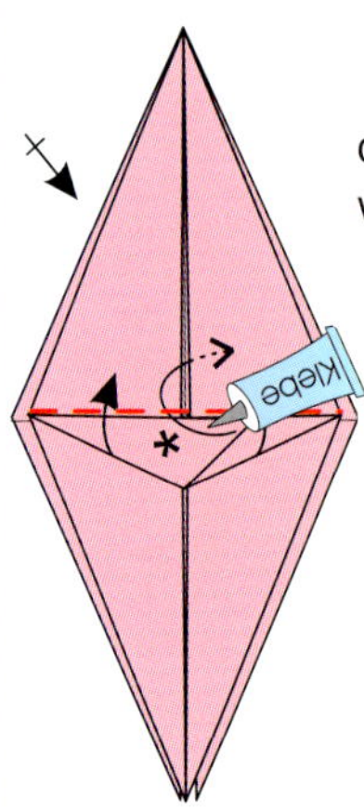

7. Nur mit der oberen Papierlage waagerechte Linie falten, dabei die Spitze nach innen schieben. Es kann auch geklebt werden. Auf der Rückseite wiederholen.

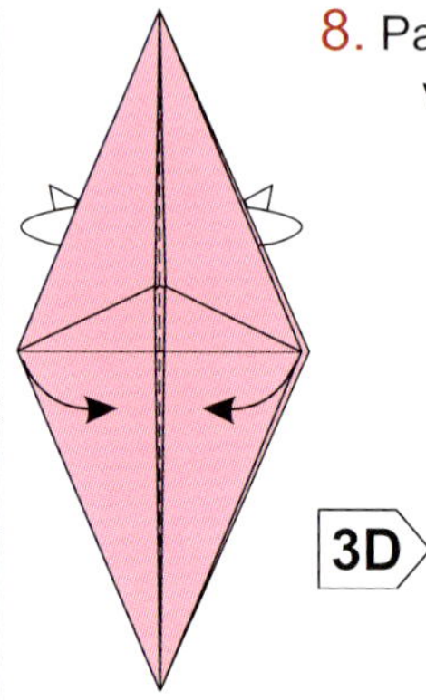

8. Papierlagen nach vorne und nach hinten formen, siehe Pfeile.

9. Modell von unten aufblasen. Aufgeblasenes Modell drehen.

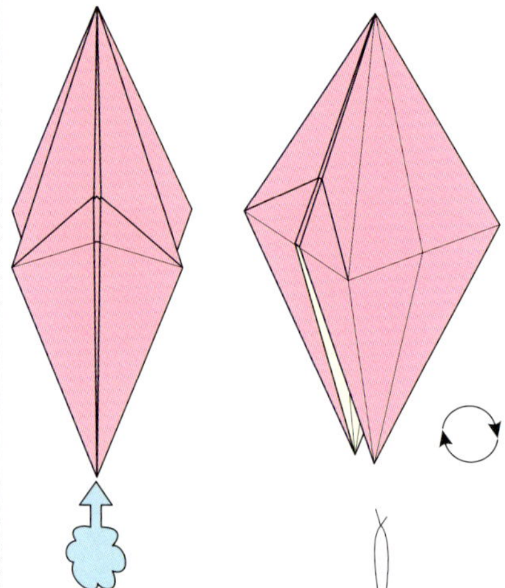

10. Fertiges Modell.

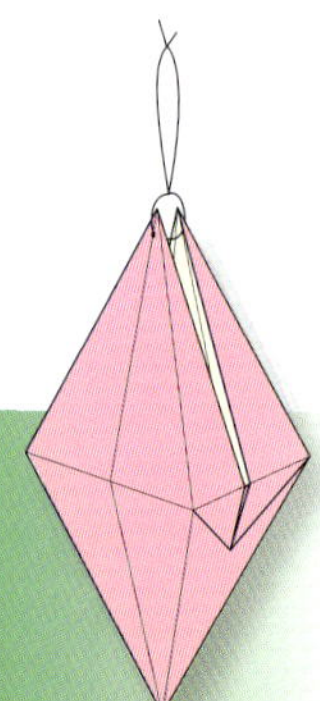

Weihnachtskristall

Modell von J. van Schuylenburg

MATERIAL
Für diesen Kristall benötigt man
1 Blatt
DUO COLOR Papier.
Maße: 15x15 cm

1. Zweimal waagerecht die Mitte falten, wieder öffnen.

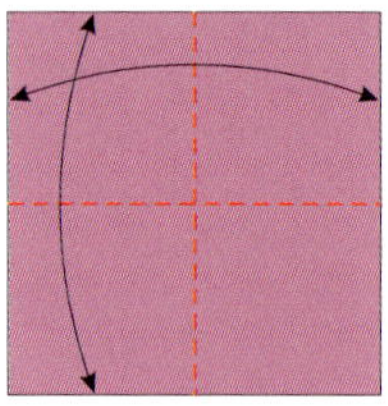

2. Zweimal diagonal die Mitte falten, wieder öffnen. Rückseite nach oben legen.

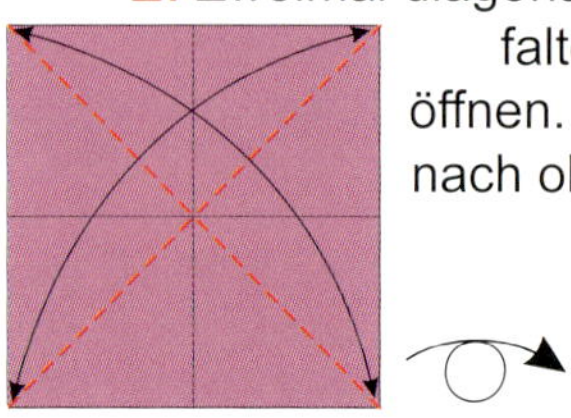

3. Alle vier Ecken zur Mitte falten, wieder öffnen. Rückseite nach oben legen.

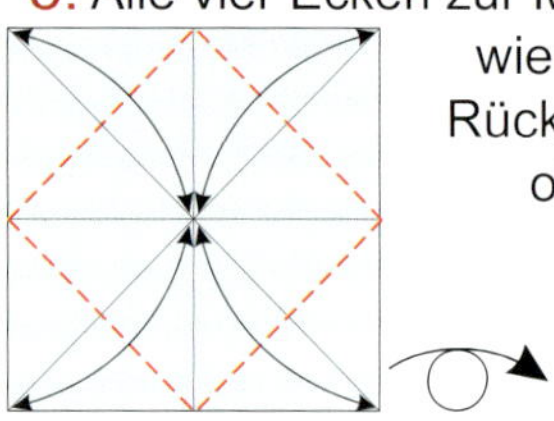

4. Zweimal waagerechte Linie falten, wieder öffnen.

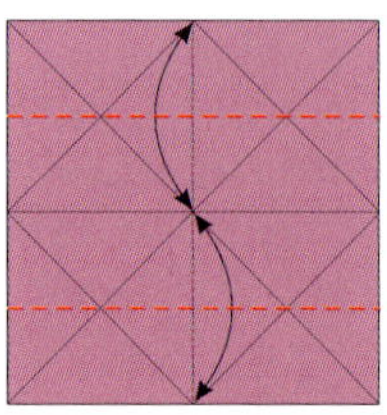

5. Zweimal senkrechte Linie falten, liegen lassen.

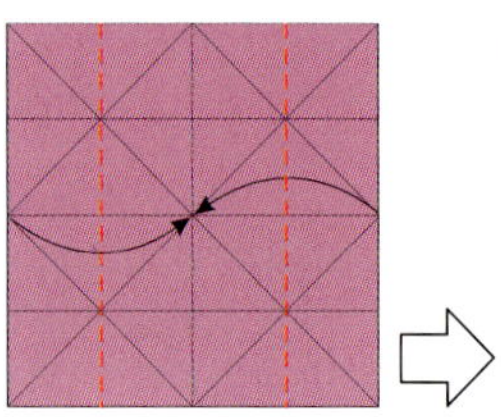

6. Von den Ecken aus, siehe Pfeile, Papier seitlich nach außen legen.

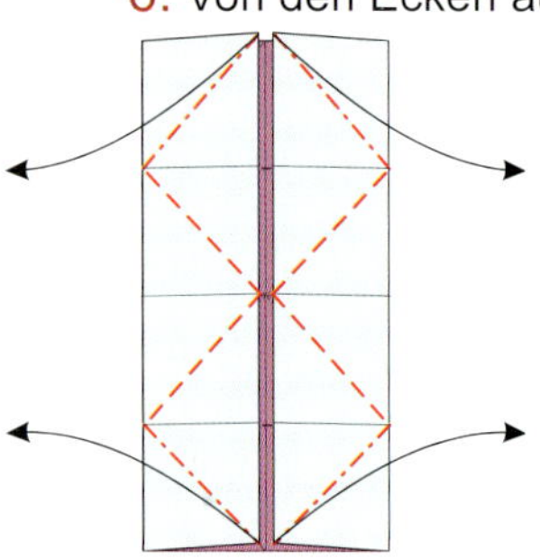

7. Schräge Linien falten, wieder öffnen.

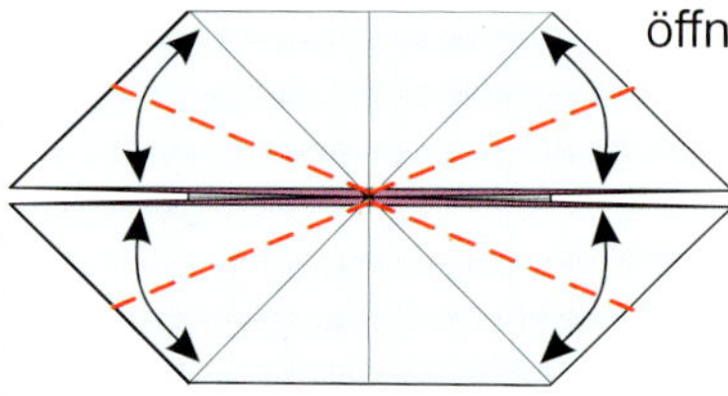

8. Faltmodell komplett wieder öffnen.

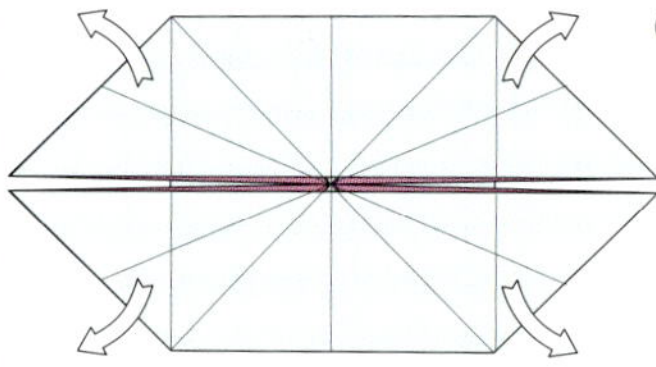

9. Schräge Linien zur Rückseite falten, liegen lassen.

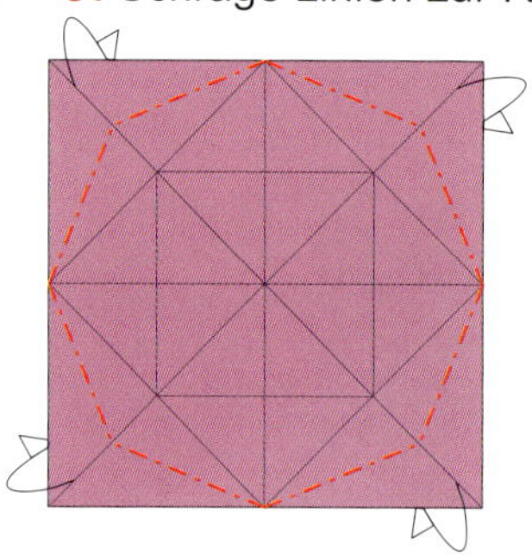

10. Modell an den waagerechten Linien wieder zusammen legen.

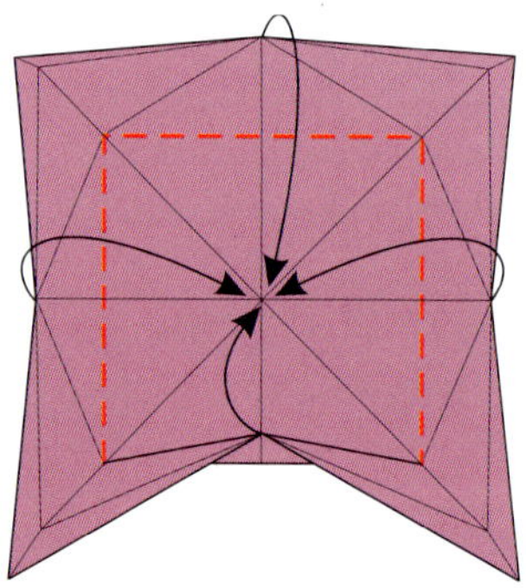

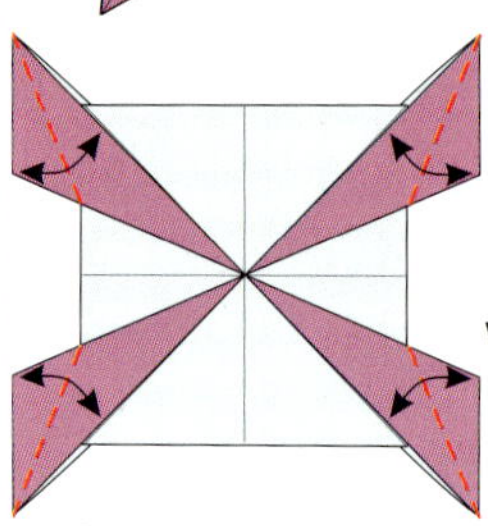

11. Schräge Linien falten, wieder öffnen.

12. Ecken eindrücken, dabei die Papierlagen öffnen und flach legen.

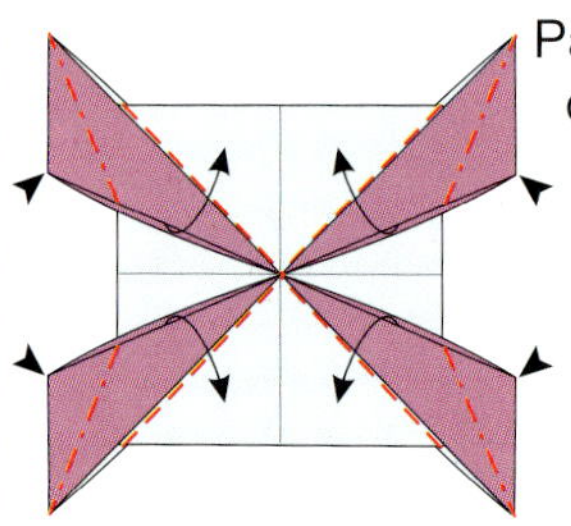

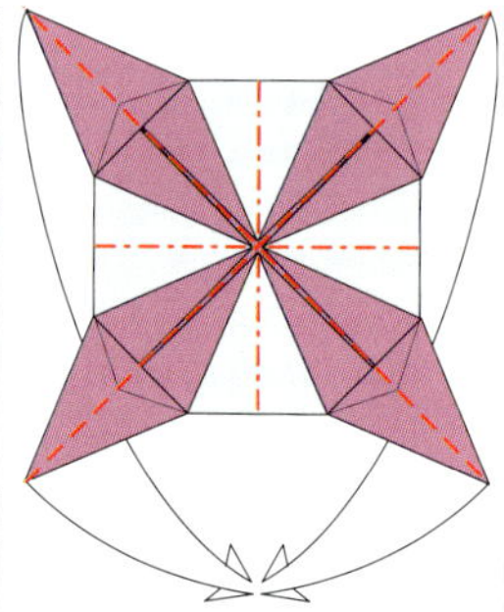

13. Diagonale Linien falten, dann die Spitzen nach unten zusammen bringen.

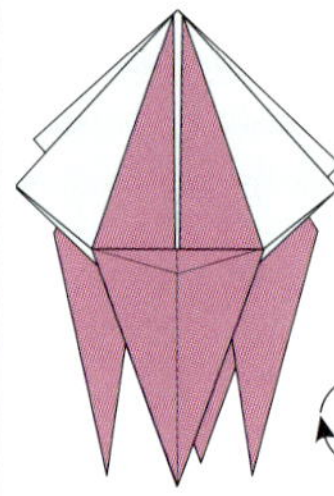

14. Modell drehen.

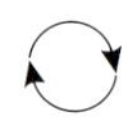

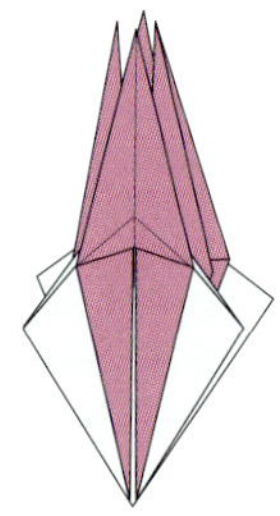

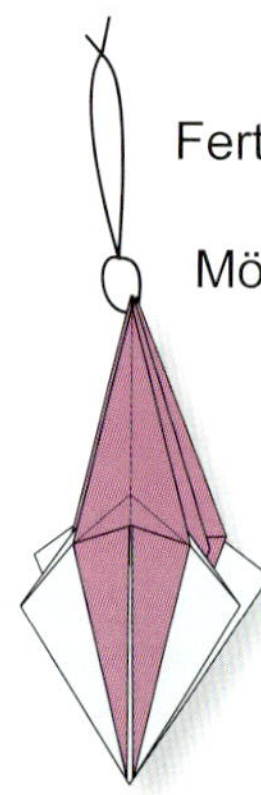

15. Fertige Modelle, zwei Möglichkeiten.

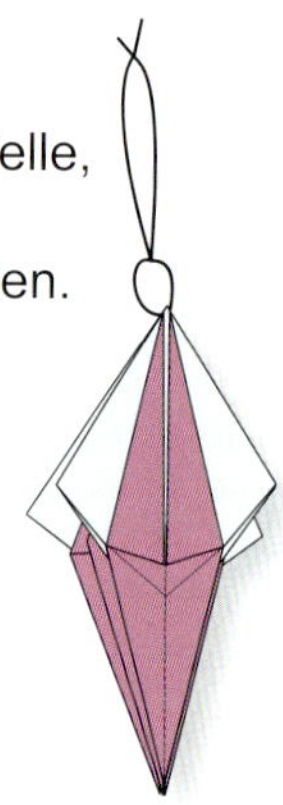

Sonnenstern

MATERIAL
Für diesen Stern werden
3 Blätter
DUO COLOR Papier benötigt.
Maße: siehe Aufstellung

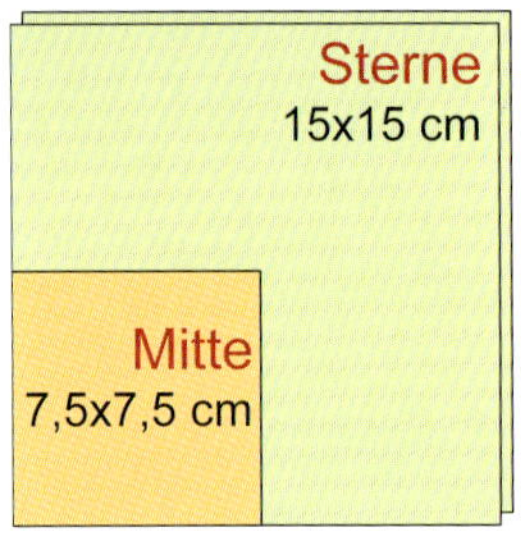

Start. Diagramme von Seite 88 bis Nr.12 mit den beiden Sternpapieren falten.

1. Fertiger Stern A.

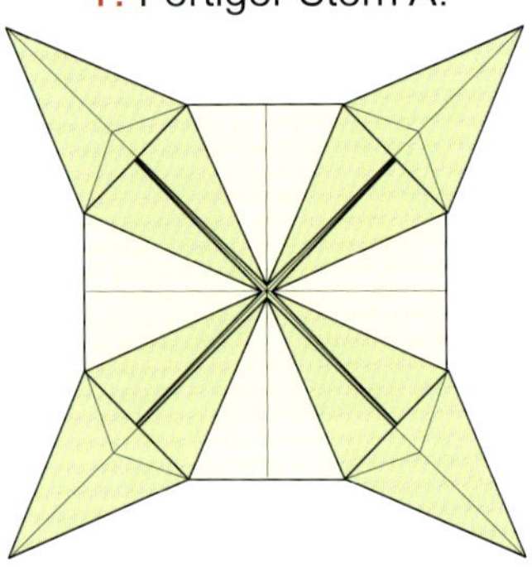

2. Stern B, nur mit den oberen Papierlagen Spitzen nach außen falten.

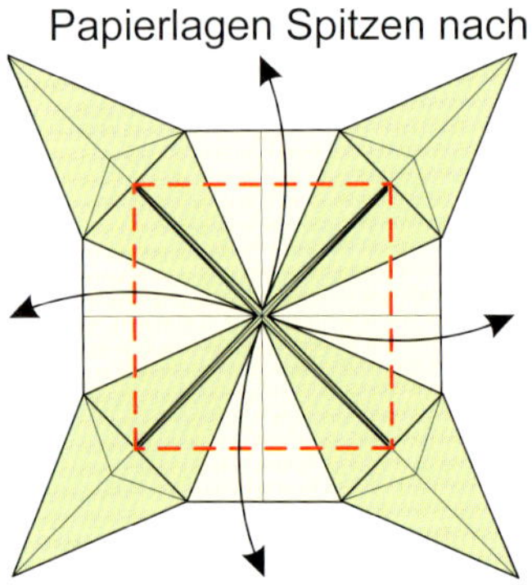

3. Fertiger Stern B.

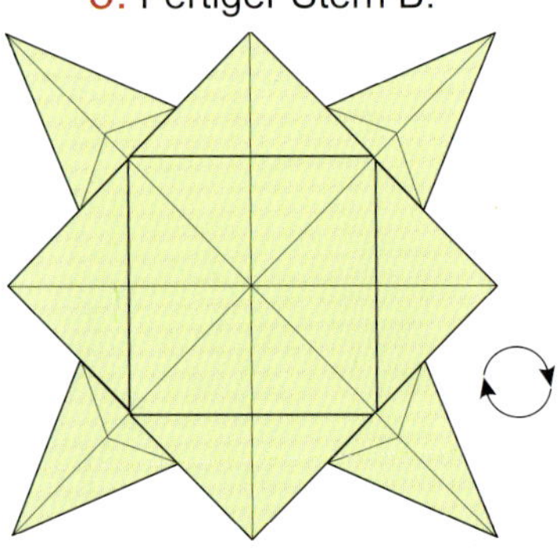

4. Stern B auf Stern A legen, siehe Pfeil.

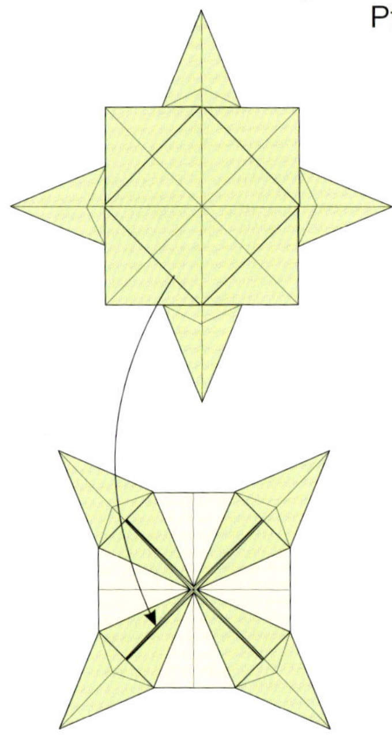

5. Die hochgefalteten Ecken vom Stern B nun unter die Spitzen von Stern A schieben, siehe Diagramm, liegen lassen. An den anderen drei Ecken wiederholen.

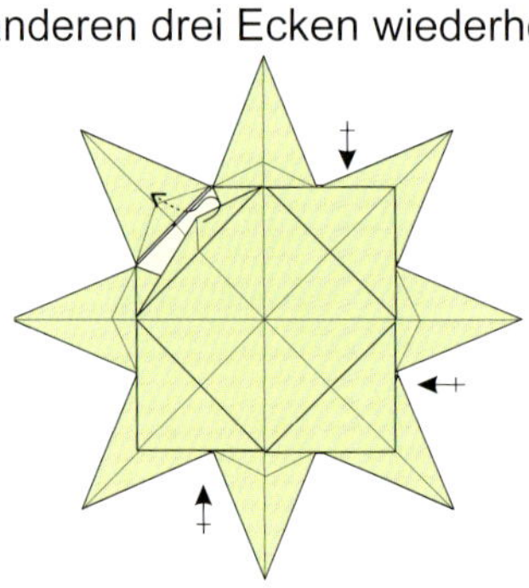

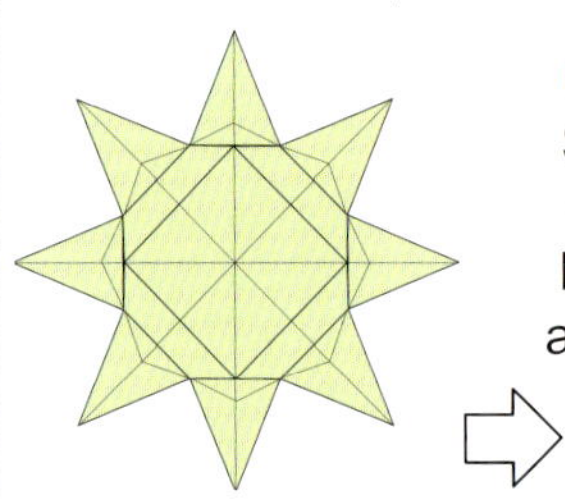

6. Fertiger Stern ohne das innere Blatt, siehe auch Fotos.

7. Das innere Blatt nun, siehe Pfeile, in die Spitzen schieben.

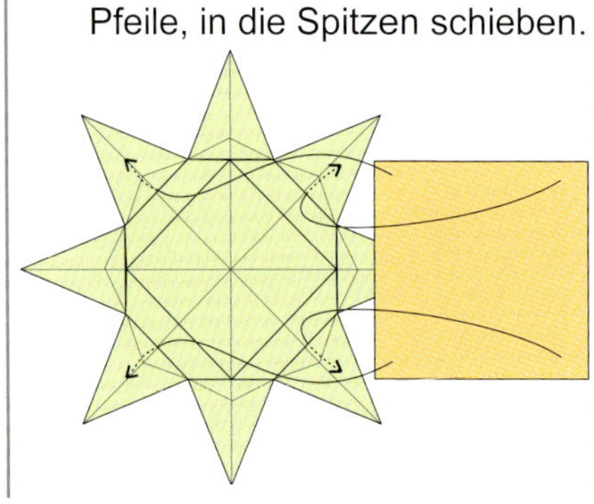

8. Fertiger Sonnenstern von der Vorderseite. Rückseite nach oben legen.

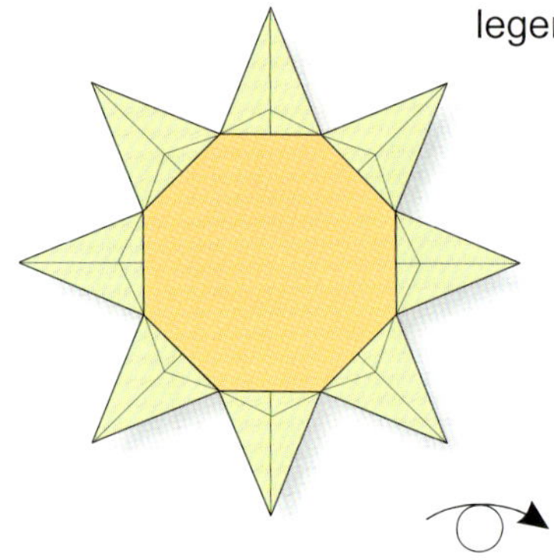

9. Fertiger Sonnenstern von der Rückseite.

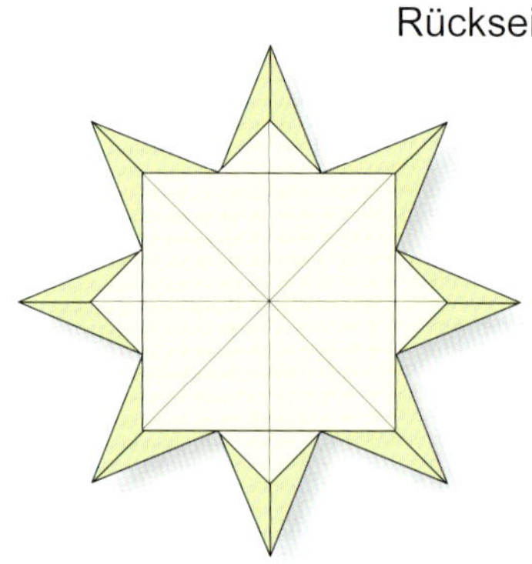

Tannenzapfen

Modell von Paolo Bascetta

MATERIAL
Für einen Tannenzapfen werden 3 Blätter DUO COLOR Papier benötigt.
Maße: 15x15 oder 10x10 cm

Start. Diagramme von Seite 42 bis Nr.7 falten.

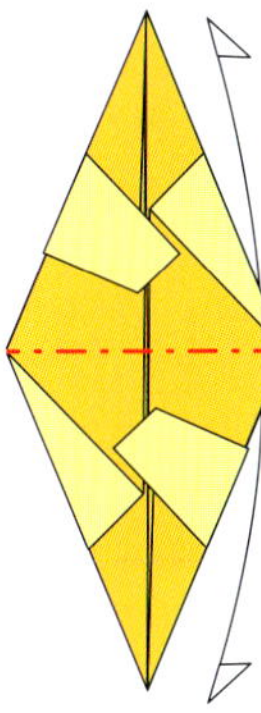

1. Waagerechte Mitte zur Rückseite falten (Bergfalte), wieder öffnen.

2. Fertiges Einzelteil, dreimal falten. Zum zusammensetzen der einzelnen Teile muss die obere Papierlage, siehe Pfeil, wieder geöffnet werden.

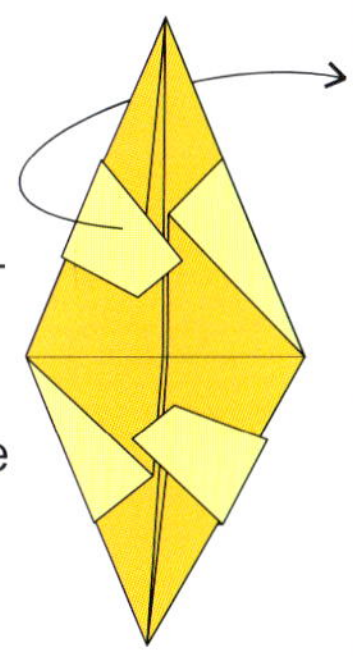

3. Nun die Diagramme von Seite 42, Nr.10-13 arbeiten.

4. Mit den flachliegenden drei Spitzen wird nun weiter gearbeitet. Siehe Pfeil, Papierlagen wieder öffnen und Rückseite nach oben legen.

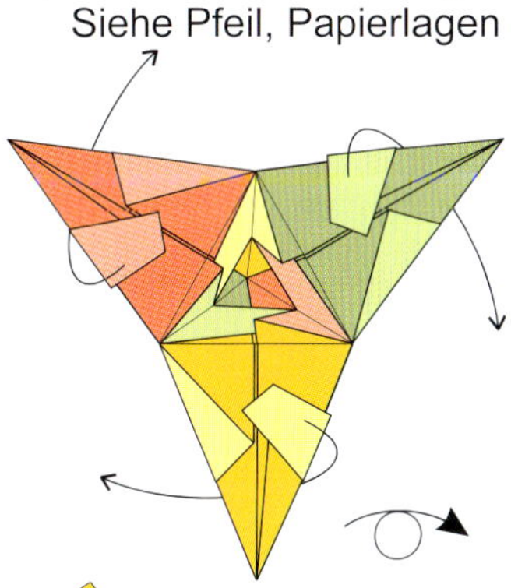

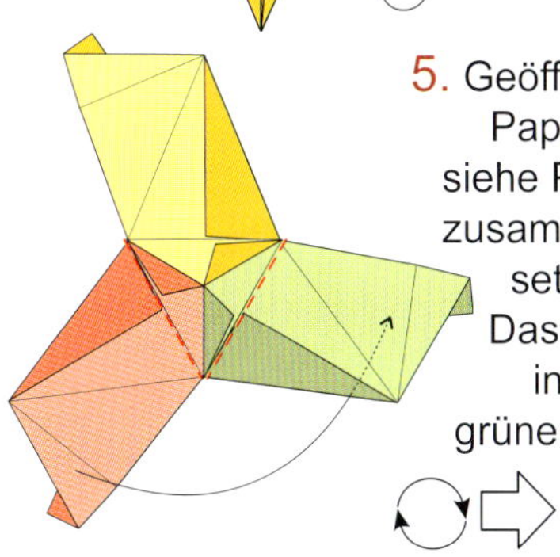

5. Geöffnete Papiere, siehe Pfeil, zusammen setzen. Das rote in das grüne Teil.

6. Das grüne Teil in das gelbe Teil und zum Schluß das gelbe Teil in das rote Teil. Es wird sehr eng zum Schluß, daher nur etwas ansetzen und erst wenn alle verbunden sind, ganz durchschieben.

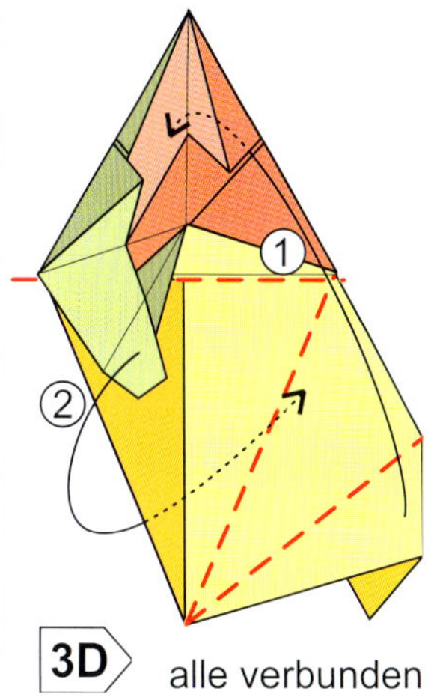

7. Fertiges Modell aus zwei Perspektiven.

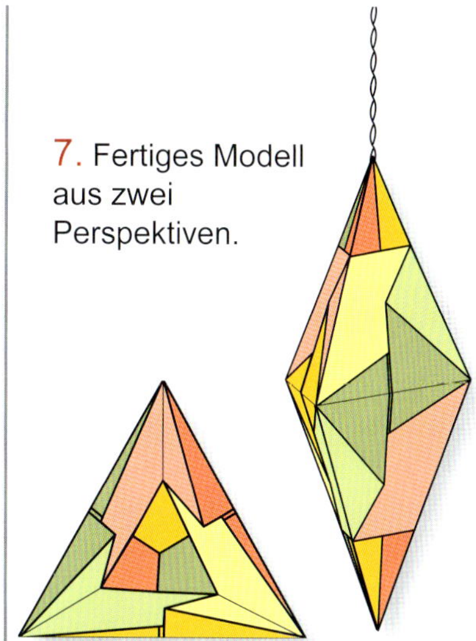

Ring mit Sternspitzen

Modell von J. van Schuylenburg

MATERIAL
Für diesen Stern benötigt man
8 Blätter
DUO COLOR Papier.
Maße: 10x10 cm

1. Zweimal waagerecht die Mitte falten, wieder öffnen.

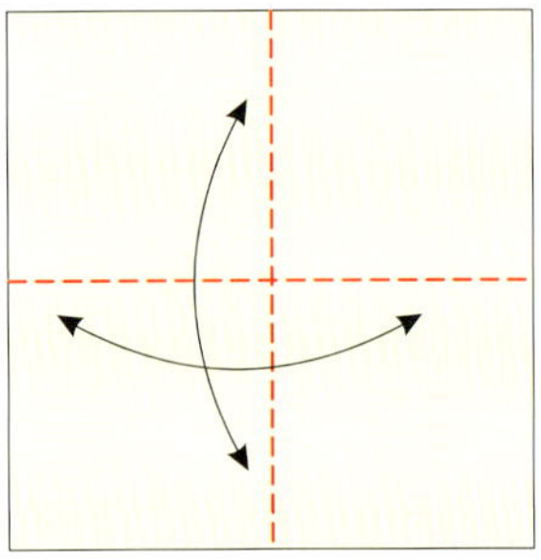

2. Schräge Linien falten, wieder öffnen.

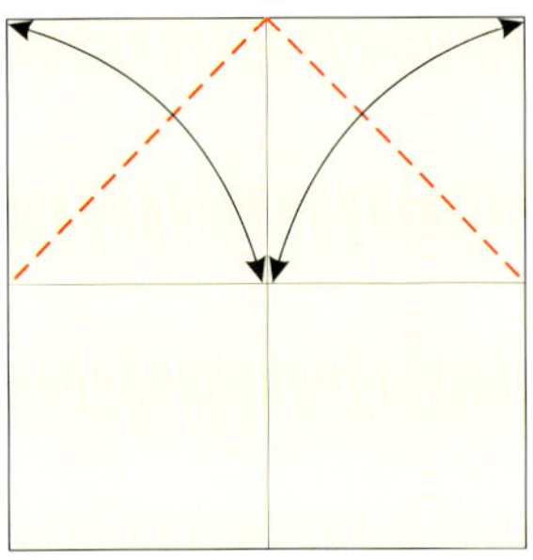

3. Schräge Linien falten, siehe Pfeile, liegen lassen.

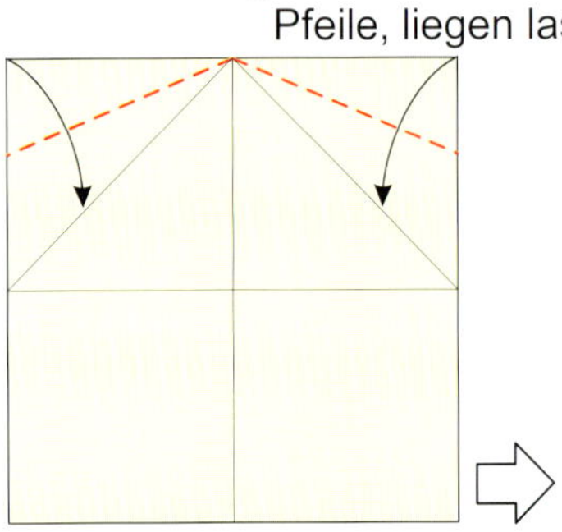

4. Waagerechte Linie falten, siehe Pfeile, wieder öffnen.

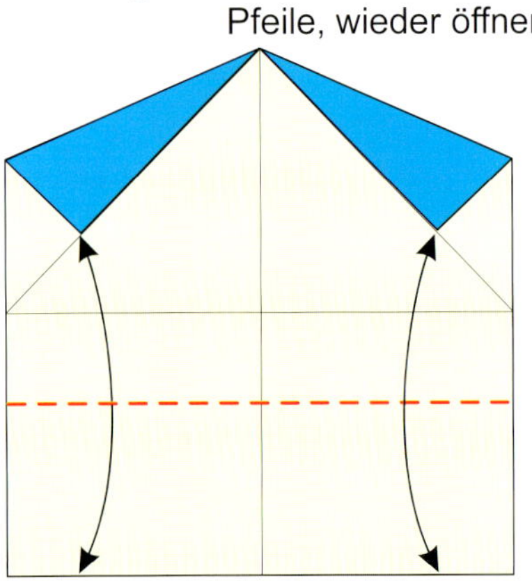

5. Papier an den schrägen Linien zurück legen, liegen lassen.

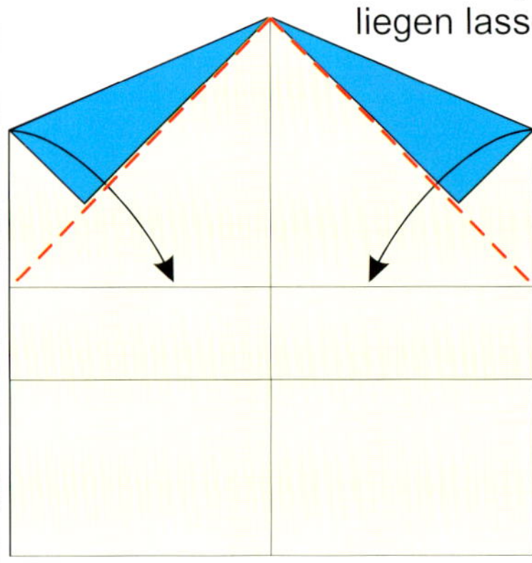

6. Waagerechte Linie falten, siehe Pfeile, liegen lassen.

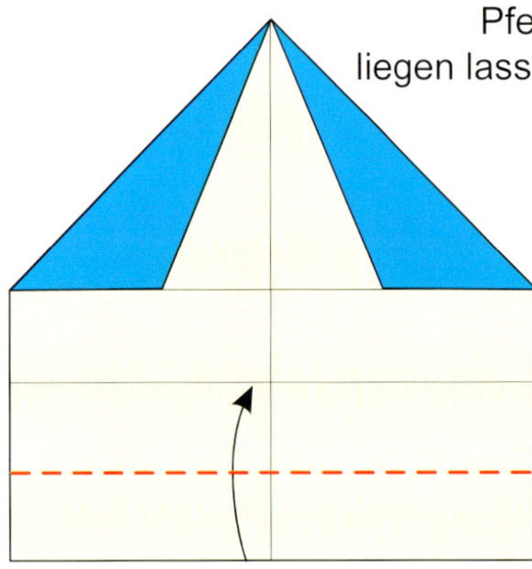

7. Waagerechte Linien zurück legen, liegen lassen.

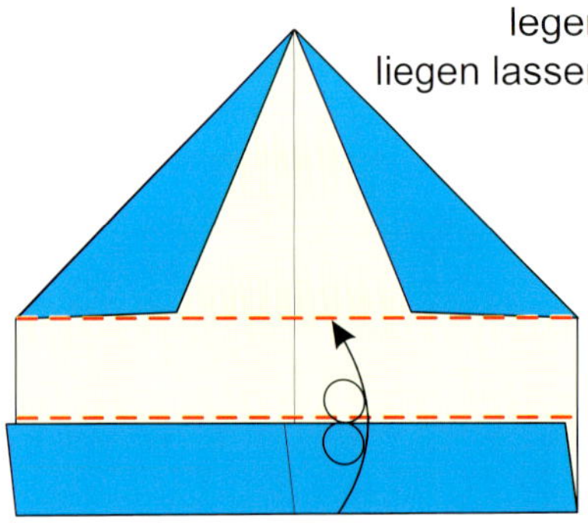

8. Schräge Linien falten, wieder öffnen.

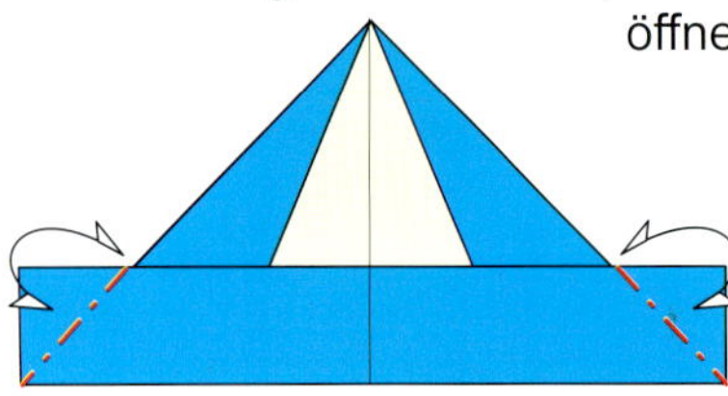

9. Senkrechte Mitte falten, siehe Pfeil, liegen lassen. Acht Einzelteile falten.

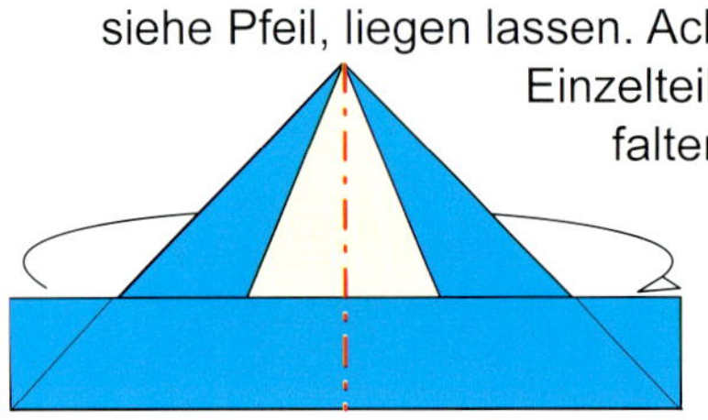

10. Das rechte Einzelteil in das linke Teil schieben, siehe Punkte, etwas kleben.

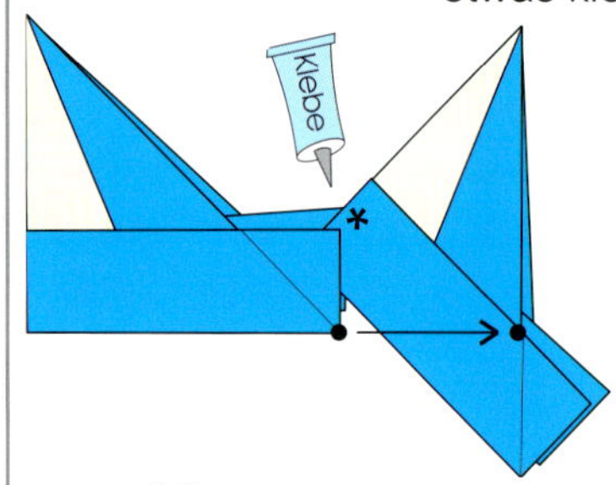

11. Spitze nach innen legen, liegen lassen. Auf der Rückseite wiederholen. Schritt Nr.10-11 mit den restlichen Teilen wiederholen.

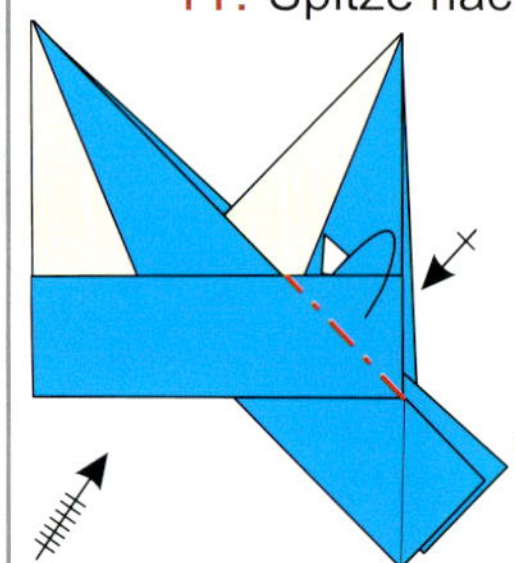

12. Fertiges Modell.

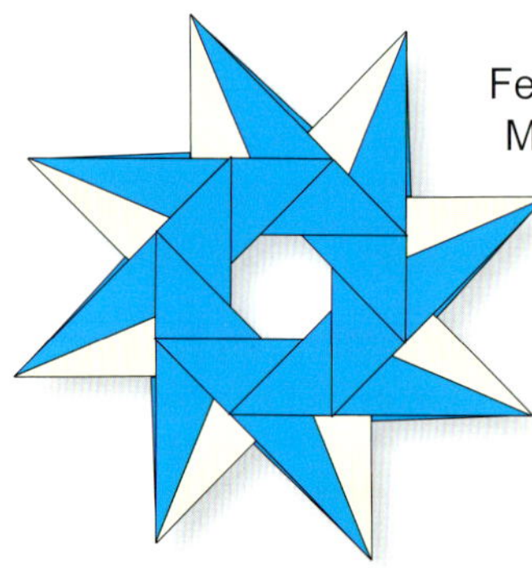

Kubusform

MATERIAL
Für eine Kubusform benötigt man 1 Blatt japanisches Papier.
Maße: 8x8 oder 10x10 cm

1. Zweimal diagonal die Mitte falten, wieder öffnen. Rückseite nach oben legen.

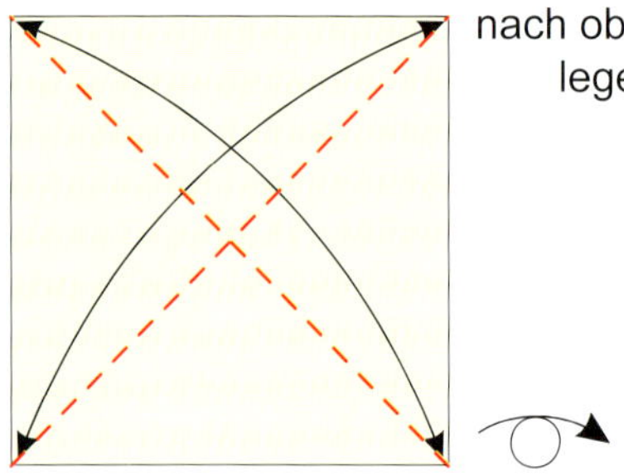

2. Zweimal waagerecht die Mitte falten, wieder öffnen. Rückseite nach oben legen.

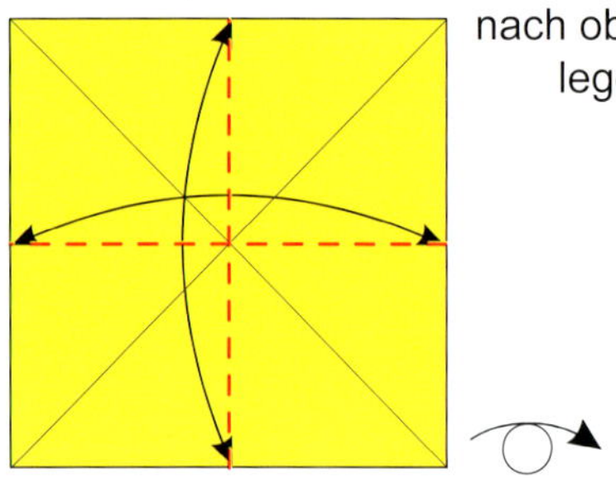

3. Von der waagerechten Mitte (Bergfalte), seitlich zur unteren Mitte legen. Die obere Mitte dann ebenfalls nach unten legen, siehe Pfeile.

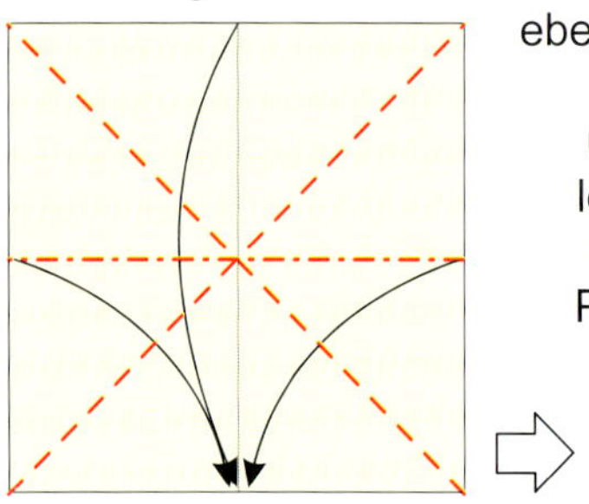

4. Schräge Linien zur oberen Spitze falten, liegen lassen. An der Rückseite wiederholen.

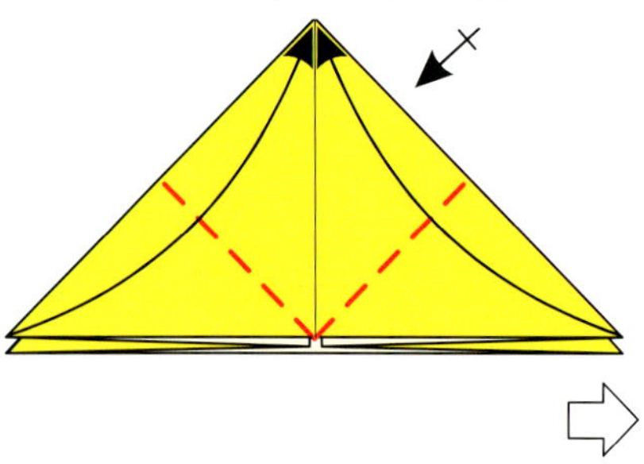

5. Nur mit den oberen Papierlagen waagerechte Linie falten, wieder öffnen. An der Rückseite wiederholen.

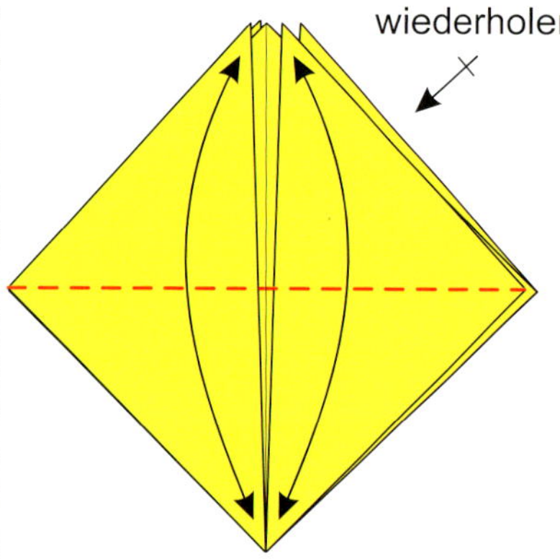

6. Die linke Spitze weit öffnen, die rechte Spitze waagerecht legen.

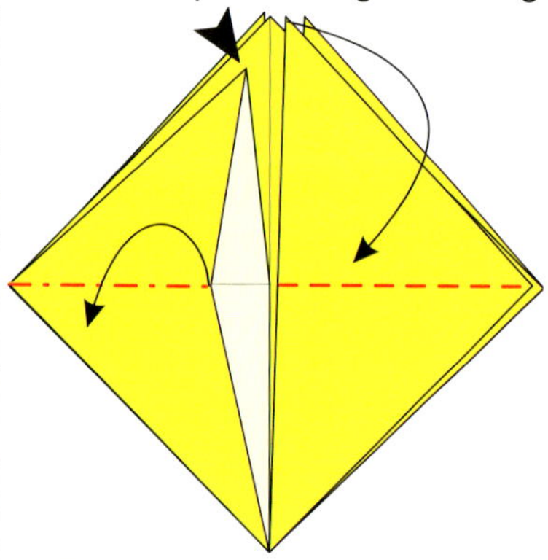

7. Die rechte Spitze nun ganz in die linke Spitze schieben.

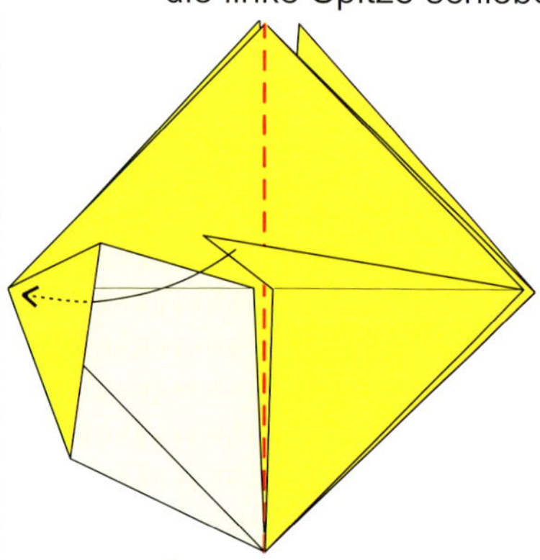

8. Die linke Spitze wieder schließen.

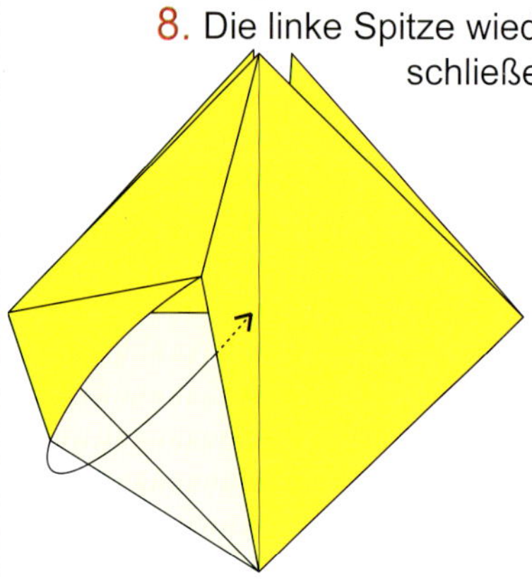

9. An der Rückseite die Nr.6-8 wiederholen.

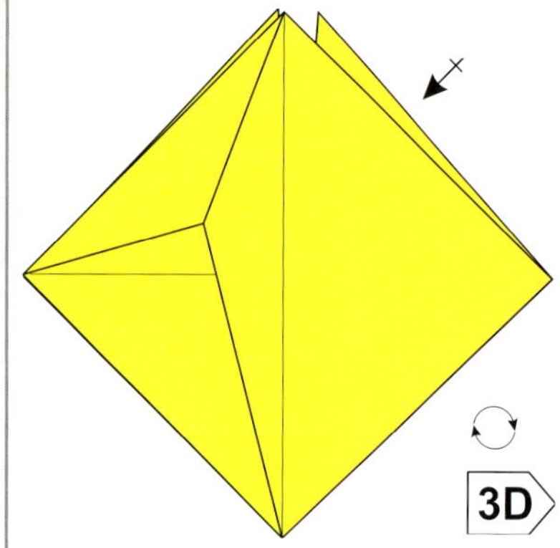

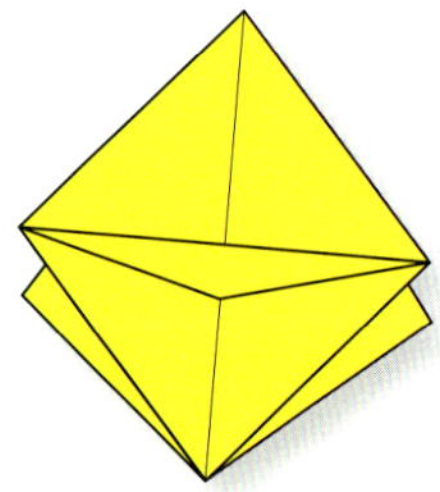

10. Fertiges Modell.

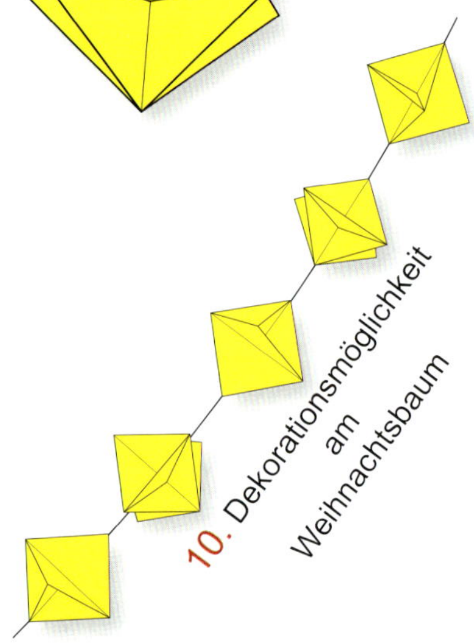

10. Dekorationsmöglichkeit am Weihnachtsbaum

Tannenform

Modell von Aart van Breda

MATERIAL
Für eine Tannenform benötigt man 1 Blatt japanisches Papier.
Maße: 7x7 - 8x8 - 10x10 cm

Start. Diagramme von Seite 94 bis Nr.3 falten.

1. Nur mit der oberen Papierlage, siehe Pfeil, schräge Linien falten.

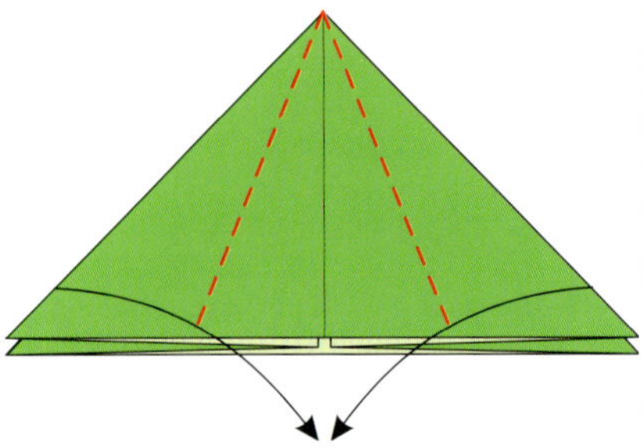

2. Rückseite nach oben legen.

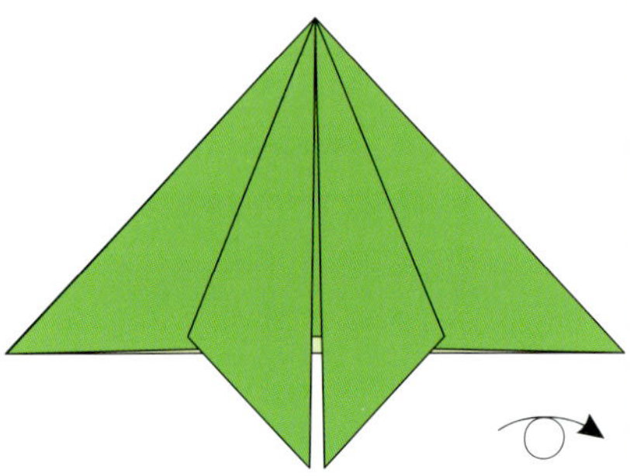

3. Nur mit der oberen Papierlage, siehe Pfeil, schräge Linien falten.

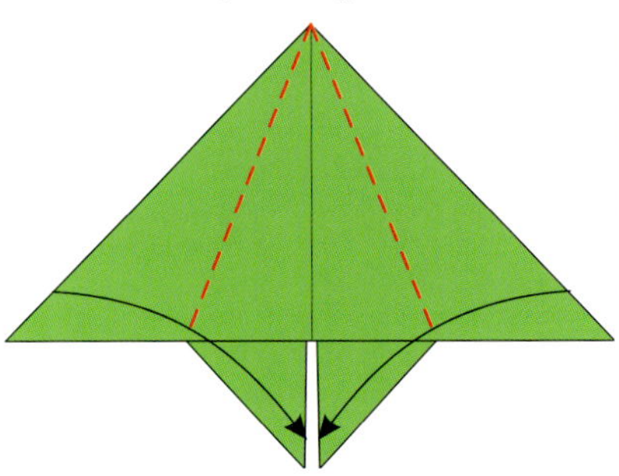

4. Die obere Papierlage, siehe Pfeil, nach rechts legen. Auf der Rückseite wiederholen.

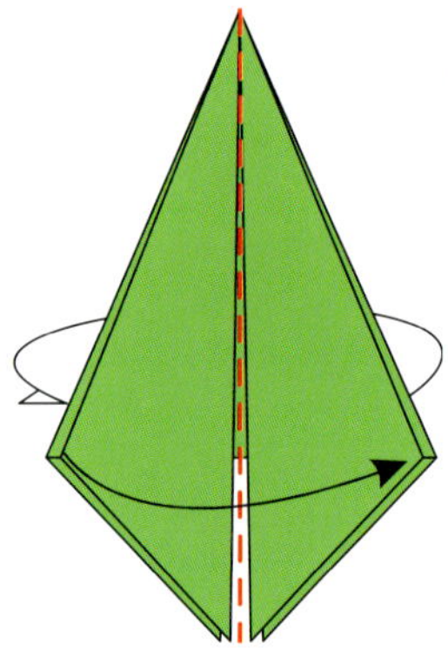

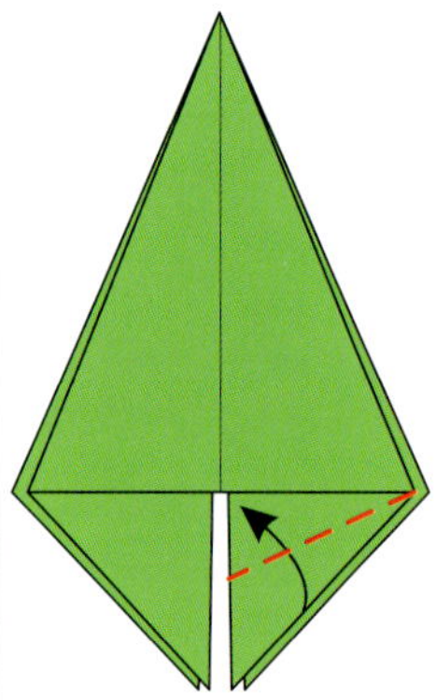

5. Die obere Papierlage, siehe Pfeil, nach oben falten, liegen lassen.

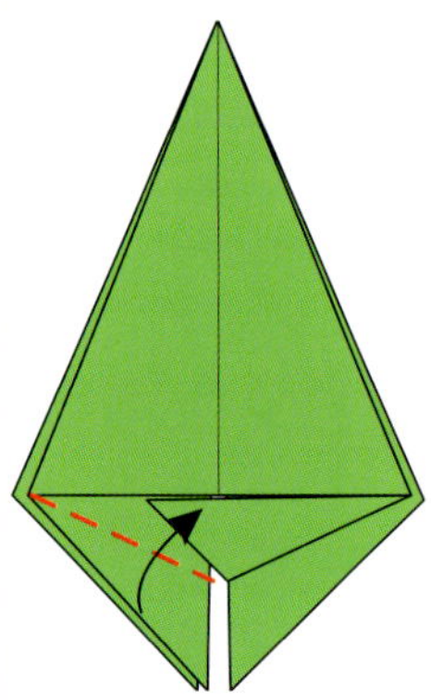

6. Die obere Papierlage, siehe Pfeil, nach oben falten, liegen lassen.

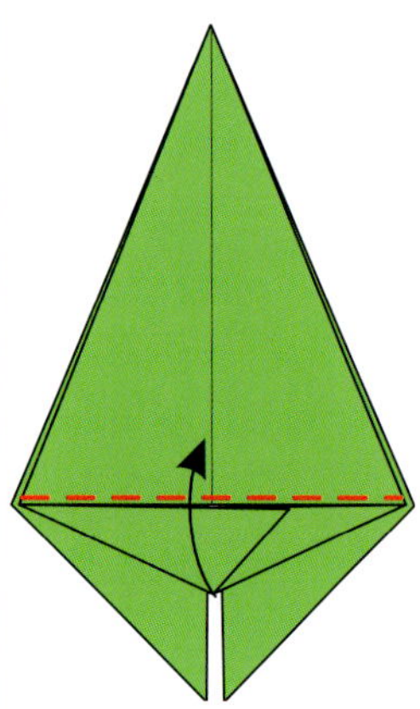

7. Siehe Pfeil, Spitze nach oben legen, dabei die waagerechte Linie falten.

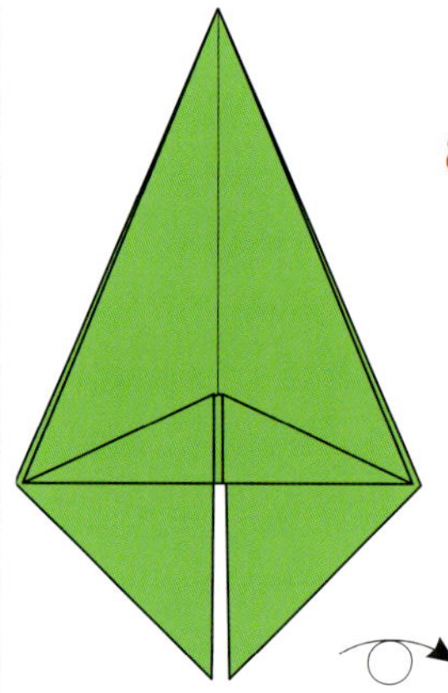

8. Rückseite nach oben legen.

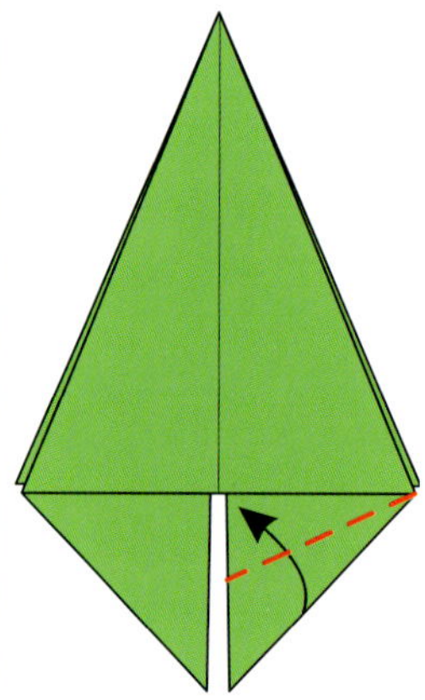

9. Die obere Papierlage, siehe Pfeil, nach oben falten, liegen lassen.

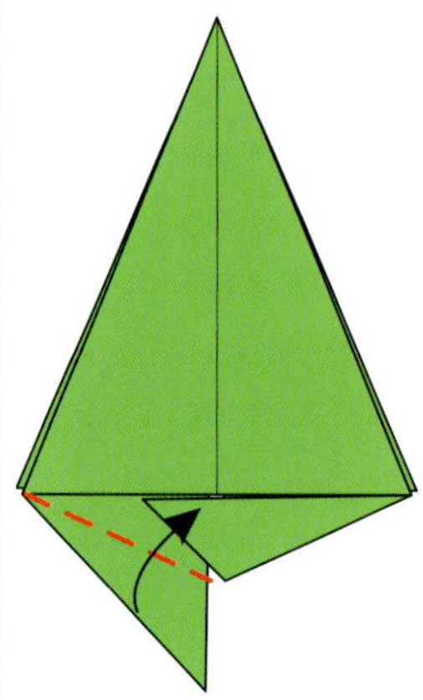

10. Die obere Papierlage, siehe Pfeil, nach oben falten, liegen lassen.

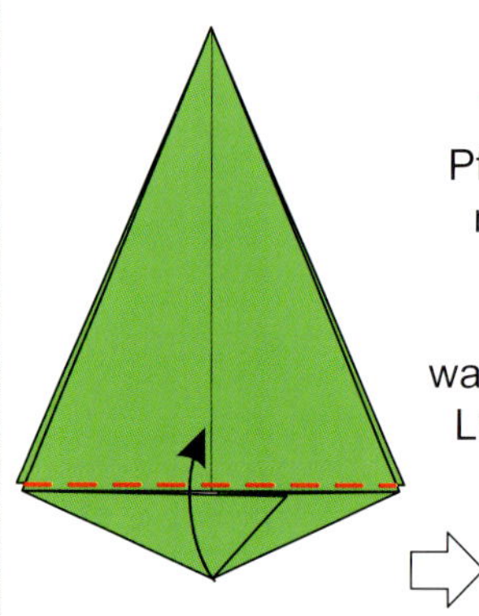

11. Siehe Pfeil, Spitze nach oben legen, dabei die waagerechte Linie falten.

12. Um die Tanne zu formen, siehe Pfeile, Papier zur Mitte drücken. Auf der Rückseite wiederholen.

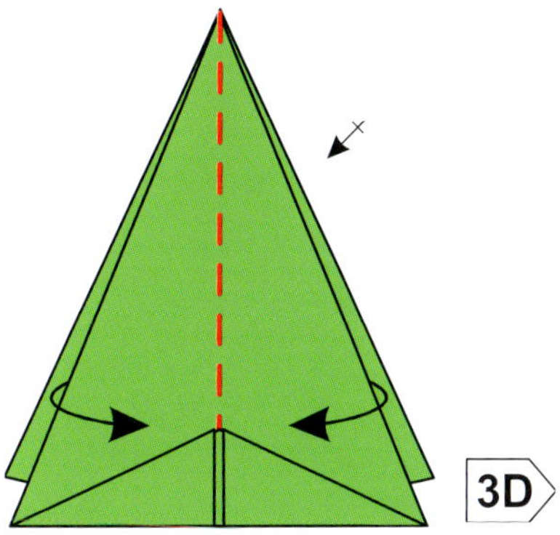

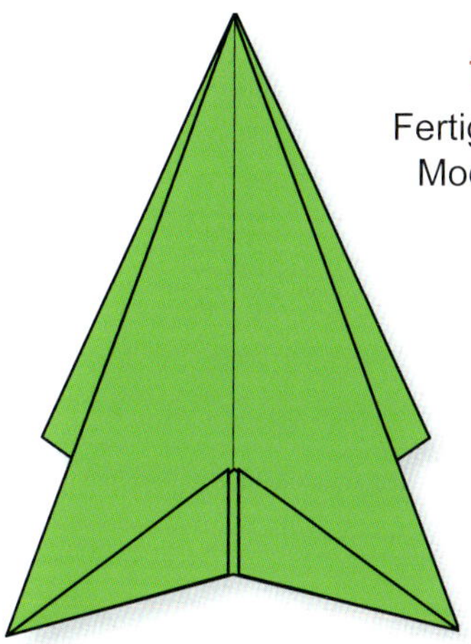

13. Fertiges Modell

MATERIAL
Für eine Rhombenform benötigt man 2 Blätter japanisches Papier.
Maße: 7x7 - 8x8 - 10x10 cm

Start. Mit dem gleichen oder unterschiedlichem Papier zweimal die Diagramme von Seite 96 bis Nr.3 falten.

1. So müssen nun beide Teile aussehen. Um die Herstellung zu erleichtern wurden die Diagramme in verschiedenen Farben dargestellt.

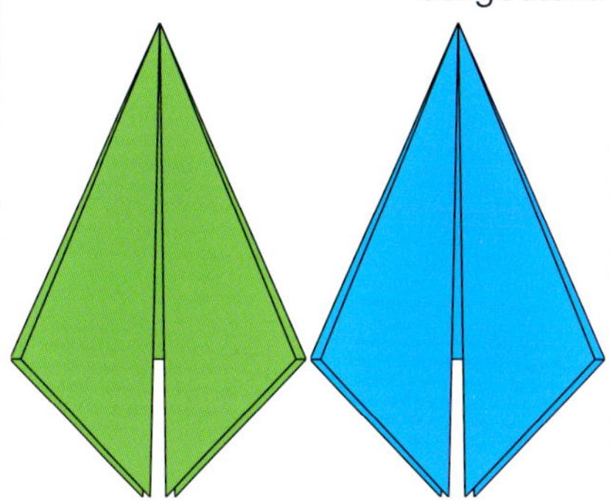

2. Nur mit einem Modell jetzt arbeiten. Die obere Papierlage nach rechts legen, liegen lassen. Auf der Rückseite wiederholen.

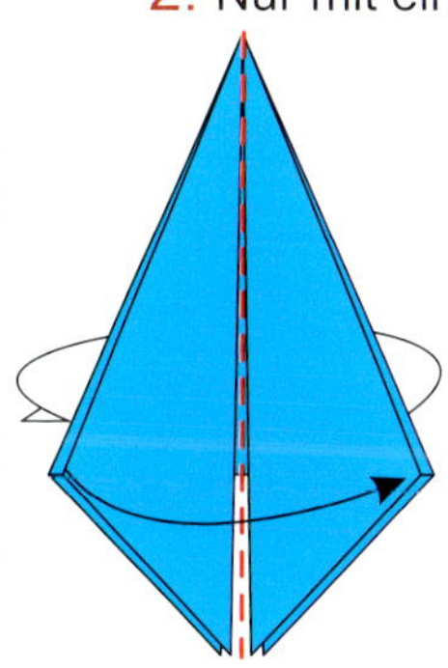

3. Modell drehen.

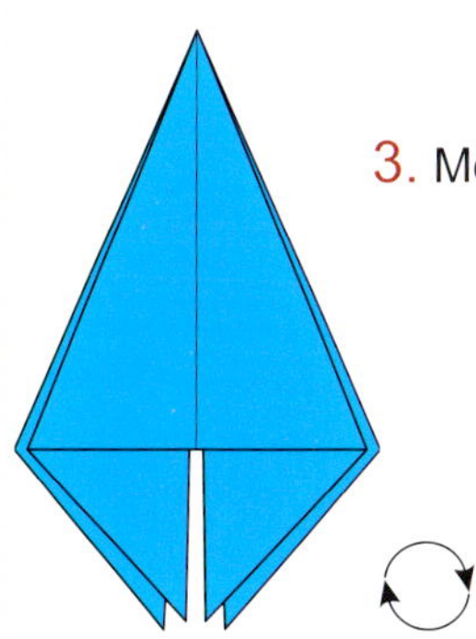

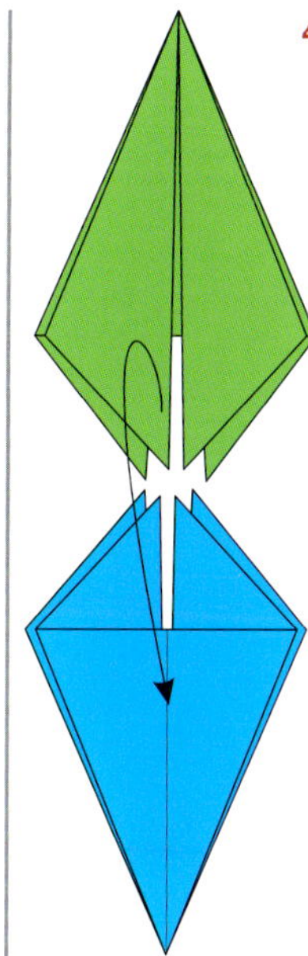

4. Jetzt beide Teile zusammensetzen, siehe Pfeil. Das obere Teil über das untere schieben, die Spitzen müssen immer außen liegen.

5. Alle Spitzen jetzt am unteren Teil festkleben. Senkrechte Mitte falten, siehe Pfeile. Auf der Rückseite wiederholen.

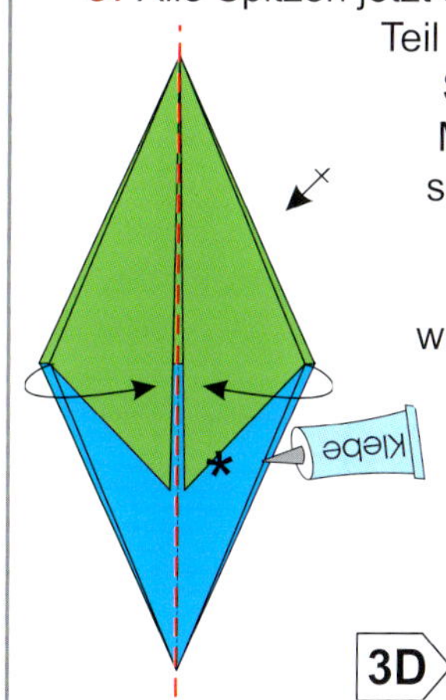

6. Fertiges Modell.

Schirm- und Tropfenform

MATERIAL
Für eine Schirmform benötigt man
2 Blätter
japanisches Papier.
Maße: 7,5x7,5 cm, das zweite
Blatt sollte etwas kleiner sein.

1. Zunächst nur mit einem Papier arbeiten. Zweimal waagerecht die Mitte falten, wieder öffnen. Rückseite nach oben legen.

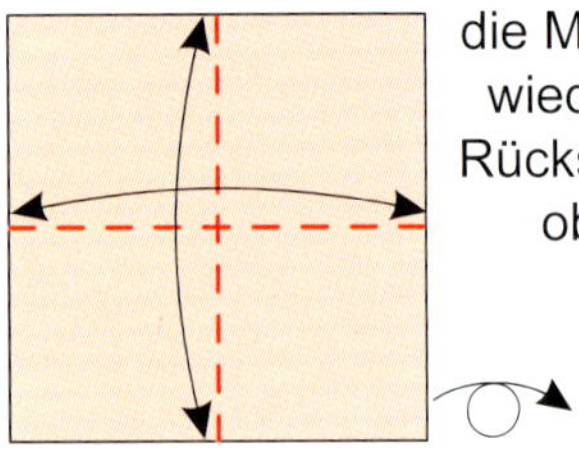

2. Zweimal diagonal die Mitte falten, wieder öffnen. Rückseite nach oben legen.

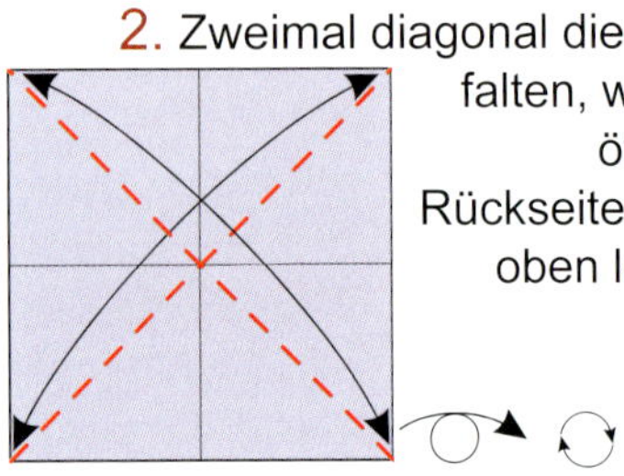

3. Von der waagerechten Mitte (Bergfalte), die seitlichen Ecken zur unteren Spitze legen. Die obere Spitze dann ebenfalls nach unten legen, siehe Pfeile.

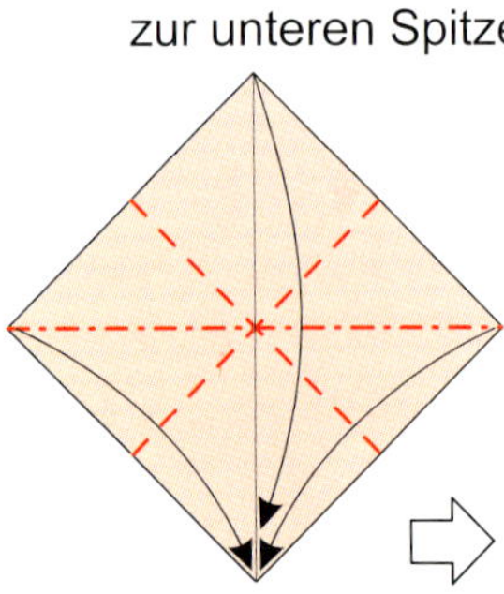

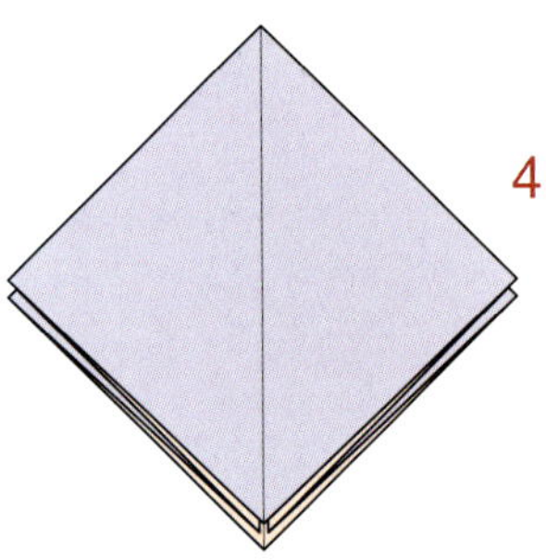

4. Fertiges Teil 1.

5. Mit dem zweiten Papier Diagramme von Seite 94 bis Nr.3 falten. Fertiges Teil 2.

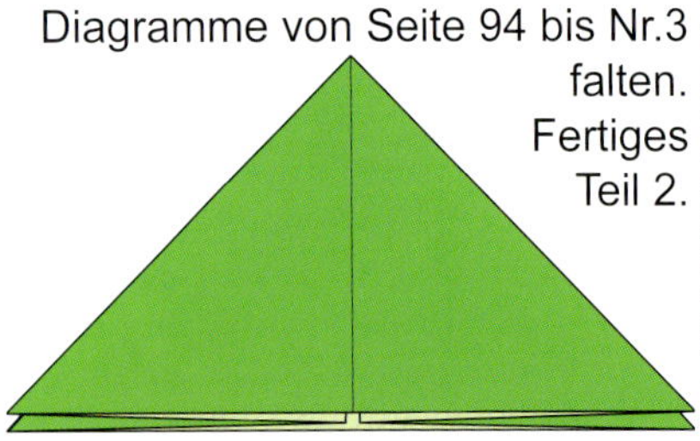

6. Jetzt beide Teile zusammensetzen, siehe Pfeil. Das obere Teil über das untere schieben, die Spitzen müssen immer außen liegen.

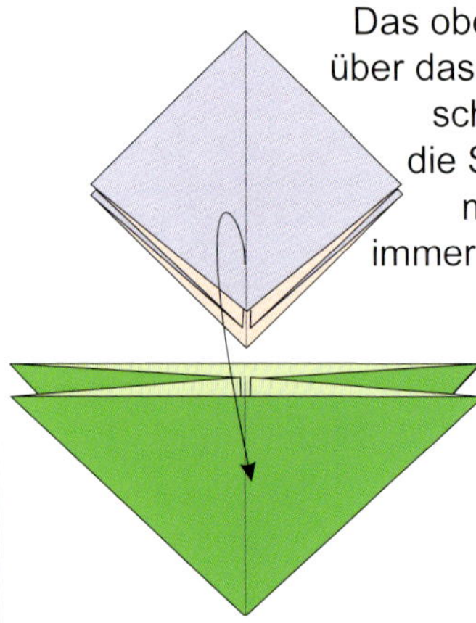

7. Alle Spitzen jetzt am unteren Teil festkleben. Senkrechte Mitte falten, siehe Pfeile. Auf der Rückseite wiederholen.

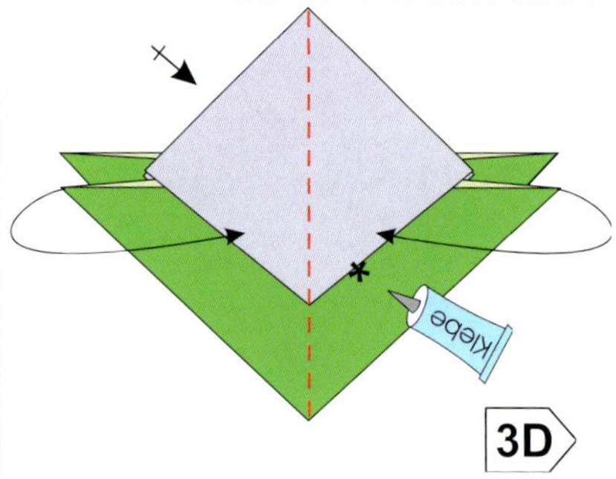

8. Fertiges Modell.

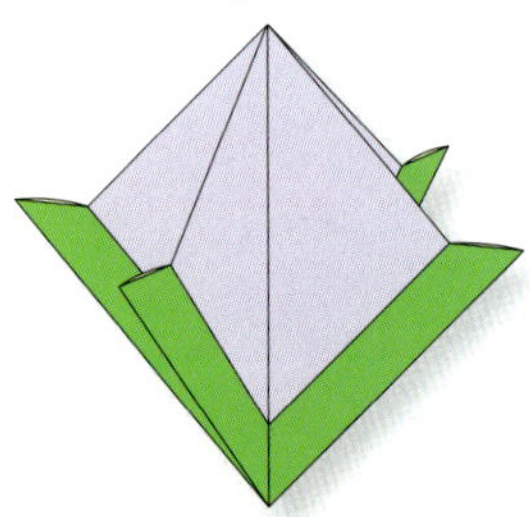

MATERIAL
Für eine Tropfenform benötigt man
2 Blätter
japanisches Papier.
Maße: 7,5x7,5 cm, das zweite
Blatt sollte etwas kleiner sein.

Start. Mit einem Papier die Diagramme von Seite 96 bis Nr.3 falten.
Mit dem anderen Papier die Diagramme von Seite 98 bis Nr.3 falten.

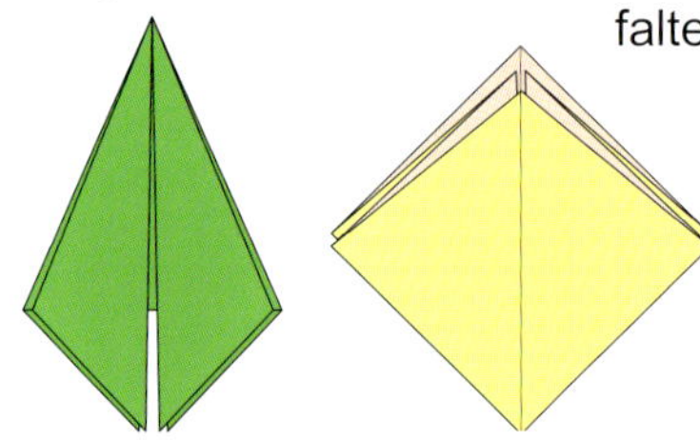

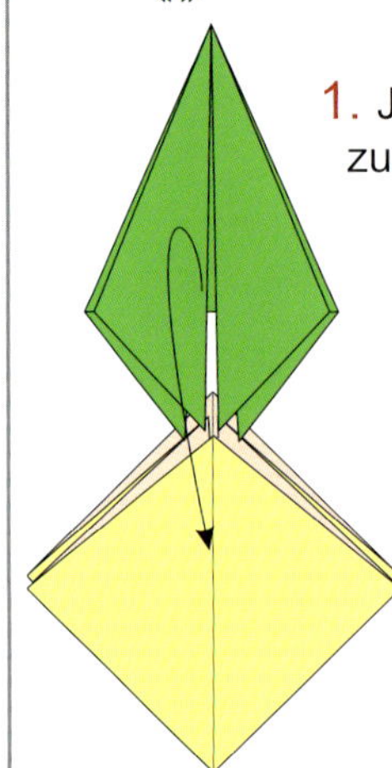

1. Jetzt beide Teile zusammensetzen, siehe Pfeil. Das obere Teil über das untere schieben, die Spitzen müssen immer außen liegen.

2. Alle Spitzen jetzt am unteren Teil festkleben. Senkrechte Mitte falten, siehe Pfeile. Auf der Rückseite wiederholen.

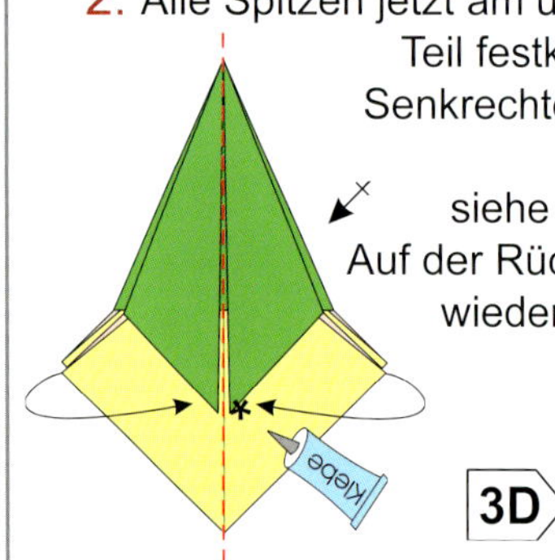

3. Fertiges Modell.

Kreiselform

MATERIAL
Für eine Kreiselform benötigt man
2 Blätter
japanisches Papier.
Maße: 6x6 - 7x7 - 8x8 cm

1. Zweimal waagerecht die Mitte falten, wieder öffnen. Rückseite nach oben legen.

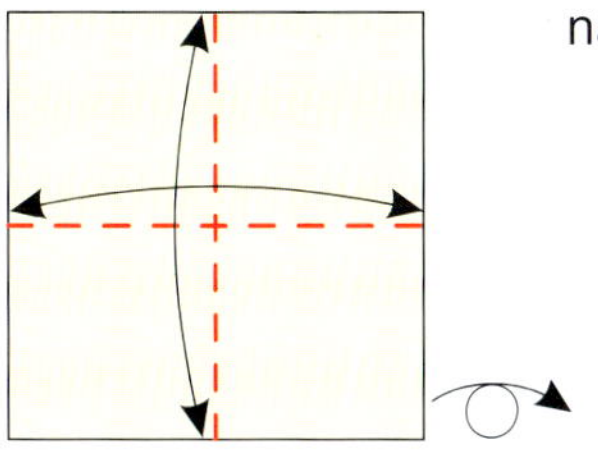

2. Zweimal diagonal die Mitte falten, wieder öffnen. Rückseite nach oben legen.

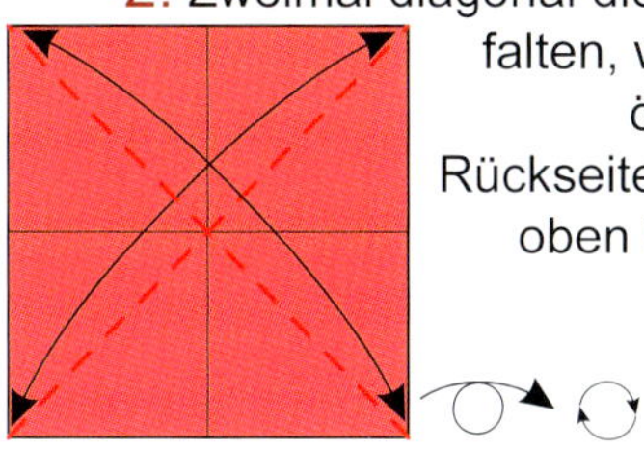

3. Von der waagerechten Mitte (Bergfalte), die seitlichen Ecken zur unteren Spitze legen. Die obere Spitze dann ebenfalls nach unten legen, siehe Pfeile.

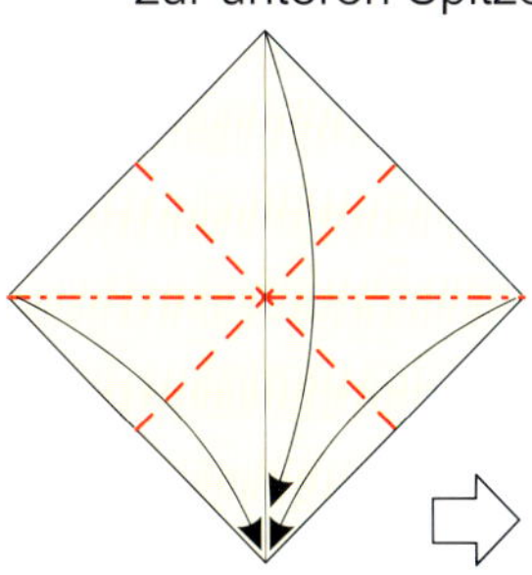

4. Nur mit der oberen Papierlage Linie falten, wieder öffnen.

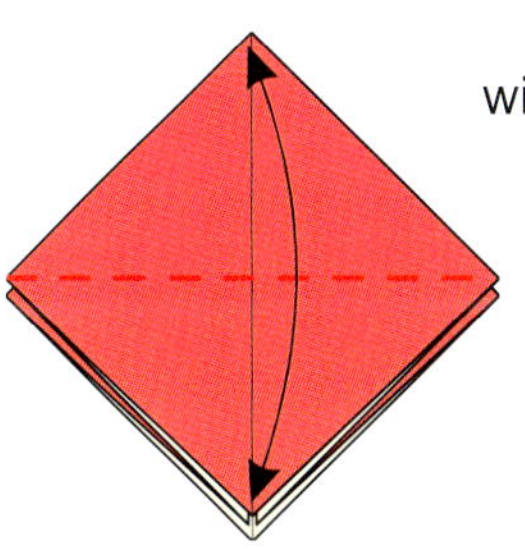

5. Nur mit der oberen Papierlage schräge Linie falten, liegen lassen.

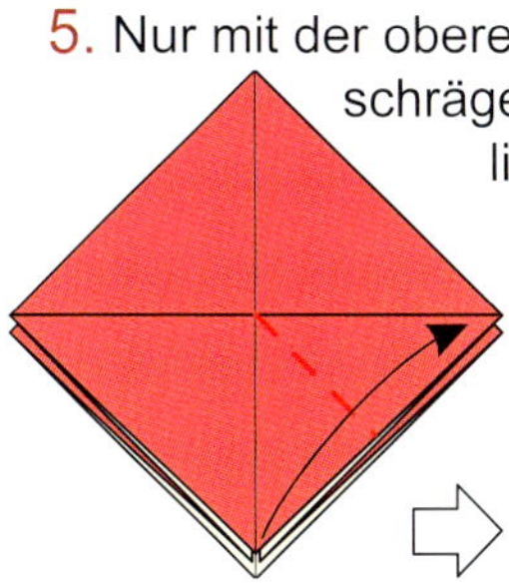

6. Die neue Papierspitze, siehe Pfeil, nach innen schieben, liegen lassen.

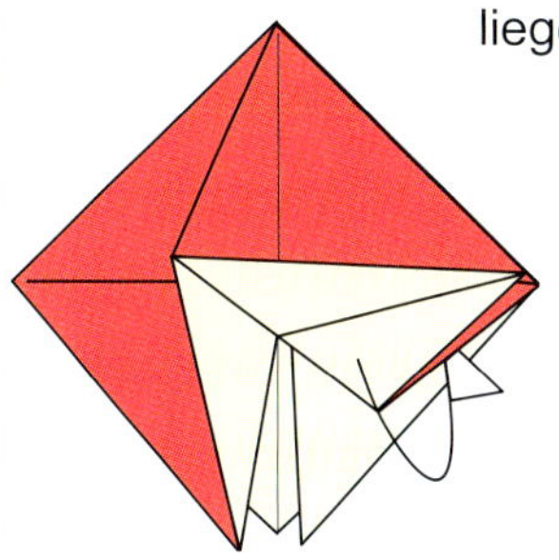

7. Mit den restlichen drei Ecken die Nr.4-5 wiederholen. Fertiges Einzelteil, zweimal falten.

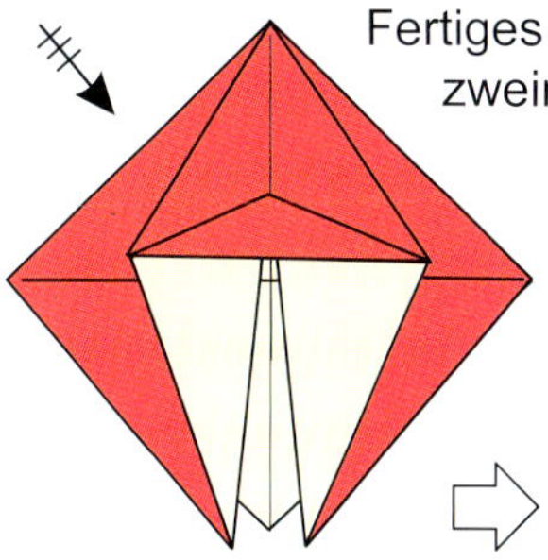

8. Beide Einzelteile nun aufeinander kleben.

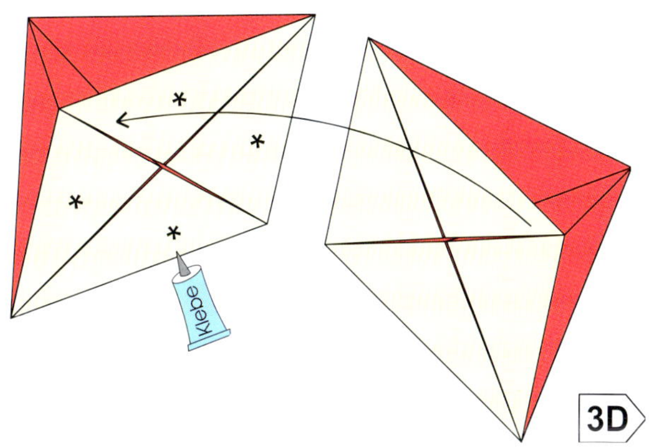

9. An dem mittleren Steg nun an den schrägen Linien Papier abschneiden.
Auf der Rückseite wiederholen.

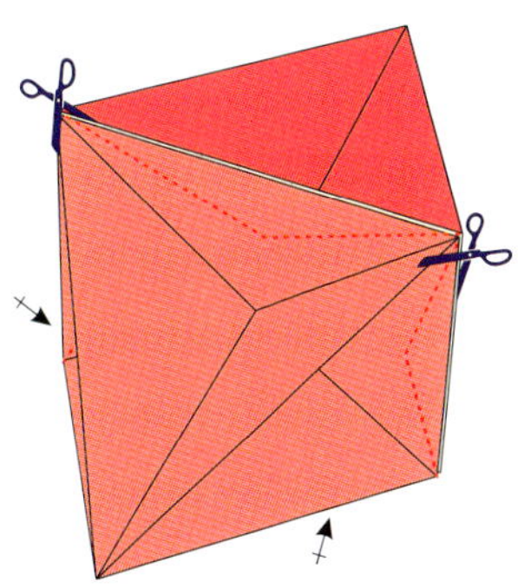

10. Fertiges Modell.

Geschenk-verpackungen

MATERIAL
Für eine Tüte benötigt man
1 Blatt
DUO Color Papier.
Maße: 15x30 cm, immer 1:2

1. Senkrechte Linie falten, liegen lassen.

2. Senkrechte Mitte falten und die rechte Seite auf die Papierlasche kleben, siehe Pfeil.

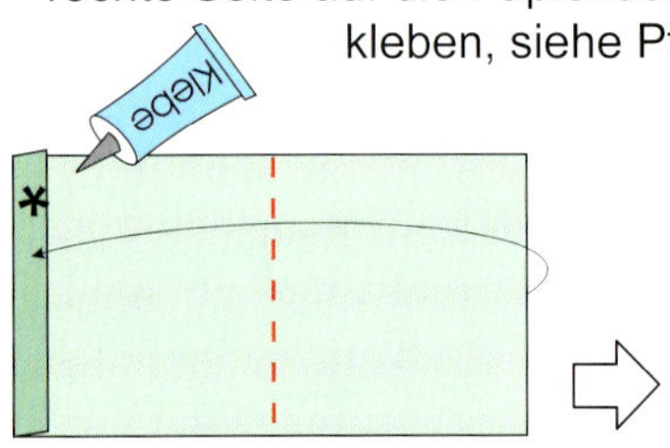

3. Nun die Tiefe der Tüte falten. Bei dieser Papiergröße sollten es 6 cm sein. Nur die obere Papierlage um 6 cm nach rechts umlegen bis die rote Linie rechts eine neue Kante bildet, falten. Dabei wird die linke neue Kante automatisch mitgebildet und gefaltet, siehe auch Pfeile.

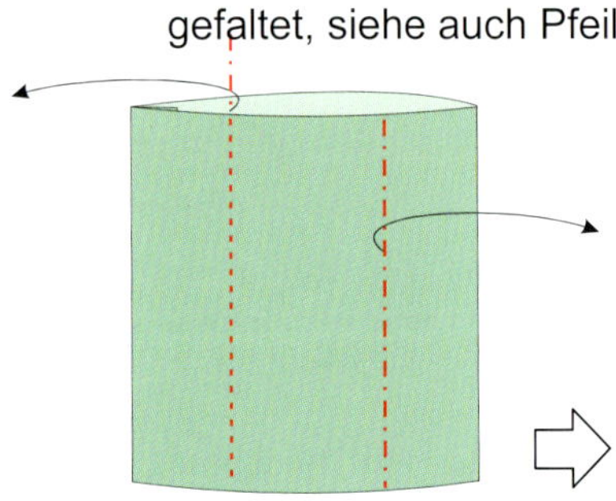

4. Für den Tütenfalz auf beiden Seiten senkrechte Linien falten.

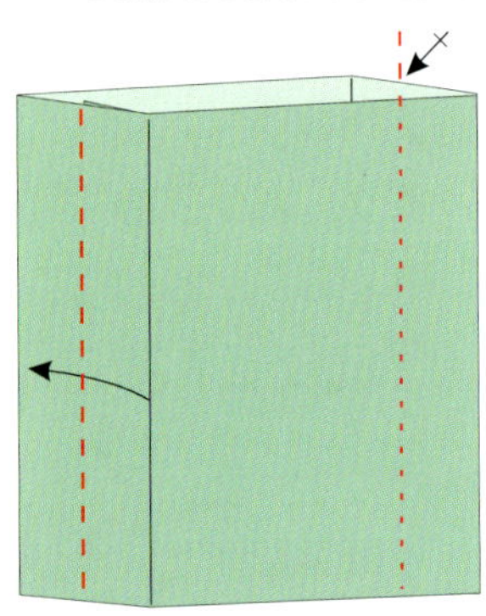

5. Wenn die Tiefe der Tüte 6 cm ist, wird die waagerechte Linie für den Boden auf der Höhe von ca.4 cm gefaltet (ca. 2/3 der Tiefe), wieder öffnen.

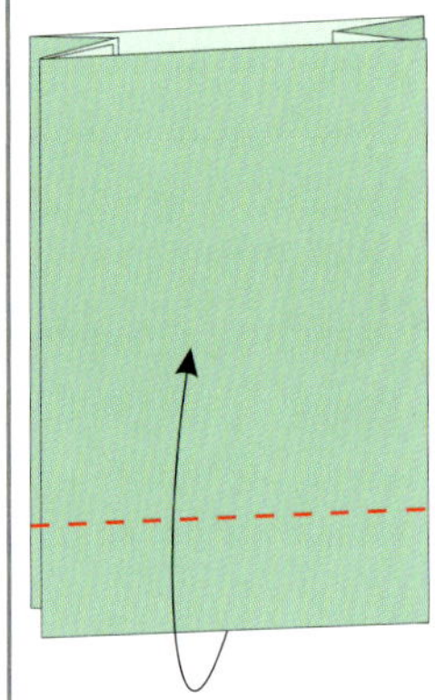

6. Mit beiden Papierlagen, Ecken an die waagerechte Linie falten, wieder öffnen.

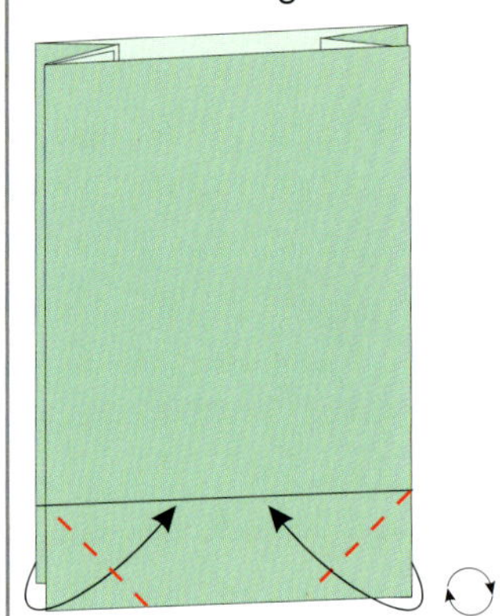

7. Modell von innen öffnen.

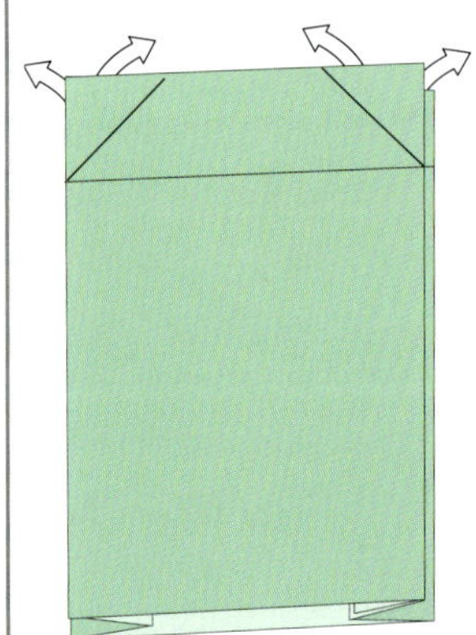

8. Im Tütenfalz und an den schrägen Linien jetzt Bergfalten formen. Papier seitlich zur Mitte

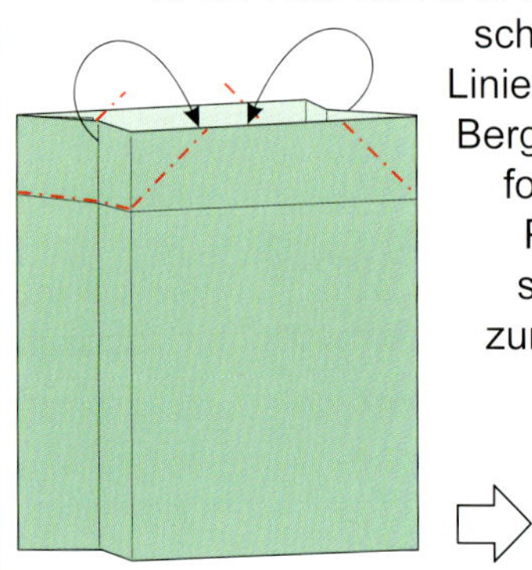

9. Eine Papierlasche zur Mitte legen, siehe Pfeil und festkleben.

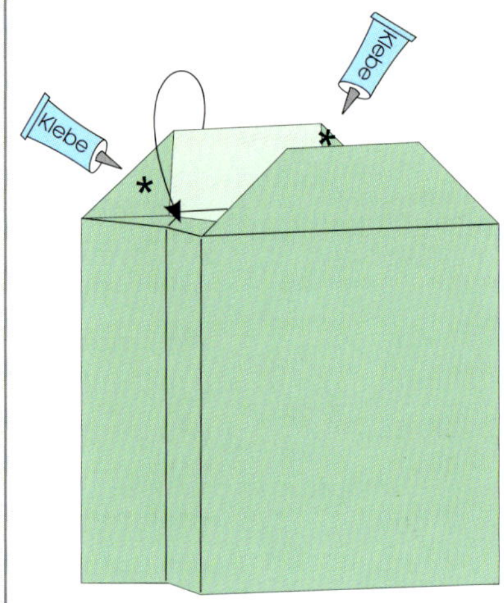

10. Jetzt die andere Papierlasche zur Mitte legen und auch kleben.

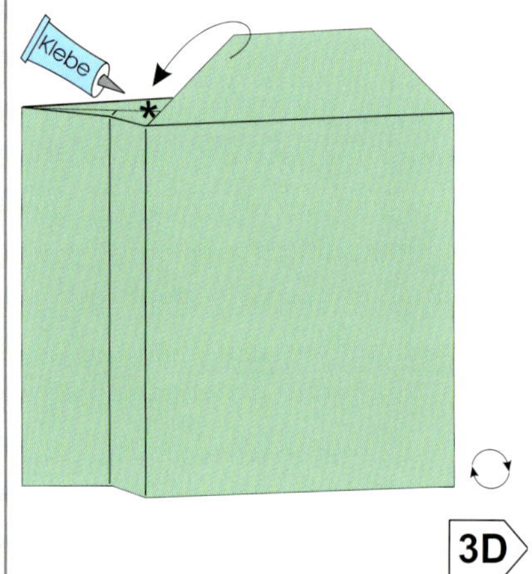

11. Fertiges Modell, seitlich gesehen.

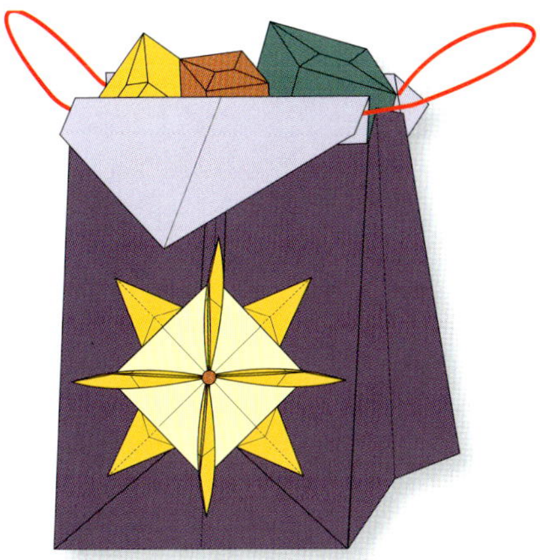

Tüte von Seite 14
Stern von Seite 107

Tüte von Seite 14
Stern von Seite 74

Tüte von Seite 102
Stern von Seite 20

Tüte von Seite 102
Nikolaus von
Seite 63

Tüte von Seite 14
Sterne von Seite 56

Tüte von Seite 102
Stern von Seite 78

Tüte von Seite 102
Tannenbäume von
Seite 110

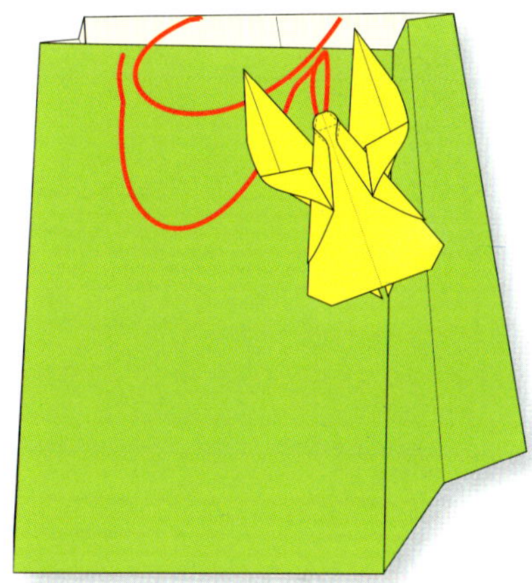

Tüte von Seite 102
Engel von Seite 84

Tüte von Seite 14
Stern von Seite 59

Christrose

<u>MATERIAL Christrose</u>
Für eine Christrose benötigt man
8 Blätter
DUO COLOR Papier Gold.
Maße: 2,5x5 cm
Die Papiergröße immer 1:2, sollte die Größe verändert werden.

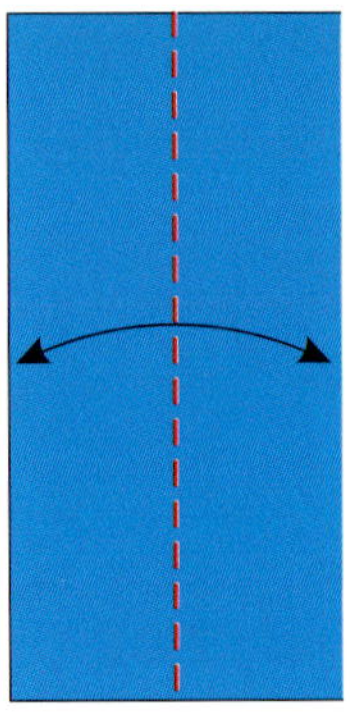

1. Senkrechte Mitte falten, wieder öffnen.

2. Waagerechte Linie falten, liegen lassen. Rückseite nach oben legen.

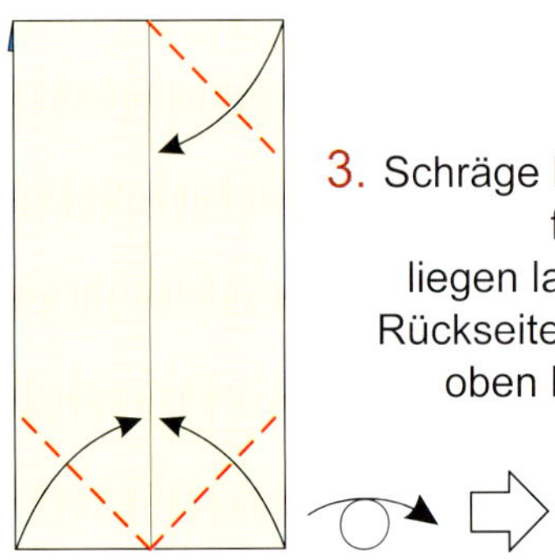

3. Schräge Linien falten, liegen lassen. Rückseite nach oben legen.

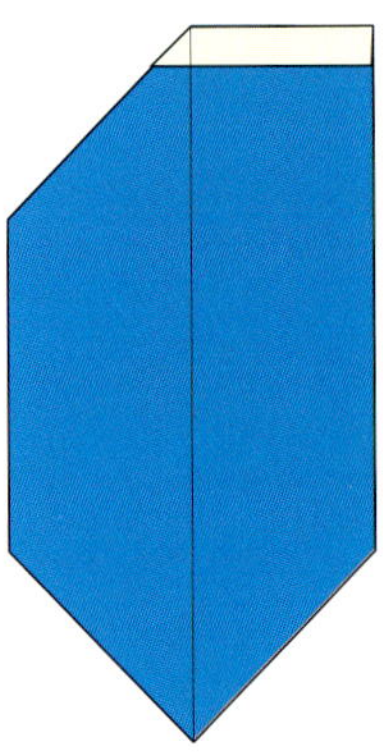

4. Fertiges Einzelteil, achtmal falten.

5. Das rechte Einzelteil auf das linke Einzelteil kleben, siehe Pfeil. Mit den restlichen Einzelteilen wiederholen.

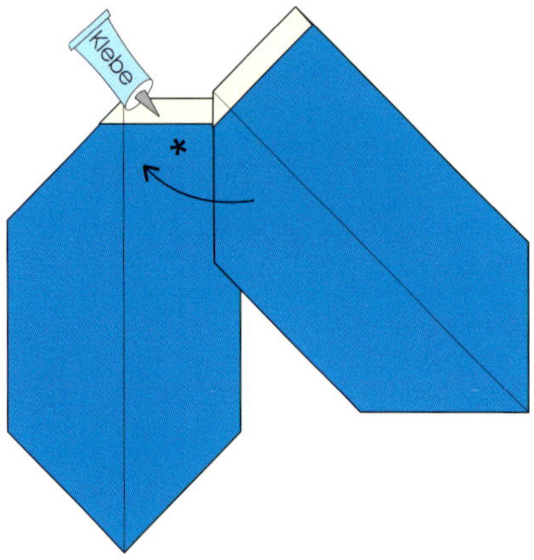

6. Fertiges Modell Christrose.

<u>MATERIAL Blätter</u>
Für die Blätter benötigt man
8 mal
grünes Papier.
Maße: 5x5 cm

1. Waagerechte Mitte falten, liegen lassen.

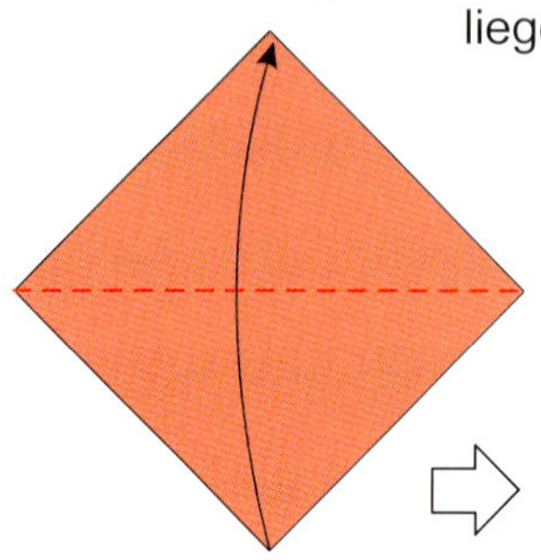

2. Schräge Linie falten, liegen lassen.

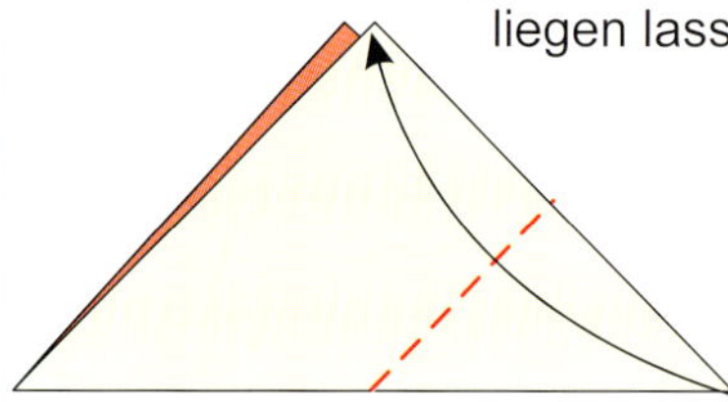

3. Zickzack-faltung nur mit der oberen Papierlage durchführen, siehe Seite 13.

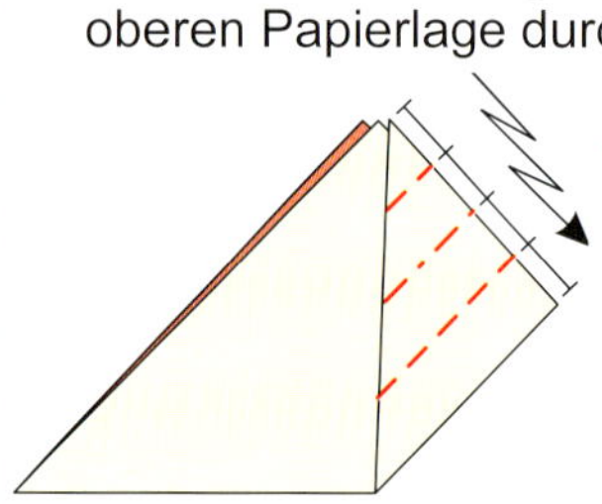

4. Zickzack-faltung, wieder öffnen.

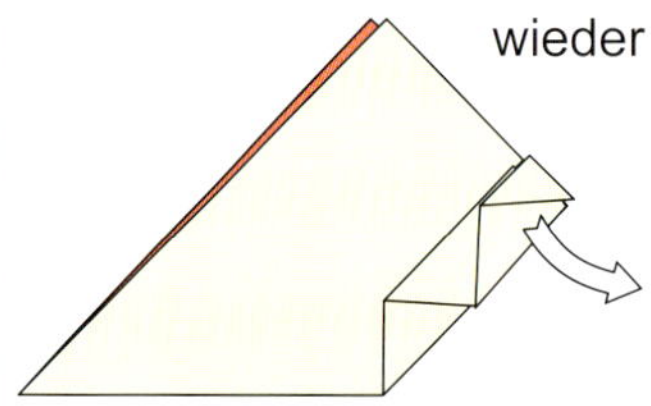

5. Spitze nach unten falten, auf der Rückseite wiederholen.

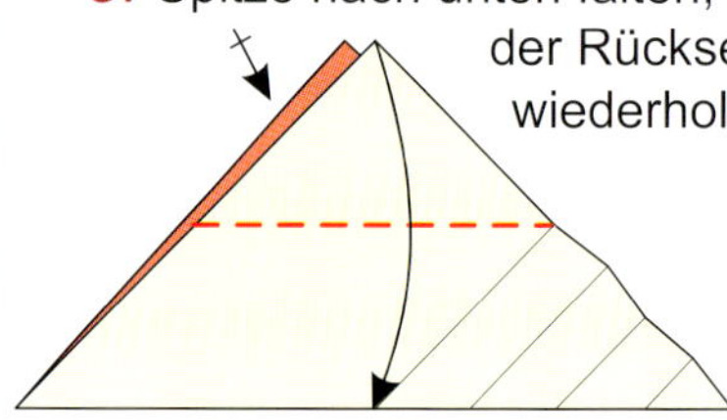

6. Seitenteile flach legen.

7. Fertiges Einzelteil, achtmal falten.

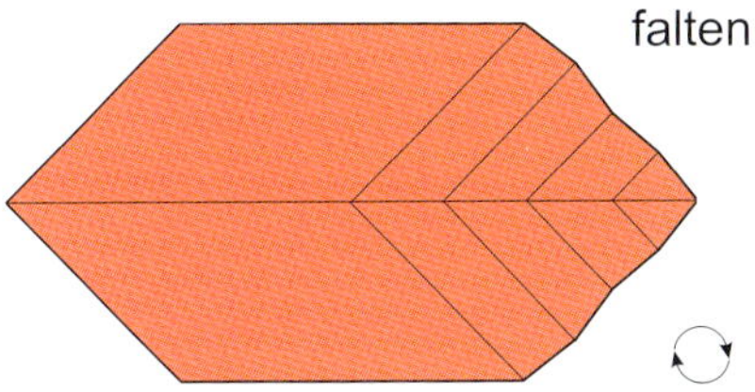

8. Das rechte Einzelteil auf das linke Einzelteil kleben. Mit den restlichen Einzelteilen wiederholen.

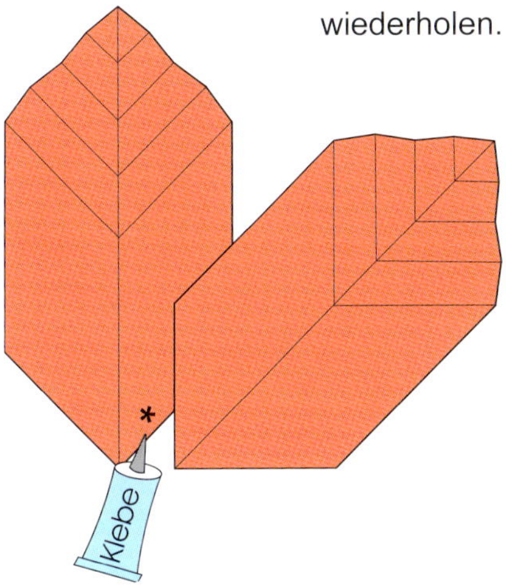

9. Fertiges Modell Christrose mit Blättern.

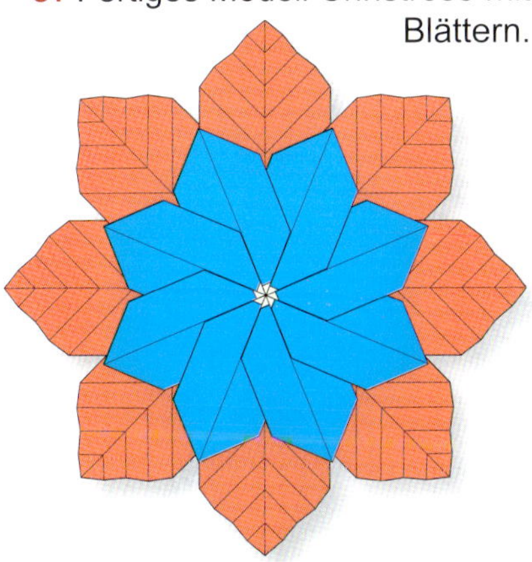

Gedrehter Stern

MATERIAL
Für diesen Stern benötigt man
1 Blatt
weihnachtliches Papier.
Maße: 15x15 oder 10x10 cm

Start. Diagramme von Seite 82 bis Nr.6 falten.

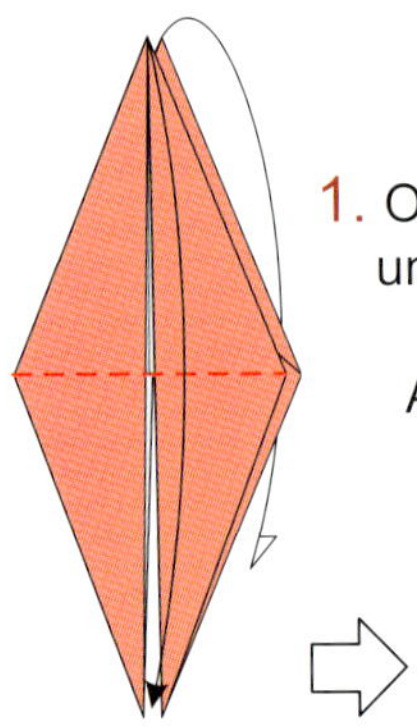

1. Obere Spitze nach unten falten, liegen lassen. Auf der Rückseite wiederholen.

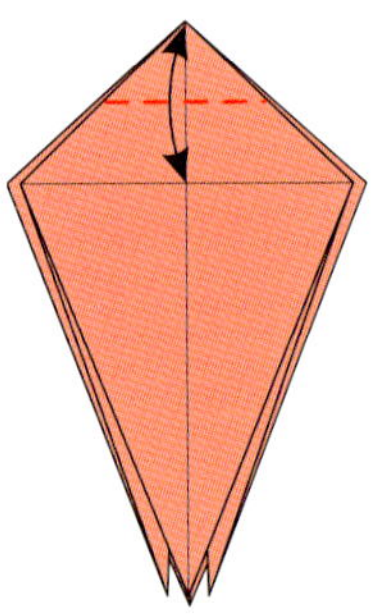

2. An der oberen Spitze waagerechte Linie falten, wieder öffnen.

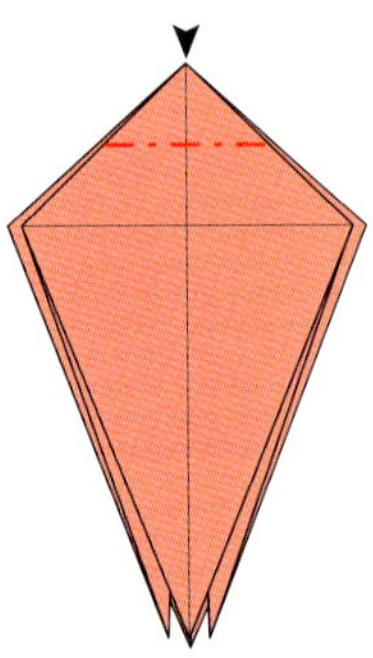

3. Die Spitze nun an dieser Linie versenken, siehe auch Seite 13.

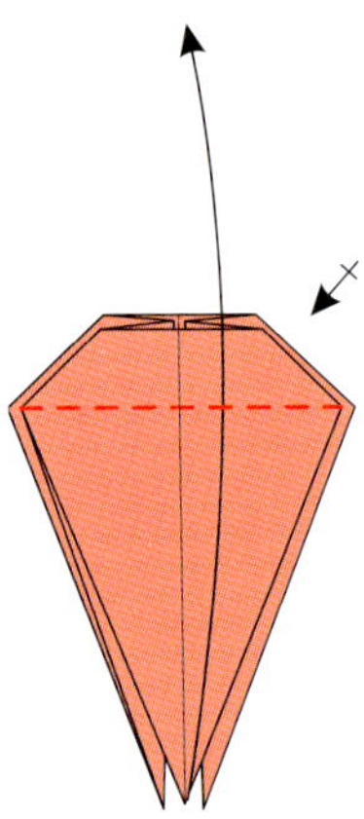

4. Untere Spitze nach oben falten, liegen lassen. Auf der Rückseite wiederholen.

5. Untere Spitzen schräg nach außen falten (Bergfalte), liegen lassen.

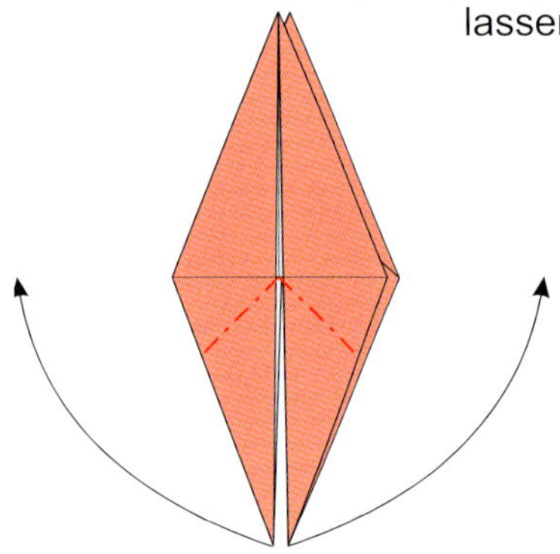

6. Obere Spitze nach unten falten, liegen lassen. Auf der Rückseite wiederholen.

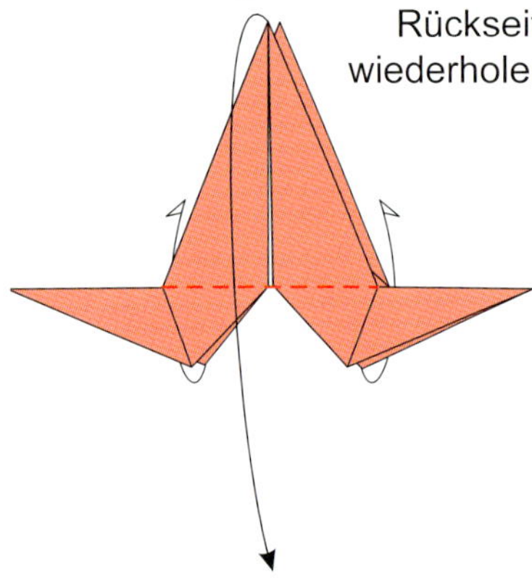

7. Mittelteil senkrecht stellen, siehe Pfeil.

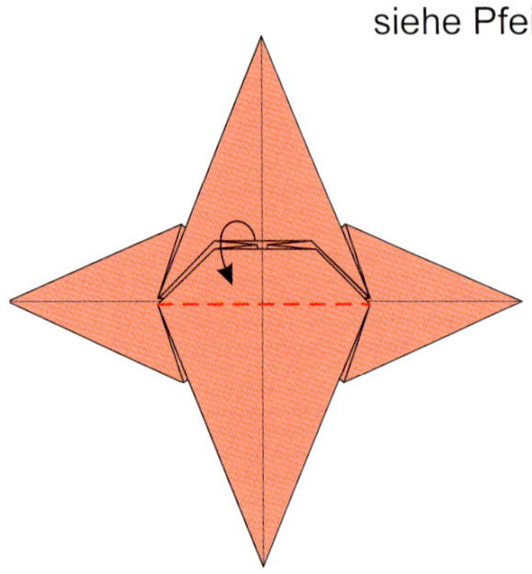

8. Nur mit der oberen Papierlage schräge Linien falten, siehe Pfeile.

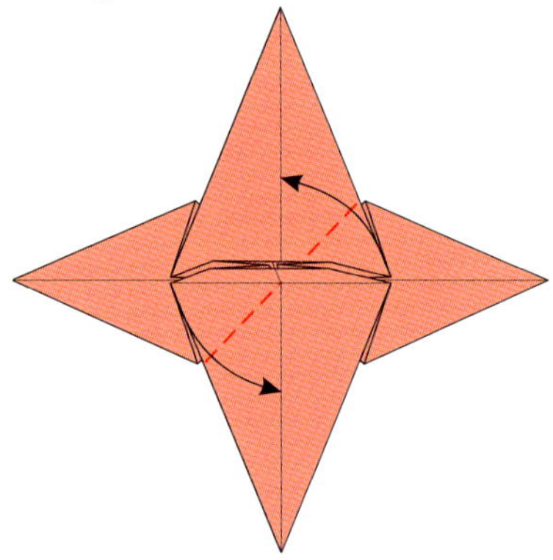

9. Mittelteil etwas aufdrehen, siehe Pfeile.

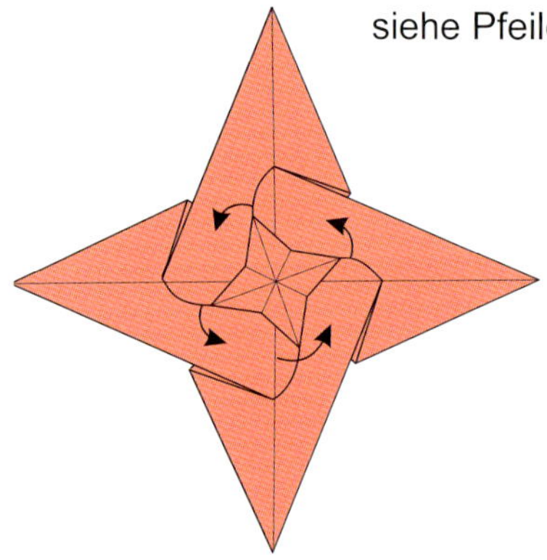

10. Fertiges Modell.

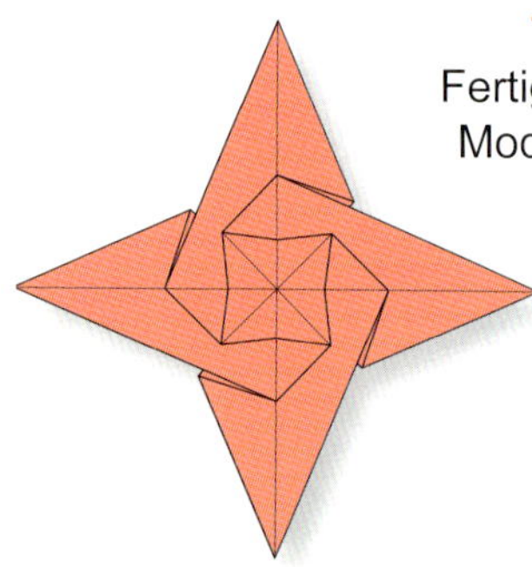

MATERIAL
Für diesen Stern benötigt man
2 Blätter
DUO COLOR Papier Gold.
Maße: 15x15 cm

Start. Mit einem Papier die Diagramme von Seite 88 bis Nr.12 falten, Einzelteil Nr.1 ist fertig. Mit dem anderen Papier die Diagramme von Seite 88 bis Nr.10 falten.

1. Nur mit der oberen Papierlage schräge Linien falten, siehe Pfeile und dabei das Papier aufstellen.

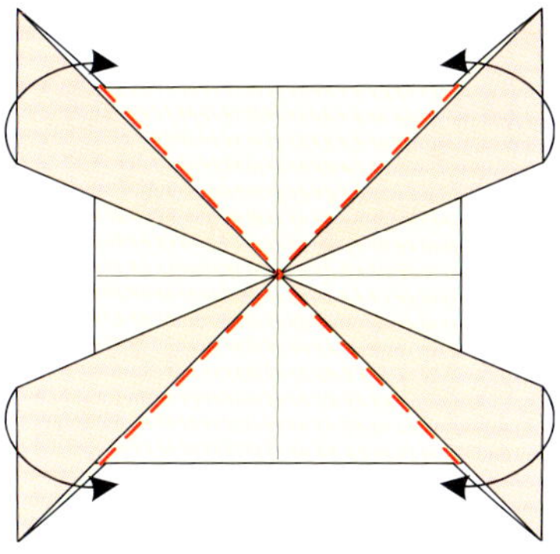

2. Papiere von innen festkleben, damit es nicht aufspringt.

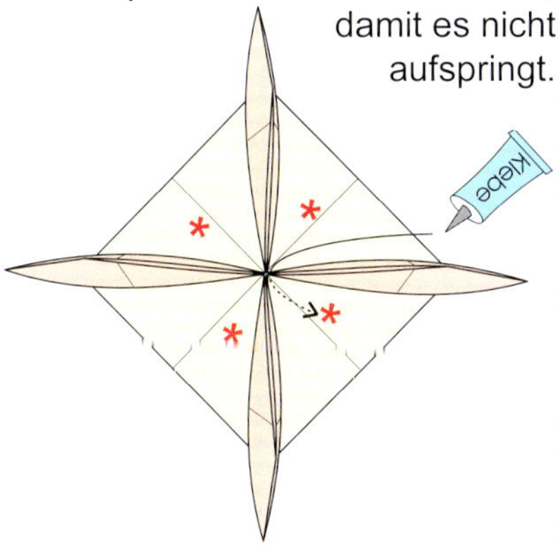

3. Fertiges Einzelteil Nr.2.

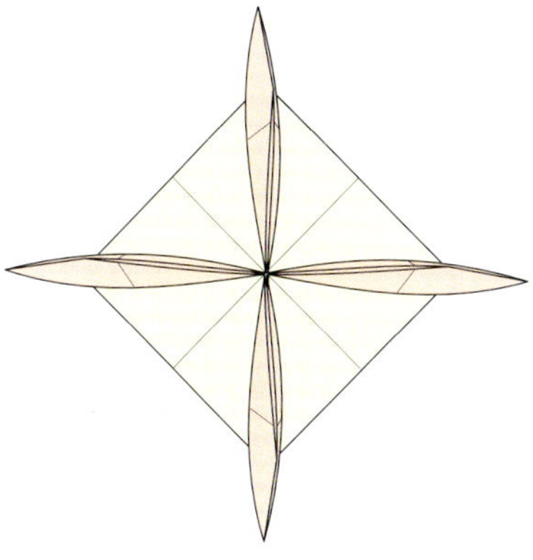

4. Einzelteil Nr.2 auf Einzelteil Nr.1 kleben, siehe Diagramm.

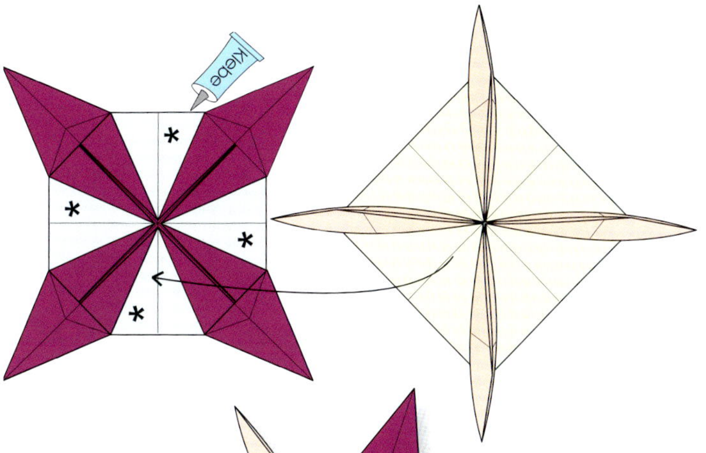

5. Fertiges Modell.

Tannenanhänger

MATERIAL
Für diesen Tannenanhänger wird
1 Blatt
grünes Papier benötigt.
Maße: 17x17 cm

1. Zweimal waagerecht die Mitte falten, wieder öffnen. Rückseite nach oben legen.

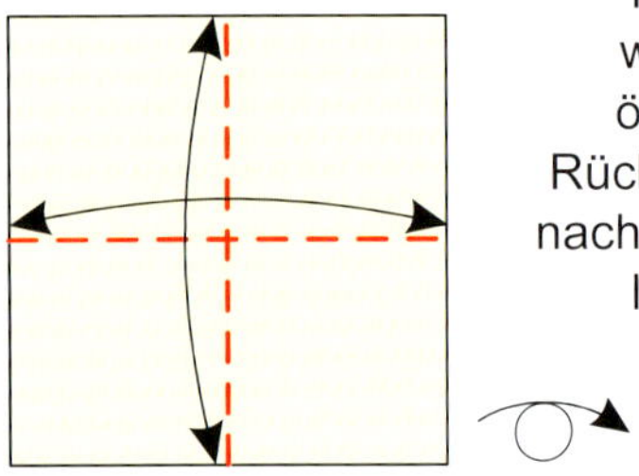

2. Zweimal diagonal die Mitte falten, wieder öffnen. Rückseite nach oben legen.

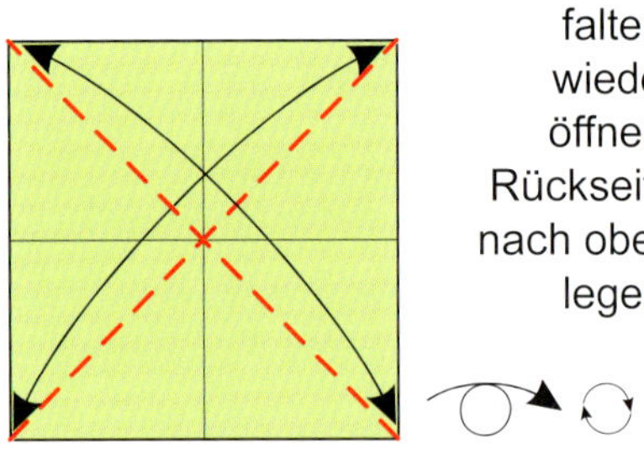

3. Von der waagerechten Mitte (Bergfalte), die seitlichen Ecken zur oberen Spitze legen. Die untere Spitze dann ebenfalls nach oben legen, siehe Pfeile.

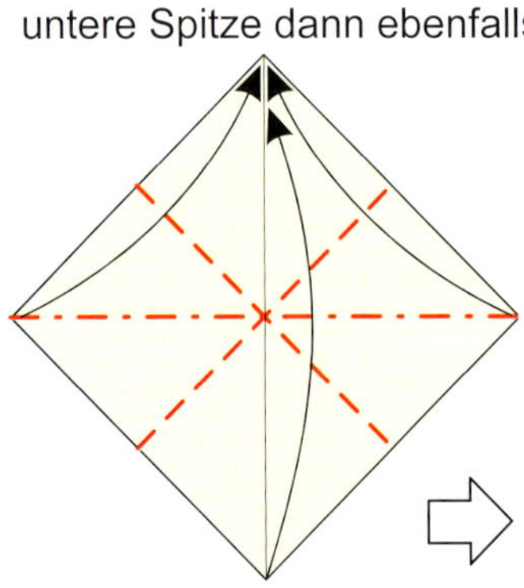

4. Bergfalte nach rechts falten, dabei die Ecke flach drücken.

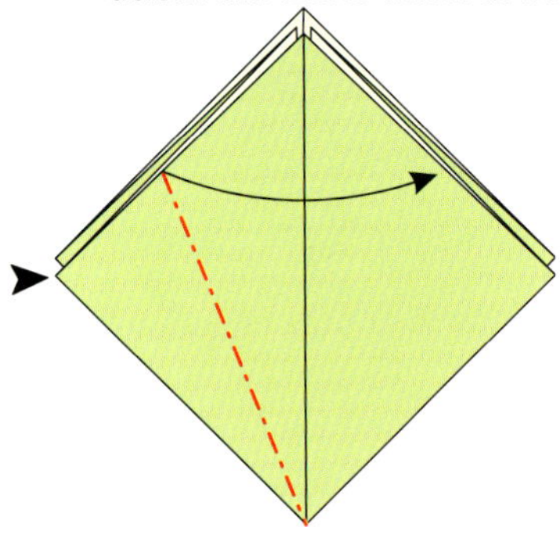

5. Schritt Nr.4 mit allen Papierlagen wiederholen.

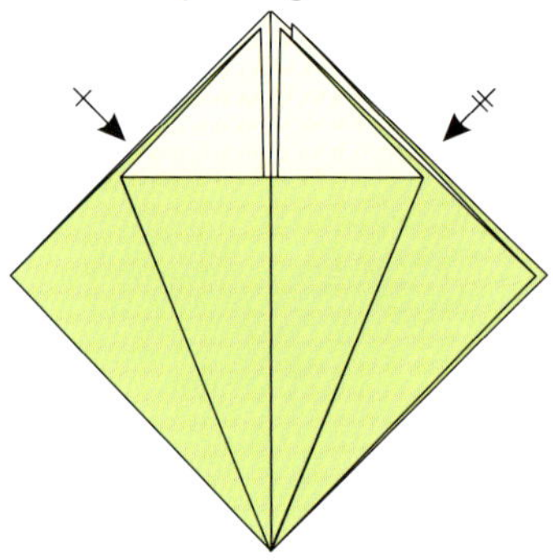

6. Modell drehen.

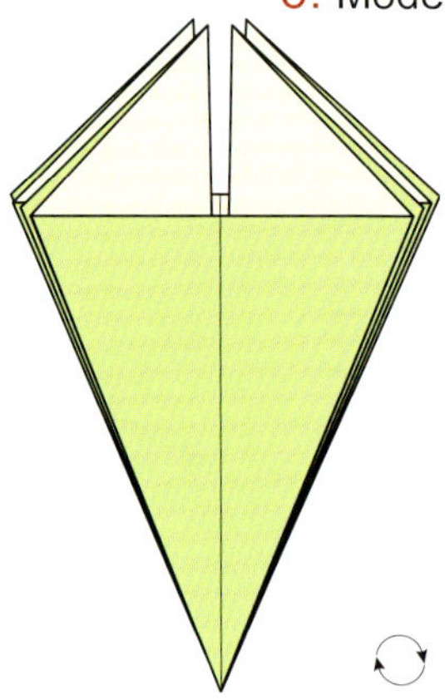

7. Senkrechte Linie falten, siehe Pfeil, auf der Rückseite wiederholen.

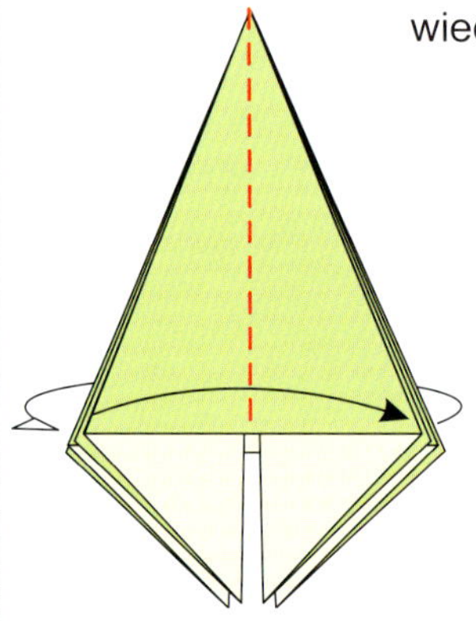

8. Waagerechte Linie falten, wieder öffnen.

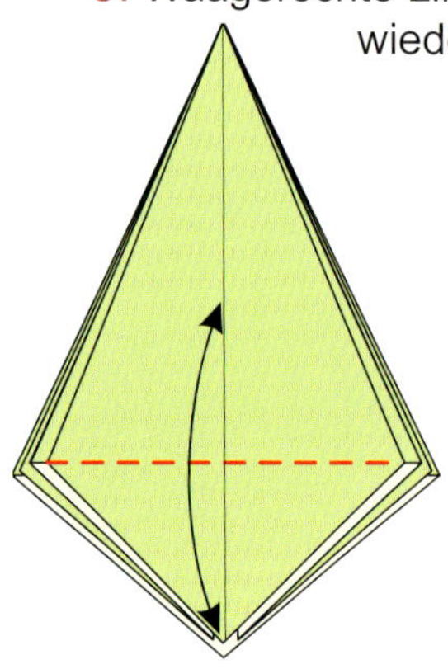

9. Spitze nach innen legen, liegen lassen.

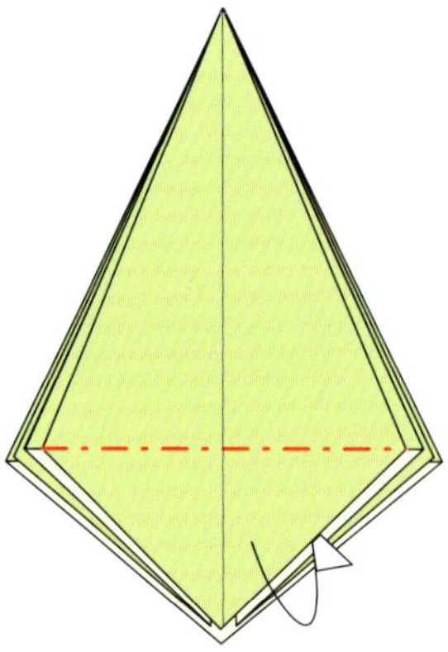

10. Die Schritte Nr.8-9 mit allen Spitzen wiederholen.

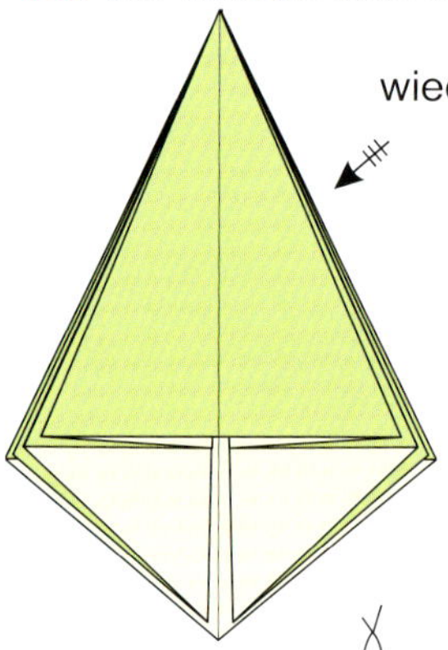

11. Fertiges Modell.

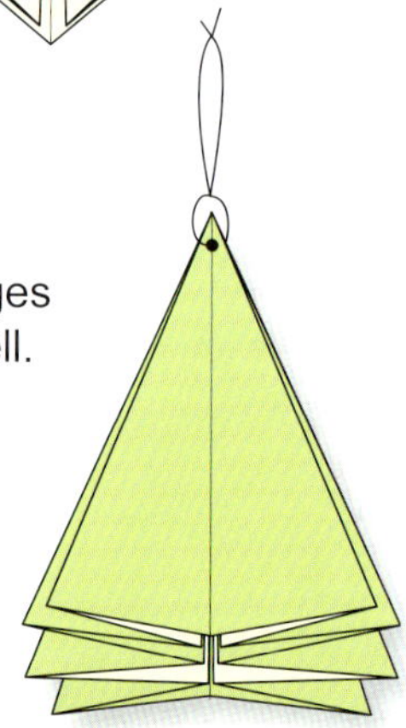

Tannenanhänger von Seite 108
Fröbelstern von Seite 34

Tannenanhänger von Seite 108
traditioneller Kranich

Tannenanhänger von Seite 108
Stern von Seite 74

IDEE

Dieses traditionelle Tannenmodell als Geschenkanhänger zu verwenden ist eine Idee von Gabriele Blobelt.
Viele Variationen sind möglich.

Tannenanhänger von Seite 108
Stern von Seite 106

Tannenanhänger von Seite 108
Engel von Seite 84

Tannenanhänger von Seite 108
Fröbelstern von Seite 34

Tannenanhänger von Seite 108
Nikolaus mit Bischofsmütze
von Seite 66

Tannenanhänger von Seite 108
Stern von Seite 114

Tannenanhänger von Seite 108
Stern von Seite 106

Tanne mit Stamm

MATERIAL
Für diese Tanne werden
3 Blätter
grünes Papier benötigt.
Für den Stamm
1 Blatt Holzpapier
Maße: siehe Aufstellung

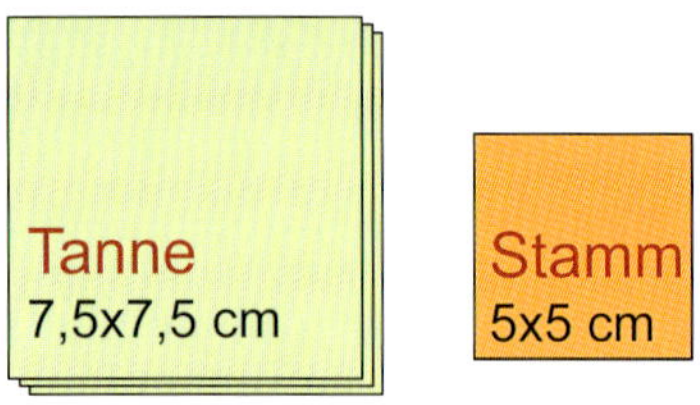

1. Waagerechte Mitte falten, wieder öffnen.

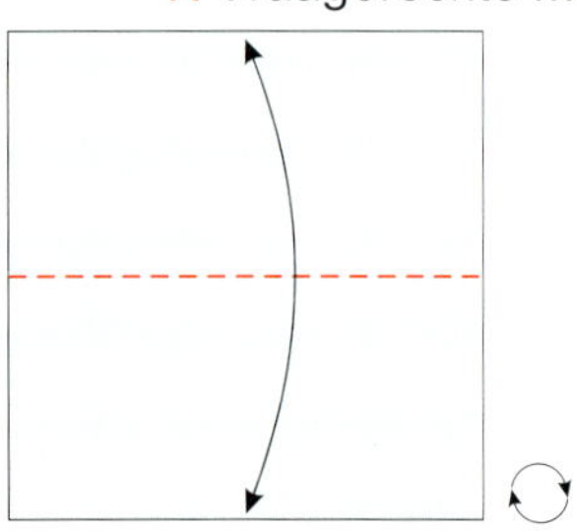

2. Schräge Linie an die waagerechte Mitte falten, liegen lassen.

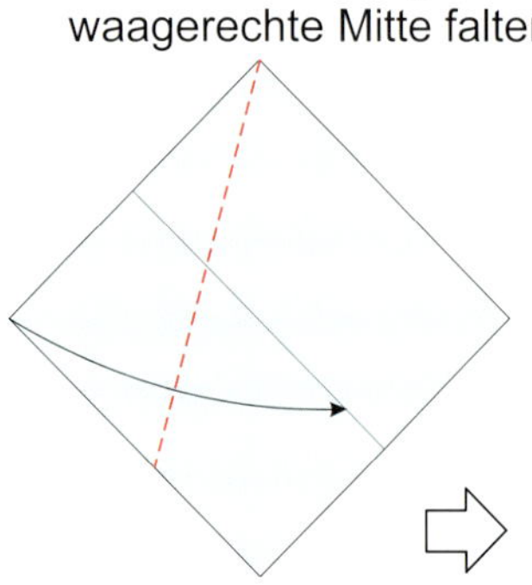

3. Schräge Linie nach links falten, liegen lassen.

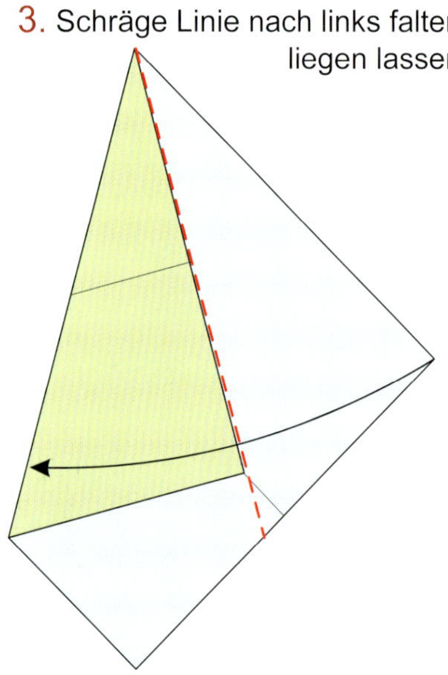

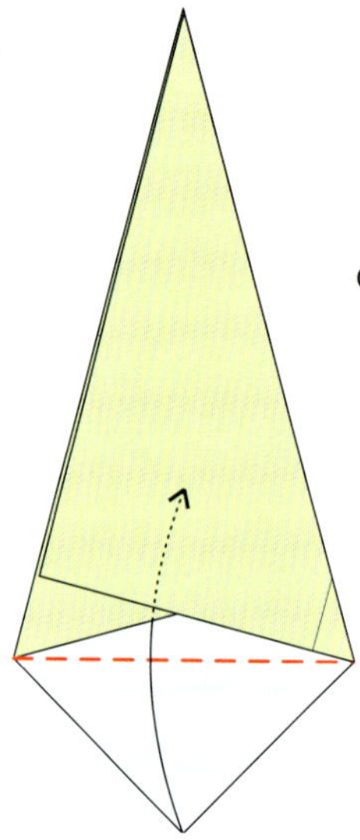

4. Waagerechte Linie nach oben falten und Spitze nach innen legen, liegen lassen.

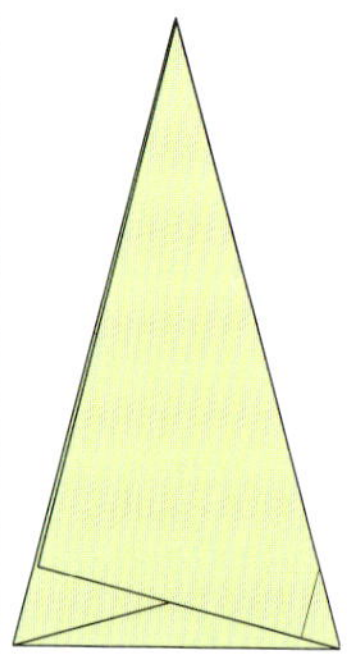

5. Dieses Tannen Einzelteil nun dreimal falten.

Stamm

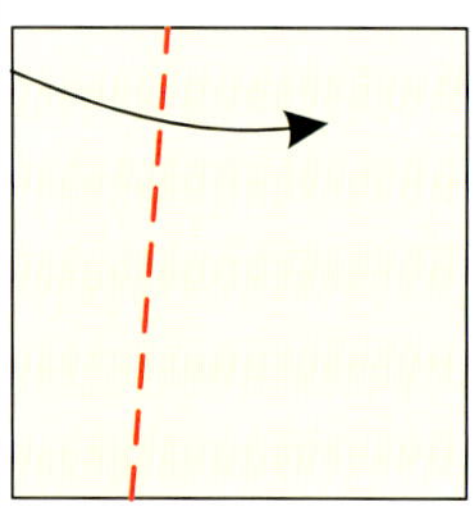

1. Schräge Linie nach rechts falten, liegen lassen.

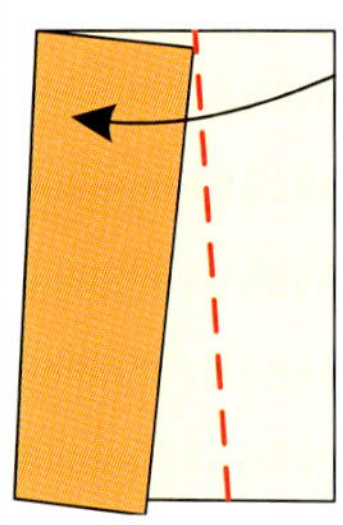

2. Schräge Linie nach links falten, liegen lassen.

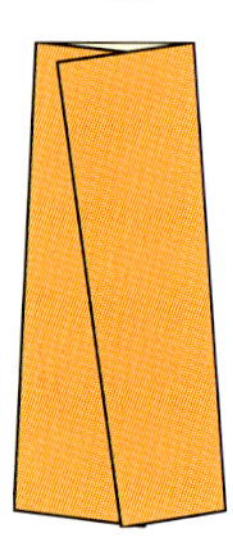

3. Fertiges Einzelteil Stamm.

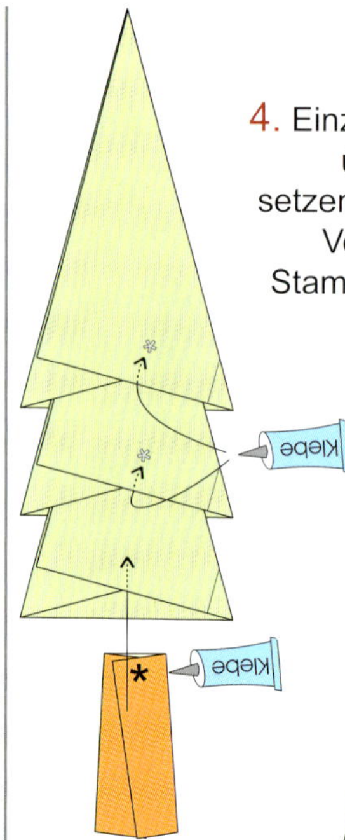

4. Einzelne Tannen übereinander setzen und kleben. Von unten den Stamm einkleben.

5. Fertiges Modell.

Geschenkanhänger

Schneeflocke von Seite 20

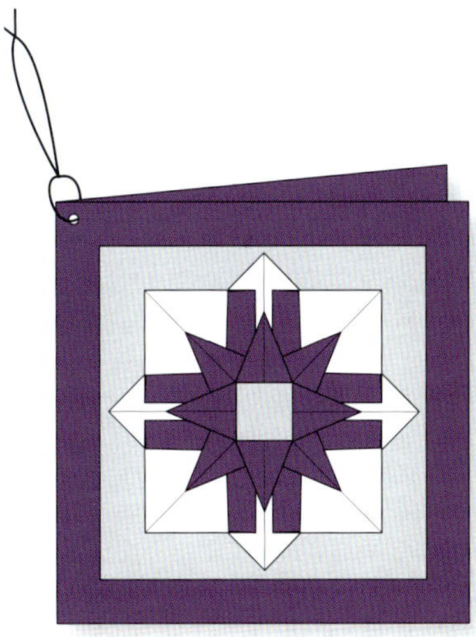

Stern von Seite 122

Kerze von Seite 112
Blätter von Seite 105

Schneemann von Seite 113

Stern von Seite 106

Stern von Seite 123

Tannen von Seite 62

Tannen von Seite 110

Christrose von Seite 104-105

Schneeflocke von Seite 21

MATERIAL
Für eine Kerze benötigt man
1 Blatt
DUO COLOR Papier.
Maße: 5x10 cm
Die Papiergröße immer 1:2, sollten die Größe verändert werden.

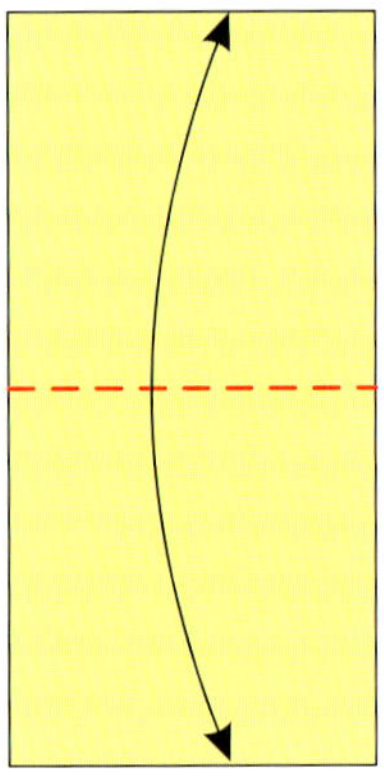

1. Waagerechte Linie falten, wieder öffnen.

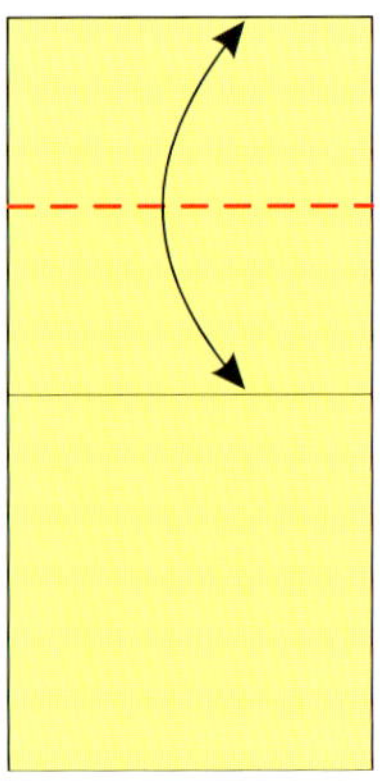

2. Waagerechte Linie falten, wieder öffnen.

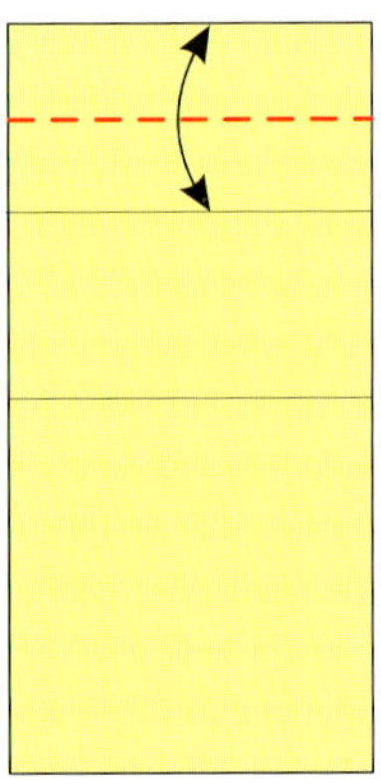

3. Waagerechte Linie falten, wieder öffnen.

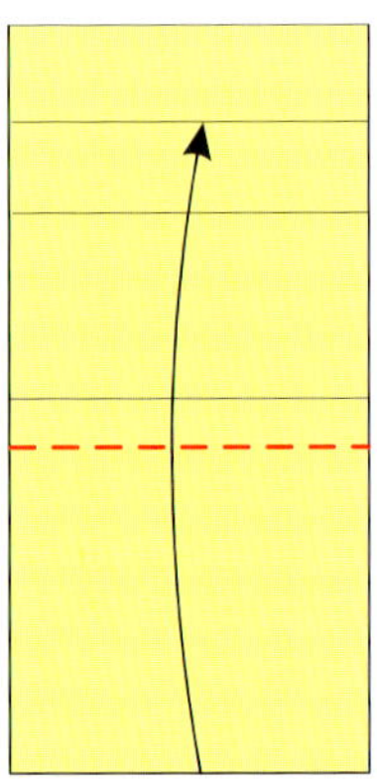

4. Waagerechte Linie falten, liegen lassen.

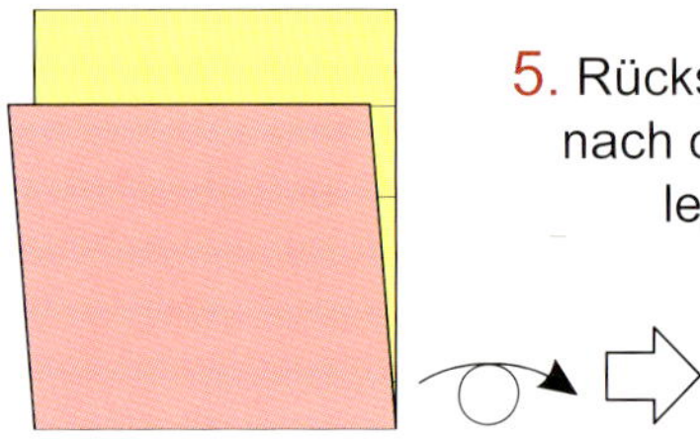

5. Rückseite nach oben legen.

6. Senkrechte Linie falten, nach links legen, liegen lassen.

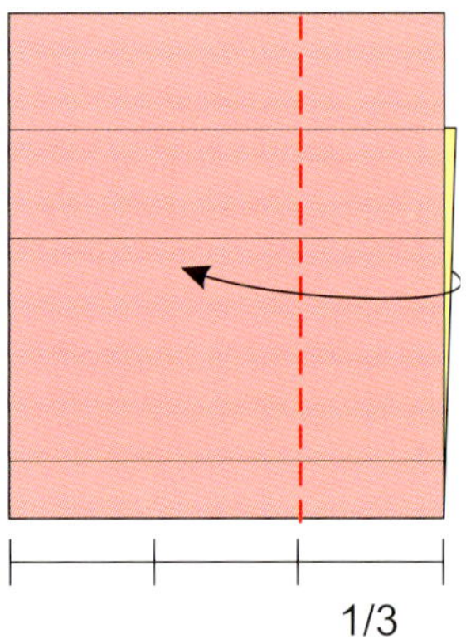

7. Senkrechte Linie falten, nach rechts legen, liegen lassen.

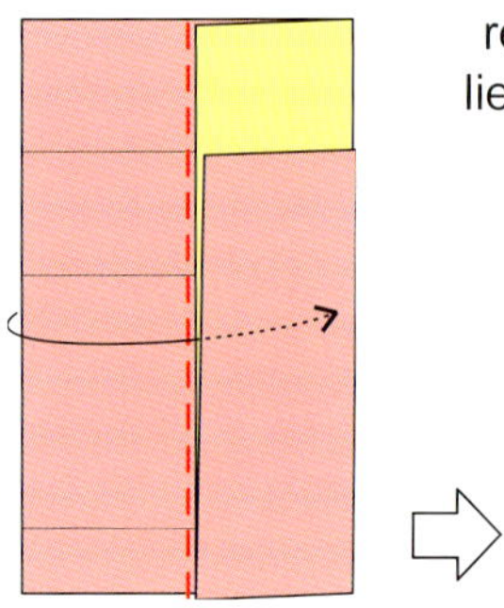

8. Schräge Linie, nur mit den inneren Papierlagen falten, siehe auch Diagramm Nr.9.

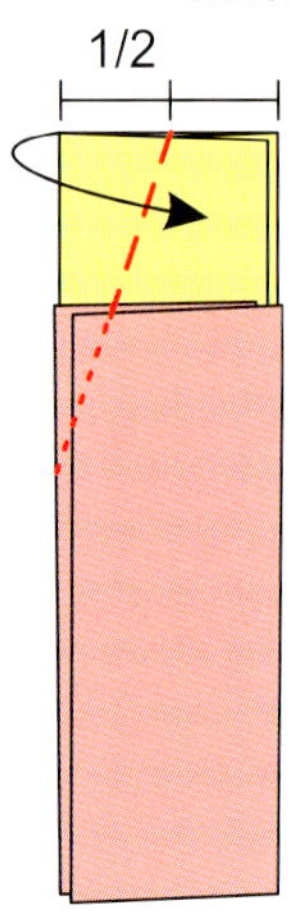

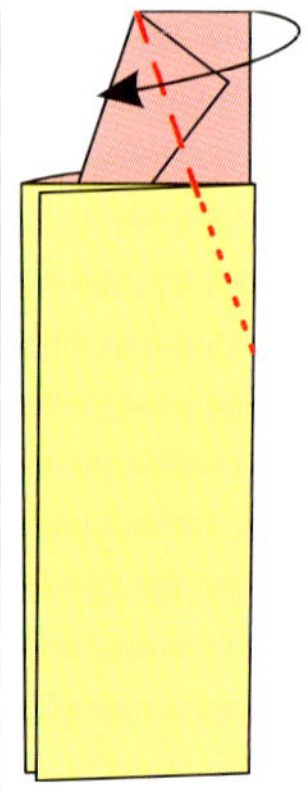

9. Schräge Linie, nur mit den inneren Papierlagen falten, siehe Pfeil.

10. Schräge Linie falten und Papier nach innen legen, siehe Pfeil.

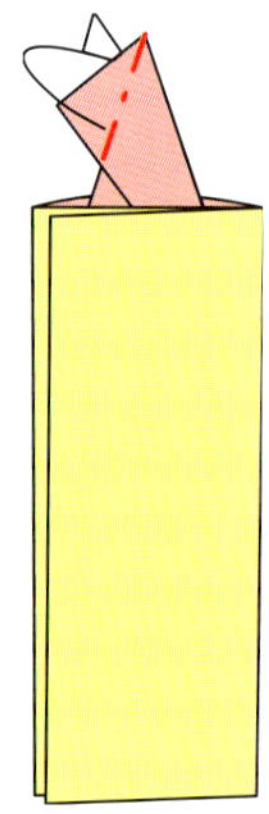

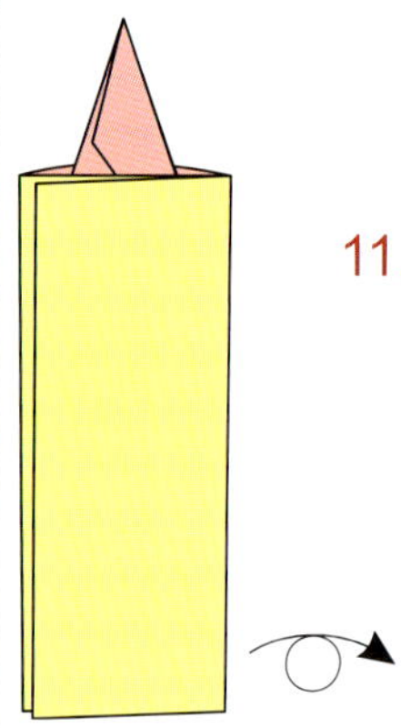

11. Rückseite nach oben legen.

12. Fertiges Modell.

Schneemann

MATERIAL
Für einen Schneemann werden
3 Blätter
farbiges Papier benötigt.
Maße: Hut 3,5x3,5 cm
Kopf 4,5x4,5 cm
Körper 7x7 cm

1. Zweimal diagonal die Mitte falten, wieder öffnen.

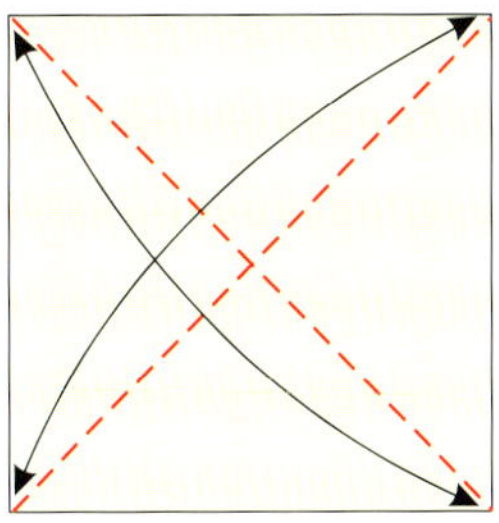

2. Alle vier Ecken zur Mitte falten, liegen lassen.

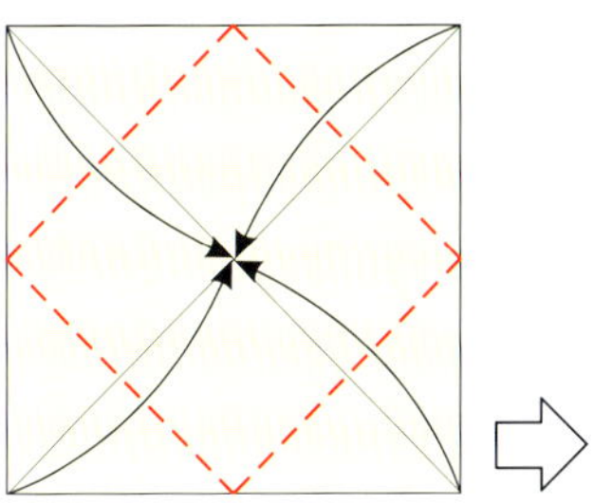

3. Alle vier Ecken nochmals falten, liegen lassen.

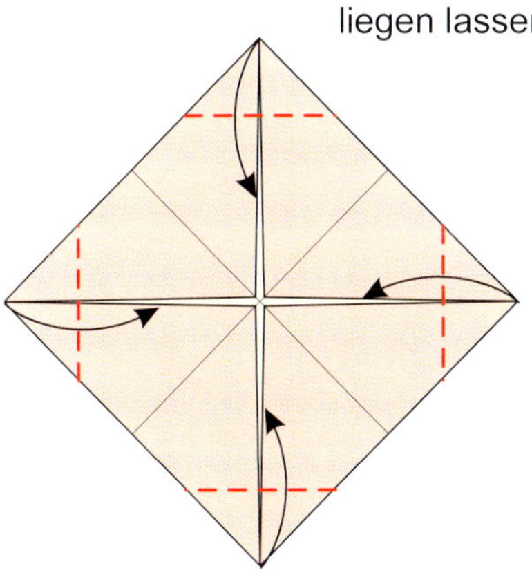

4. Rückseite nach oben legen.

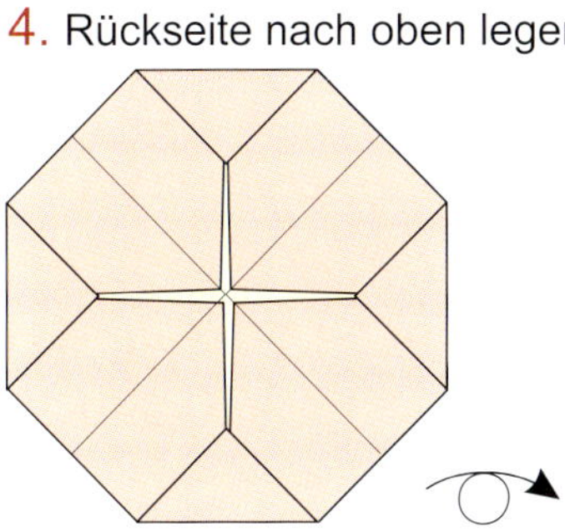

5. Fertiges Einzelteil für den Körper und den Kopf.

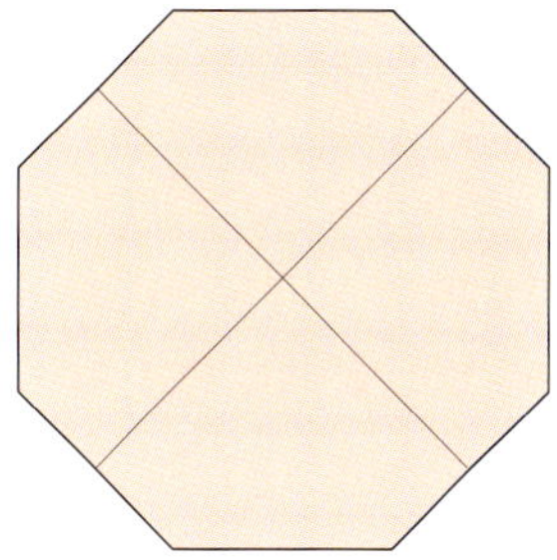

6. Fertiges Modell.

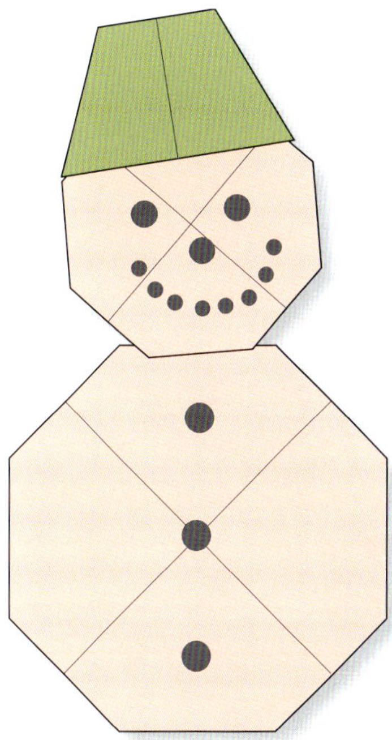

Hut

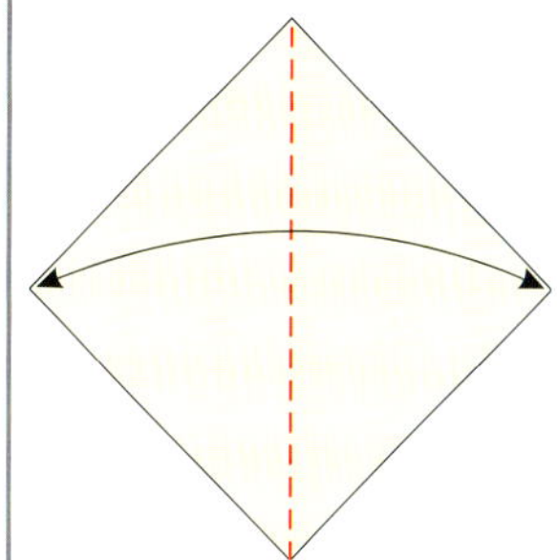

1. Senkrecht die Mitte falten, wieder öffnen.

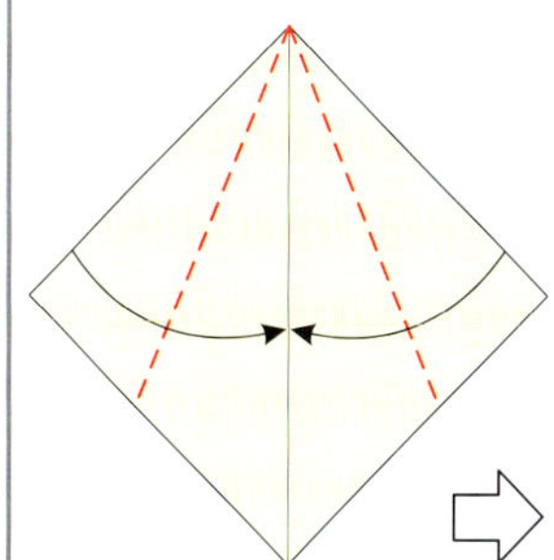

2. Linien zur Mitte falten, liegen lassen.

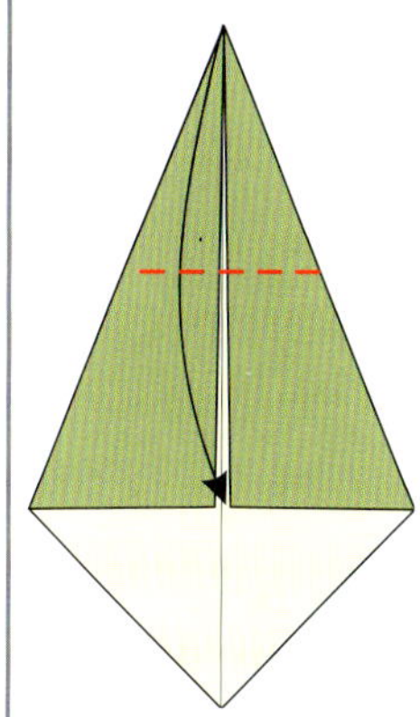

3. Spitze nach unten falten, liegen lassen.

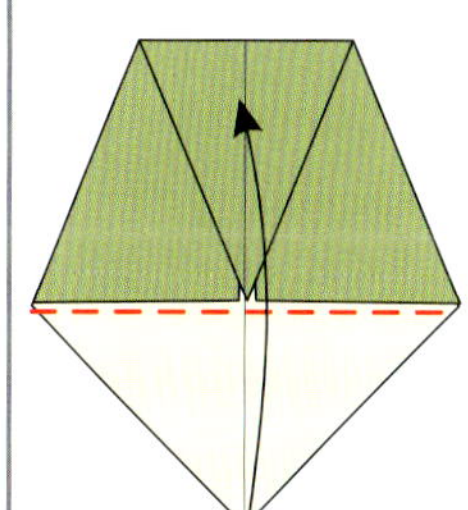

4. Spitze nach oben falten, liegen lassen.

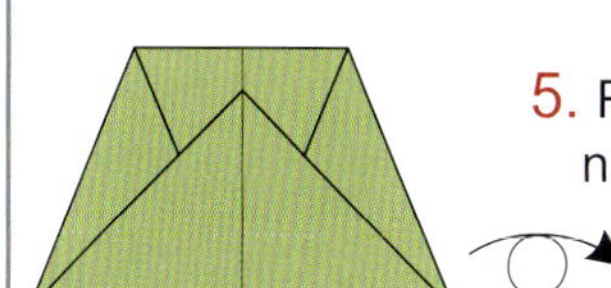

5. Rückseite nach oben legen.

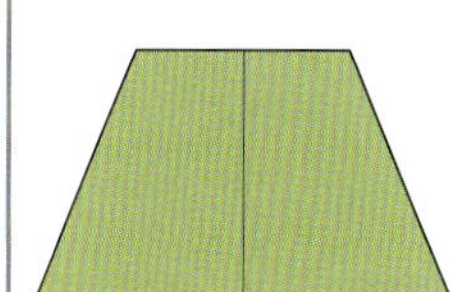

6. Fertiges Einzelteil Hut.

Windmühlenstern

MATERIAL
Für diesen Stern benötigt man 1 Blatt weihnachtliches Papier.
Maße: 10x10 oder 8x8 cm

1. Papier in der Mitte durchschneiden. Beide Teile werden für den Stern benötigt.

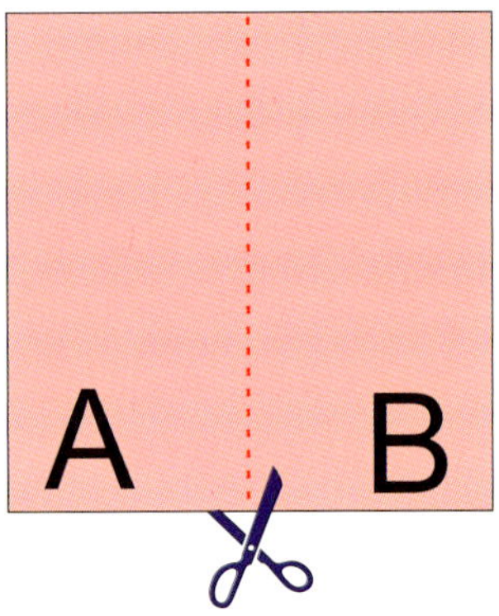

2. Senkrecht die Mitte falten, liegen lassen.

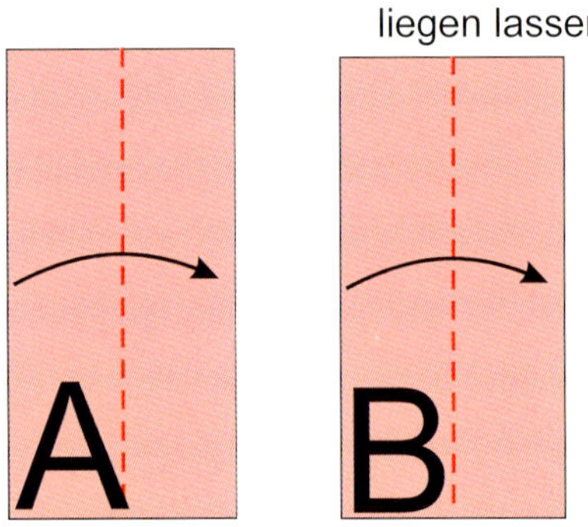

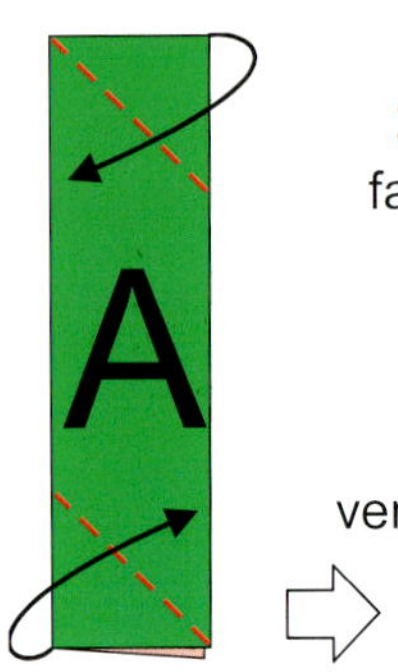

3. Schräge Linien falten, siehe Pfeile, liegen lassen. Achtung: Die **A** und **B** Teile dürfen nicht verwechselt werden.

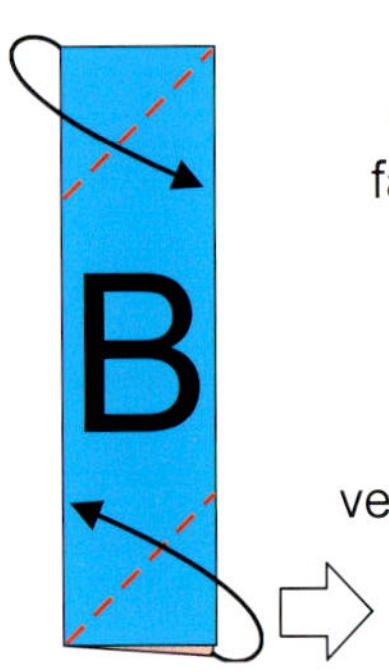

4. Schräge Linien falten, siehe Pfeile, liegen lassen. Achtung: Die **A** und **B** Teile dürfen nicht verwechselt werden.

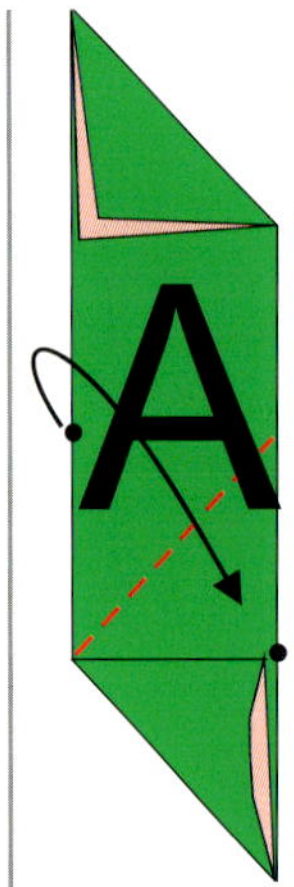

5. Schräge Linien nach außen falten, siehe Pfeile, liegen lassen. Achtung: Die **A** und **B** Teile dürfen nicht verwechselt werden.

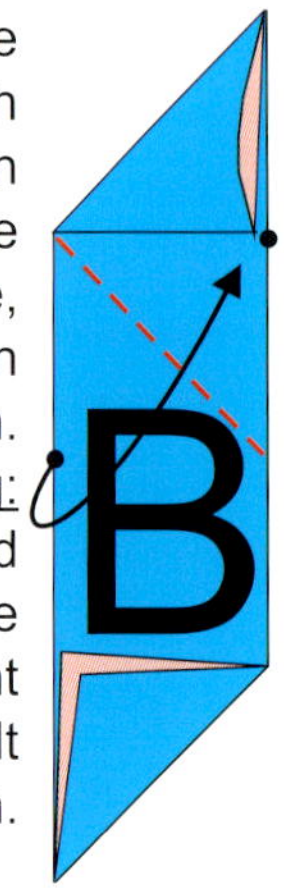

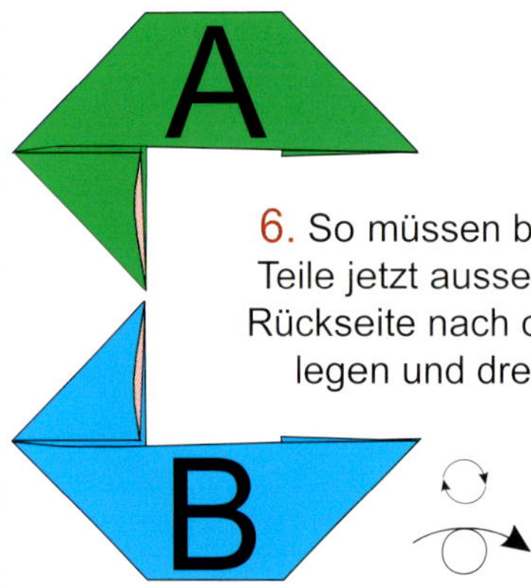

6. So müssen beide Teile jetzt aussehen. Rückseite nach oben legen und drehen.

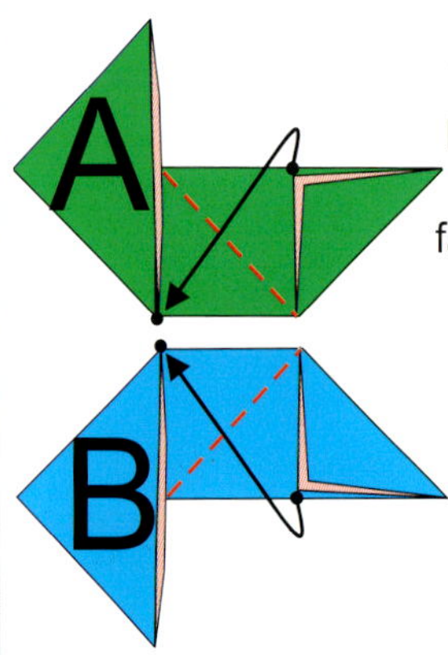

7. Schräge Linien nach außen falten, siehe Pfeile, liegen lassen.

8. So sehen beide Teile auf der Vorderseite aus. Rückseite nach oben legen.

9. So sehen beide Teile auf der Rückseite aus.

10. Vorderseite Teil A waagerecht legen. Rückseite Teil B senkrecht darüber legen. Spitzen von Teil A in Teil B schieben, siehe Pfeile. Rückseite nach oben legen.

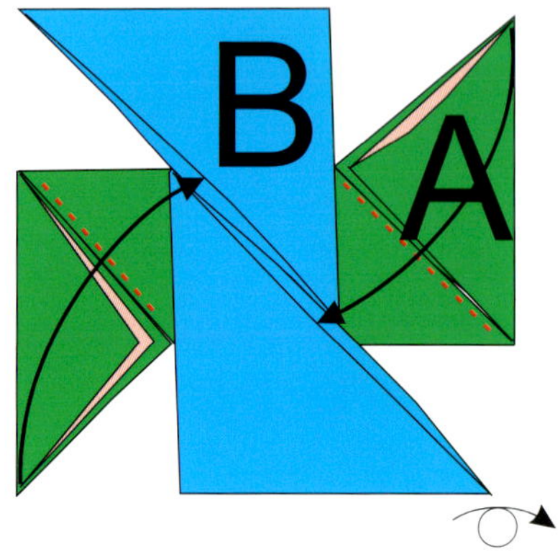

11. Spitzen von Teil B in Teil A schieben, siehe Pfeile.

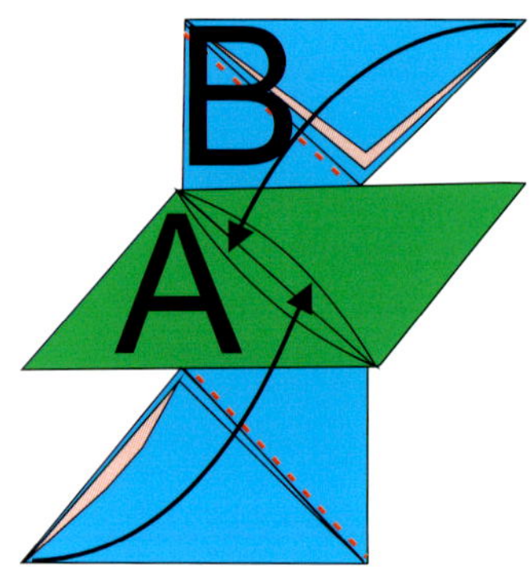

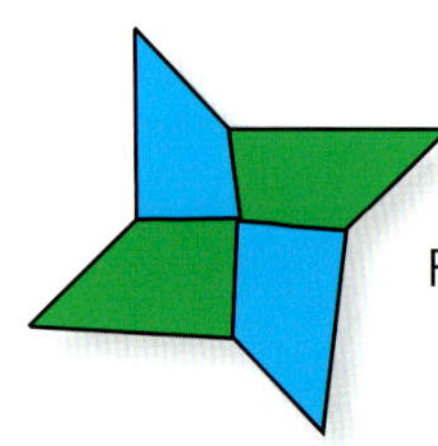

12. Fertiges Modell.

Glücksstern

MATERIAL
Für diesen Stern benötigt man
1 Streifen
japanisches Papier.
Maße: 1,5 x 29,5 cm

1. Streifen zu einer Schlaufe legen, Papier durchziehen siehe Pfeil.

2. Mit dem langen Ende die lockere Schlaufe vorsichtig zu einem Knoten festziehen.

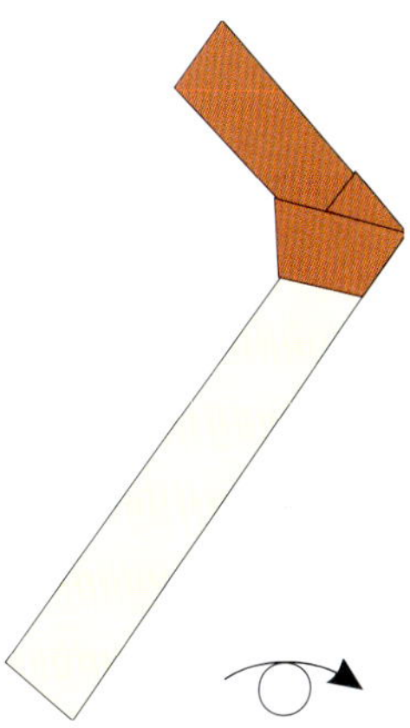

3. Rückseite nach oben legen.

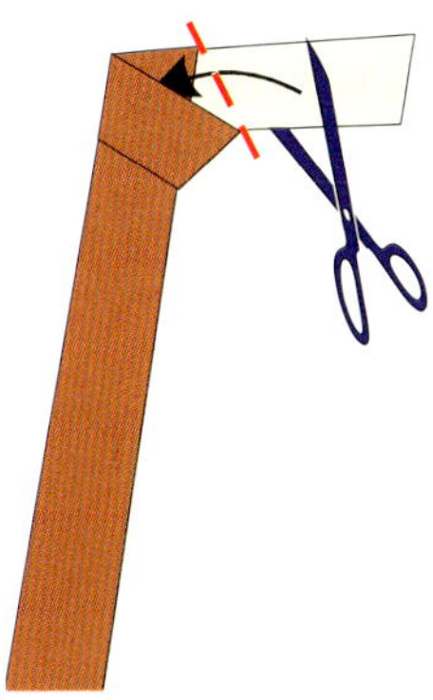

4. Das kurze Ende etwas abschneiden und in den Knoten schieben.

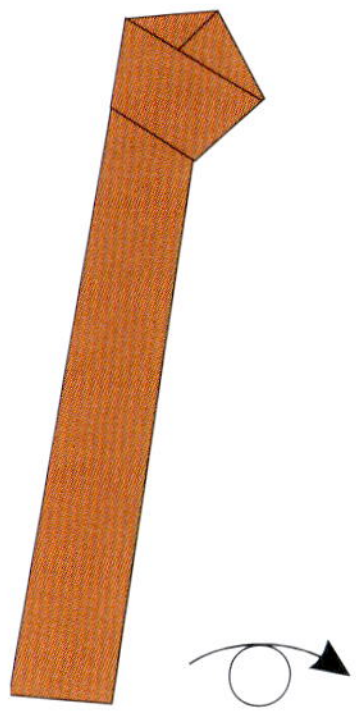

5. Rückseite nach oben legen.

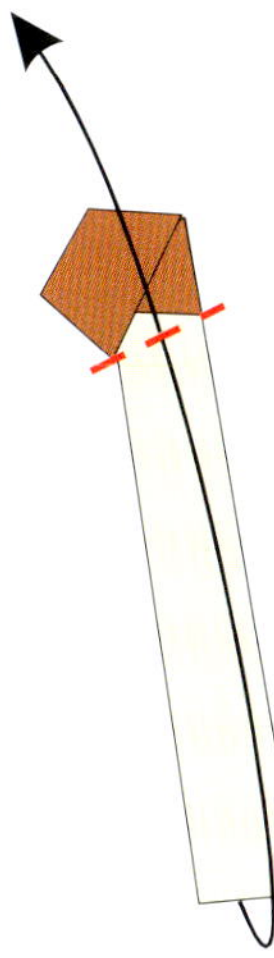

6. Den Streifen an der linken Kante des Knotens nach oben falten, liegen lassen, siehe auch Diagramm Nr.7.

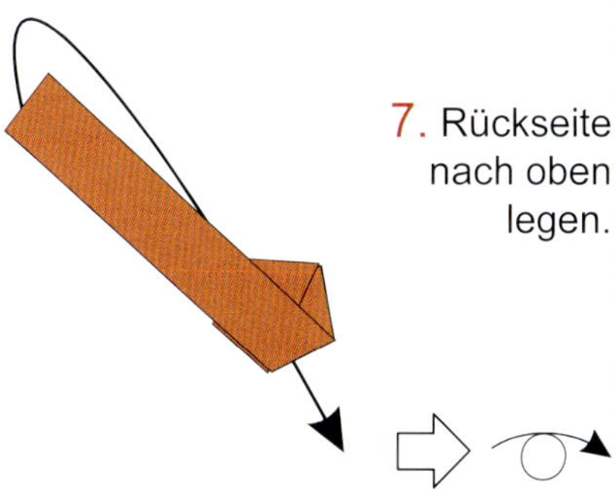

7. Rückseite nach oben legen.

8. Mit dem restlichen Streifen die Schritte Nr.6-7 immer wiederholen.

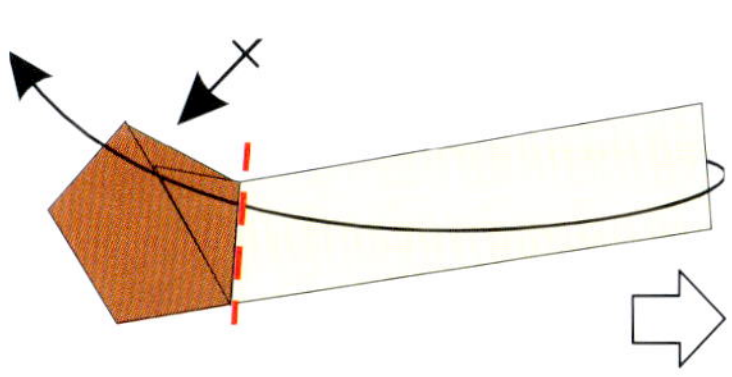

9. Das Streifenende wird unter die Papierlagen geschoben.

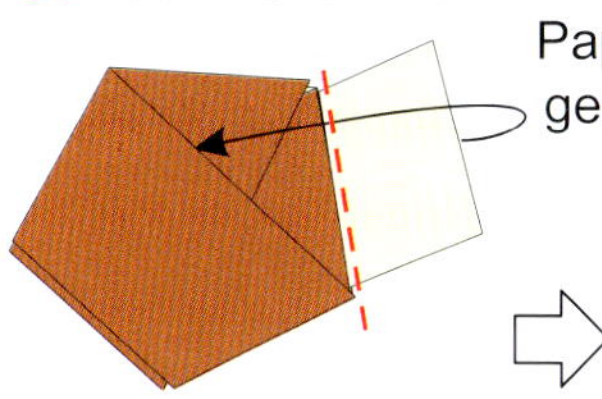

10. Den fertigen Stern jetzt an den fünf Seitenteilen mit den Fingern leicht eindrücken, dadurch entsteht die 3D Wirkung.

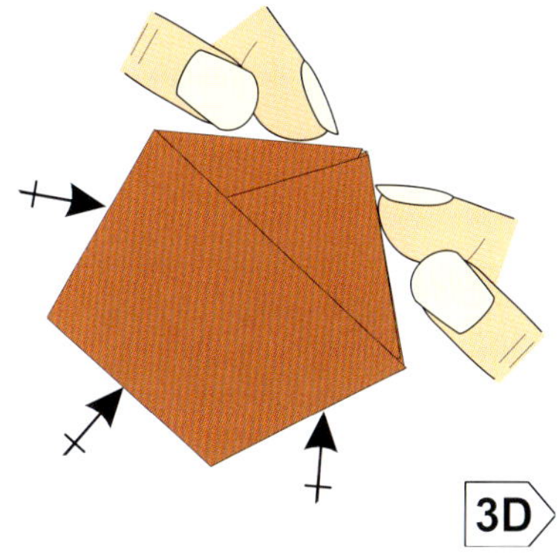

11. Fertiges Modell.

Geschenkverpackungen

Stern von Seite 92

Stern von Seite 26

Stiefel von Seite 58

Nikolaus von Seite 63

Stern von Seite 22

Schneeflocke von Seite 21

Glocken von Seite 79

Stern von Seite 30

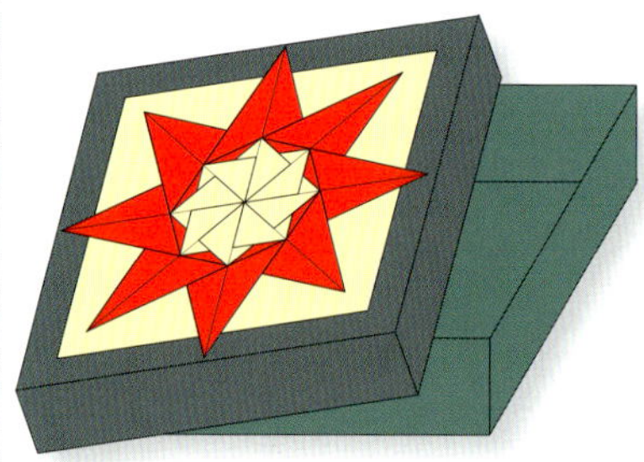

Stern von Seite 78

Kartons mit japanischem Papier überzogen

ORIGAMI Weihnachtskrippe*

*Bastel-Set von Paper Frog
(Anleitung nicht in diesem Buch!)

Orisue für Geldgeschenke

Orisue sind traditionelle Schachteln zur Aufbewahrung der Fäden, mit denen die kostbaren japanischen Kimonos zusammengenäht werden.
Bevor ein Kimono gereinigt werden kann, müssen die Stoffbahnen voneinander getrennt werden. Dazu werden die seidenen Nähfäden aus dem Gewebe gezogen. Da diese Fäden ebenso wertvoll sind wie der Seidenstoff der Kimonos, werden sie wieder verwendet.

MATERIAL
Für dieses Orisue benötigt man
1 Blatt
DUO COLOR Papier.
Maße: 15x30 oder 10x20 cm

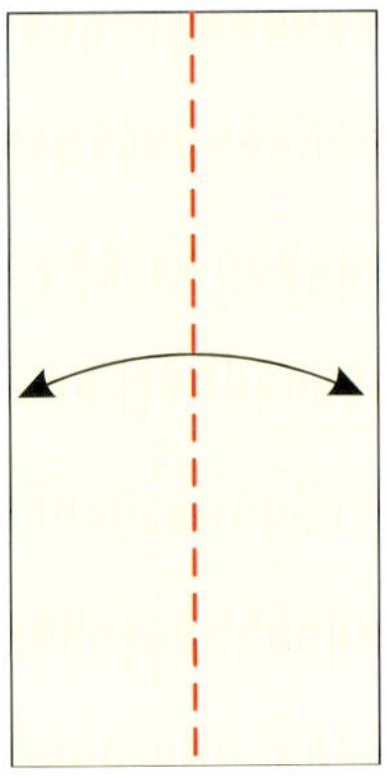

1. Senkrecht die Mitte falten, wieder öffnen.

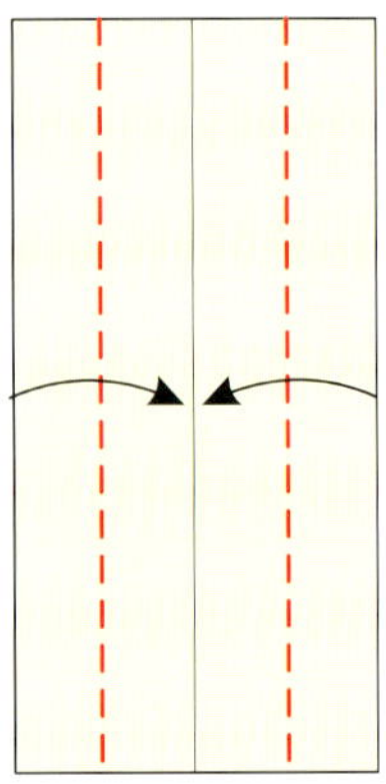

2. Beide Linien an die Mitte falten, liegen lassen.

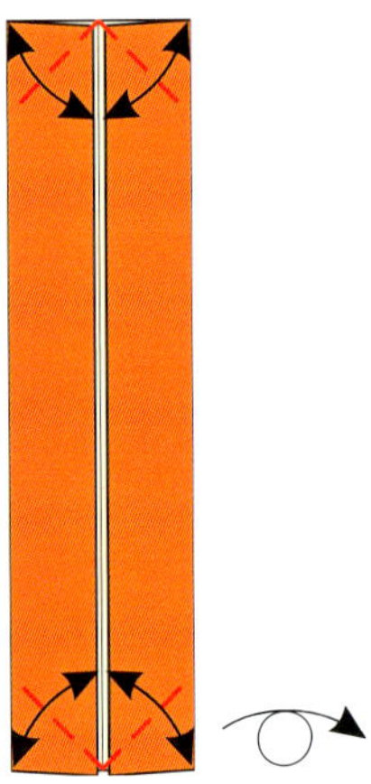

3. Schräge Linien an die Mitte falten, wieder öffnen. Rückseite nach oben legen.

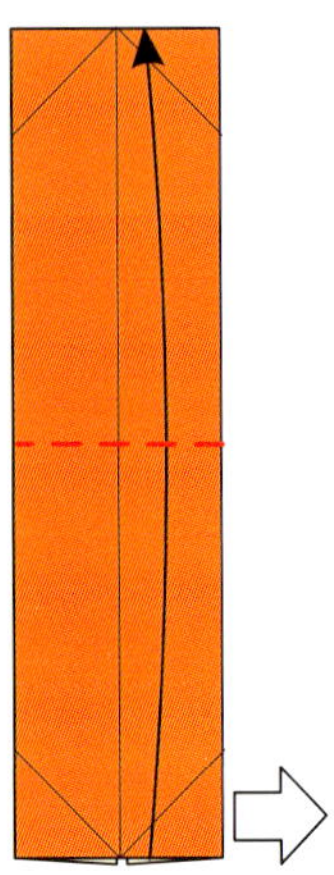

4. Waagerechte Linie falten, liegen lassen.

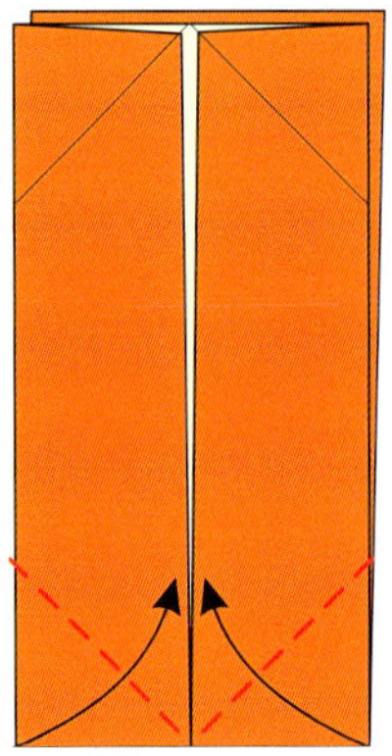

5. Schräge Linien an die Mitte falten, liegen lassen.

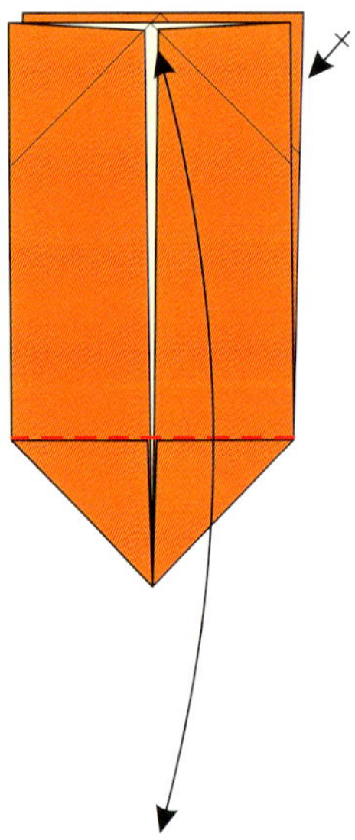

6. Waagerechte Linie nur mit dem vorderen Teil falten, wieder öffnen. Auf der Rückseite wiederholen.

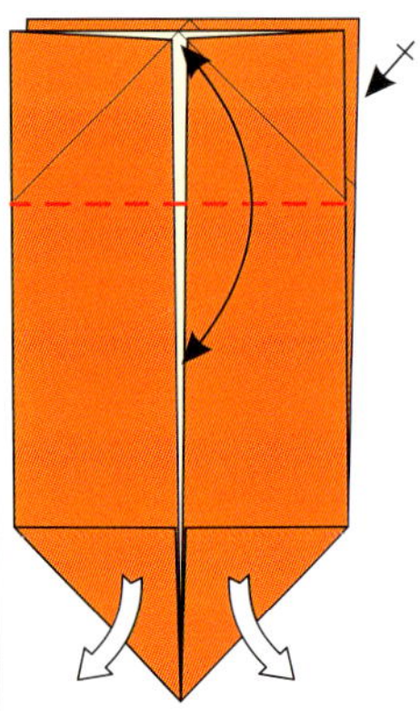

7. Waagerechte Linie nur mit dem vorderen Teil falten, wieder öffnen. Auf der Rückseite wiederholen. An der unteren Spitze die Dreiecke wieder öffnen.

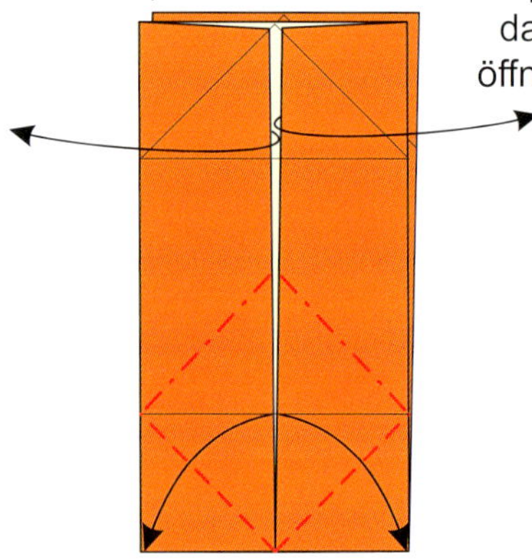

8. Siehe Pfeile, von der Mitte aus die schrägen Linien nach außen falten, im oberen Teil das Papier dabei öffnen.

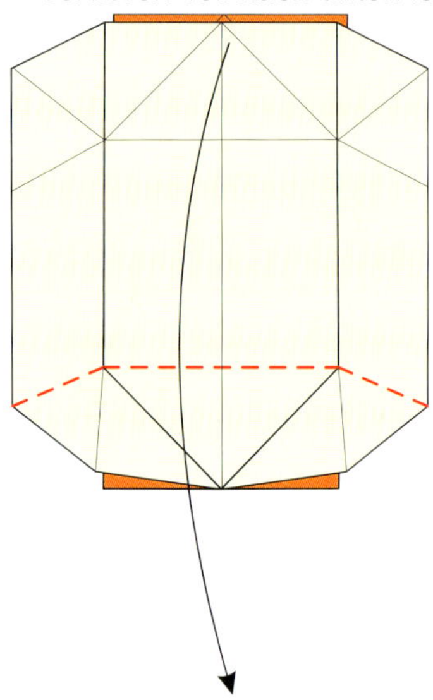

9. Siehe Pfeil, nur mit dem vorderen Teil nach unten falten.

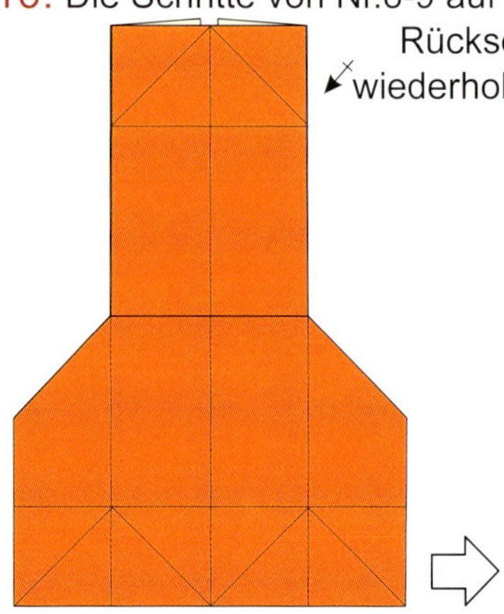

10. Die Schritte von Nr.8-9 auf der Rückseite wiederholen.

11. Beide Linien zur Mitte falten, auf der Rückseite wiederholen.

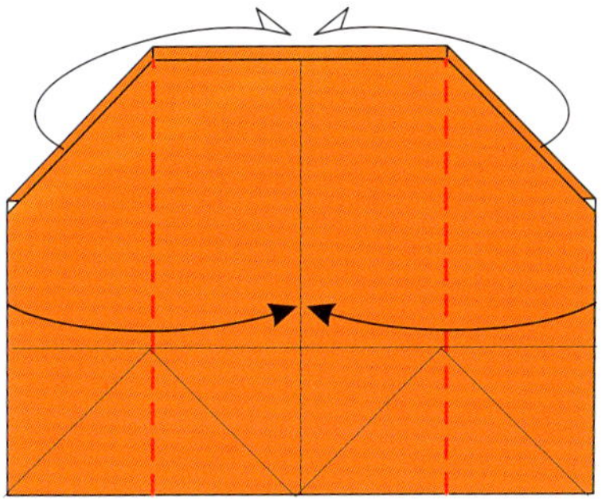

12. Siehe Pfeile, von der Mitte aus die schrägen Linien nach außen falten, auf der Rückseite wiederholen.

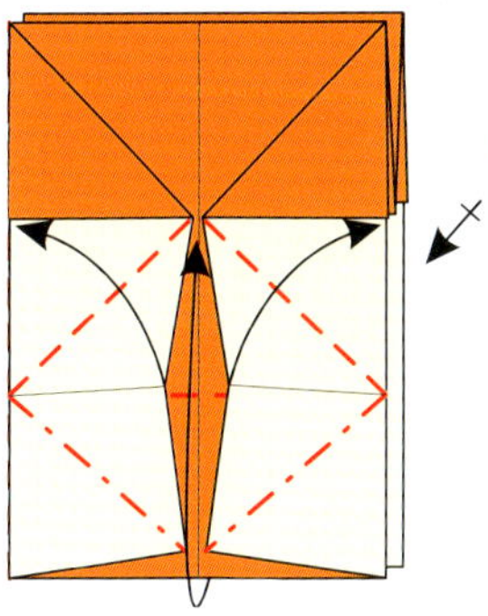

13. Siehe Pfeile, schrägen Linien nach unten falten, dabei seitlich eindrücken, auf der Rückseite wiederholen.

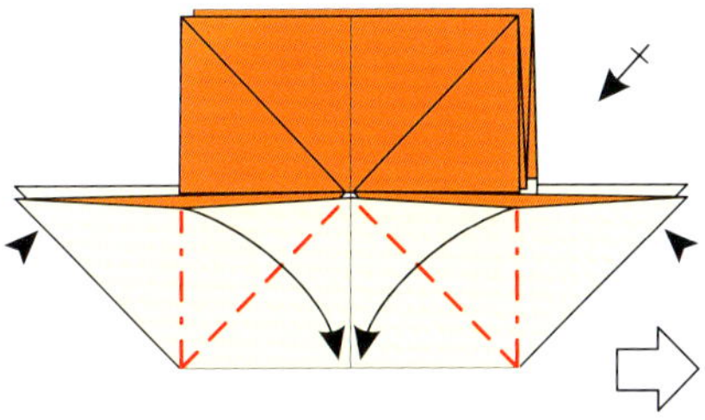

14. Siehe Pfeile, die schrägen Linien falten, wieder öffnen. Auf der Rückseite wiederholen.

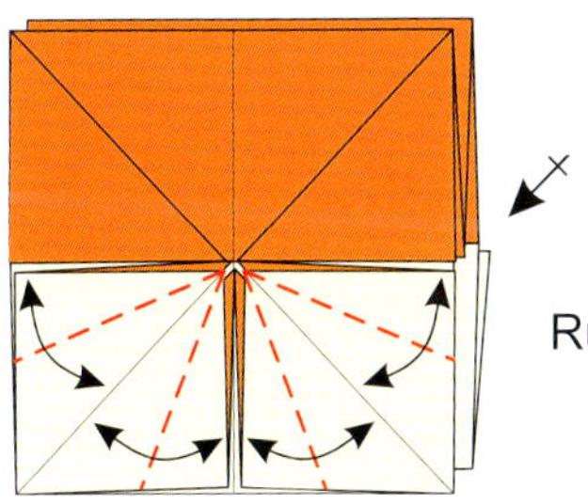

15. Bergfalten formen und Papier nach innen lagen. Auf der Rückseite wiederholen.

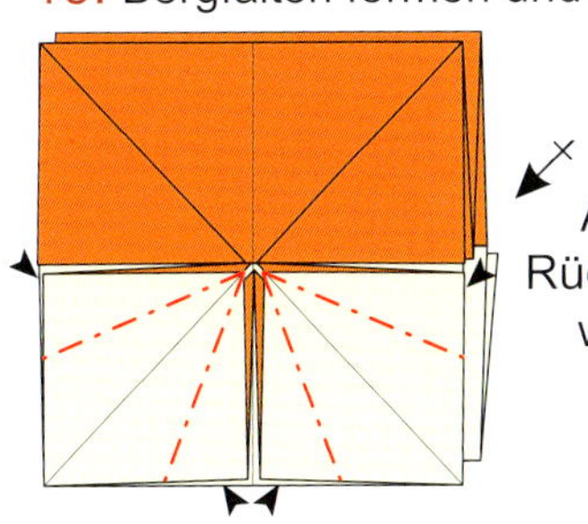

16. Nur mit dem vorderen Teil waagerechte Linie falten, liegen lassen.

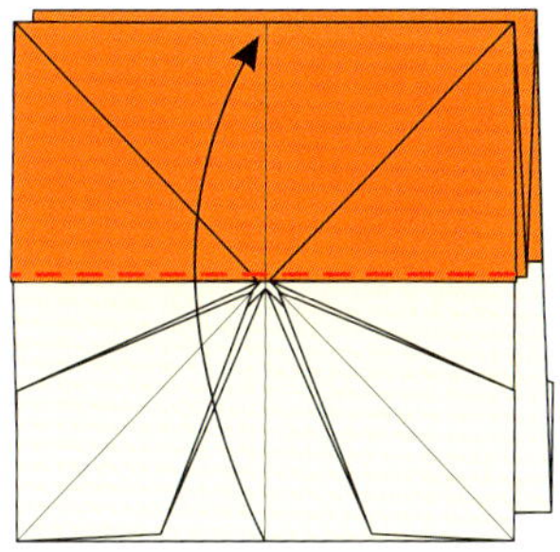

17. Nur mit dem vorderen Teil schräge Linien falten, dabei die Spitzen nach vorne ziehen, nicht mitfalten.

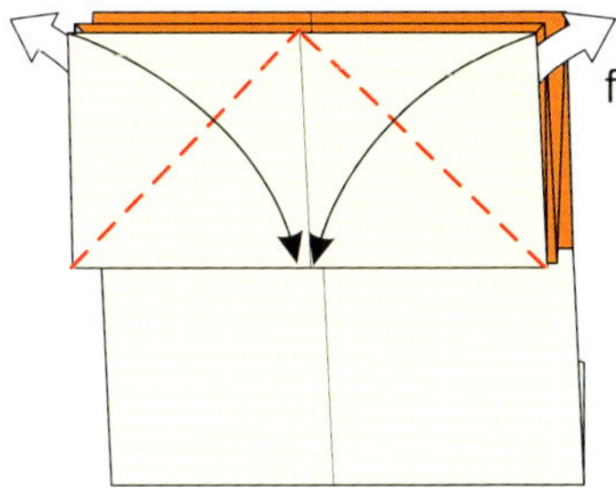

18. Rückseite nach oben legen.

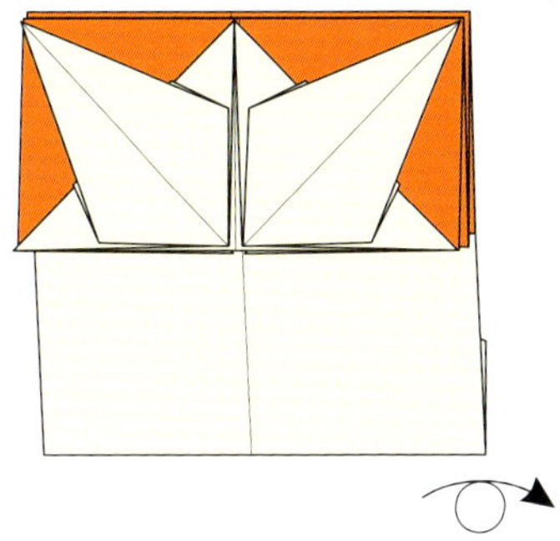

19. Die Schritte von Nr.16-17 nun auf der Vorderseite wiederholen.

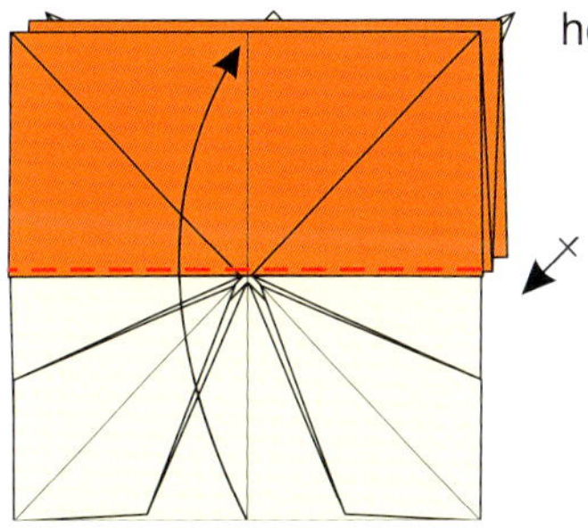

20. Das rückwärtige Teil nun nach unten falten und drehen, liegen lassen.

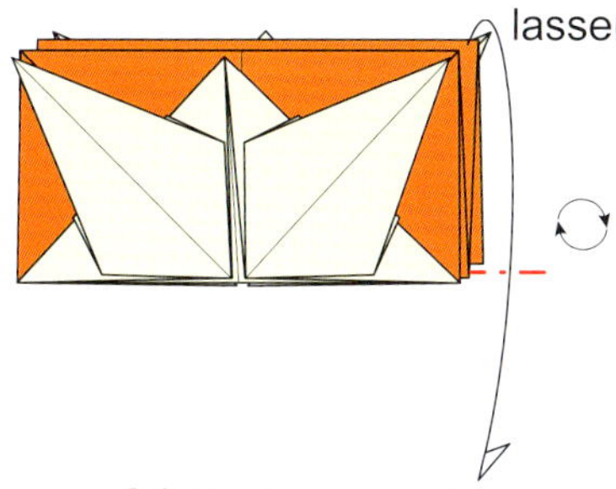

21. Fertiges geschlossenes kleines weihnachtliches ORISUE.

22. Fertige geöffnete kleine weihnachtliche Tasche. Da die ORISUE sehr flach sind, können gut Geldgeschenke darin überreicht werden.

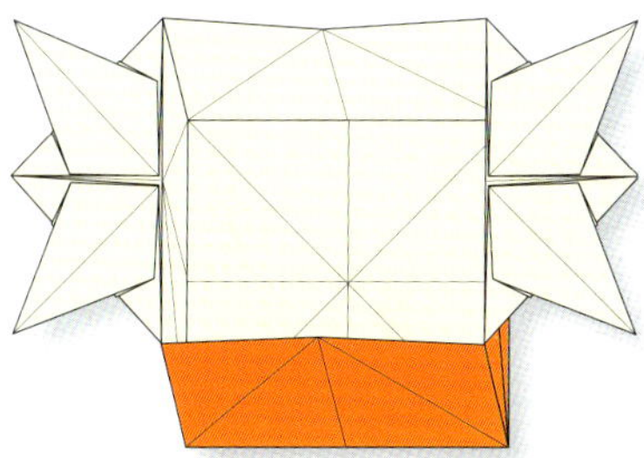

Brief mit Tannenbäumen

Modell von Elsje van der Ploeg

<u>MATERIAL Brief</u>
Für diesen Brief benötigt man
1 Blatt
Briefpapier.
Maße: A4

1. Zweimal waagerecht die Mitte falten, wieder öffnen. Rückseite nach oben legen.

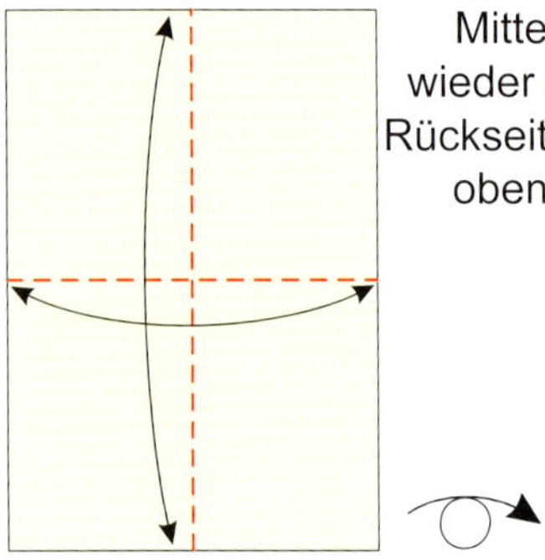

2. Diagonale falten, wieder öffnen. Rückseite nach oben legen.

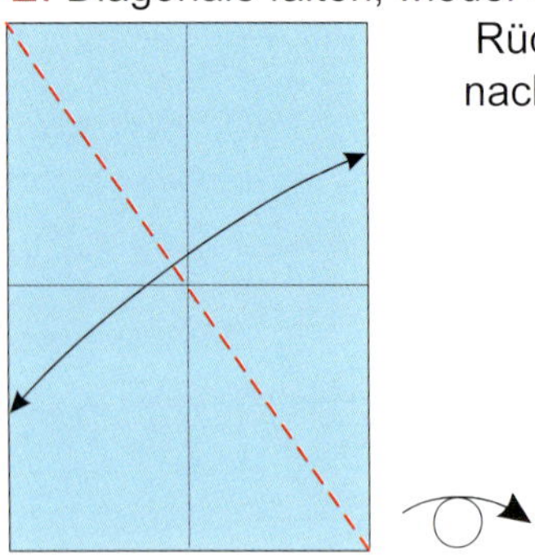

3. Von den drei Ecken (Bergfalte), an die rechte untere Ecke legen, siehe Pfeile.

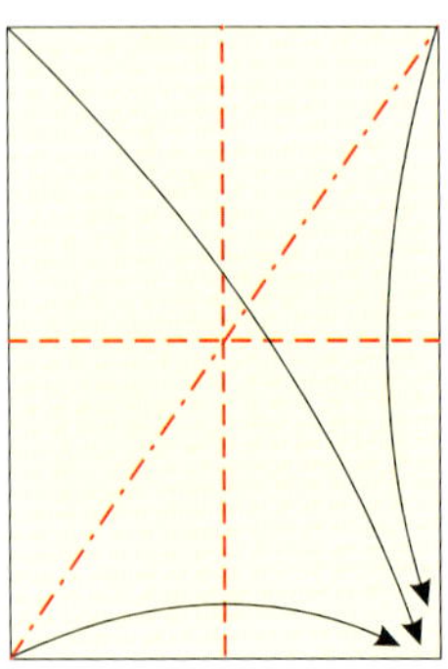

4. Fertiger Brief.

<u>MATERIAL Tanne</u>
Für die Tannen benötigt man
3 Blätter
grünes Papier.
Maße: 6x6 cm

Start. Diagramme von Seite 94 bis Nr.1 falten.

1. Rechte obere und untere Spitze zur Mitte falten, liegen lassen. Linke obere Spitze zur Rückseite falten, liegen lassen.

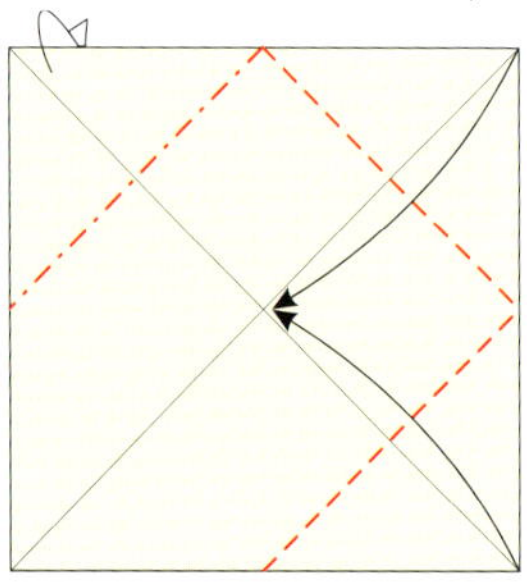

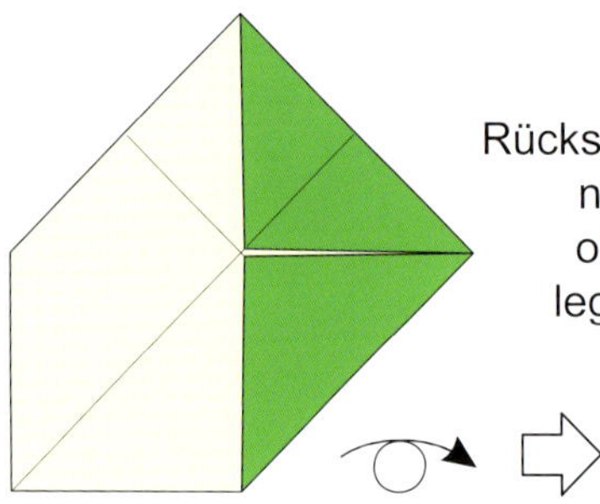

2. Rückseite nach oben legen.

3. Schräge Linie falten, das untere Dreieck dabei nicht mitfalten, siehe Pfeile, liegen lassen.

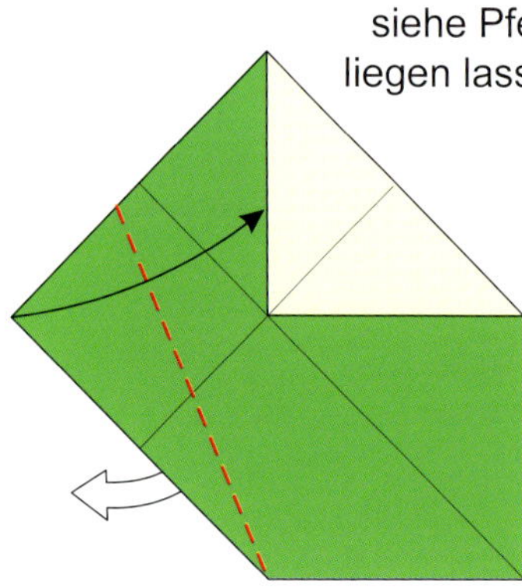

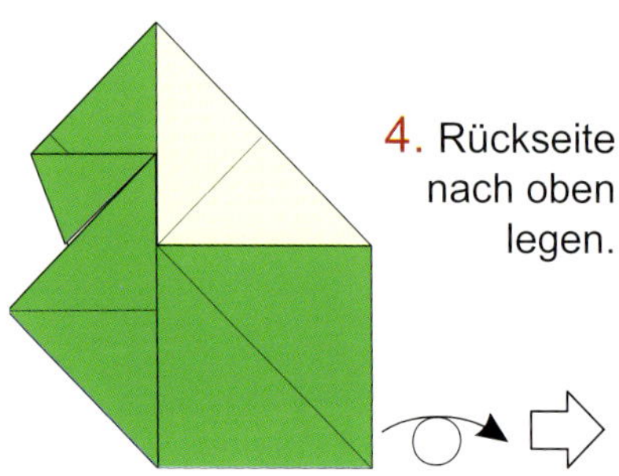

4. Rückseite nach oben legen.

5. Waagerechte Linie falten, siehe Pfeile, liegen lassen.

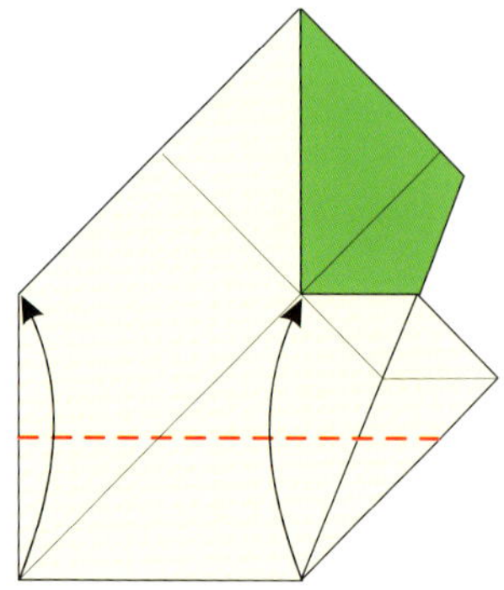

6. Schräge Linie falten, das untere Dreieck dabei nicht mitfalten, siehe Pfeile. Das Papier dann unter das grüne obere Dreieck schieben, siehe Pfeil.

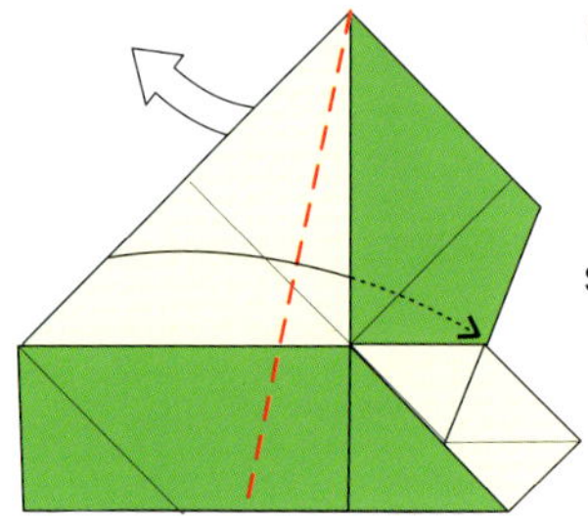

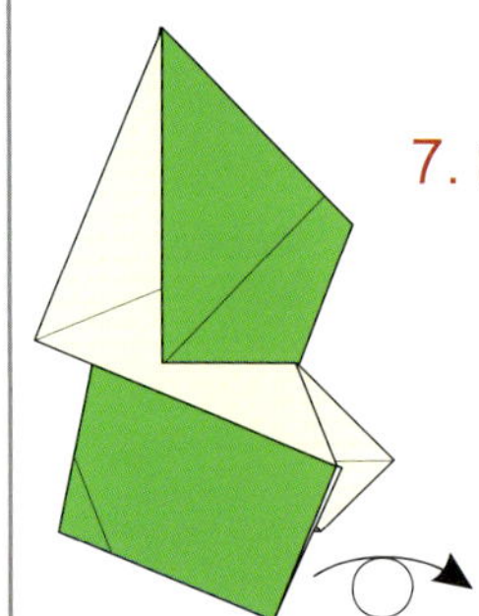

7. Rückseite nach oben legen.

8. Fertige Tanne, dreimal falten.

9. Fertiges Modell.

Weihnachts-grüße

Modell von Paula Versnick

MATERIAL
Für diesen Stern benötigt man
8 Blätter
DUO COLOR Papier.
Maße: 4x4 cm

1. Senkrechte Mitte falten, wieder öffnen.

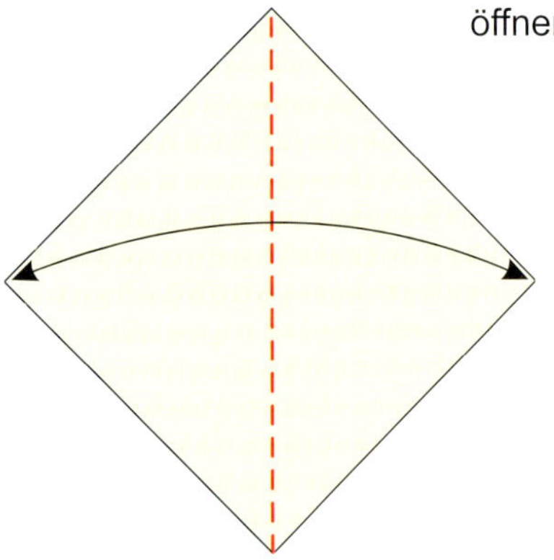

2. Schräge Linien an die Mitte falten, liegen lassen.

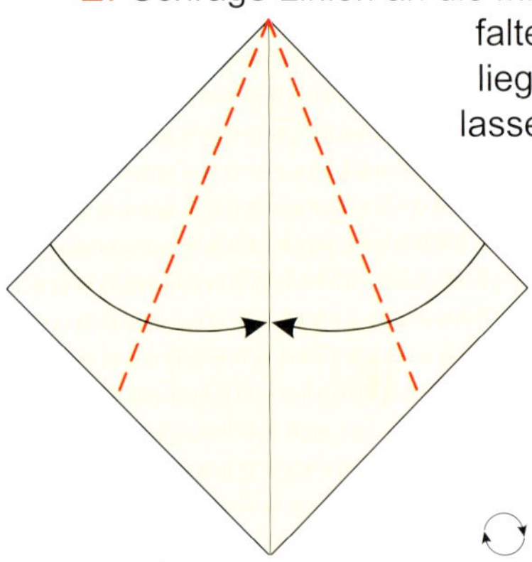

3. Untere Spitze nach oben falten, liegen lassen.

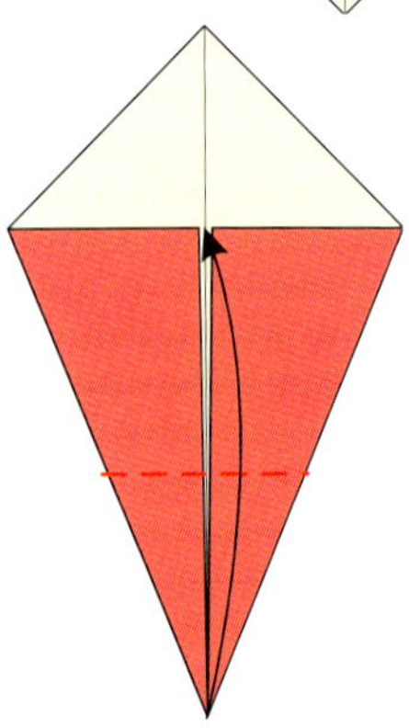

4. Die Ecken jeweils nach außen schieben, die oben liegende Spitze muß dabei in der Mitte liegen bleiben.

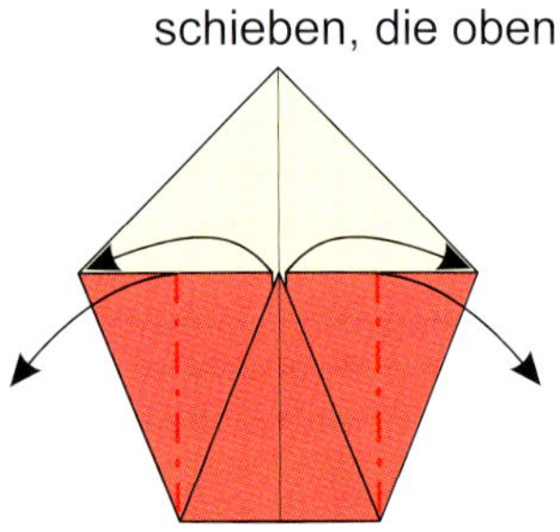

5. Fertiges Einzelteil, achtmal falten.

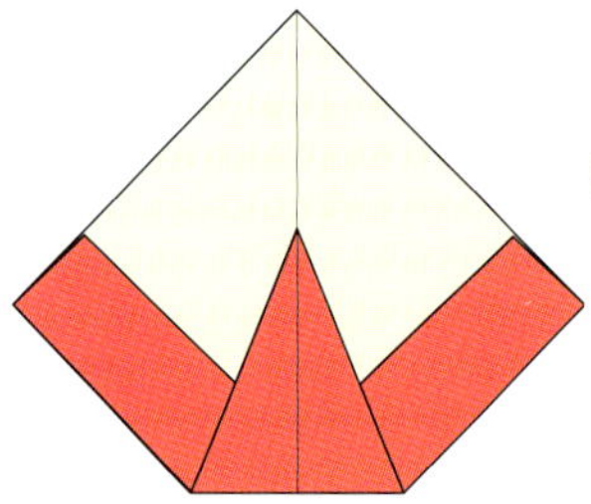

6. Vier Einzelteile so auf eine Karte kleben.

7. Ein Einzelteil jetzt so unter die Spitzen kleben, siehe Pfeile.

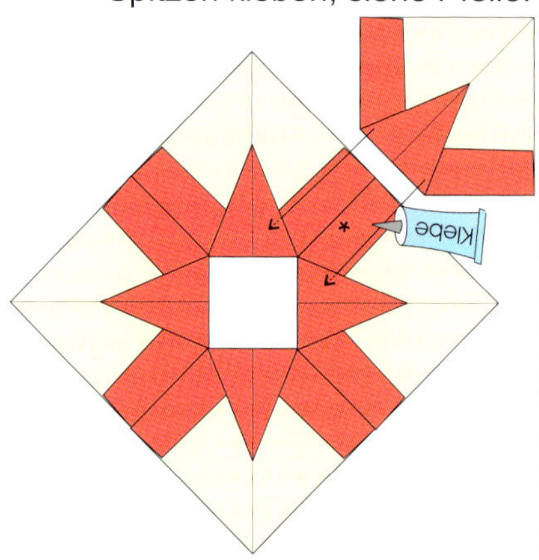

8. Den Schritt Nr.7 mit den restlichen drei Einzelteilen wiederholen.

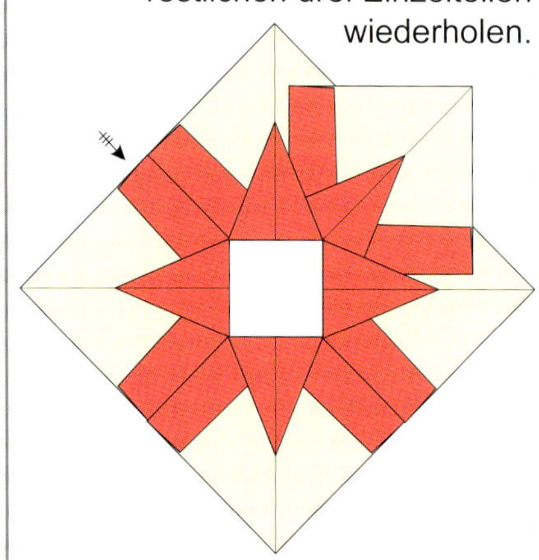

9. Fertiger Stern für eine Karte oder andere Geschenkverpackungen.

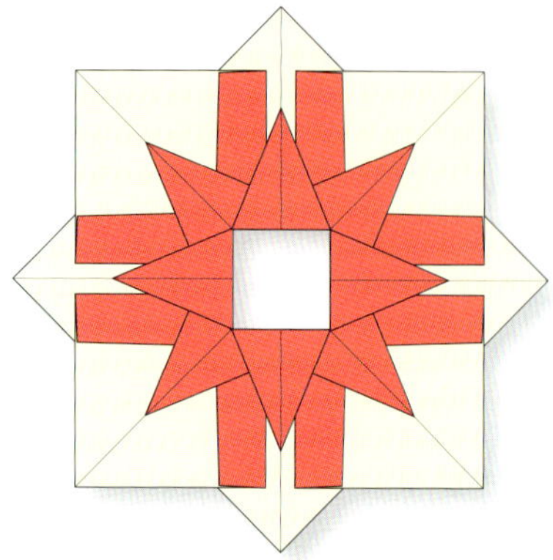

MATERIAL
Für diesen Stern benötigt man
4 Blätter
DUO COLOR Papier.
Maße: 5x5 cm

Start.
Diagramme von Seite 122 bis Nr.2 falten.

1. Obere Spitze zur Rückseite falten, siehe Pfeil, liegen lassen.

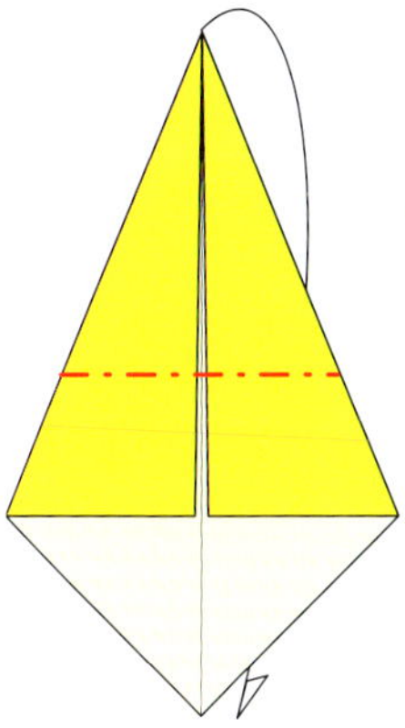

2. Waagerechte Linie nach oben falten, siehe Pfeil, liegen lassen.

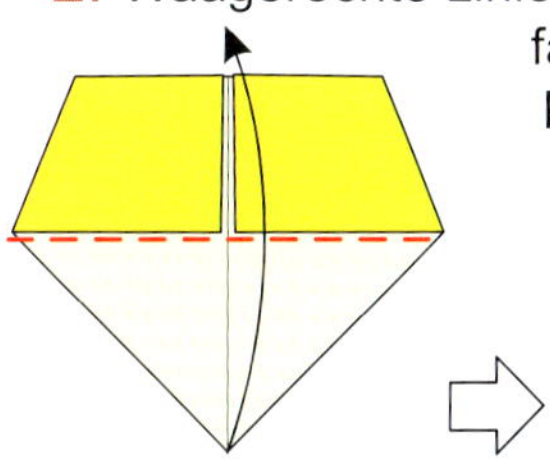

3. Nur mit der Spitze waagerechte Linie nach unten falten, siehe Pfeil, liegen lassen.

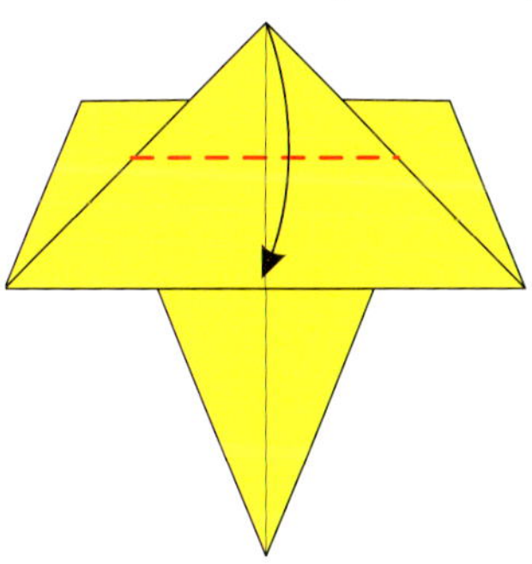

4. Nur mit der Spitze waagerechte Linie nach oben falten, siehe Pfeil, liegen lassen.

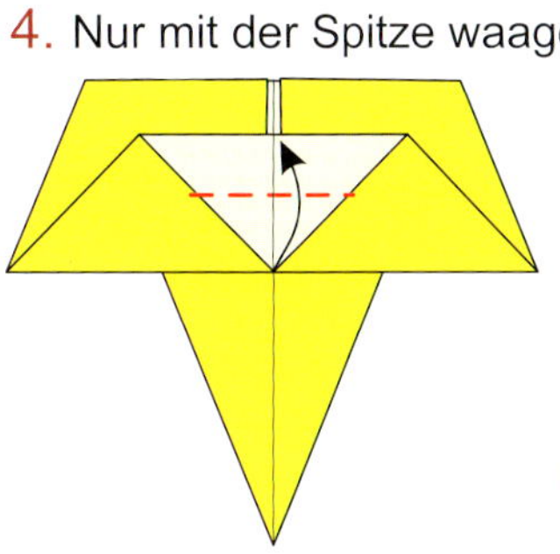

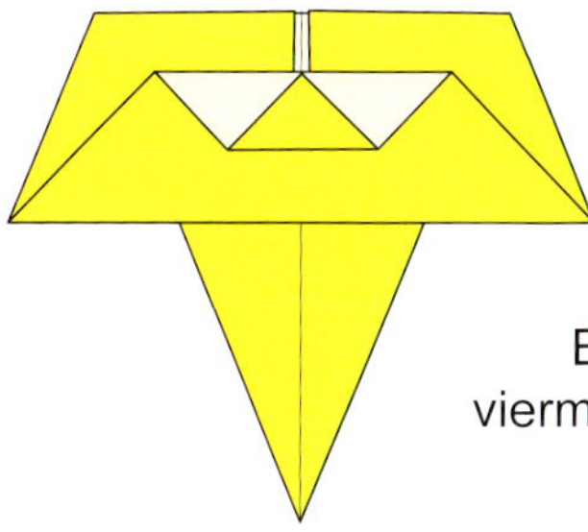

5. Fertiges Einzelteil, viermal falten.

6. Das linke Einzelteil jetzt so unter die Papierlagen vom rechten Einzelteil kleben, siehe Pfeile und Diagramm Nr.7.

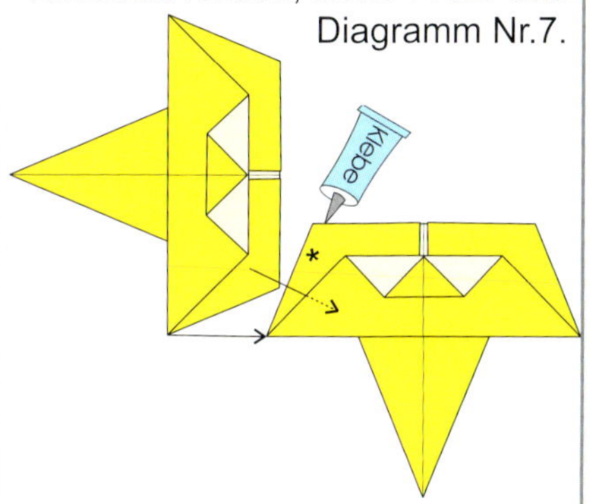

7. Den Schritt Nr.6 mit den restlichen zwei Einzelteilen wiederholen.

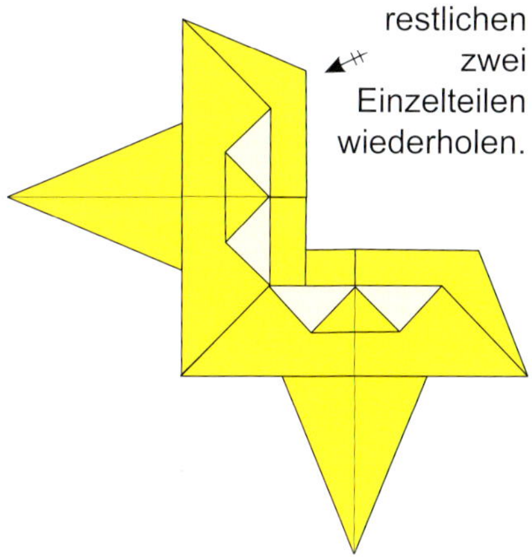

8. Fertiger Stern für eine Karte oder andere Geschenkverpackungen.

Karte mit 3D Tannenbaum

Modell von J. van Schuylenburg

MATERIAL
Für diesen Tannenbaum werden 3 Blätter grünes Papier benötigt.
Maße: 11x11, 13x13, 15x15 cm

1. Zweimal waagerecht die Mitte falten, wieder öffnen. Rückseite nach oben legen.

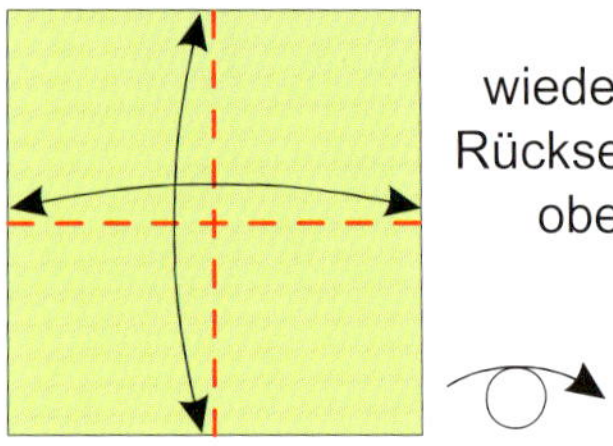

2. Zweimal diagonal die Mitte falten, wieder öffnen. Rückseite nach oben legen.

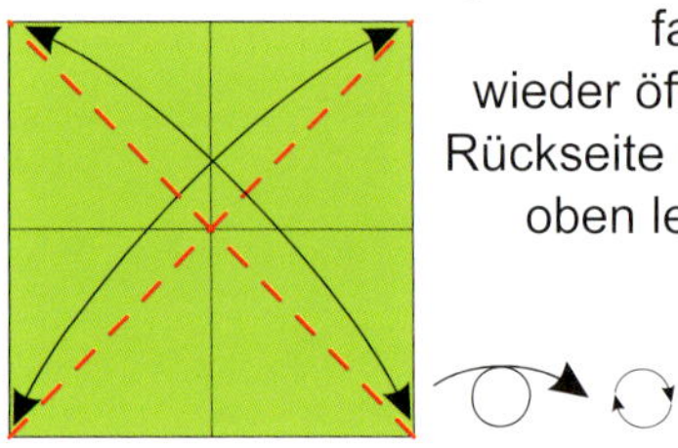

3. Von der waagerechten Mitte (Bergfalte), die seitlichen Ecken zur oberen Spitze legen. Die untere Spitze dann ebenfalls nach oben legen, siehe Pfeile. Modell drehen.

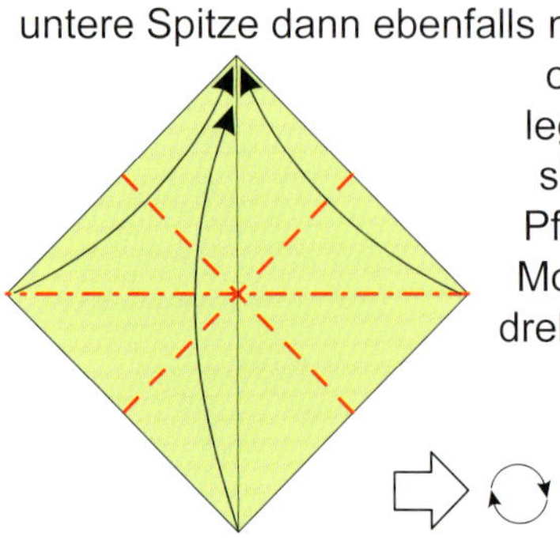

4. Nur mit der oberen Papierlage Linie falten, liegen lassen. An den anderen drei Seiten wiederholen.

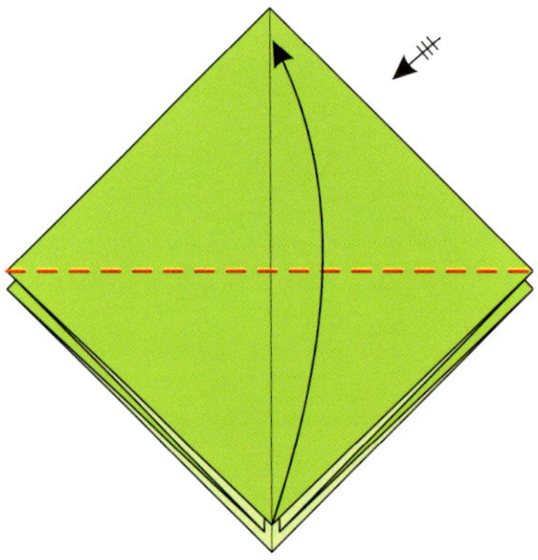

5. Nur mit der oberen Papierlage beide schräge Linien falten, wieder öffnen. An den beiden seitlichen Dreiecken wiederholen.

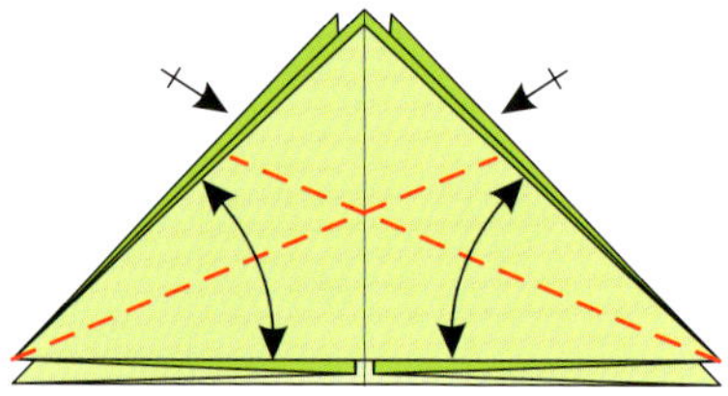

6. Nur mit der oberen Papierlage beide schräge Linien nach unten formen.

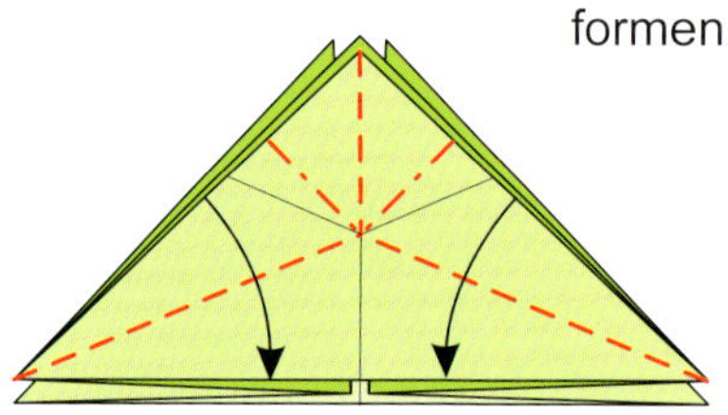

7. In der Mitte formt sich jetzt eine Spitze.

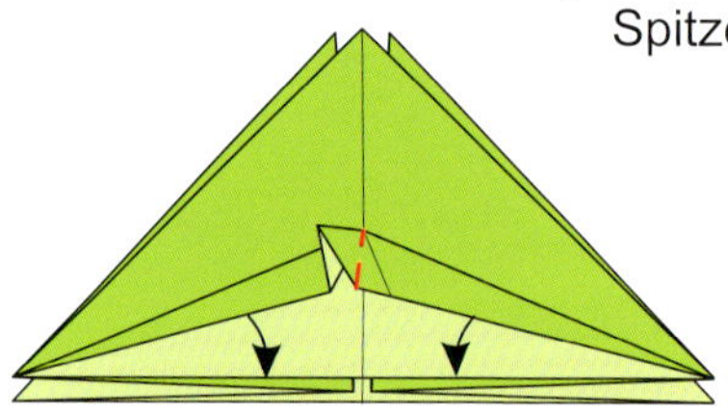

8. Nur mit der oberen Papierlage an den beiden seitlichen Dreiecken die Schritte Nr.6-7 wiederholen.

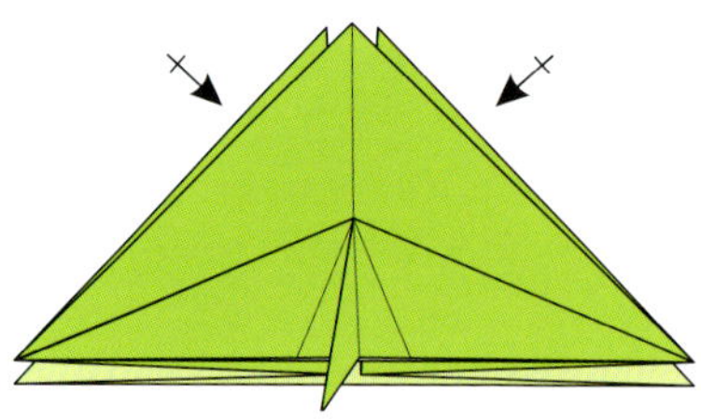

9. Fertiges Einzelteil, dreimal falten.

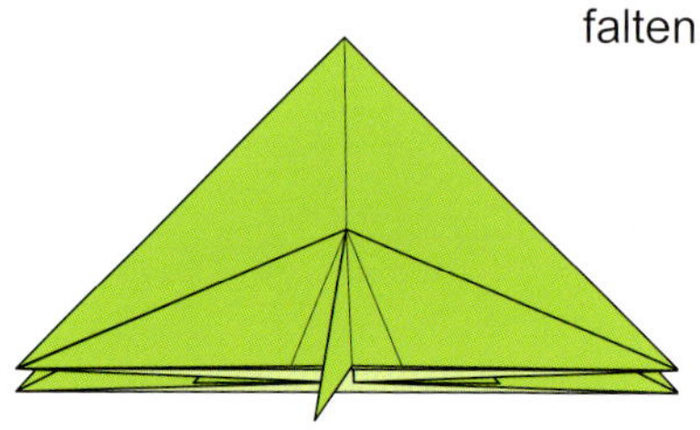

10. Fertiges Modell.

Tannenbaumbrief

Modell von H. van der Kruit

MATERIAL Brief
Für diesen Brief benötigt man
1 Blatt
DUO COLOR Papier.
Maße: A4

1. Waagerechte Linie falten, liegen lassen.

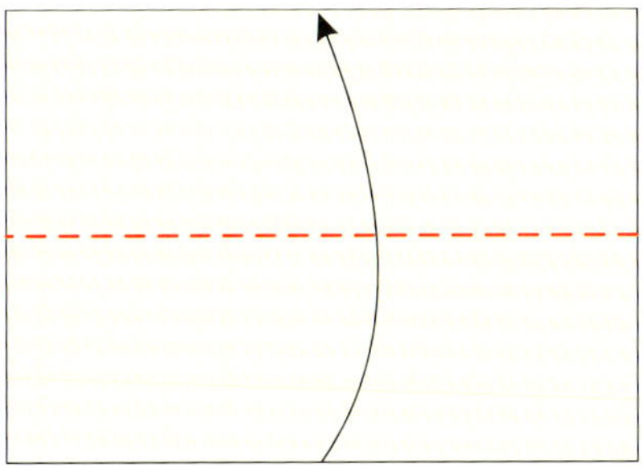

2. Nur mit der oberen Papierlage schräge Linie falten, liegen lassen.

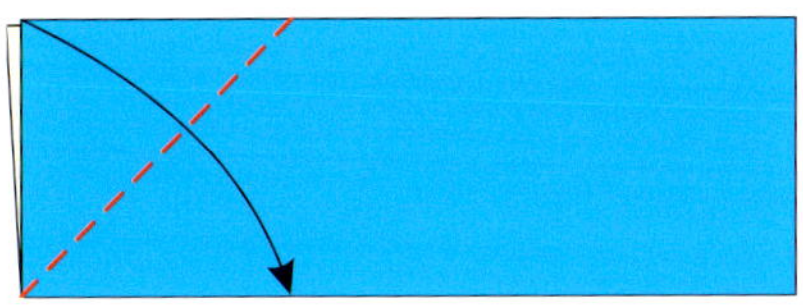

3. Nur mit den beiden Dreiecken schräge Linien falten, wieder öffnen.

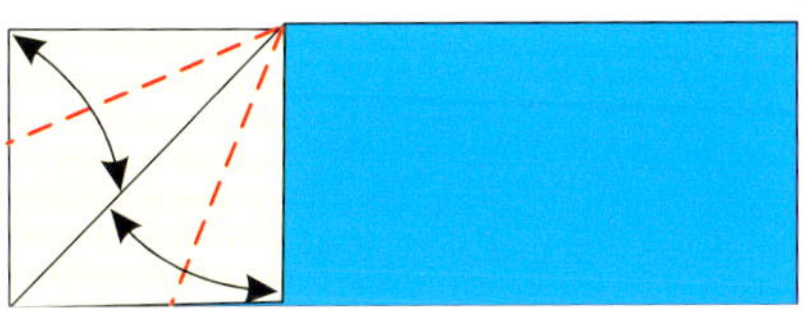

4. Schräge Linie zur Rückseite falten, liegen lassen. Rückseite nach oben legen.

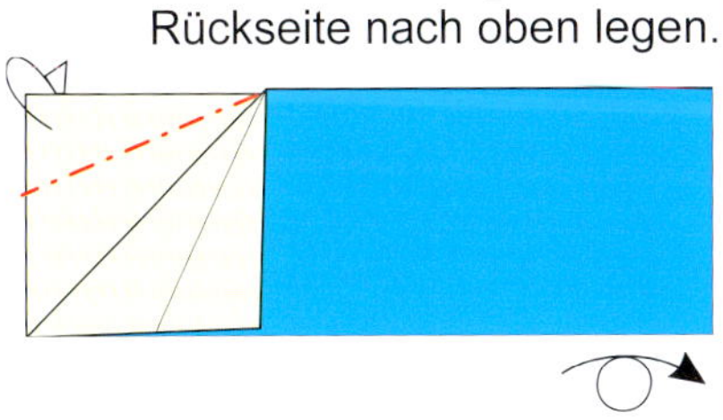

5. Senkrechte Linie falten, wieder öffnen.

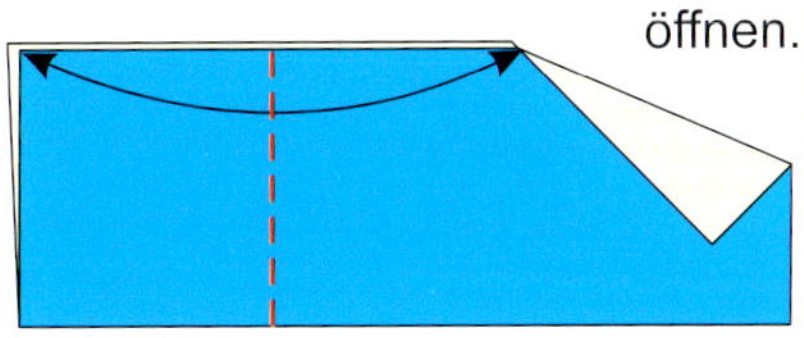

6. Schräge Linie falten, wieder öffnen.

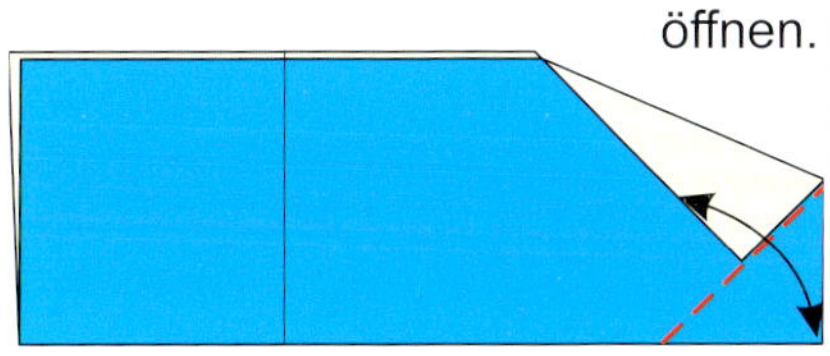

7. Schräge Linie falten, liegen lassen. Oberes Dreieck dann nach rechts legen, siehe auch Diagramm Nr.8.

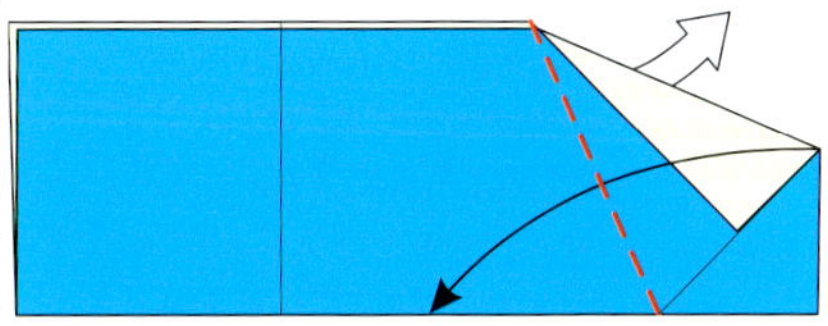

MATERIAL Tanne
Für die Tanne benötigt man
1 Blatt
grünes Papier.
Maße: 15x15 cm

Start Tanne

Diagramme von Seite 108 bis Nr.10 falten, das hintere Dreieck dabei stehen lassen.

8. Tanne in den Brief schieben, siehe Pfeil.

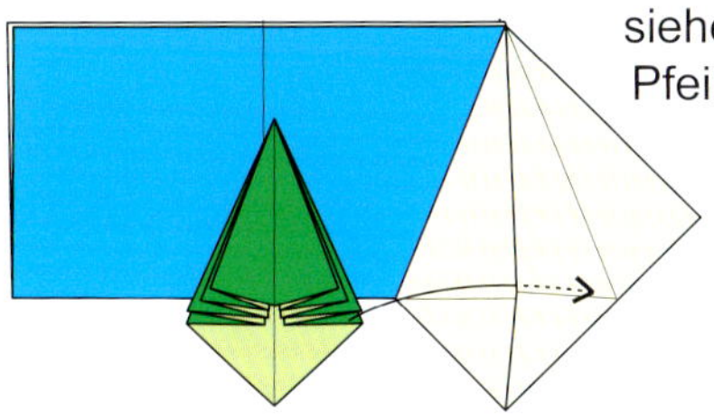

9. Senkrechte Linie falten und unter die Papierlagen schieben, siehe Pfeil.

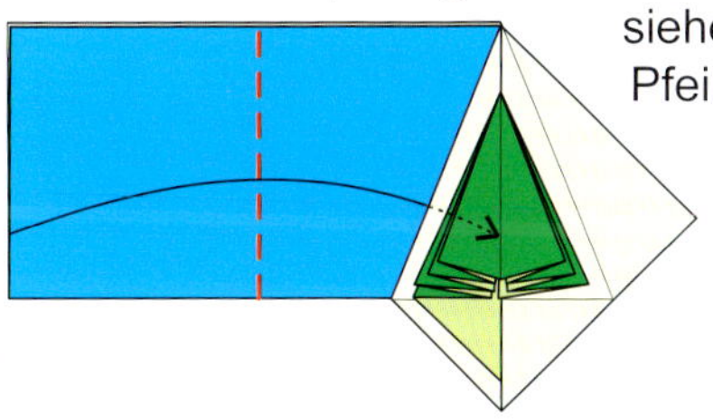

10. Waagerechte Linie zur Rückseite falten, liegen lassen. Rückseite nach oben legen.

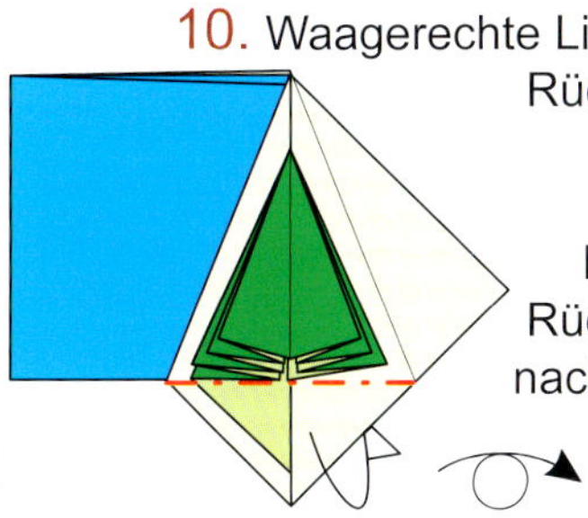

11. Schräge Linie falten, die Spitze dann in das kleine Dreieck schieben, siehe Pfeil. Rückseite nach oben legen.

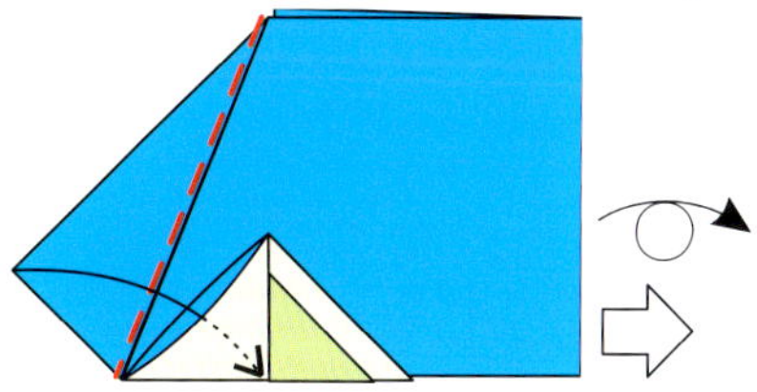

12. Fertiges Modell.

Paper Diamond
Ohrringe aus Papier in Origami Technik

Schöner Schmuck selbst gemacht! Mit dem Buch „Paper Diamond – Ohrringe aus Papier in Origami Technik“, haben Sie die Möglichkeit sich Ohrringe aus edlem Papier selber herzustellen. Insgesamt werden 16 verschiedene Modelle mittels farbigen Zeichnungen, Arbeitsfotos und Texten Schritt-für-Schritt vorgestellt. Zuerst wird das Papier gefaltet, dann das Zubehör angebracht und zuletzt die fertigen Ohrringe mit Hilfe von Lack dauerhaft haltbar gemacht.
Schwierigkeitsgrad: Anfänger.
Technik: Papier falten (Origami), Zubehör anbringen, lacken, fertig.
ISBN 978-3-938127-02-5 Preis: 7,95 EUR (D)

Colliers & Co.
Schmuck aus Papier

Schmuck mal ganz anders! Mit dem Buch - Colliers & Co. - , haben Sie die Möglichkeit sich verschiedene Ketten, Halsbänder, Haarspangen, Broschen oder einen Ring selber herzustellen. Die Papiere werden so kombiniert oder eingesetzt, dass jeweils eine neue Kreation entsteht. So erhalten Sie Schmuck genau passend zu Ihrer Garderobe. Insgesamt werden 14 verschiedene Modelle mittels farbigen Zeichnungen, Arbeitsfotos und Texten Schritt-für-Schritt vorgestellt.
Schwierigkeitsgrad: Anfänger
Technik: Papier falten oder rollen, Zubehör anbringen, lacken, fertig.
ISBN 978-3-938127-05-6 Preis: 8,95 EUR (D)

ORIGAMI Schiffe
Vom Ruderboot zum Flugzeugträger

Schiff ahoi!
Mit dem Buch „ORIGAMI Schiffe“ können Sie in See stechen. Zur Verfügung stehen Ihnen z.B.: Ruderboot, Tretboot, Katamaran, Speedboot, Segeljacht, Frachtschiff, Lotsenboot und sogar ein ganzer Flugzeugträger incl. Düsenjäger. Oder wandeln Sie auf den Spuren der Geschichte mit dem Cleopatra Schiff, einem Chinesischen Schiff und einem Wikinger Schiff. Diese und viele weitere Modelle werden mittels farbigen Zeichnungen, Fotos und Texten Schritt für Schritt vorgestellt. Alle Schiffe wurden mit unsinkbaren AQUAPAPIER von Paper Frog gefaltet.
Für Kinder ab 6 Jahren und alle jung gebliebenen.
Sprache: Deutsch und zusätzlich Englisch
Schwierigkeitsgrad: Anfänger
Technik: Papier falten (Origami)
ISBN: 978-3-938127-04-9 Preis: 12,90 EUR (D)

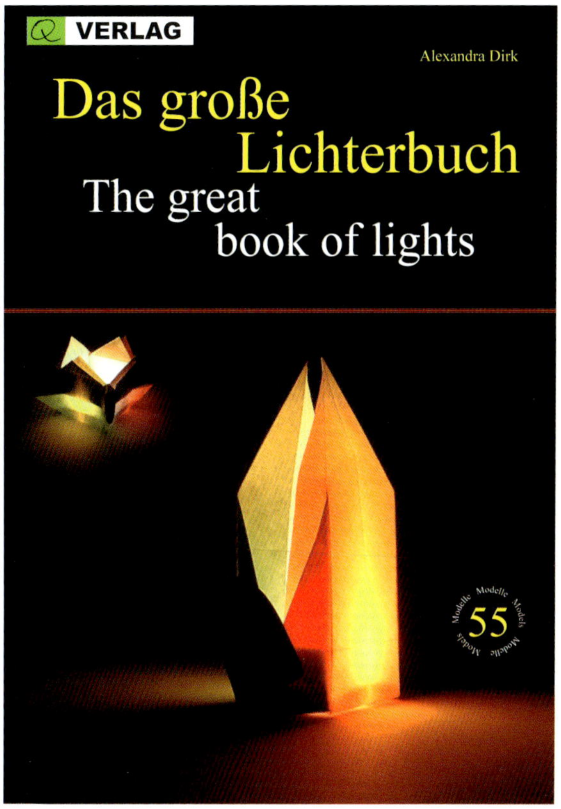

Das grosse Lichterbuch
The great book of lights
Lichter aus Papier in Origami Technik

Lieben Sie auch die tolle Ausstrahlung von Papierlichtern? Dann ist „Das große Lichterbuch“ genau das richtige für Sie. Insgesamt 55 Modelle, davon 34 exklusive Neuheiten, werden Sie begeistern. Für ein romantisches Abendessen, ein neues Wohnambiente, eine Party, das Weihnachtsfest, oder als Geschenk gibt es tolle Lichtobjekte und Lichterketten.
Durch die ausführlichen Schritt-für-Schritt Faltanleitungen mit farbigen Diagrammen und dazugehörigen Texten kommen Sie sicher zum Erfolg.

Sprache: Deutsch (schwarzer Text), zusätzlich auch Englisch (blauer Text).
Schwierigkeitsgrad: Anfänger und Fortgeschrittene.
Technik: Papier falten (Origami), Glas mit Teelicht einsetzen, fertig.

ISBN 978-3-938127-03-2 Preis: 14,90 EUR (D)

Bascettas ORIGAMI STERN
3D Stern

Jetzt werden Träume war, denn ein jeder kann sich nun seinen persönlichen Wunschstern mit dem Buch „Bascettas ORIGAMI Stern“ nach Hause holen. Dabei bleibt die freie Auswahl, ob der Stern farbenfroh für den Sommer, oder festlich strahlend für das Weihnachtsfest sein soll. Der Stern ist dreidimensional und die Größe frei wählbar, z.B. ganz kleine mit 12cm, oder große mit 45cm Durchmesser. Die kleinen Sternchen sind ein hübscher Tischschmuck und ihre großen Artgenossen lassen sich leicht mit einer Schnur aufhängen. So ist im Handumdrehen das Kinderzimmer um eine Attraktion reicher, oder das nächste Fest besonders schön dekoriert.
Der absolute Clou ist, den Stern leuchten zu lassen. Dazu wird der Stern aus 30x30cm großen Lampenpapier gebastelt und innen mit einer 25 Watt Glühbirne bestückt. So erhalten Sie auch gleich noch eine neue Lampe!
Lampenpapiere in vielen Farben und Dekoren, sowie Papiersets, speziell für den Bascetta Stern, sind von der Firma nice papers entwickelt worden und im Fachhandel erhältlich.
Kinder ab 10 Jahren können die Module alleine falten, sollten beim Zusammenstecken aber Hilfe von einem Erwachsenen bekommen.
Technik: Papier falten (Origami)

ISBN 978-3-938127-07-0 Preis: 9,90 EUR (D)

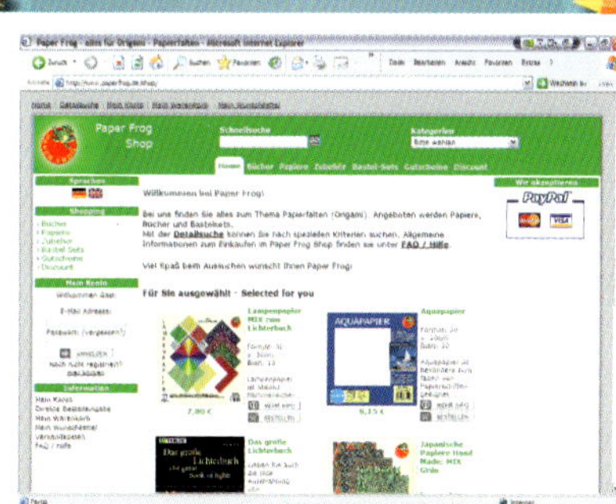

Paper Frog Startseite

Impressum + Quellennachweis

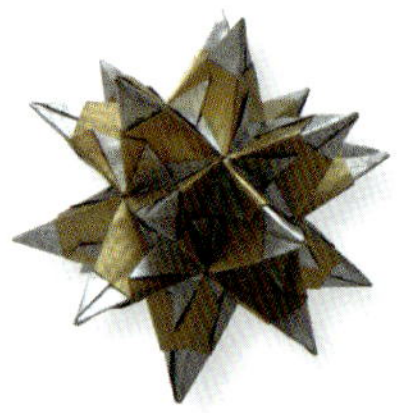

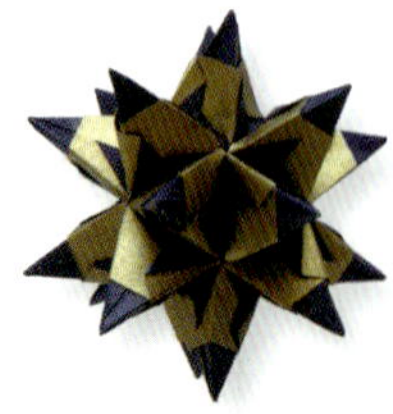

Die Deutsche Bibliothek verzeichnet diese Publikation in der Deutschen Nationalbibliografie;
Detaillierte bibliografische Daten sind im Internet über http://dnb.ddb.de abrufbar.
Das große ORIGAMI Weihnachtsbuch
Festliche Dekoration aus Papier /
Alexandra Dirk
Berlin: Q-Verlag Berlin, 2006
3. Auflage 2008

ISBN 978-3-938127-06-3

ISBN 978-3-938127-06-3

Autorin: Alexandra Dirk
Herstellung: Q-Verlag Berlin
Umschlaggestaltung: Yves Roger Weber
Aufmacherfotos: www.prokopy.de
Arbeitsfotos: Sebastian Finsterwalder
Modellrealisierung: Gabriele Blobelt
Diagramme: Jannie van Schuylenburg
Gedruckt in Tschechien

Quellennachweis:

Die Autorin bedankt sich auf diesem Wege bei der Firma nice papers für die Bereitstellung sämtlicher Arbeitsmaterialien.

Alle abgebildeten Papiere, sowie Bücher vom Q-Verlag Berlin können im Internet Shop: www.paperfrog.de bestellt werden.